基于Excel的
社会经济统计实验研究

JIYU EXCEL DE
SHEHUI JINGJI TONGJI SHIYAN YANJIU

杨 义 魏正涛◎著

中国纺织出版社有限公司

内 容 提 要

全书共分为9章，分别是Excel及其应用简介，统计资料收集、整理与显示，总量指标和相对指标实验，平均指标实验，抽样分布与参数估计，统计假设检验，相关与回归分析实验，时间序列分析实验，统计指数分析实验。第二章至第九章都有大量实验题和练习题，并附有参考答案。

本书是由有着多年教学经验的教师撰写而成，内容丰富，结构分明，叙述详细，附有大量操作过程图片。本书可作为统计相关专业的工具书，也可供相关人员自学参考。

图书在版编目（CIP）数据

基于Excel的社会经济统计实验研究 / 杨义，魏正涛著. -- 北京：中国纺织出版社有限公司，2024. 4

ISBN 978-7-5229-1459-6

Ⅰ. ①基… Ⅱ. ①杨… ②魏… Ⅲ. ①经济统计—实验—研究 Ⅳ. ①F222. 1-33

中国国家版本馆CIP数据核字（2024）第049268号

责任编辑：毕仕林　罗晓莉　　责任校对：王花妮　　责任印制：王艳丽

中国纺织出版社有限公司出版发行
地址：北京市朝阳区百子湾东里A407号楼　邮政编码：100124
销售电话：010—67004422　传真：010—87155801
http://www. c-textilep. com
中国纺织出版社天猫旗舰店
官方微博 http://weibo. com/2119887771
三河市宏盛印务有限公司印刷　各地新华书店经销
2024年4月第1版第1次印刷
开本：710×1000　1/16　印张：23. 25
字数：445千字　定价：98. 00元

前　言

统计是认识经济社会发展规律数量方面的有力武器，统计信息是社会经济信息的主体。人们从事经济研究和各种社会经济管理活动，势必要熟悉和学会运用社会经济统计工具，掌握基本的社会经济统计理论和分析方法，才能顺应经济社会发展规律，做好各项工作。

习近平总书记在党的二十大报告中指出，高质量发展是全面建设社会主义现代化国家的首要任务。推动高质量发展，必须完整、准确、全面贯彻新发展理念，加快构建新发展格局，着力促进产业升级和科技高水平自主可控，推动经济实现质的有效提升和量的合理增长。统计工作作为党中央治国理政的重要综合性、基础性工作，要在服务高质量发展中更好发挥自身职能作用，为全面建设社会主义现代化国家开好局、起好步贡献统计力量。为此，要紧扣高质量发展主题主线，健全调查制度、完善统计方法、变革统计手段，不断提高统计数据质量，进而持续赋能经济社会高质量发展。全面提升统计现代信息技术应用水平是统计实务、统计教育、统计监督等各项实践活动全面转向高质量发展的题中应有之义。尤其是在统计数据采集、传输、处理、分析、发布全流程数字化改造已经成为一种必然趋势的背景下，将现代信息技术融入统计实务工作和教育教学过程中，通过实验手段来提高广大统计人员和在校学生应用现代信息技术解决实际统计问题的能力，是当前统计实践创新和教育教学改革中一条行之有效的途径和有益的探索。

总之，信息技术与教育相整合是当前教育改革和创新的重要趋势，也是统计教育教学改革面向社会实际的重要发展方向。此外，社会经济统计实践教育教学探索是经济管理和人文社会科学类在校学生必须掌握的专业基础学科，为了使学生毕业后能够很快地在各个部门运用现代信息技术进行统计业务的操作，在统计学的教育教学改革中引入相关业务的模拟实验教学有助于缩短学生毕业后进入岗位角色的时间，也有利于学生更好地掌握社会经济统计理论和实务，提高学生应用计算机和现代信息技术的能力。

基于上述认识，山东华宇工学院委托杨义和魏正涛两位老师围绕社会经济统计实验的教育教学改革这一重要课题展开系统、深入地探索，同时，立足于校内教育教学改革的实际情况，对各项统计实验课题的设计进行了必要的优化，在这些工作基础上，两位老师共同完成了该部专著初稿的写作任务。需要说明的是，在本专著的成稿过程中，山东华宇工学院的侯振明教授提供了大量详实的研究资料和数据资源并承担了本专著的主审工作，给予本专著两位作者辛勤地指导，在此，向侯振明教授表示诚挚的谢意！

目前，市场上的大型统计软件很多，但是，由于其数据处理的原理和过程都是不公开的，这就给统计学的授课老师、学生和其他相关从业人士带来许多不便和疑惑。因此，本书在设计每一个实验课题时，尽可能选择通用性较好的软件，每个实验课题均有详细的操作步骤介绍和参考答案，在实验前都有相关知识准备，各章都安排了一定数量的练习题，供学生课后练习使用，使学生对数据的统计处理过程能有更全面透彻的了解和掌握。

著　者

2023 年 12 月 25 日

目　　录

第一章　Excel 及其应用简介

第一节　Excel 及其基本操作简介

一、Excel 及其启动与退出

(一) Excel 简介

美国微软公司拥有目前全世界使用频率最高的一个计算机系统——Windows 系统，它在该系统内提供了一个软件包——Microsoft Office，这是应用最为广泛的一个软件包，用风靡全球形容也并不过分。在这个软件包内有一个软件非常适合用于统计工作、统计教学，它就是公认的功能最强大、技术最先进、使用最方便的软件之一——Excel 软件。Excel 软件是一种功能强大的表格式数据综合管理与分析系统，它以表格方式进行数据处理，工作方便直观，特别适合非计算机专业人员使用。它提供了丰富的函数，可以进行各种统计数据分析。它具有强大的制图、制表功能，实现了数、表、图、文四者之间的完美结合。它提供了经济预测、多方案模拟等经济数学模型，提供了宏功能，还可以方便地实现日常工作的自动化。它对从事统计、保险、税务、审计、财务、金融、财政、生产、贸易、农业、医疗、旅游、交通运输、科研、经济和行政管理等行业工作的人们的帮助更为明显。几千年以来，名目繁多的表格、烦琐的数据计算曾经难煞了多少既聪明又细心的人。而今只要借助 Excel 软件，向计算机中敲入原始数据，一切要求都能快速、准确、及时地完成。还可以把计算机中的电子表格变为印刷精美的印刷品表格。Excel 的很多功能是一般的制表人员根本做不到的。总而言之，利用 Excel 工作可谓"多、快、好、省"。

Excel 有多种版本，不同版本的界面和功能有所不同，不同使用者在使用中有不同的版本选择，由于 Excel 不同版本在装机运行等各方面方便性的区别，可以按自己的个人偏好选择 2007、2010 或 2013 版本。

由于和 Windows 操作系统的良好结合，Excel 的普及面广，易于操作。作为一款通用的电子表格软件，除了其普及面广、易于操作的特性外，Excel 还具有如下一些特性使其适于完成一般的统计分析任务。

(1) 分析工具库。Excel 专门提供了一组数据分析工具，只需提供必要的数据来和参数，该工具就会输出相应的结果。这一特性使 Excel 具备了专业统计分析软件的某些功能。

(2)图表功能。Excel 强大的图表功能可以让我们方便地画出各种统计图形,如直方图、散点图等。

(3)公式与函数。Excel 具有很强的公式功能,以及丰富的数学、统计函数。对于没有现成分析工具的统计分析任务,可以综合应用 Excel 的公式和函数来完成。

(4)VBA 编程。在 Excel 中可以使用 VBA 进行编程,为特定的统计分析任务制定解决方案。如可以用 VBA 编写求加权平均的函数。这一特性的应用需要掌握编程技能。

此外,作为办公自动化软件的组件之一, Excel 能够与 Office 中的其他软件相结合,便于制作教学多媒体课件。

(二)Excel 的启动

启动 Excel 通常使用以下 3 种方法。

1. 常规启动法

初学者可用此方法启动 Excel。具体步骤:首先,用鼠标单击“开始”按钮,从“开始”菜单中选择“程序”项;其次从打开的子菜单中选择 Microsoft Excel,即可启动 Excel 软件。

2. 快捷图标启动法

如果经常使用 Excel,可在桌面上设置 Excel 图标,双击该图标即可启动。具体步骤:首先单击“开始”按钮,打开“程序”选项,进入“Windows 资源管理器”。在资源管理器左侧列表中选择 Program Files 文件夹;其次在右侧列表中选择 Microsoft Office 文件夹,再次在右侧列表中选择 Office 文件夹,再在 Office 文件夹右侧列表中找到 Excel 程序;再次将鼠标指向 Excel. exe 图标,并按住鼠标左键将图标拖至最右边文件夹列表框的桌面图标位置放开;最后,单击桌面图标 Excel 图标即呈现在桌面上。

3. 已存在文件启动法

如果已经创建了 Excel 文件,则直接打开这个文件就可以启动 Excel。具体步骤:将已创建的 Excel 文件存储在 C 盘的“我的文档”中,文件名叫 Book1. xls,可首先双击桌面上“我的电脑”图标,然后双击 C 盘图标右侧列表中的 My Documents 文件夹,用鼠标左键双击该文件夹后会出现文件名为 Book 1. xls 的文件,双击该文件图标,就可以启动 Excel 文件。

(三)退出 Excel

退出 Excel 通常使用以下两种方法。

1. 常规退出法

初学者在使用 Excel 过程中想退出时,可用常规方法退出。具体步骤:在 Excel“文件”菜单中,选择“退出”选项即可。

2. 常用退出法

经常使用者在使用 Excel 过程中想退出时，可用常用方法退出。具体步骤：单击 Excel 窗口右上角的关闭图标即可。

（四）Excel 2013 功能简介

Excel 2013 有着全新的界面，它更加简洁，其设计宗旨是帮助使用者快速获得具有专业外观的结果。大量新增功能将帮助用户远离繁杂的数字，绘制更具说服力的数据图，从而指导用户制定更好、更明智的决策。在 Excel 2013 中，用户可以通过新的方法更直观地浏览数据。只需单击一下即可直观展示、分析和显示结果。

Excel 2013 版软件有以下新功能。

（1）模板迅速开始。打开 Excel 2013 时，使用者将看到预算、日历、表单和报告等。

（2）即时数据分析。使用新增的“快速分析”工具，使用者可以在两步或更少步骤内将数据转换为图表或表格。预览使用条件格式的数据、迷你图或图表，并且仅需一次单击即可完成选择。

（3）瞬间填充整列数据。“快速填充”像数据助手一样帮使用者完成工作。当检测到使用者需要进行的工作时，“快速填充”会根据从使用者的数据中识别的模式，一次性输入剩余数据。

（4）为数据创建合适的图表。通过“图表推荐”，Excel 可针对使用者的数据推荐最合适的图表。通过快速一览查看数据在不同图表中的显示方式，然后选择能够展示使用者想呈现的概念的图表。

（5）使用切片器过滤表格数据。切片器作为过滤数据透视表数据的交互方法在 Excel 2010 中被首次引入，它现在同样可在 Excel 表格、查询表和其他数据表中过滤数据。切片器更加易于设置和使用，它显示了当前的过滤器，因此，使用者可以准确地知道正在查看的数据。

（6）一个工作簿就有一个窗口。在 Excel 2013 中，每个工作簿都拥有自己的窗口，从而能够更加轻松地同时操作两个工作簿。当操作两台监视器的时候也会更加轻松。

（7）Excel 新增函数。使用者将发现在数学和三角、统计、工程、日期和时间、查找和引用、逻辑以及文本函数类别中的一些新增函数。同样新增了一些 Web 服务函数以引用与现有的表象化状态转变（REST）兼容的 Web 服务。

（8）联机保存和共享文件。Excel 让使用者可以更加轻松地将工作簿保存到自己的联机位置，如使用者的免费 SkyDrive 或使用者组织的 Office 365 服务。使用者还可以更加轻松地与他人共享工作表。无论使用何种设备或身处何处，每个人都可以使用最新版本的工作表，甚至可以实时协作。

(9)网页中的嵌入式工作表数据。要在 Web 上共享部分工作表,使用者只需将其嵌入网页中。然后其他人就可以在 Excel Web App 中处理数据或在 Excel 中打开嵌入数据。

(10)在联机会议中共享 Excel 工作表。无论使用者身处何处或使用何种设备,如智能手机、平板电脑或 PC,只要安装了 Lync,使用者就可以在联机会议中连接和共享工作簿。

(11)保存为新的文件格式。使用者现在可以用新的 Strict Open XML 电子表格(*. xlsx)文件格式保存和打开文件。此文件格式让使用者可以读取和写入 ISO 8601 日期以解决 1900 年的闰年问题。

(12)图表功能区更改。"插入"选项卡上的"推荐的图表"新按钮让使用者可以从多种图表中选择适合数据的图标。散点图和气泡图等相关类型图表都在一个伞图下。还有一个用于组合图(使用者曾要求添加的一种受人喜爱的图表)的全新按钮。当使用者单击图表时,使用者会看到更加简洁的"图表工具"功能区。其中只有"设计和格式"选项卡,使用者可以更加轻松地找到所需的功能。

(13)快速微调图表。3 个新增图表按钮让使用者可以快速选取和预览图表元素(如标题或标签)、使用者图表的外观和样式或显示数据的更改。

(14)更加丰富的数据标签。使用者可以将来自数据点的可刷新格式文本或其他文本包含在数据标签中,使用格式和其他任意多边形文本来强调标签,并可以任意形状显示。数据标签是固定的,即使使用者切换为另一类型的图表。使用者还可以在所有图表(并不止是饼图)上使用引出线,将数据标签连接到其数据点。

(15)查看图表中的动画。在对图表源数据进行更改时,使用者可以查看图表的实时变化,让数据的变化更加清晰。

(16)创建适合数据的数据透视表。当使用者创建数据透视表时,Excel 推荐了一些方法来汇总数据,并显示了字段布局预览,因此,使用者可以选取那些能满足需求的字段布局。

(17)在使用者的数据分析中使用多个表格。新的"Excel 数据模型"让使用者可以发挥以前仅能通过安装 PowerPivot 加载项实现的强大分析功能。除了创建传统的数据透视表外,还可以在 Excel 中基于多个表格创建数据透视表。通过导入不同表格并在其之间创建关系,使用者可以分析数据,其结果是在传统数据透视表数据中无法获得的。

(18)连接到新的数据源。要使用"Excel 数据模型"中的多个表格,使用者可以连接其他数据源并将数据作为表格或数据透视表导入 Excel 中,如连接到数据馈送,如 OData、Windows Azure Data Market 和 SharePoint 数据馈送。使用者还可以连接到来自其他 OLE DB 提供商的数据源。

(19)创建表间的关系。当使用者从“Excel 数据模型”的多个数据表中的不同数据源获取数据时，在这些表之间创建关系让使用者无须将其合并到一个表中即可轻松分析数据。通过使用 MDX 查询，使用者可以进一步利用表的关系创建有意义的数据透视表报告。

(20)使用日程表来显示不同时间段的数据。日程表让使用者可以更加轻松地对比不同时间段的数据透视表或数据透视图数据。不必按日期分组，使用者只需一次单击，即可交互式地轻松过滤日期，或在连续时间段中移动数据，就像滚动式逐月绩效报表一样。

(21)创建独立数据透视图。数据透视图不必再和数据透视表关联。通过使用新的“向下钻取”和“向上钻取”功能，独立或去耦合数据透视图让使用者可以通过全新的方式导航至数据详细信息。复制或移动去耦合数据透视图也变得更加轻松。

二、Excel 的工作界面

第一次启动 Excel 时，在应用程序工作区中显示了一个新的空白工作簿，主要内容包括标题栏、功能区、快速访问工具栏、编辑栏、工作表、工作表标签、滚动条和状态栏等(图 1-1)。

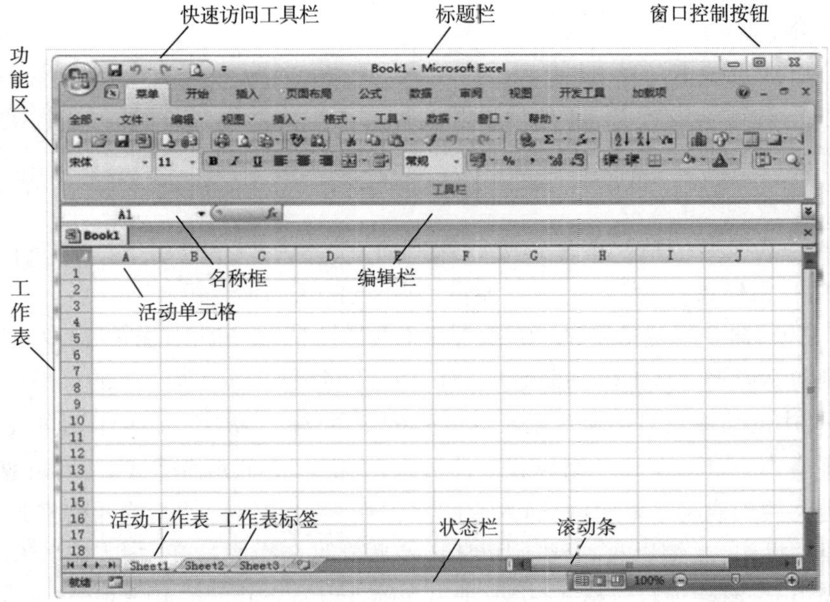

图 1-1　Excel 工作界面图

(一)标题栏

标题栏显示正在运行的程序名称和正在打开的文件的名称。标题栏显示“Book1-Microsoft Excel”表示此窗口的应用程序为 Microsoft Excel,在 Excel 中打开的当前文件的名称为“Book1. xls”。

(二)功能区

Excel 2007 中首次引入了功能区的概念。在 Excel 2010 中,功能区得到进一步扩展。功能区旨在帮助用户快速找到完成某一任务所需的命令,是 Microsoft Office Fluent 用户界面的一部分。利用功能区,用户可以轻松地查找以前隐藏在复杂菜单和工具栏中的命令和功能。

在 Microsoft Office 2007 及后续版本中,对用户与 Word、PowerPoint、Excel、Access 和 Outlook 等的交互方式进行了重新设计,使用户能够更轻松地找到和使用程序功能。这些应用程序的总体外观简洁明快,并通过引入新技术向用户提供可能的选择结果,用户只需浏览、选取并单击,而无须再面对复杂的对话框。

Excel 功能区由[文件]、[开始]、[插入]、[页面布局]、[公式]、[数据]等选项卡组成。每个选项卡都与一种类型的活动(如布局页面)相关,包括了完成相应任务的各种命令。命令按逻辑组的形式组织,逻辑组集中在选项卡下,如[开始]选项卡包括最常见的一些操作命令,分为[剪贴板]、[字体]、[对齐方式]等不同的逻辑命令组,其中[剪贴板]中包括与完成复制、剪切、粘贴等相关的各种命令按钮。下面为主要选项卡的简介。

1. [文件]选项卡

[文件]选项卡设置 Excel 选项以及进行文件相关操作,如打开、关闭、保存以及打印文件等。

2. [开始]选项卡

[开始]选项卡包括一些最常见的操作命令,分为[剪贴板]、[字体]、[对齐方式]、[数字]、[样式]、[单元格]和[编辑]等不同的逻辑命令组。

[剪贴板]命令组包括复制、剪切、粘贴(选择性粘贴)和格式刷等命令。[字体]命令组则包括设置字体的各种命令。[对齐方式]命令组可设置文本的水平和垂直对齐方式、文本的缩进与自动换行以及单元格的合并等。[数字]命令组则可设置单元格的数字格式。[样式]命令组设置条件格式、表格以及单元格样式。[单元格]命令组则可进行插入或删除单元格、插入或删除工作表、行高与列宽、单元格格式以及工作表的相关操作。[编辑]命令组则可插入一些常见函数或打开[插入函数]对话框、进行自动填充、清除内容或格式、进行排序和筛选以及查找替换和定位等。

3. [插入]选项卡

[插入]选项卡用于插入图表、图片、自选图形等,它所包含的逻辑命令组有[表

格]、[插图]、[图表]、[迷你图]、[筛选器]、[链接]、[文本]和[符号]。

[表格]命令组可以将单元格区域转换成表格,也可以创建数据透视表或数据透视图。[插图]命令组可以插入图片、剪贴画、自选图形,创建 SmartArt 图形,也可以直接进行屏幕截图。[图表]命令组则可以插入各种统计图形,如柱形图、折线图、饼图和散点图等。[迷你图]是工作表单元格中的一个微型图表,可直观表示数据,包括折线图、柱形图和盈亏图。[筛选器]中的切片器则用来筛选数据,如可以筛选数据透视表数据。[链接]则用于插入到网站或其他文件等的超链接。[文本]命令组可以插入文本框、页眉和页脚、艺术字等。[符号]命令组则可插入各种符号以及 $A=r^2$ 这样的公式(作为对象插入,不可计算)。

4. [页面布局]选项卡

[页面布局]选项卡用于进行页面设置、主题设置以及对象操作。它包括[主题]、[页面设置]、[调整为合适大小]、[工作表选项]和[排列]等命令组。

文档主题是一套统一的设计元素和配色方案,是为文档提供的一套完整的格式集合。其中包括主题颜色(配色方案的集合)、主题文字(标题文字和正文文字的格式集合)和相关主题效果(如线条或填充效果的格式集合)。利用文档主题,可以非常容易地创建具有专业水准、设计精美、美观时尚的文档。[主题]命令组包括设置主题的各种命令。[页面设置]、[调整为合适大小]和[工作表选项]这 3 个命令组用于页面设置,实际上均属[页面设置]对话框中最常用的功能。[排列]命令组用于对浮动对象的操作,如调整层次关系、对象的对齐等。

5. [公式]选项卡

[公式]选项卡主要涉及公式的操作,包括[函数库]、[定义的名称]、[公式审核]和[计算]4 个逻辑命令组。

[函数库]命令组可以直接打开[插入函数]对话框,插入最常用的自动求和函数(包括求和、求平均、最大、最小值)以及最近使用过的函数。[函数库]命令组还分类列出了 Excel 的函数(Excel 共有 13 个函数类别,这里只列出 11 个类别,数据库函数和自定义函数未列出),可以单击相应类别,然后选择弹出的函数列表中的某个函数,打开[函数参数]对话框。[定义的名称]命令组用于设置区域的名称。[公式审核]命令组则用于对公式进行审核,如实现显示公式和显示公式计算结果之间的切换、追踪引用、从属单元格或错误检查等。在 Excel 中,计算是指在包含公式的单元格中显示结果值的过程。默认情况下,Excel 对公式自动计算,如更改公式中引用的单元格时,公式会立即自动重新计算并显示新的结果。当然,也可以手动重新计算。[计算]命令组则可完成自动与手动计算的选择,并在手动模式下完成工作表或工作簿的计算。

6. [数据]选项卡

[数据]选项卡主要涉及对数据的排序筛选、审核、分类汇总以及使用[分析工具

库]进行分析等。

[获取外部数据]和[连接]命令组主要用于获取其他数据源的数据。[排序和筛选]命令组的功能是显而易见的。[数据工具]命令组可以进行数据分列、删除重复数据,进行有效性审核,将多个区域的值合并到一个新区域,进行单变量求解以及模拟运算等。[分级显示]命令组可以创建分类汇总。

[分析]命令组包括[规划求解]和[数据分析]两个命令。这两个命令以加载宏的方式提供,默认情况下,它们并不出现在[数据]选项卡中。使用这两项功能前,需要先加载规划求解或分析工具库。单击[文件]选项卡中的[选项]打开[Excel 选项]对话框,再单击对话框的"加载项",确保右侧的"管理"下接列表中是"Excel 加载项"(默认即是),然后单击"转到"按钮,弹出[加载宏]对话框。在对话框中,选中"分析工具库"和"规划求解",最后单击"确定"按钮即可,见图 1-2。

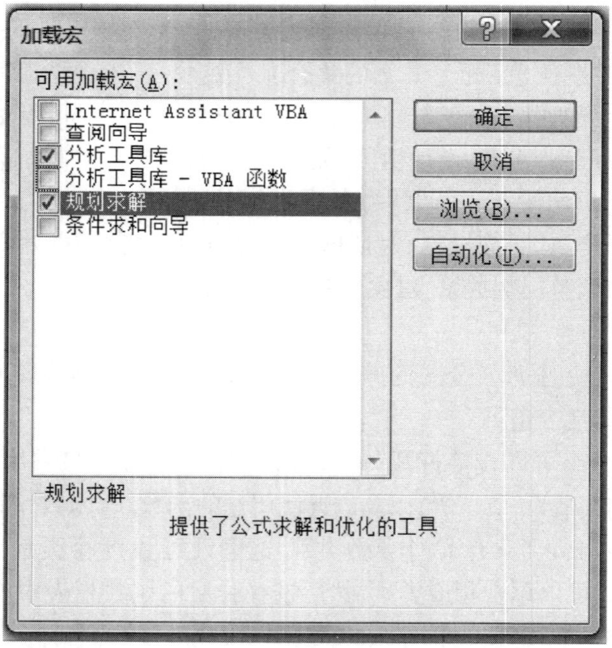

图 1-2　加载宏

如果没有"分析工具库"或"规划求解",则单击"浏览"进行查找。如果出现一条消息并指出计算机上当前没有安装分析工具库或规划求解加载宏,则单击"是"进行安装。

7. [审阅]选项卡

[审阅]选项卡的主要功能包括拼写检查、批注、保护工作表或工作簿以及修

订等。

8.[视图]选项卡

视图决定了工作表的特定显示设置。使用[视图]选项卡可以设置普通、页面布局和分页预览 3 种工作簿视图。默认是普通视图,通常就是打开 Excel 所看到的样子;使用页面布局视图可以看到页的起始与结束位置,并可看到页眉和页脚;分页预览视图可以预览到打印时的分页位置,在该视图下,可以很方便地设置分页符。此外,还可以设置自定义视图,并设置在任一种视图下是否全屏显示。[显示]命令组可以设置是否显示网格线、行列标题、编辑栏等。[显示比例]命令组可放大或缩小显示工作表。[窗口]命令组可以拆分或冻结窗口。[宏]命令可以录制或查看 VBA 宏。

为了使屏幕更为整洁,某些选项卡只在需要时才显示,并且功能区可以最小化。在 Office 2010 版本中,还可以创建自定义选项卡和自定义组来包含一些常用命令。

(三)快速访问工具栏

快速访问工具栏是一个可自定义的工具栏,包含一组独立于当前显示的功能区上选项卡的命令。该工具栏可以放在功能区上方,也可以放置于功能区下方,并且可以向快速访问工具栏中添加用户常用的命令按钮。默认情况下,快速访问工具栏的 4 个按钮分别是[保存]、[撤销]、[恢复]和[自定义快速访问工具栏]。

(四)名称框和编辑栏

名称框和编辑栏给用户提供了活动单元格的信息。在编辑栏中,用户可以进行输入和编辑。编辑栏左边是名称框,显示活动单元格的坐标。

编辑栏左半部分有 3 个按钮,从左至右分别是:[×](取消)按钮、[√](输入)按钮和[ ](插入函数)按钮。只有在使用编辑栏输入数据或编辑活动单元格的内容时,取消和输入按钮才会出现。

(五)工作表

新的工作簿默认包含 3 个工作表,名称为 Sheet 1、Sheet 2 和 Sheet 3。当前活动工作表为 Sheet 1。

工作表是一个由行和列组成的表格。行号和列号分别用字母和数字区别。行由上自下,范围为 1~1048576,列号则由左到右采用字母编号 A~XFD。因此,每张表为 16384 列×1048576 行。若从 Excel 导入的数据超过以上范围,则会被 Excel 自动截去。每一个行、列坐标所指定的位置称为单元格,如列 A 和行 1 交叉点的单元格称为单元格 A1。单元格名称也称单元格地址。在单元格中,用户可以输入符号、数值、公式以及其他内容。

若要在现有工作表之前插入新工作表,可选择该工作表,在[开始]选项卡上的[单元格]命令组中,单击“插入”,然后单击“插入工作表”;若要删除工作表,则右键单击该工作表标签,然后单击“删除”。

（六）工作表标签

工作表标签通常用 Sheet 1、Sheet 2 等名称来表示，用户也可以用鼠标右击标签名，选择弹出菜单中[重命名]命令来修改标签名。Excel 一般同时显示工作表队列中的前 3 个标签。利用标签队列左边的一组标签滚动按钮可显示队列中后续工作表的标签。工作簿窗口中的工作表称为活动工作表，当前工作表的标签为白色，其他为灰色。

如果工作表数量过多以致无法同时显示时，可用左下角的 4 个标签滚动按钮。使用标签滚动按钮可以在工作簿的工作表标签之间进行滚动，并查看工作表的内容。不过，这些标签滚动按钮不会激活工作表。要想激活工作表，必须先滚动到所需的工作表，再单击要激活的工作表的标签。此外，单击"插入工作表"按钮，则可以新建一个工作表。

（七）滚动条

当工作表很大时，如何在窗口中查看表中的全部内容呢？可以使用工作簿窗口右边及下边的滚动条（包括滚动框和滚动箭头等），使窗口在整张表上移动查看，也可以通过[视图]选项卡中的[显示比例]扩大整个工作表的显示范围。

（八）状态栏

状态栏位于 Excel 窗口底部，它显示程序运行的某些信息。如在默认情况下，最左端显示的是单元格的模式。当单元格准备接受命令或输入数据时，显示为"就绪"；当输入数据时，显示"输入"；当单元格处于编辑状态时，显示"编辑"。当单击功能区的某些命令按钮时，可能会显示此命令用途的简要提示。状态栏的右侧依次是"视图快捷方式""显示比例"和"缩放滑块"，不仅显示当前工作表的视图信息，还可以通过它们调整视图方式和显示比例等。当选择包括数字的单元格区域时，状态栏上会显示这些数字的平均值、求和以及计数等信息。此外，右键单击状态栏可对状态栏进行自定义。

三、Excel 的数据输入

（一）直接输入

一般来讲，在 Excel 中输入数据时，要先选择单元格，然后输入数据并按回车键。输入的数据同时显示在相应的单元格和编辑栏中。如要编辑已输入的数据，可单击编辑栏进行编辑。编辑时，单击[×]（取消）按钮，可放弃编辑；单击[√]（输入）按钮，可接受一个已修改的项。也可双击相应的单元格或选定相应的单元格并按功能键 F2，在单元格中移动插入指针进行编辑。在 Excel 工作表中可以输入下列形式的信息。

（1）数值。数值可以是整数、小数、整分数（10 3/7）或以科学计数法表示的数字

(如 2E+9)。可以在数字中使用一些数学符号,包括加号(+)、减号(-)、百分号(%)、分号(/)、指数符号(E)和货币符号。默认情况下,数值靠单元格的右端对齐。

(2)文本。文本可以是任意文字、数字字符的组合,包括大小写字母、数字和符号。默认情况下,文本靠单元格的左端对齐。如要将数值、日期一类的数字保存为文本,在数字前加一个单引号。

(3)日期和时间。要在单元格中保存日期和时间时,必须使用预定义的日期和时间格式,如“2016 年 3 月”“2016-3-3”或“8:00 AM”。

(4)公式。公式是一个从现有的数值计算出一个新值的方程式。它可以包括数字、数学运算符、单元格引用和称为“函数”的内部方程式。如“=SUM (A5:A8)”。

(5)其他。如超链接、批注以及图片等。

(二)与其他软件交换数据

除了直接输入数据外,Excel 还可通过复制、公式、与其他软件交换等渠道取得数据。这里介绍如何与其他软件交换数据。

在 Excel 中可以打开其他类型的数据文件,如文本文件、Access 数据文件等。

具体操作方法如下。

①在[文件]选项卡中选择[打开]命令。

②在[打开]文件对话框中选择所要打开的文件的类型,即其所在的目录。

③用鼠标双击该文件名,然后按 Excel 的提示步骤操作,即可打开该文件。

四、Excel 工作表的编辑

(一)选定单元格和区域

一些 Excel 命令是针对单个单元格或单元格区域的。活动单元格总是处于选定状态。要使用鼠标选择一定区域的单元格时,可执行下列步骤。

①鼠标单击要选定的第一个单元格。

②按下鼠标左键,然后将鼠标拖过选定区,最后放开鼠标左键。被选定的单元格以淡蓝色突出显示,并且外边框为加粗边框。

③如要选定不相邻的单元格区域,可按住 Ctrl 键,然后重复步骤(1)和步骤(2)直到选定所有的区域。选定后,放开 Ctrl 键。

还可以通过单击想要选定行的行标选定一行单元格,或通过单击列标选定一列单元格。通过按下鼠标左键,并拖拽鼠标指针经过希望选定的列或行,则可以选定多个行或列。“全选”按钮允许用户在一次操作中选定工作表中的所有单元格,如图 1-3 所示。

要使用键盘选择一定区域的单元格时,可执行下列步骤。

①使用箭头键并移动到要选定的第一个单元格上。

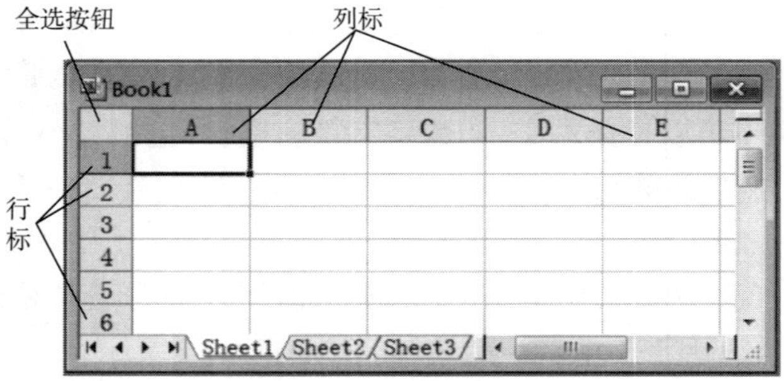

图 1-3　选定单元格和区域

②按 Shift 键,然后按相应的箭头键选定其余部分,最后放开 Shift 键。

要选定不相邻的单元格区域时,选定一个区域后,按下快捷键“Shift+F 8”(此时状态栏上出现“添加到所选内容”),重复上述步骤再选择另一个区域。

另外,使用“Shift+Ctrl+箭头快捷键”可以快速选定一个连续的数据区域,大大提高操作效率。

(二)编辑和清除单元格内容

要想编辑一个存在数据的单元格时,可以先进入编辑该单元格的状态,然后进行修改,最后确认即可。进入编辑状态有两种方法:双击相应的单元格;选定相应的单元格,然后按 F 2 键或单击编辑栏。确认修改结果时,可以直接按 Enter 键,也可以单击编辑栏上的[√](输入)按钮。

要清除活动单元格的内容时,按 Delete 键,或者右击该单元格,然后从弹出菜单中选择[清除内容]即可。用户还可以选择一定区域的单元格,然后以同样的方式清除它们的内容。注意单元格内容并未被完全删除。清除单元格与删除单元格不同。清除单元格只是清除单元格的值,而单元格的格式信息仍然保留。而删除单元格则是将单元格从电子表格中删除,并用其他单元格来替换该单元格。

(三)插入和删除单元格

要将一个单元格或单元格区域插入电子表格时,可以选定与要插入新单元格的位置相邻的单元格区域,右键单击这个单元格,然后从弹出菜单中选择[插入]。如果 Excel 不能确定如何处理其他单元格,则会提示用户是否将单元格下移或右移,以及让用户选择是插入新行还是插入新列。

删除单元格区域情况相同,只是单元格按相反的方向移动。用户可以将单元格左移、上移或删除受影响的行或列。如果用户在选择[插入]或[删除]命令之前,选定了一行或多行(或列),那么 Excel 将不会向用户提示额外信息,它只是向前执行所需的操作。

（四）[撤销]和[恢复]命令

如果不小心删除了不该删除的区域，可以通过快速访问工具栏中的[撤销]命令恢复被删除的内容。[撤销]是 Excel 中较常使用的操作，如果不小心实施了错误的操作，那么可以通过撤销操作使工作表恢复原样。该命令的键盘快捷键是“Ctrl+Z”。

在使用[撤销]命令后，可以使用快速访问工具栏中的[恢复]命令将刚才撤销的操作恢复。[恢复]命令具有与[撤销]命令相反的功能。该命令的键盘快捷键是“Ctrl+Y”。

（五）使用[剪切]和[粘贴]命令移动数据

当使用[剪切]命令剪切某个单元格区域时，该区域周围显示闪动的虚线矩形框表示这是要移动的单元格，然后将该单元格区域内容（包括批注和格式）存放在一个临时的存储空间，该存储空间就是 Windows 剪贴板。当选定放置数据的新位置并执行[粘贴]命令时，单元格及其格式将从剪贴板复制到新的位置上，同时原始单元格区域的数据和格式将被清除。如果在出现矩形框后要取消移动，可按 Esc 键。

操作步骤如下。

①选定要移动的单元格区域。

②单击[开始]选项卡[剪贴板]组中的[剪切]命令，也可按快捷键“Ctrl+X”。

③选定要移动数据的目的单元格。

④单击[开始]选项卡[剪贴板]组中的[粘贴]命令，也可按快捷键“Ctrl+V”。

（六）使用[复制]和[粘贴]命令复制数据

如果只是要复制工作表中的单元格区域，而不是移动它们，可用[开始]选项卡[剪贴板]组中的[复制]命令。这个命令将选定的单元格副本保存到剪贴板中，然后使用[粘贴]命令可以将这些单元格任意多次地粘贴到工作表中。

其操作步骤基本上与[剪切]和[粘贴]命令相同，只是第(2)步应改为执行[复制]命令，也可按快捷键“Ctrl+C”。

（七）使用自动填充功能创建序列

Excel 中最有用的特性之一就是它自动完成一个序列的能力。一个序列可以是一组数字（如 1，2，3 或 2，4，6），也可以是一组日期（如 Jan-99、Feb-99、Mar-99 或工作日），用户甚至可以定义自己的序列（Excel 已有的自定义序列有 11 个），Excel 将自动填充。

自动填充功能通过将填充柄拖过新单元格时产生作用。填充柄是位于活动单元格或选定单元格区域右下角的小黑框。当指针停留在填充柄上时，指针形状变成加号（+），这表明自动填充功能已经启用。

要使用自动填充功能时，可以按下列步骤进行。

①在电子表格中输入序列的前几个值。

②用鼠标选定这些值。

③将指针移动到选定区域的填充柄上,然后等待指针变为加号。

④按下鼠标左键,拖动填充柄覆盖希望填充的单元格区域。

⑤放开鼠标左键。

在[文件]选项卡,单击打开[Excel 选项]对话框。在对话框"高级"类别的"常规"下,单击[编辑自定义列表],可打开[自定义序列]对话框创建自己的序列。

五、Excel 的公式和函数

Excel 具有很强的公式功能,在数据分析处理过程中,使用公式和函数主要有以下 4 个方面的优点。

①公式的复制功能可适应大批量数据的处理,大大加快运算速度。

②利用 Excel 的公式,可以记住分析的具体步骤,便于检查和修改。

③Excel 具有自动更新功能,修改公式引用的单元格后,公式可立刻进行重新计算并显示结果。

④利用 Excel 的函数,可以省去众多手动计算时的中间步骤,提高效率。

Excel 在内部保存了公式(可以在编辑栏上看到公式),在放置公式的单元格中显示公式的计算结果。Excel 中的所有公式都以一个等号(=)开头,后面跟上由各种运算符连接在一起的一系列数据、单元格引用、单元格区域名称或函数等。

(一)创建公式

选择要输入公式的单元格,输入公式(公式一定要以一个等号开头),按回车键完成公式并显示结果。有两种方式输入公式:一是直接在单元格中输入公式;二是使用[插入函数]对话框。若要调出该对话框,可单击编辑栏上的[*fx*]按钮。

数组公式的输入步骤如下。

①如果数组公式返回一个结果,单击需要输入数组公式的单元格。如果数组公式将返回多个结果,则选定需要输入数组公式的单元格区域。

②键入数组公式。

③按"Ctrl+Shift+Enter"组合键。

在输入数组公式时,Excel 自动在大括号"{ }"之间插入公式。

(二)在公式中使用单元格引用

单元格引用是指在公式中包含单元格的名称。在公式中引用单元格有两种方法。

如要将单元格 B5 和 C5 的内容相加,结果放在 D5 中,可创建公式"=B5+C5",这时可采用如下两种方法。

(1)通过键盘输入创建:选择单元格 D5,输入"=B5+C5",按回车键。

(2)用鼠标创建:选择单元格 D5,输入等号(=),单击单元格 B5,然后按加号键(+),再单击单元格 C5,最后按回车键。

Excel 有 3 种方式表示单元格的引用,即冒号、逗号和空格。冒号表示连续区域的引用,即引用一个矩形区域内的单元格;逗号表示联合引用,即引用若干个单元格或单元格区域,这些单元格或单元格区域并不一定是连在一起的;空格表示交叉引用,即引用两个单元格区域的公共部分。如 SUM (A1:B5)表示对 A1 到 A5 以及 B1 到 B5 的单元格求和;SUM (A1,A3,B1:B4)表示对 A1、A3 以及 B1 到 B4 的单元格求和;SUM (A2:A4,B2:B4)表示对 A2 到 A4 以及 B2 到 B4 的单元格求和。

(三)公式的复制

公式复制是 Excel 数据成批计算的重要操作方法。可以使用自动填充功能来实现公式的复制,也可以用[复制]和[粘贴]命令来实现公式的复制。

如果公式中包含单元格引用,必须了解单元格引用的方式:绝对引用和相对引用。如果公式中引用的单元格的地址的行标和列标前都加上"$"符号,表明使用的是绝对引用;如果未加"$"符号,则表示是相对引用。

之所以要区分绝对引用和相对引用,是因为在复制公式时,Excel 会根据引用方式的不同,自动调整公式中的单元格引用。这一特性是 Excel 非常重要的功能之一,它使数据的成批计算成为可能。如使用复制公式这一功能,在 Excel 中可以根据一个数列产生一个新的数列。

如果希望公式复制到别的区域时,公式中引用的单元格地址不会随之相对变动,那么必须在公式中使用单元格的绝对引用。如果希望公式复制到别的区域时,公式引用的单元格地址也会随之相对变动,那么必须在公式中使用单元格的相对引用。在复制公式时,若要求仅仅保持引用单元格的行标或列标不变,这种情况下要使用混合引用,即只在引用单元格地址的行标或列标前加上"$"符号。

下面举例说明绝对引用与相对引用的区别。在单元格 A1 和 B1 中已输入了数值数据,在 C1 单元格输入公式"=A1+B1",该公式使用的便是相对引用;C1 中有公式,公式引用的单元格与公式所在单元格 C1 在同一行,但是分别在 C1 的左边 1 列和左边 2 列,此时将 C1 中的公式复制到其他单元格,则公式引用的单元格地址和公式所在单元格地址保持相对不变。如将 C1 中的公式复制到了 D2 的单元格,则 D2 中的公式引用的单元格就不是 A1 和 B1 了,而是与 D2 在同一行,分别在 D2 左边 1 列和左边 2 列的两个单元格,即 B2 和 C2 单元格,因此 D2 中的公式是"=B2+C2"。如果将该公式复制到单元格 F100,同理 F100 中的公式将变为"=D100+E100"。因此"相对"的概念是指公式所在的单元格位置和该公式引用的单元格位置是相对固定的。

在复制包含绝对引用的公式时,无论将公式复制到何处,公式的内容都不会发生变化。如 C1 中的公式是“= \$A \$1+\$B \$1”,则将该公式复制到 F100 单元格时，F100 中的公式仍是“= \$A \$1+\$B \$1”。

在复制包含混合引用的公式时,如果单元格地址的行标前加“ \$ ”,则保持“行”不变动,但“列”会随着公式位置的变化而变动;如果单元格地址的列标前加“ \$ ”,则保持“列”不变动,但“行”会随着公式位置的变化而变动。如将单元格 C1 中的公式“=A \$1+B \$1”复制到单元格 F100,那么公式将变为“=D \$1+E \$1”。

在复制公式时,可以做这样的归纳:公式中“ \$ ”符号后面的单元格坐标不会随着公式位置的变化而变动,而不带“ \$ ”符号后面的单元格坐标会随着公式位置的变化而相对变动。

(四)复制公式的计算结果

仅将公式的计算结果复制到目标区域并不复制公式本身时,可用选择性粘贴来实现。操作步骤如下。

(1)选定待复制区域,并执行[复制]命令。

(2)用鼠标右击目标区域,执行[选择性粘贴]命令。出现[选择性粘贴]对话框,选定“数值”选项。也可在弹出的右键菜单中单击[123]按钮。

(五)使用函数

函数是一些预定义的公式,利用函数不仅能提高效率,而且可以减少由于人为原因导致的错误,同时也能减少工作表占用的内存空间,提高 Excel 工作速度。

1. 函数的语法

函数名(参数 1,参数 2,参数 3,…)中的参数是函数中用来执行计算的数值。参数可以是数字、文本、单元格引用或名称,也可以是常量或其他函数。具体到特定的函数,其参数类型与参数个数等由函数自身决定,因此在使用函数前应了解函数的具体语法。

2. 函数的输入

在 Excel 中使用函数时,必须将它们输入工作表的公式中。

(1)一些常用求和函数的输入。在[开始]选项卡的[编辑]命令组和[公式]选项卡的[函数库]命令组中,单击“Σ 自动求和”按钮可以输入一些最常用的自动求和函数(包括求和,求平均、最大、最小值)。

(2)输入最近使用过的函数。在[公式]选项卡的[函数库]命令组中,有一个“最近使用的函数”按钮,单击该按钮,可以弹出用户最近使用过的函数列表。

(3)使用[插入函数]对话框输入函数。单击[公式]选项卡[函数库]命令组中的“*fx* 插入函数”按钮或单击编辑栏上的“*fx*”按钮,可调出[插入函数]对话框。

Excel 中的函数共分为 13 个类别,与本书关系密切的有:统计函数、数学和三角函数、日期和时间函数、查找和引用函数、文本函数等。

如果对 Excel 的函数比较了解，可以先浏览“选择类别”框中的分类，然后在“选择函数”列表中选择所需的函数。选中某个函数后，在对话框的下部会显示这一函数的简单介绍和语法。如想要求算术平均数，可以先选择“统计”类别，则会列出所有的统计函数，然后选中 AVERAGE 函数，再单击“确定”按钮（图 1-4）。

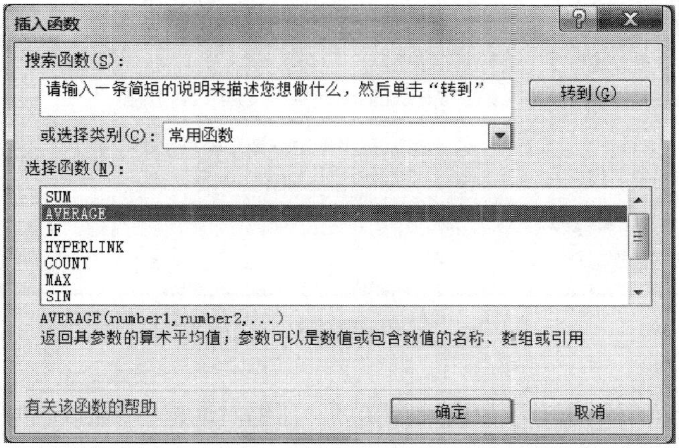

图 1-4 插入函数对话框

如果不确定要使用哪个函数，则可在“搜索函数”框中输入关键字词来搜索函数，以加快输入函数的速度。如想要求算术平均数，但又不知道应该用哪个函数，则可以在“搜索函数”框中键入关键字“求平均”，然后单击“转到”按钮，则会在“选择函数”列表中列出相关的平均数函数，然后逐一单击相关的函数，查看每个函数的说明，就可以知道求算术平均值应该使用 AVERAGE 函数（图 1-5）。

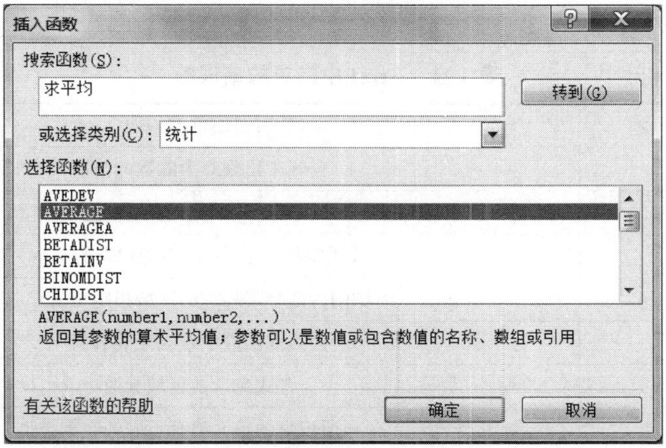

图 1-5 搜索函数

选择函数并单击“确定”按钮后，会打开[函数参数]对话框，图 1-6 是 AVERAGE 函数的参数对话框。

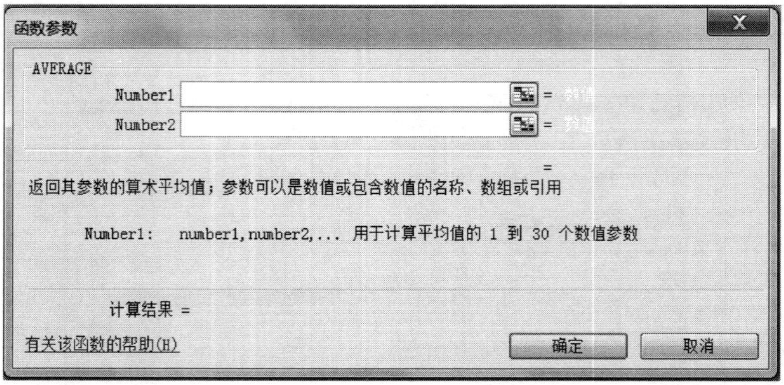

图 1-6　函数参数对话框

若要将单元格引用作为参数输入，请单击“压缩对话框”按钮以临时隐藏对话框，在工作表上选择单元格，然后按“展开对话框”按钮。参数输入后，按“确定”按钮即可。

(4)使用[函数库]命令组输入函数。[公式]选项卡的[函数库]命令组分类列出了 Excel 的函数(Excel 共有 13 个函数别，这里只列出 11 个类别，数据库函数和自定义函数未列出)。单击某个类别后，会弹出该类别中的函数列表。当鼠标悬停在某个函数名上时，将显示该函数的简单说明。找到所需的函数后，单击该函数，将打开[函数参数]对话框。

(六)公式与错误值

如果公式不能正确计算结果，Excel 将显示一个错误值。常见的错误值如表 1-1 所示。

表 1-1　Excel 中常见的错误值

错误值	对错误值的说明
#DIV/0!	公式中出现 0 为除数的情况
#N/A	某个值不可用于函数或公式
#NAME?	公式中使用了 Excel 不能识别的文本
#NULL!	试图为两个不相交的区域指定交叉点
#NUM!	公式或函数中包含无效数值
#REF!	公式包含的区域无效
#VALUE!	公司所包含的单元格有不同的数据类型
######	计算结果太宽，无法在单元格中显示

(七)在公式中使用区域名称

若要使公式和函数更具有可读性和易于输入,可以在工作表中命名一个单元格区域,然后在公式和函数中使用该区域名称代替此区域的单元格引用。

1. 指定区域名称

选中要命名的区域,选择区要包括行或列的标题以定义名称。如图 1-7 所示,选择区域包含要用于指定区域名称的文字标签“企业利润”,然后右键单击选定的区域,在弹出的菜单中单击[定义名称]或单击[公式]选项卡[定义的名称]组中的[定义名称],弹出[新建名称]对话框。在该对话框的“名称”文本框中已经自动输入了名称“企业利润”,最后单击“确定”按钮。

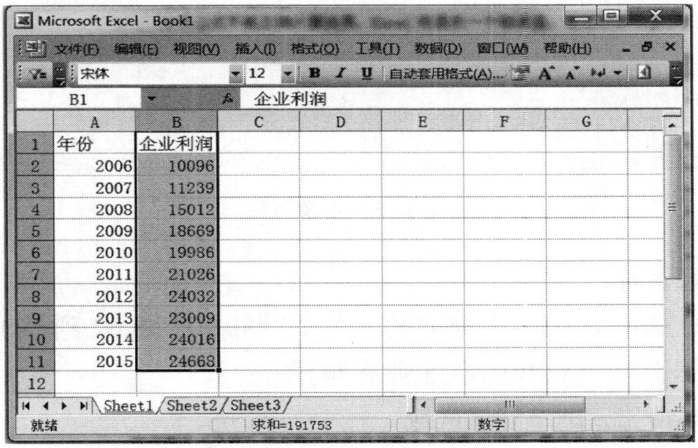

图 1-7　指定区域名称

如果使用低版本 Excel 时,给指定区域命名方法为:将光标移到工作表“B1”单元格向下拉黑至“B11”单元格,单击“插入”菜单,选择“命名”或“名称”菜单命令,在弹出的二级菜单中选择“指定”,在弹出的对话框中选择“首行”,按“确定” 按钮,完成名称的指定,如图 1-8 所示。

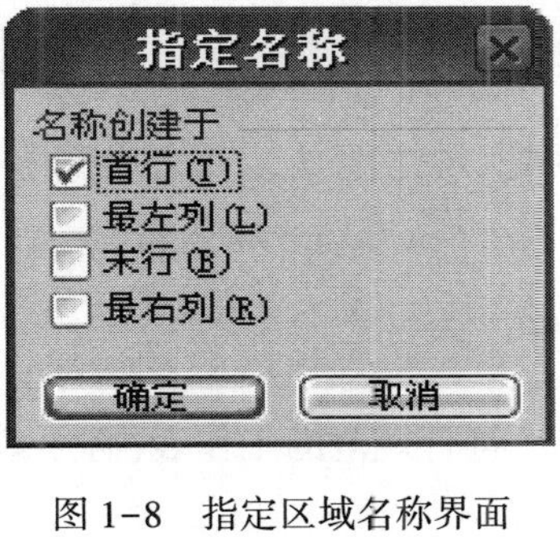

图 1-8　指定区域名称界面

指定了名称后，还要单击“插入”菜单，选择“命名”或“名称”菜单命令，在弹出的二级菜单中选择“应用”，在弹出的对话框中选择要应用名称的字段，系统才会将字段以名称方式表示。计算公式也会以名称方式表示，便于使用者对公式的理解。

如果之前选定的区域不包括文字标签，则需要自行输入一个新的名称，见图 1-9。

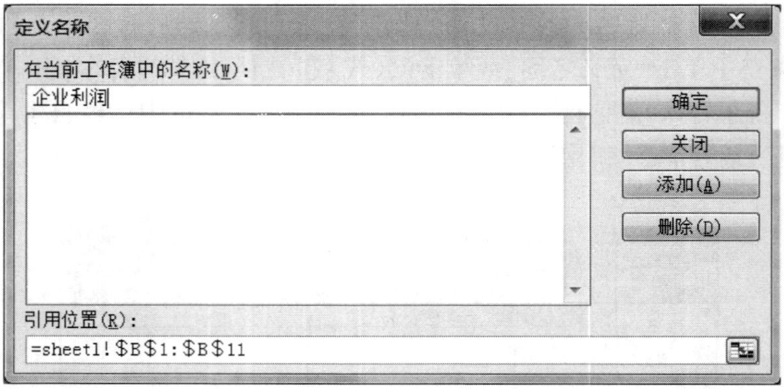

图 1-9　定义名称

2. 使用区域名称

可以在公式和函数中使用区域名称。如要计算单元格 B2 到 B11 的企业利润平均值，可以采用公式“=AVERAGE(企业利润)”。

3. 修改名称所指定的单元格区域

(1)单击[公式]选项卡[定义的名称]组中的[名称管理器]，弹出[名称管理器]对话框。

(2)选择要修改的区域名称，再单击[编辑]，弹出[编辑名称]对话框，与[新建名称]对话框基本相同，只是对话框中的“范围”不可选。

(3)在“引用位置”文本框中修改单元格引用，也可以直接在工作表中选择新的单元格区域。

(4)单击“确定”按钮保存所做的修改。

当修改区域时，Excel 将自动更新所有与此名称相关的公式。

4. 删除区域名称

调出[名称管理器]对话框，单击要从工作表中删除的区域名称，再单击“删除”按钮。

六、Excel 工作表的修饰

若要制作一张清晰、美观、符合规范的工作表，必须对工作表进行修饰。

(一)数字修饰

Excel 可以对工作表内的数字进行各种修饰,其具体操作步骤如下。

①打开 Excel,找到工作簿中的修饰目标表格。

②选择要进行修饰的单元格区域,单击“格式”菜单,选择“单元格”选项,屏幕上弹出“单元格格式”对话框。

③选择对话框中的“数字”页面,从“分类”列表中选择合适的数字格式类型。

④如果对所选数字格式类型满意,则单击“确定”按钮,完成对目标表格数字的修饰。

(二)修改列宽与行高

在新创建的 Excel 工作表中,所有单元格都具有相同的宽度和高度。太长的数据在单元格中可能会显示不全。对文字类型数据而言,超长的数据显示不完整;对数值类型数据而言,将会显示为“######”,表示数值超过显示宽度。因此,有时需要改变行高和列宽。

1. 改变列宽

改变列宽的第一种操作步骤如下。

(1)鼠标指向工作表中某两列坐标的垂直线上(如 A 列和 B 列之间的垂直线)。

(2)当鼠标形状变为十字时,拖动该边界垂直线左右移动。

改变列宽的第二种操作步骤如下。

(1)单击鼠标所在列任意单元格。

(2)在“格式”菜单中选择“列”,再从下拉列表中选择“列宽”,出现“列宽”对话框,输入新的列宽值就可以改变列宽。

2. 改变行高

改变行高与改变列宽的操作相似。

第一种操作步骤如下。

(1)用鼠标指在工作表中某两行的坐标水平线上。

(2)当鼠标形状变为十字时,拖动该边界垂直线上下移动。

第二种操作步骤如下。

(1)单击鼠标所在行任意单元格。

(2)在“格式”菜单中选择“行”,再从下拉列表中选择“行高”,出现“行高”对话框,输入新的行高值就可以改变行高。

(三)改变对齐方式

在使用 Excel 时,如果没有设定格式,输入单元格内的数据都将按照默认的格式显示,即文字左对齐,数字右对齐。根据需要,可以改变上述设置。常用的对齐方式有 4 种,即左对齐、右对齐、居中、合并及居中。左对齐的数据在单元格内靠左端放置。右对齐的数据在单元格内靠右端放置。居中的数据放置在单元格中间。合并及居中是将所选范围内的单元格合并,形成一个大的单元格,数据放置在此单元格中间。

设置数据的对齐方式的操作步骤如下。

(1)选择要改变对齐方式的单元格区域。

(2)单击“格式”菜单,选择“单元格”选项,屏幕上弹出“单元格格式”对话框,单击“对齐”图标。

(3)在文本对齐方式的按水平对齐及垂直对齐选择框内,按实际需要,选择左对齐、右对齐或居中方式;在文本控制框内,按实际需要,选择自动换行、合并单元格等操作。

全部选择完成后,按“确定”键,改变对齐方式的操作就完成了。

(四)边框和颜色

在编辑 Excel 工作表时,看到的浅色表格线是 Excel 为了便于操作设置的,打印时不会出现。在一般的报表中,需要把报表设计成各种各样的表格形式,使表格内容更加清晰,直观。利用边框和颜色设置可以突出工作表上重要的信息。

1. 设置单元格边框

(1)选择设置边框的单元格区域。

(2)单击“格式”菜单,选择“单元格”选项,屏幕上弹出“单元格格式”对话框,单击“边框”图标。

(3)对线型进行设置(注意:可以设置斜线),单击边框按钮,然后在边框区域中进行设置。

2. 设置单元格颜色

颜色设置包括文字颜色、单元格背景色等。通过工具栏中的有关按钮可以设置颜色。

(1)选择设置颜色的单元格区域,单击工具栏中“填充颜色”按钮(或“字体颜色”按钮),弹出调色板对话框。

(2)选择对应颜色即可完成背景颜色的填充(或字体颜色的改变)。

第二节　Excel 常用分析工具与统计函数简介

一、Excel 常用分析工具

Excel 提供了一组数据分析工具,称为分析工具库。在进行复杂的统计分析时,使用现成的数据分析工具可以节省很多时间。只需为每一个分析工具提供必要的数据和参数,该工具就会自动使用适宜的统计或数学函数,并在输出表格中显示相应的结果。其中的一些工具在生成输出表格时,还能同时产生图表。如果要浏览已有的分析工具,可以单击[数据]选项卡[分析]组中的[数据分析]。

如果[数据分析]没有出现在选项卡上,则必须先加载该分析工具库。具体参见"熟悉 Excel 工作界面"部分的介绍。如果使用低版本 Excel,加载该分析工具库的过程:在工具栏中找到加载项,选中分析工具,然后回到工具栏中选中数据分析项。

使用各项分析工具的操作步骤如下。

(1)打开相应的 Excel 文件。

(2)单击[工具]或[数据]→[数据分析],在调出的[数据分析]对话框中双击相应的数据分析工具选项,如"描述统计""相关系数"等,如图 1-10 所示。

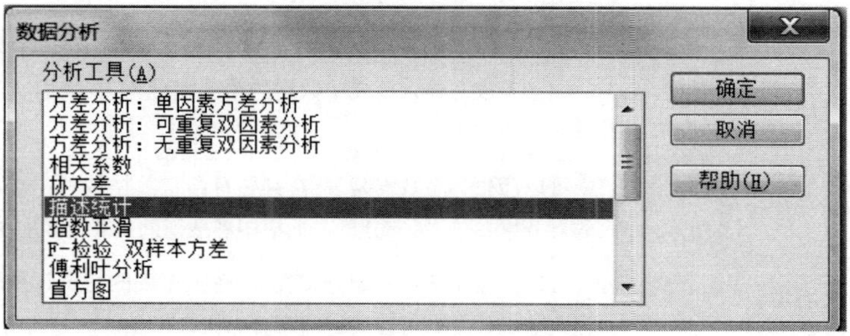

图 1-10　"数据分析"对话框

(3)在打开的各种分析工具的对话框中,按各种分析工具的要求填写相应的信息,最后按"确定"按钮。

以下给出了 Excel 主要分析工具的一览表(表 1-2),具体的使用方法在相关实验中说明。

表 1-2　Excel 主要数据分析工具一览表

分析工具名称	分析工具的简单说明
F 检验: 双样本方差	可以进行双样本 *F* 检验,用来比较两个样本总体的方差
t 检验: 平均值的成对双样本分析	可以进行成对双样本 *t* 检验,用来确定样本均值是否相等。此 *t* 检验并不假设两个总体的方差是相等的
t 检验: 双样本等方差假设	可以进行双样本 *t* 检验。此 *t* 检验先假设两个数据集的平均值相等,故也称作齐次方差 *t* 检验。可以使用 *t* 检验来确定两个样本均值实际上是否相等

续表

分析工具名称	分析工具的简单说明
t 检验： 双样本异方差假设	可以进行双样本 t 检验。此 t 检验先假设两个数据集的方差不等，故也称作异方差 t 检验。可以使用 t 检验来确定两个样本均值实际上是否相等
z 检验： 双样本平均差检验	可以进行方差已知的双样本均值 z 检验。此工具用于检验两个总体均值之间存在差异的假设
抽样	此分析工具以输入区域为总体构造总体的一个样本。当总体太大而不能进行处理或绘制时，可以选用具有代表性的样本。如果确认输入区域中的数据是周期性的，还可以对一个周期中特定时间段的数值进行采样。如输入区域包含季度销售量数据，以 4 为周期进行取样，将在输出区域中生成某个季度的样本
回归	通过对一组观察值使用最小二乘法直线拟合，进行线性回归分析。可用来分析单个因变量是如何受一个或多个自变量影响的
描述统计	用于生成对输入区域中数据的单变量分析，提供有关数据趋中性和易变性的信息
排位与百分比排位	可以产生一个数据列表，在其中将给定数据按大小次序排位和相应的百分比排位，用来分析数据集中各数值间的相互位置关系
随机数发生器	可以按照用户选定的分布类型，在工作表的特定区域中生成一系列独立随机数字。可以通过概率分布来表示主体的总体特征
相关系数	可用于判断两组数据集（可以使用不同的度量单位）之间的关系。可以使用相关系数分析工具来确定两个区域中数据的变化是否相关
协方差	用于返回各数据点的一对均值偏差之间的乘积的平均值。可以使用协方差工具来确定两个区域中数据的变化是否相关
移动平均	可以基于特定的过去某段时期中变量的均值，对未来值进行预测
直方图	在给定工作表中数据单元格区域和接收区间的情况下，计算数据的个别和累计频率，用于统计某个数值元素的出现次数
指数平滑	基于前期预测值导出相应的新预测值，并修正前期预测值的误差。此工具将使用平滑常数 α，其大小决定了本次预测对前期预测误差的修正程度
单因素方差分析	通过简单的方差分析，对两个以上样本均值进行相等性假设检验（抽样取自具有相同均值的样本空间）。此方法是对双均值检验（如 t 检验）的扩充
可重复双因素分析	此分析工具是对单因素方差分析的扩展，即每一组数据包含不止一个样本

续表

分析工具名称	分析工具的简单说明
无重复双因素分析	通过双因素方差分析(但每组数据只包含一个样本),对两个以上样本均值进行相等性假设检验(抽样取自具有相同均值的样本空间)。此方法是对双均值检验(如 t 检验)的扩充

二、Excel 常用统计函数

在 Excel 中,函数就是预定义的内置公式,它使用参数并按照特定的顺序运行计算。函数的参数是函数进行计算所必需的初始值。使用者把参数传递给函数,函数按特定指令对参数进行计算,把计算的结果返回给使用者。函数的参数可以是数字、文本、逻辑值或单元格的引用,也可以是常量公式或其他函数。每个函数都有它需要的参数类型。无论是什么类型的参数都必须能产生有效数值。Excel 提供了大约 80 个统计函数,下面按照功能的分类状况列出这些统计函数(表 1-3)。

表 1-3 Excel 中常用统计函数一览表

函数名称	函数说明	语法形式
AVEDEV	返回一组数据与其均值的绝对偏差的平均值,即离散度	AVEDEV(number1,number2,…)
AVERAGE	返回参数算术平均值	AVERAGE(number1,number2,…)
AVERAGEA	计算参数清单中数值的平均值(算术平均值)。不仅数字,文本和逻辑值(如 TRUE 和 FALSE)也将计算在内	AVERAGEA(value1,value2,…)
BETADIST	返回 Beta 分布累积函数的函数值。Beta 分布累积函数通常用于研究样本集合中某些事物的发生和变化情况	BETADIST(x,alpha,Beta,A,B)
BETAINV	返回 Beta 分布累积函数的逆函数值。即,如果 probabiliy=BETADIST(x,…),则 BETAINV(probabiliy,…)=x。Beta 分布累积函数可用于项目设计,在给定期望的完成时间和变化参数后,模拟可能的完成时间	BETAINV(probabllity,alpha,Beta,A,B)
BINOMDIST	返回一元二项式分布的概率值	BINOMDIST(number_s,trials,probabilty_s,cumulative)
CHIDIST	返回 r^2 分布的单尾概率。r^2 分布与 r^2 检验相关。使用 r^2 检验可以比较观察值和期望值	CHIDIST(x,degrees_freedom)

续表

函数名称	函数说明	语法形式
CHIINV	返回 r^2 分布单尾概率的逆函数	CHIINV(probability,degrees_freedom)
CHITEST	返回独立性检验值。函数 CHITEST 返回 r^2 分布的统计值及相应的自由度	CHITEST(actual_range,expected_range)
CONFIDENCE	返回总体平均值的置信区间。置信区间是样本平均值任意一侧的区域	CONFIDENCE(alpha,standard_dev,size)
CORREL	返回单元格区域 array1 和 array2 之间的相关系数。使用相关系数可以确定两种属性之间的关系	CORREL(array1,array2)
COUNT	返回参数的个数。利用函数 COUNT 计算数组或单元格区域中数字项的个数	COUNT(value1,value2,…)
COUNTA	返回参数组中非空值的数目。利用函数 COUNTA 计算数组或单元格区域中数据项的个数	COUNTA(value1,value2,…)
COVAR	返回协方差,即每对数据点的偏差乘积的平均数,利用协方差可以决定两个数据集之间的关系	COVAR(array1,array2)
CRITBINOM	返回使累积二项式分布大于或等于临界值的最小值。此函数可以用于质量检验	CRITBINOM(trials,probability_s,alpha)
DEVSQ	返回数据点与各自样本均值偏差的平方和	DEVSQ(number1,number2,…)
EXPONDIST	返回指数分布。使用函数 EXPONDIST 可以建立事件之间的时间间隔模型	EXPONDIST(x,lambda,cumulative)
FDIST	返回 F 概率分布。使用此函数可以确定两个数据系列是否存在变化程度上的不同	FDIST(x,degrees_freedom1,degrees_freedom2)
FINV	返回 F 概率分布的逆函数值	FINV(probability,degrees_freedom1,degrees_freedom2)
FISHER	返回点 x 的 Fisher 变换。该变换生成一个近似正态分布而非偏斜的函数	FISHER(x)
FISHERINV	返回 Fisher 变换的逆函数值。使用此变换可以分析数据区域或数组之间的相关性	FISHERINV(y)
FORECAST	根据给定的数据计算或预测未来值	FORECAST(x,known_y's,known_x's)
FREQUENCY	以一列垂直数组返回某个区域中数据的频率分布	FREQUENCY(data_array,bins_array)

续表

函数名称	函数说明	语法形式
FTEST	返回 F 检验的结果。F 检验返回的是当数组 1 和数组 2 的方差无明显差异时的单尾概率。可以使用此函数来判断两个样本的方差是否不同	FTEST(array1,array2)
GAMMADIST	返回伽玛分布。可以使用此函数来研究具有偏态分布的变量。伽玛分布通常用于排队分析	GAMMADIST(x,alpha,beta,cumulative)
GAMMAINV	返回伽玛分布的累积函数的逆函数	GAMMAINV(probability,alpha,beta)
GAMMALN	返回伽玛函数的自然对数,$\Gamma(x)$	GAMMALN(x)
GEOMEAN	返回正数数组或数据区域的几何平均值	GEOMEAN(number1,number2,…)
GROWTH	根据给定的数据预测指数增长值	GROWTH(known_y's,known_x's,known_x's,const)
HARMEAN	返回数据集合的调和平均值。调和平均值与倒数的算术平均值互为倒数	HARMEAN(number1,number2,…)
HYPGEOMDIST	返回超几何分布	HYPGEOMDIST(sample_s,number_sample,popuLation_s,number_population)
INTERCEPT	利用已知的 x 值与 y 值计算直线与 y 轴的截距	INTERCEPT(known_y's,known_x's)
KURT	返回数据集的峰值	KURT(number1,number2,…)
LARGE	返回数据集中的第 k 个最大值	LARGE(array,k)
LINEST	使用最小二乘法计算对已知数据进行最佳直线拟合,并返回描述此直线的数组	LINEST(known_y's,known_x's,const,stats)
LOGEST	在回归分析中,计算最符合观测数据组的指数回归拟合曲线,并返回描述该曲线的数组	LOGEST(known_y's,known_x's,const,stats)
LOGINV	返回 x 的对数正态分布累积函数的逆函数	LOGINV(probability,mean,standard_dev)
LOGNORMDIST	返回 x 的对数正态分布的累积函数	LOGNORMDIST(x,mean,standard_dev)
MAX	返回数据集中的最大数值	MAX(number1,number2,…)
MAXA	返回参数清单中的最大数值	MAXA(value1,value2,…)

续表

函数名称	函数说明	语法形式
MEDIAN	返回给定数值集合的中位数。中位数是在一组数据中居于中间的数	MEDIAN(number1,nmnber2,…)
MIN	返回给定参数表中的最小值	MIN(number1,number2,…)
MINA	返回参数清单中的最小数值	MINA(value1,value2,…)
MODE	返回在某一数组或数据区域中出现频率最多的数值	MODE(number1,number2,…)
NEGBINOMDIST	返回负二项式分布	NEGBINOMDIST(number_f, number_s, probability_s)
NORMDIST	返回给定平均值和标准偏差的正态分布的累积函数	NORMDIST(x,mean,standard_dev,cumulative)
NORMINV	返回给定平均值和标准偏差的正态分布的累积函数的逆函数	NORMINV(probability, mean, standard_dev)
NORMSDIST	返回标准正态分布的累积函数,该分布的平均值为 0,标准偏差为 1	NORMSDIST(z)
NORMSINV	返回标准正态分布累积函数的逆函数。该分布的平均值为 0,标准偏差为 1	NORMSINV(probability)
PEARSON	返回 Pearson(皮尔生)乘积矩相关系数 r,这是一个范围在 -1.0~1.0 之间(包括 -1.0 和 1.0 在内)的元量纲指数,反映了两个数据集合之间的线性相关程度	PEARSON(array1,array2)
PERCENTILE	返回数值区域的 K 百分比数值点。可以使用此函数来建立接受阈值。如可以确定得分排名在 90 个百分点以上的检测候选人	PERCENTILE(array,k)
PERCENIRANK	返回特定数值在一个数据集中的百分比排位。此函数可用于查看特定数据在数据集中所处的位置。如可以使用函数 PERCENTRANK 计算某个特定的能力测试得分在所有的能力测试得分中的位置	PERCENIRANK(array,x,significance)
PERMUT	返回从给定数目的对象集合中选取的若干对象的排列数。排列可以为有内部顺序的对象或为事件的任意集合或子集。排列与组合不同,组合的内部顺序无意义。此函数可用于彩票计算中的概率	PERMUT(number,number_chosen)

续表

函数名称	函数说明	语法形式
POISSON	返回泊松分布。泊松分布通常用于预测一段时间内事件发生的次数，如一分钟内通过收费站的轿车的数量	POISSON(x,mean,cumulative)
PROB	返回一概率事件组中落在指定区域内的事件所对应的概率之和。如果没有给出 upper_limit，则返回 x_range 内值等于 lower_limit 的概率	PROB(x_range,prob_range,lower_limit,upper_limit)
QUARTILE	返回数据集的四分位数。四分位数通常用于在销售额和测量值数据集中对总体进行分组。如可以使用函数 QUARTILE 求得总体中前 25% 的收入值	QUARTILE(array,quart)
RANK	返回一个数值在一组数值中的排位。数值的排位是与数据清单中其他数值的相对大小(如果数据清单已经排过序了，则数值的排位就是它当前的位置)	RANK(number,ref,order)
RSQ	返回根据 known_y's 和 known_x's 中数据点计算得出的 Pearson 乘积矩相关系数的平方。有关详细信息，请参阅函数 REARSON。R^2 可以解释为 y 方差与 x 方差的比例	RSQ(known_y's,known_x's)
SKEW	返回分布的偏斜度。偏斜度反映以平均值为中心的分布的不对称程度。正偏斜度表示不对称边的分布更趋向正值。负偏斜度表示不对称边的分布更趋向负值	SKEW(number1,number2,…)
SLOPE	返回根据 known_y's 和 known_x's 中的数据点拟合的线性回归直线的斜率。斜率为直线上任意两点的垂直距离与水平距离的比值，也就是回归直线的变化率	SLOPE(known_y's,known_x's)
SMALL	返回数据集中第 k 个最小值。使用此函数可以返回数据集中特定位置上的数值	SMALL(array,k)
STANDARDIZE	返回以 mean 为平均值，以 standard_dev 为标准偏差的分布的正态化数值	STANDARDIZE(x,mean,standard_dev)
STDEV	估算样本的标准偏差。标准偏差反映相对于平均值(mean)的离散程度	SIDEV(number1,number2,…)

续表

函数名称	函数说明	语法形式
STDEVA	估算基于给定样本的标准偏差。标准偏差反映数值相对于平均值(mean)的离散程度。文本值和逻辑值(如 TRUE 或 FALSE)也将计算在内	STDEVA(value1,value2,…)
STDEVP	返回以参数形式给出的整个样本总体的标准偏差。标准偏差反映相对于平均值(mean)的离散程度	STDEVP(number1,number2,…)
STDEVPA	计算样本总体的标准偏差。标准偏差反映数值相对于平均值(mean)的离散程度	STDEVPA(value1,value2,…)
STEYX	返回通过线性回归法计算 y 预测值时所产生的标准误差。标准误差用来度量根据单个 x 变量计算出的 y 预测值的误差量	STEYX(known_y's,known_x's)
TDIST	返回学生 t 分布的百分点(概率),t 分布中数值(x)是 t 的计算值(将计算其百分点)。t 分布用于小样本数据集合的假设检验。使用此函数可以代替 t 分布的临界值表	TDIST(x,degrees_freedom,tails)
TINV	返回作为概率和自由度函数的学生 t 分布的 t 值	TINV(probability,degrees_freedom)
TREND	返回一条线性回归拟合线的一组纵坐标值(y 值)。即找到适合给定的数组 known_y's 和 known_x's 的直线(用最小二乘法),并返回指定数组 new_x's 值在直线上对应的 y 值	TREND(known_y's 和 known_x's,new_x's,const)
TRIMMEAN	返回数据集的内部平均值。函数 TRIMMEAN 先从数据集的头部和尾部除去一定百分比的数据点,然后求平均值。当希望在分析中剔除一部分数据的计算时,可以使用此函数	TRIMMEAN(array,percent)
TTEST	返回与学生 t 检验相关的概率。可以使用函数 TTEST 判断两个样本是否可能来自两个具有相同均值的总体	TTEST(array1,array2,tails,type)
VAR	估算样本方差	VAR(number1,number2,…)
VARA	估算基于给定样本的方差。不仅数字,文本值和逻辑值(如 TRUE 和 FALSE)也将计算在内	VARA(value1,value2,…)

续表

函数名称	函数说明	语法形式
VARP	计算样本总体的方差	VARP(number1,number2,…)
VARPA	计算样本总体的方差。不仅数字,文本值和逻辑值(如 TRUE 和 FALSE)也将计算在内	VARPA(value1,value2,…)
WEIBULL	返回韦伯分布。使用此函数可以进行可靠性分析,比如计算设备的平均故障时间	WEIBULL(x,aipha,beta,cumulative)
ZTEST	返回 *Z* 检验的双尾 *P* 值。*Z* 检验根据数据集或数组生成 x 的标准得分,并返回正态分布的双尾概率。可以使用此函数返回从某总体中抽取特定观测值的似然估计	ZTEST(array,x,sigma)

从表 1-3 可以看出 Excel 的函数是以如下的形式表示:函数名(参数 1,参数 2,……)

从表 1-3 的函数名称中可以发现有些函数的名称是很类似的,只是在名称末尾多了一个字母 A,如 AVERAGE 与 AVERAGEA、COUNT 与 COUNTA。一般来说,名称中带 A 的函数在统计时不仅统计数字,文本和逻辑值(如 TRUE 和 FALSE)也将计算在内。另外,一些以 INV 结尾的函数一般为逆函数,如 CHEIST 和 CHIINV、NORMSDIST 和 NORMSINV 等。此外,扩展的 Excel 函数中还有一类结尾加 IF 的函数,表示按条件计算或处理,如 COUNTIF 是条件计数函数,SUMIF 是条件求和函数等。

在 Excel 运行过程中,调用统计函数主要采用两种方法。一是在工作簿的单元格中直接输入统计函数的函数名称(必须在统计函数名称前加"="符号),就会立即弹出该函数的初始值输入对话框,只要在有关的参数选项内填入确定的参数就能得到函数的计算结果值。或在工作簿的单元格中输入"="号后,查找工作簿左上方的"名称"显示格内出现的函数选择表,选择某个函数名称,同样会得到该函数的初始值输入对话框。二是利用粘贴函数按钮调用,单击粘贴函数快捷按钮,即会弹出一个 Excel 函数选择表,选择其中的"统计"选项,再单击,又会弹出一个 Excel 统计函数的选择表,选定需要调用的统计函数名称,同样会弹出该函数的初始值输入对话框,在有关选项内填入确定的参数就能得到函数的计算结果值。

下面举例说明统计函数的直接调用方法。

[例 1-1]调用 FDIST(计算 F 概率分布)函数计算两个样本方差之比的 F 分布值。假设第一个样本的自由度为 6,第二个样本的自由度为 20,两个样本方差之比 $X=1.6$,求 $P(X=1.6)$ 的值是多少?

解:打开 Excel 建立一个新工作簿,用第一种方法,在单元格 B1 处输入两个样本方差之比 1.6,在 B2 处输入第一个样本的自由度 6,在 B3 处输入第二个样本的自由度 20,在 B4 处输入函数的公式“=FDIST(B1,B2,B3)”,其中括号内的 B1、B2、B3 是参数的单元格引用。回车后就能在单元格 B4 处显示其 F 概率分布值“0.198892”,如图 1-11、图 1-12 所示。

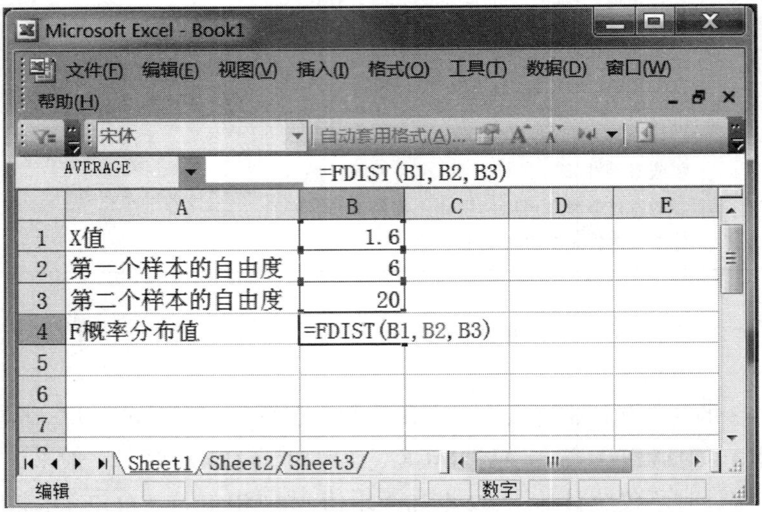

图 1-11　输入数据

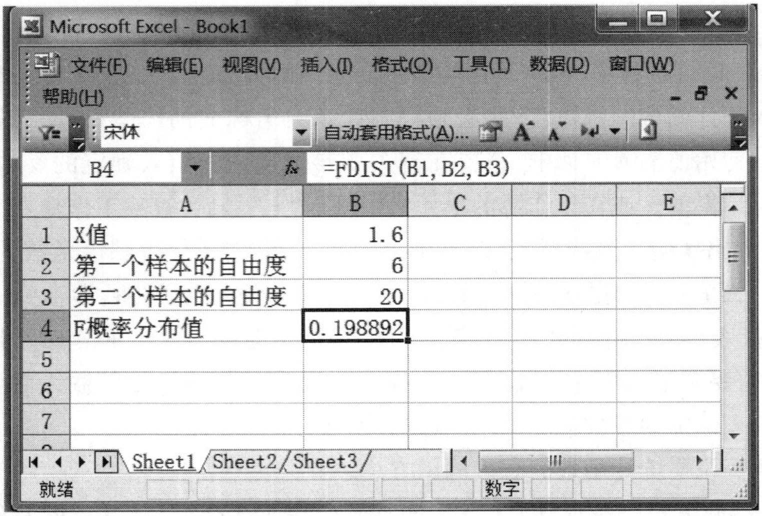

图 1-12　F 概率分布值计算结果

另外,用第二种方法,在单元格 B4 输入“=”,单击插入,会弹出一个 Excel 函数选择表,选择其中的“统计”选项,在统计函数的选择表中选定要调用的统计函数“FDIST”,弹出该函数的初始值输入对话框,在有关选项内填入确定的参数,其中,参数 X 为两个方差的比值,这里填入参数为 1.6;参数 Deg_freedom 1 为分子(第一个样本)的自由度,这里填入参数为 6,参数 Deg_freedom 2 为分母(第二个样本)的自由度,这里填入参数为 20。回车后也能在单元格 B4 得到函数的计算结果值“0.1989),过程见图 1-13、图 1-14。

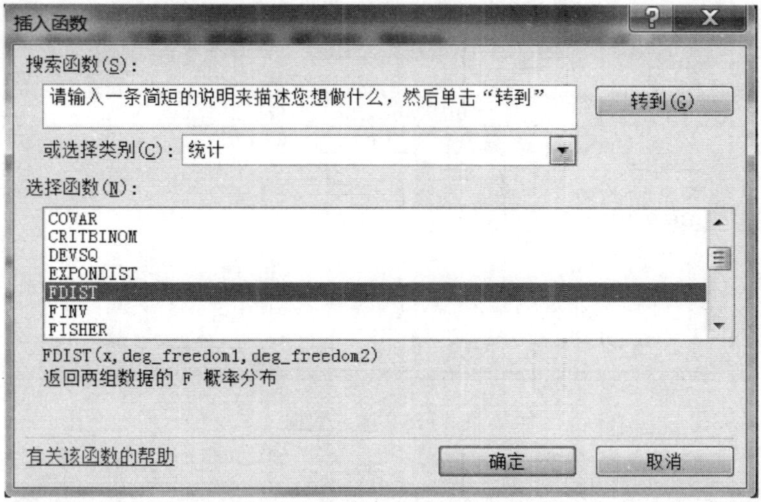

图 1-13　插入函数对话框

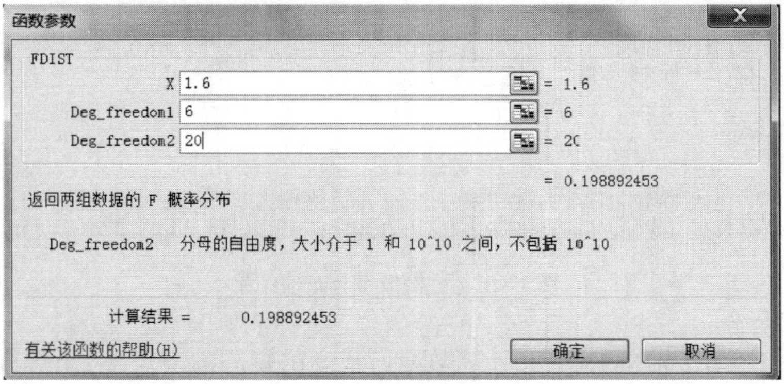

图 1-14　函数参数对话框

[例 1-2]调用 POISSON 计算泊松概率分布的值。假设某国家以往的 5 年中平均每年调整利率 2 次,现计算调整利率 3 次的概率?

解:泊松概率分布常见的应用是计算每个单位时间内某种事件发生的次数,以上事例符合泊松概率分布。

在单元格 B1 处输入关心事件的次数,这里参数为 3;在 B2 处输入平均数,这里参数为 2;在 B3 处输入泊松函数的公式“=POISSON(B1,B2,FALSE)”,其中括号内的 B1、B2 是参数的单元格引用,FALSE 为逻辑值中的点值(TRUE 则为逻辑值中的累积值)。回车后就能在单元格 B3 处显示其泊松概率分布值“0.180447”,见图 1-15、图 1-16。

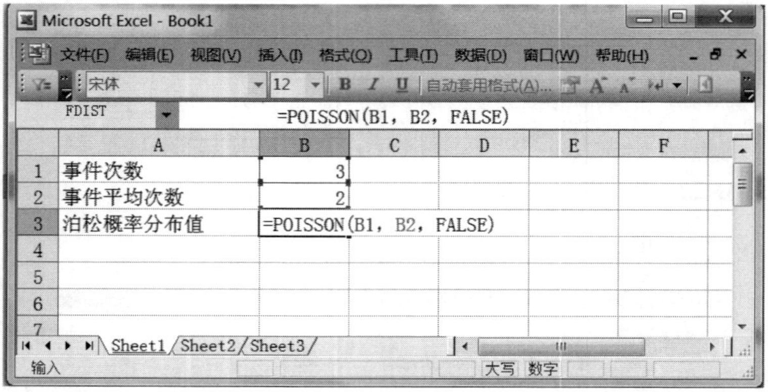

图 1-15　输入数据

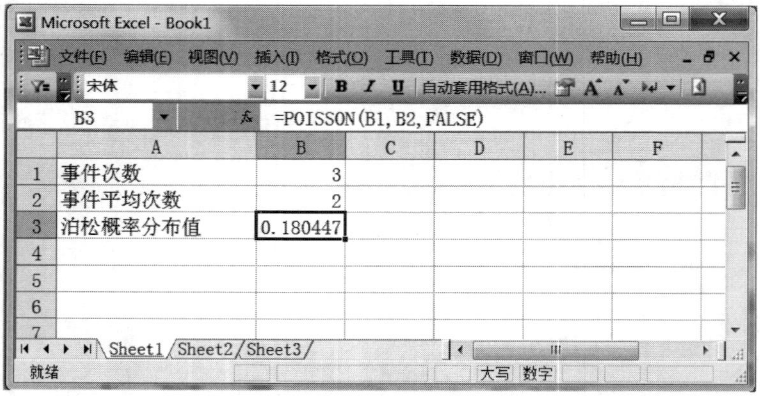

图 1-16　泊松概率分布值结果

[例 1-3]调用 MINVERSE(计算数组所代表的矩阵的逆矩阵)函数进行矩阵求逆运算。对矩阵求逆。

解:计算数组所代表的矩阵的逆矩阵要用到组合键,其具体计算步骤如下。

①输入数据矩阵。

②选中指定的逆矩阵所占的空单元格。

③在函数向导中选择 MINVERST 函数。

④同时按“Ctrl+Shift+Enter”组合键。

⑤输入 Array 的数据矩阵的单元格地址引用。

⑥显示所求的逆矩阵。

在 Excel 工作表中输入矩阵,并选中指定的逆矩阵所占的空单元格,见图 1-17。

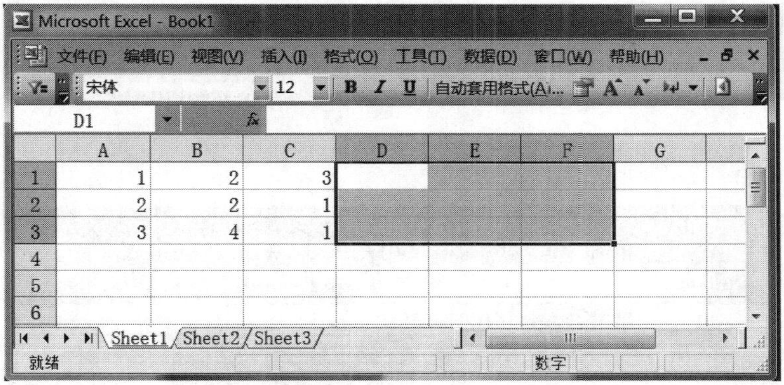

图 1-17 工作表

在函数向导中选择 MINVERST 函数,见图 1-18。

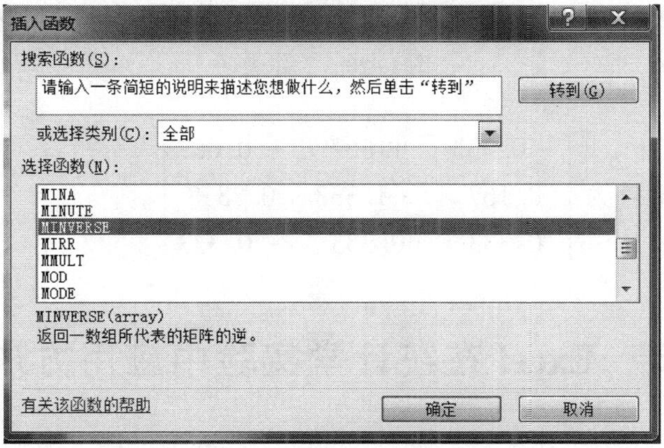

图 1-18 函数对话框

同时按下“Ctrl+Shift+Enter”组合键,在 MINVERST 函数的对话框中输入 Array 的数据矩阵的单元格地址引用(这里 Array 是指原始矩阵数组的单元格地址)(A1:C3),见图 1-19。

同时按下“Ctrl+Shift+Enter”组合键,显示所求的逆矩阵,见图 1-20。

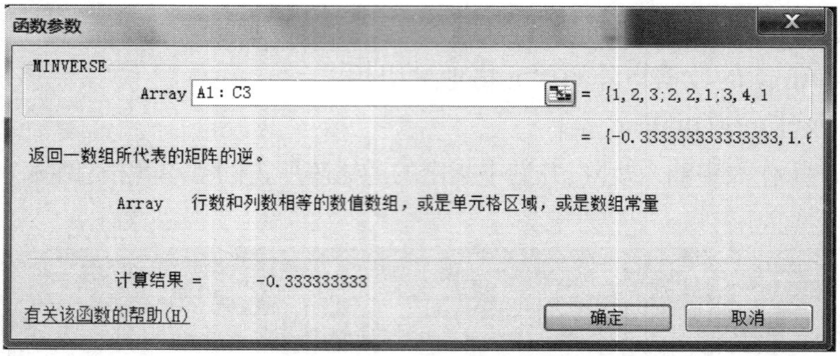

图 1-19　函数对话框

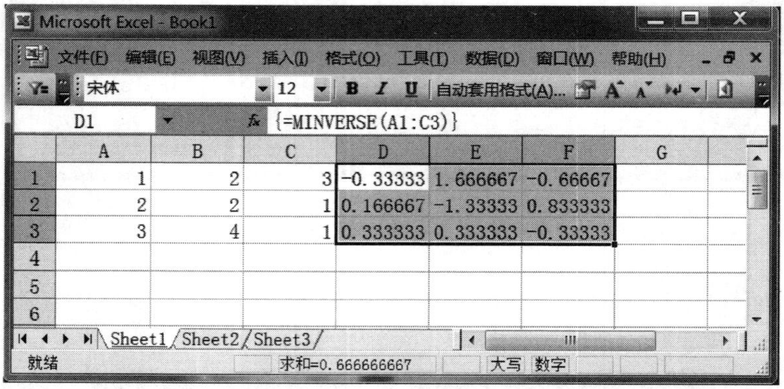

图 1-20　工作表

得到所求逆矩阵为 $\begin{bmatrix} -0.333 & 1.667 & -0.667 \\ 0.167 & -1.333 & 0.8333 \\ 0.333 & 0.333 & -0.333 \end{bmatrix}$。

第三节　Excel 在统计学实验中应用方法简介

一、统计学计算机实验的教学目的

统计学课程的教学目标就是要培养和训练学生能够应用有效的计算方法和计算工具来完成具体的统计任务。就计算工具而言，过去主要是利用算盘和计算器，而现在主要是利用现代信息技术。统计学是经济、管理类各专业学生必须掌握的专业基础学科，为了使学生能够很快地适应运用现代信息技术进行统计业务操作的要求，在统计学的教学中引入相关业务的模拟实验教学有助于缩短学生毕业后进入岗位角色的时间，也有利于学生更好地掌握统计学理论和实务，提高学生应用计算机和现代网络信息技术的能力。

统计学计算机实验的教学目的在于加深学生对统计理论和实务的理解，通过对实验过程的操作和实验结果的分析，使学生能够更好地掌握统计学的基本理论、基础知识、基本方法和基本技能；培养学生实事求是、理论联系实际和严谨认真的学习态度；培养学生动手实践的能力和自我学习的能力。

二、统计学计算机实验环境和软件的选择

统计学计算机实验的实验环境是指实验的软硬件配置和实验室环境配置。统计学计算机实验要求配备一定的实验用硬件设备及相关的系统软件和应用程序软件，为了使实验能够更好地体现实际操作情况，也可以进行适当的场景布置，使学生进行实验时有身临其境的感受。

统计学计算机实验所需要配备的硬件设备一般包括能够运行各种统计学计算机软件和各类常见的通用应用软件的计算机，能接入国际互联网的上网设备等。

统计学计算机实验要求的软件包括操作系统软件和必要的应用软件。

（一）操作系统软件

操作系统是最底层的系统软件，它是对硬件系统功能的扩充，是支撑应用软件运行的软件平台。统计学计算机实验要求的操作系统一般是 Windows 操作系统软件，（如 Windows 98、Windows 2000、Windows XP、Windows 7、Window 10 等）。

（二）统计学计算机软件

1. SPSS 软件

统计学计算机实验所使用的应用软件较广泛，可供选择的余地很大。SPSS 是 statistical package for the social science（社会科学统计软件包）英文名称的首字母缩写。SPSS 公司于 2000 年正式将英文全称更改为 statistical product and service solutions，意为“统计产品与服务解决方案”。

SPSS 是世界上最早的统计分析软件，由美国斯坦福大学的 3 位研究生于 20 世纪 60 年代末研制，1984 年 SPSS 总部首先推出了世界上第一个统计分析软件微机版本 SPSS/PC+，开创了 SPSS 微机系列产品的开发方向，极大地拓展了它的应用范围，使 SPSS 能够应用于自然科学、技术科学、社会科学的各个领域。世界上许多有影响的报刊、杂志纷纷就 SPSS 的自动统计绘图、数据的深入分析、使用方便、功能齐全等方面特点给予了高度的评价与称赞，是目前世界上应用最广泛的专业统计软件。在国际学术界有条不成文的规定，在国际学术交流中，凡是用 SPSS 软件完成的计算和统计分析，可以不必说明算法，由此可见其影响之大和信誉之高。

2. SAS 软件

另一种常用的统计学计算机软件 SAS 系统的全称为 sstatistics analysis system，最早由北卡罗来纳大学的两位生物统计学研究生编制，并于 1976 年成立了 SAS 软件研究所，正式推出了 SAS 软件。SAS 是用于决策支持的大型集成信息系统，但该软件系统最早的功能限于统计分析，至今，统计分析功能也仍是它的重要组成部分和核心功能。

在数据处理和统计分析领域，SAS 系统被誉为国际上的标准软件系统，并在 1996 年、1997 年被评选为建立数据库的首选产品，它堪称统计软件界的巨无霸。如在以苛刻、严格著称于世的美国 FDA 新药审批程序中，新药试验结果的统计分析规定只能用 SAS 进行，其他软件的计算结果一律无效，哪怕只是简单的平均数和标准差计算也不行，由此可见 SAS 的权威地位。

（三）Excel 软件

当前最流行的电子表格是微软公司的 Office 系列办公自动化软件中的 Excel。Microsoft Excel 具有功能强大、技术先进、使用方便、应用广泛的特点，是各类经济、管理人员最有用的工具。Excel 可以用来制作电子表格，完成许多复杂的数据运算，进行数据的分析和预测，并且具有强大的制作图表的功能等。Excel 作为一种电子表格软件，它不仅有强大的数据处理能力，而且它可以通过查询功能调用 Access、SQL SERVER、ORACLE、DB2 等数据库软件建立的大型数据库中的内容。用户可以在工作表中对这些数据进行筛选、排序、查询、编辑、进行数据分析和统计处理、打印统计报表等，也可以对从数据库中获得的数据进行进一步的加工、分析和综合。此外，Excel 的 VBA 功能强大，如果与工作表结合应用，可以为更好地完成日常统计工作提供帮助。

统计学课程进行实验时使用 Microsoft Excel 是比较理想和理智的。首先，Excel 是比较通用的软件，价格低廉，操作比较简便。其次，Excel 不仅能够方便地处理表格和进行图形分析，其更强大的功能体现在对数据的自动处理和计算上，尤其是 Excel 的统计函数的应用，可以为经济、管理类各专业学生完成专业领域的统计任务提供很大的方便。

本教程内容的设计便是源于 Microsoft Excel 功能强大、技术先进、使用方便、应用广泛的特点，而选择了这款通用性最好的软件。

三、运用 Excel 进行统计学计算机实验的一般方法

将 Excel 运用到统计领域一般有 4 种方法：直接统计法、函数法、透视表法和使用数据分析加载宏。

（一）直接统计法

直接统计法就是利用 Excel 的自动计算功能，在工作表上直接进行快速的统计，

统计结果显示在状态栏上。

Excel 具有自动计算功能,可以进行求和、计数、均值、最大值、最小值等计算。选定单元格后,Excel 将在状态栏(是 Excel 工作表窗口底部的水平区域;如果未显示,可单击“视图”菜单中的“状态栏”命令)中显示单元格区域的总和 ,Excel 启动时自动计算的缺省设置为“求和”。当我们需要计数或计算均值时,右击状态栏,从显示的快捷菜单(图 1-21)中单击“计数”或“均值”。这样,当我们选择了一个数据区域后,系统会自动显示选定区域内单元格的数目或这些数据的平均值、最大值、最小值等。

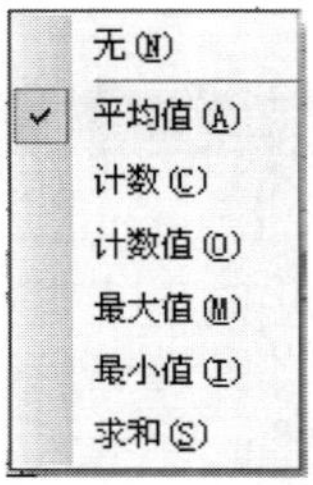

图 1-21 Excel 自动计算功能菜单

[例 1-4]某企业机修车间 10 名工人的年龄分别为 :23,32,36,40,43,48,51,21,26,32。要求计算其平均年龄。

直接统计法计算结果如图 1-22 所示。

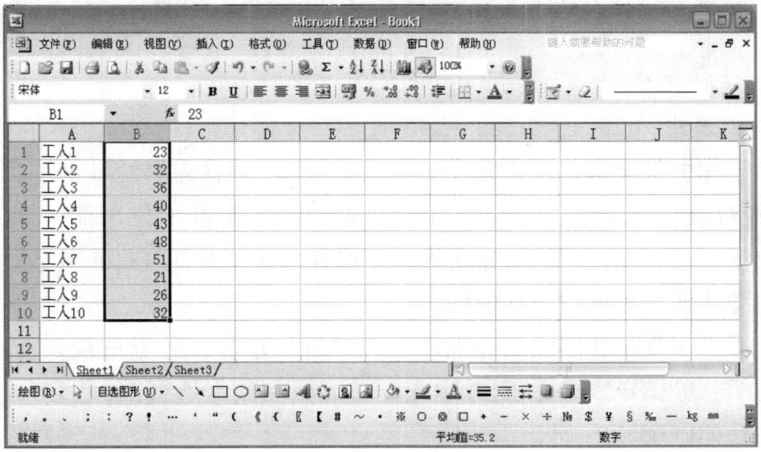

图 1-22 自动计算平均值

(二)函数法

如果统计时涉及的单元格区域很大,有上百条记录,直接统计时需要滚动屏幕才能选定单元格区域,所以这时最好使用函数法。

[例 1-5]某企业机修车间 15 名工人的年龄分别为 23,32,36,40,43,48,51,21,26,32,29,32,35,29,41。计算年龄大于或等于 30 岁的工人人数?

使用函数法计算的具体步骤如下。

第一步,打开一个 Excel 工作表;第二步,按样式输入数据(图 1-23);第三步,在 A16 单元格中输入“年龄在 30 岁以上的工人数”,在 B16 单元格中输入公式“=COUNTIF(B1:B15,“>=30”)”,回车即可。从完成的统计表中可以看出,年龄大于或等于 30 岁的工人数为 10 人,如图 1-23 所示。

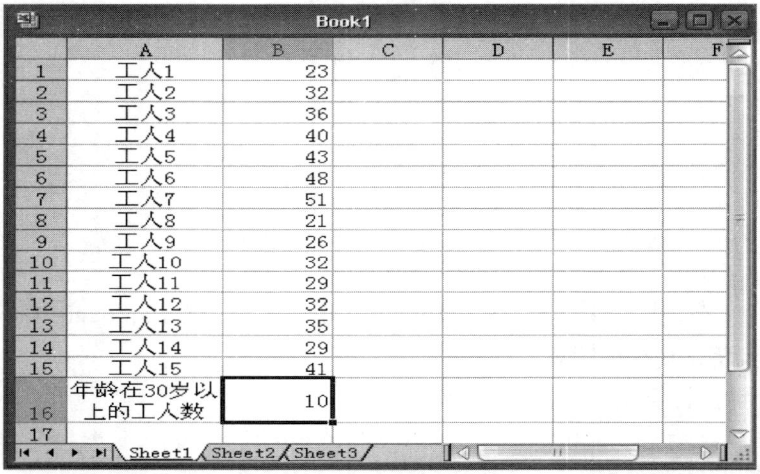

Book1

	A	B	C	D	E	F
1	工人1	23				
2	工人2	32				
3	工人3	36				
4	工人4	40				
5	工人5	43				
6	工人6	48				
7	工人7	51				
8	工人8	21				
9	工人9	26				
10	工人10	32				
11	工人11	29				
12	工人12	32				
13	工人13	35				
14	工人14	29				
15	工人15	41				
16	年龄在30岁以上的工人数	10				
17						

Sheet1 Sheet2 Sheet3

图 1-23　年龄计数工作表

(三)透视表法

在日常工作中常常遇到需要统计的记录有很多,而且需要统计的项目也有很多的情况,如统计某企业本年度每天的产量情况,这时如果我们使用前两种方法统计,很显然工作量太大。如何才能快速高效地完成任务呢? 使用 Excel 的数据透视表功能可以快捷准确地完成这类统计任务。

数据透视表法就是利用数据透视表来完成统计任务。数据透视表能够将筛选、排序和分类汇总等操作依次完成,并生成汇总表格和数据透视图,是 Excel 强大数据处理能力的具体体现。

在创建数据透视表之前必须要有一个数据源,它可以是已有的数据清单、表格中的数据或外部数据源,也可以从其他透视表中直接导入数据。创建数据透视表的方法是利用“数据透视表和数据透视图向导”对数据源进行交叉制表和汇总,然后重新布置并计算出结果。“数据透视表和数据透视图向导”总共有 4 个步骤。

第一步:选定数据源和报表类型。在“请选择待分析数据的数据源类型”中选择“Microsoft Excel 数据清单或数据库”“外部数据源”“多重合并计算数据区域”或“数据透视表或数据透视图”,在“所需创建的报表类型”中选“数据透视表”或“数据透视图”。然后单击下一步。

第二步:选定创建数据透视表的数据源区域。可以直接在对话框中输入选定的区域,也可单击“压缩对话框”按钮后在数据源中用鼠标框选单元格。选定完成后单击下一步。

第三步:选择数据透视表显示位置。共有两种选择:如果选择“现有工作表”,则数据透视表与源数据在同一工作表中;如果想让透视表独立于数据源,就选择缺省的“新建工作表”,最后单击“完成”按钮退出向导。

第四步:设置数据透视表的布局。这时导入的数据源中的字段(列)被向导模板制成了按钮,设置数据透视表的布局只要用鼠标将这些按钮拖至“行”“列”“数据”或“页”字段区域即可。其中拖入“页”字段中的按钮相当于选择了“自动筛选”命令,可以控制显示每一项;拖入“行”字段中的按钮变成了行标题;拖入“列”字段中的按钮变成了列标题;拖入“数据”字段中的按钮相当于选择了“分类、汇总”命令。汇总方式有求和、乘积、标准偏差等。

数据透视表含有多个字段,每个字段汇总了源数据中的多行信息。我们可以灵活变换查看角度,方法是单击字段旁的下拉箭头,在显示的可用项列表中进行选择;也可以将字段按钮拖动到数据透视表的另一位置。另外,行字段和列字段也可以相互交换位置,以产生结构不同而汇总结果相同的表格。同样,行字段、列字段也可与页字段相互交换位置,以产生不同的统计结果。

(四)数据分析加载宏

Excel 除了有功能强大的数据透视表外,还有数据透视图功能,它是一种交互式的图表,其功能与数据透视表类似,只不过是以图形化的形式表现罢了。数据透视图会在同一工作簿中包含一个相关联的数据透视表和该数据透视表中的所有源数据,并会随数据透视表的变动自动更新相应数据。数据透视表适用于需要统计的记录有几百或几千个,而且需要统计的项目有很多情况。对于比较专业的统计分析,可以使用数据分析加载宏提供的“分析工具库”来完成。

“分析工具库”加载宏是 Microsoft Excel 提供的一组数据分析工具,在进行复杂统计或工程分析时可节省步骤。只需为每一个分析工具提供必要的数据和参数,该工具就会使用适宜的统计或工程函数,在输出表格中显示相应的结果。其中有些工具在生成输出表格时还能同时生成图表。

如果要查看可用的分析工具,可以单击“工具”菜单中的“数据分析”命令。如果“工具”菜单中没有“数据分析”命令,则需要安装“分析工具库”。安装“分析工具库”

的方法:在“工具”菜单中,单击“加载宏”命令。如果“加载宏”界面中没有“分析工具库”,请单击“浏览”按钮,定位到“分析工具库”加载宏文件“AnaIysis32. Xll”所在的驱动器和文件夹(通常位于“Microsok offiee\Office\Library\AnaIysis”文件夹中),如果没找到该文件,就需要重新运行安装程序。“分析工具库”包括了多种统计分析工具,主要有方差分析工具、相关系数分析工具、协方差分析工具、“描述统计”分析工具、“指数平滑”分析工具、“傅立叶分析”分析工具、“F-检验:双样本方差”分析工具、“直方图”分析工具、“移动平均”分析工具、“t-检验”分析工具、“随机数发生器”分析工具、“排位与百分比排位”分析工具、“回归分析”分析工具、“抽样分析”分析工具、“z 检验:双样本平均差检验”分析工具。

这些工具的使用非常方便,只要在“工具”菜单中,单击“数据分析”命令。在“分析工具”列表框中,单击想要使用的工具。在该工具对话框中键入相应的输入区域和输出区域,并选择需要的选项,就能完成操作。“分析工具”列表框如图 1-24 所示。

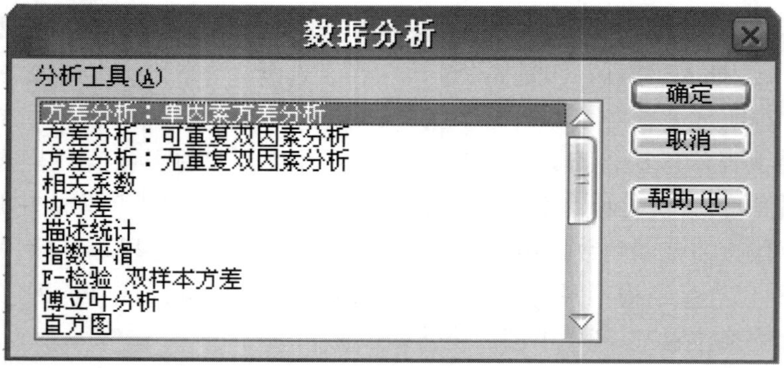

图 1-24 数据分析工具菜单

分析工具库中的每项分析工具都有各自的数据输入对话框,当选择了需要的分析工具后,单击“确定”按钮,屏幕就会弹出该工具的数据输入对话框,供用户输入或选择必要的数据或参数。应该说“分析工具库”加载宏是非常有用的统计和工程数据分析工具。

第二章　统计资料收集、整理与显示

第一节　知识要点与主要公式

(1)统计数据收集是根据统计研究预定的目的和任务,运用相应科学的调查方法与手段,有计划、有组织地从客观实际收集资料的过程。

(2)统计调查方案主要由下面 4 个部分组成:

①确定调查目的和任务。

②确定调查对象和调查单位。

③确定调查项目和调查表。

④确定调查时间和调查期限。

(3)我国统计调查方式主要包括普查、抽样调查、统计报表、重点调查和典型调查。

①普查是间隔较长的时间才进行一次的全面调查。

②统计报表制度是依照国家有关法规,按照统一的表式、统一的项目、统一的报送时间和程序,定期提供统计资料的一种调查方式。

③抽样调查是按随机原则从调查对象中抽取一部分单位作为样本进行观察,抽样调查具有 3 个特点:第一,按随机原则抽取样本;第二,根据部分调查的实际资料对调查对象总体的数量特征做出估计;第三,抽样误差可以事先计算并加以控制。

④重点调查是在调查对象中只选择一部分重点单位进行的非全面调查。

⑤典型调查是有意识地选取若干具有代表性的单位进行调查和研究,借以认识事物发展变化的规律的一种非全面调查。

(4)我国新的统计调查体系目标模式是建立以必要的周期性的普查为基础,经常性的抽样调查为主体,同时辅之以重点调查、科学推算和部分全面报表综合运用的统计调查方法体系。

(5)统计资料整理的主要内容是统计分组、汇总和编制统计图表。

(6)统计分组应遵循穷尽与互斥两个原则。

数量分组有单项式分组和组距式分组,组距式分组又分为间断组距式与连续组距式分组、等距与异距分组。

(7)频数分布数列由两个要素构成,一个是总体按某标志所分的组,另一个是各组所出现的单位数,即频数。

各组频数和频率分别反映相应标志值大小对总体的作用程度以及作用的相对强度。对于异距分组的数列,要计算频数密度和频率密度。

(8)累计频数(或频率)分布分为向上累计频数(或频率)分布和向下累计频数(或频率)分布。

(9)频数分布的类型主要有钟形分布、U 形分布、J 形分布。

(10)统计表是指分析表和容纳各种统计资料的表格,它可以有条理地显示统计资料,直观地反映统计分布特征,是统计分析的一种重要工具。

(11)常用的统计图有直方图、折线图和曲线图。

第二节　实验课题与参考答案

实验一

【实验名称】

统计资料自动筛选。

【实验目的】

熟悉 Excel 的基本操作。

训练统计资料自动筛选操作。

【实验环境】

(1)系统软件 Windows 2000、Windows 7、Windows 10 或 Windows XP。

(2)应用软件 Excel 2000、Excel 2003、Excel 2007 或 Excel 2010。

【知识准备】

在一个庞大的 Excel 数据表中快速找到自己需要的信息,筛选功能是一个非常有效的方法。以下为自动筛选和高级筛选的简单介绍。

筛选功能菜单:数据→筛选→自动筛选/高级筛选。

(1)自动筛选。鼠标单击在数据区的任何位置,选择自动筛选。

①支持“升序排列”“降序排列”和“自定义”。

②可以实现多字段间条件的“与”查询。

③“自定义”查询支持同一字段的“与”“或”查询,但条件最多支持两个。

④“自定义”查询支持模糊查询,如通配符“ * ”可代表一个或多个字符,“?”表示一个字符。

⑤自动筛选某一个字段信息后,工作表下方的状态栏默认显示符合条件的个数,

非常适合小范围统计满足某一条件的数据个数。但前提是之前的操作没有“复制”“粘贴”等操作。

⑥建议在大型数据表中都预设为自动筛选，方便发现问题。如在某一个字段筛选条件下拉单中可以查看到所有的数据项，很方便地检测到是否有不符合要求的信息。

(2)高级筛选。

①可实现多字段复杂条件的“与”“或”关系查询，通过设置筛选条件区域完成。

②筛选前提。在数据表的空白处设置一个带有标题的条件区域，其中，条件的标题要与数据表的原有标题完全一致，多字段间的条件若为“与”关系，则写在一行，若为“或”关系，则写在下一行。

③筛选方法。高级筛选对话框中设置“列表区域”是待筛选查询的所有数据区域，“条件区域”前面创建好的“与”“或”条件区域；“复制到”是筛选结果所要放入的新建数据表。

④支持条件的“模糊查询”，如通配符“ * ”。

“自动筛选”一般用于条件简单的筛选操作，符合条件的记录显示在原来的数据表格中，操作起来比较简单，初学者对“自动筛选”也比较熟悉。若要筛选的多个条件间是“或”的关系，或需要将筛选的结果在新的位置显示出来，就只有用“高级筛选”来实现了。一般情况下，“高级筛选”完全可以实现“自动筛选”能完成的操作，但有的操作则不宜用“高级筛选”，这样反而会使问题更加复杂化，如筛选最大或最小的前几项记录。

【实验资料】

8 名学生的统计学、数学、英语和经济学 4 门课程考试成绩如表 2-1 所示。

表 2-1　8 名学生的考试成绩

姓名	统计学成绩	数学成绩	英语成绩	经济学成绩
王晓	71	73	84	86
李红	91	78	92	94
田华	54	88	67	77
李丰	81	60	86	65
赵一	78	96	83	80
王红	81	72	68	74
李涛	76	58	74	91
单涛	87	76	90	81

【实验要求】

找出统计学成绩为 81 分的学生、英语成绩排在前三名的学生和 4 门课程成绩都高于 75 分的学生。

【实验步骤】

(1)打开 Excel 工作簿,输入 8 名学生的统计学、数学、英语和经济学 4 门课程考试成绩,如图 2-1 所示。

	A	B	C	D	E
1	姓名	统计学成绩	数学成绩	英语成绩	经济学成绩
2	王晓	71	73	84	86
3	李红	91	78	92	94
4	田华	54	88	67	77
5	李丰	81	60	86	65
6	赵一	78	96	83	80
7	王红	81	72	68	74
8	李涛	76	58	74	91
9	单涛	87	76	90	81

图 2-1　8 名学生的 4 门课程考试成绩

(2)选中 A1 到 E1 单元格,单击“数据”菜单中的“筛选”命令,如图 2-2 所示。

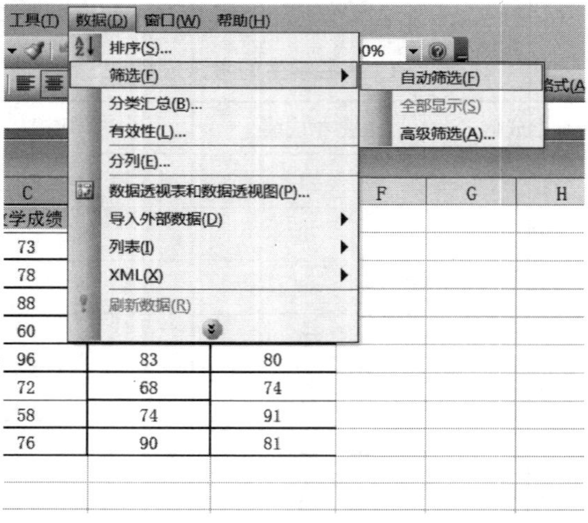

图 2-2　数据菜单

(3)单击“自动筛选”,这时表格的第一行会出现下拉按钮,如图 2-3 所示。

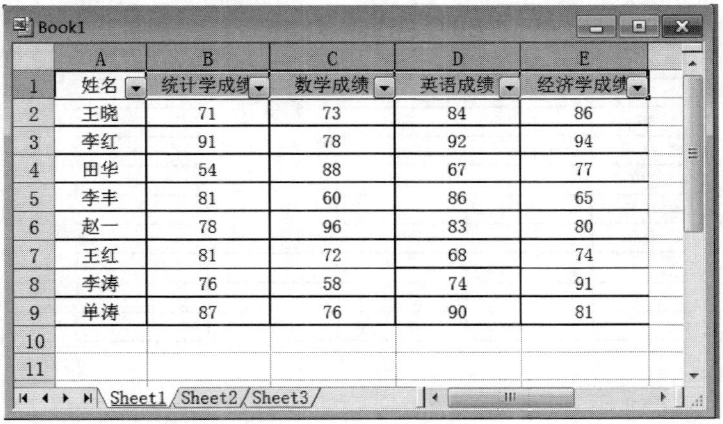

	A	B	C	D	E
1	姓名	统计学成绩	数学成绩	英语成绩	经济学成绩
2	王晓	71	73	84	86
3	李红	91	78	92	94
4	田华	54	88	67	77
5	李丰	81	60	86	65
6	赵一	78	96	83	80
7	王红	81	72	68	74
8	李涛	76	58	74	91
9	单涛	87	76	90	81
10					
11					

图 2-3　下拉按钮

(4)单击统计学成绩下拉按钮,会出现要筛选出统计学成绩为 81 分的学生,选择 81 分可得到如图 2-4 所示的结果。

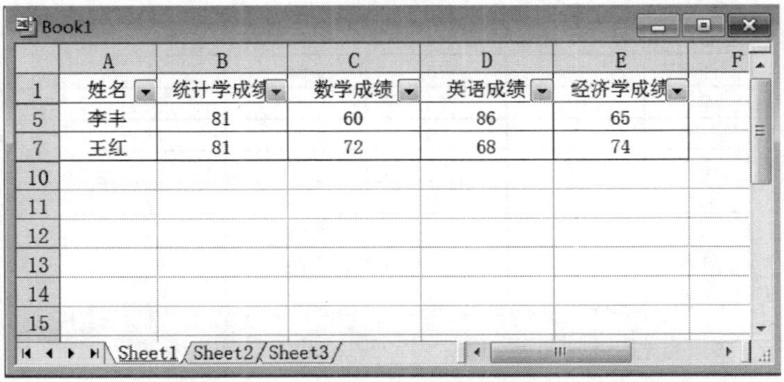

	A	B	C	D	E	F
1	姓名	统计学成绩	数学成绩	英语成绩	经济学成绩	
5	李丰	81	60	86	65	
7	王红	81	72	68	74	
10						
11						
12						
13						
14						
15						

图 2-4　指定条件的自动筛选结果

(5)筛选出英语成绩排在前三名的学生,单击英语成绩下拉按钮,会出现筛选菜单项,选择“前 10 个”项,如图 2-5 所示。

(6)单击“前 10 个”项,出现自动筛选“前 10 个”对话框,并在对话框中输入数据“3”,如图 2-6 所示。

(7)单击确定按钮,得到筛选结果,如图 2-7 所示。

(8)筛选出 4 门课程成绩都大于 75 分的学生,由于设定的条件比较多,需要使用“高级筛选”命令。使用该命令时,必须建立条件区域。这时需要在数据清单上至少

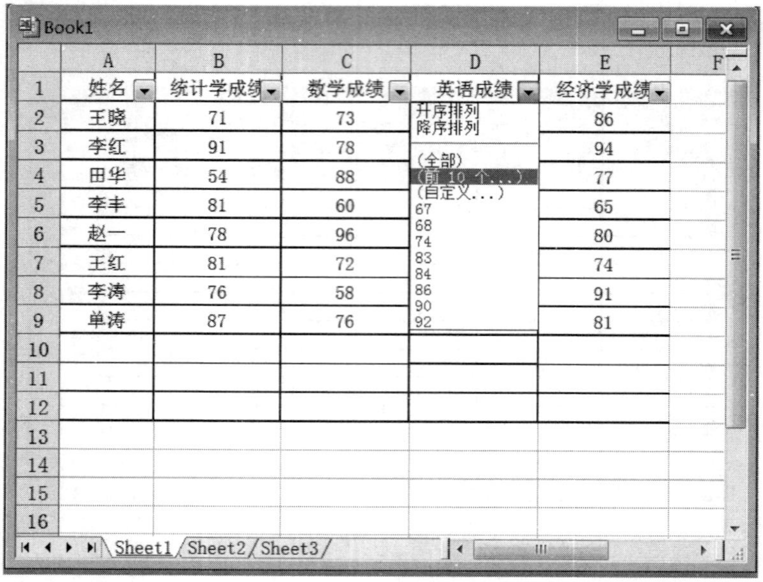

图 2-5　指定条件的自动筛选过程

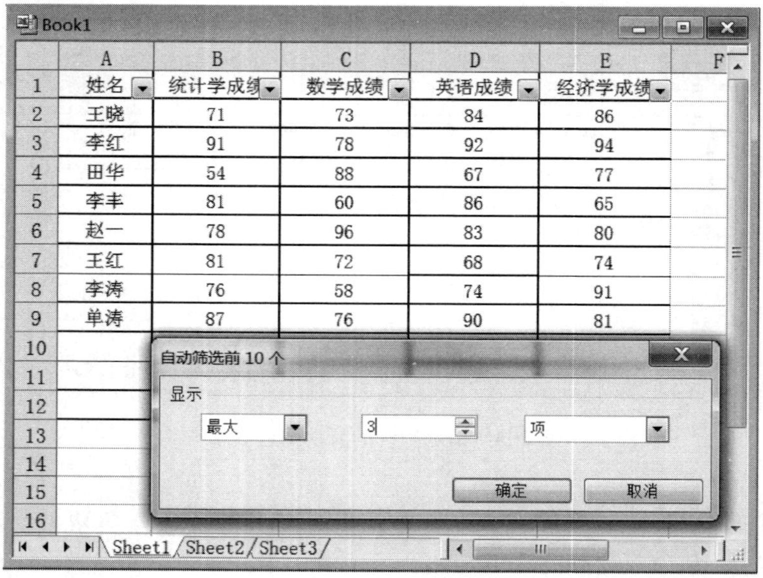

图 2-6　指定条件的自动筛选过程

留出 3 行作为条件区域，然后把数据清单中含有筛选值的数据列复制粘贴到条件区域的一个空行，再在条件标志下的一行中键入要匹配的条件，如图 2-8 所示。

	A	B	C	D	E	F
1	姓名	统计学成绩	数学成绩	英语成绩	经济学成绩	
3	李红	91	78	92	94	
5	李丰	81	60	86	65	
9	单涛	87	76	90	81	
10						
11						
12						
13						
14						
15						
16						
17						
18						
19						
20						
21						

图 2-7　指定条件的自动筛选结果

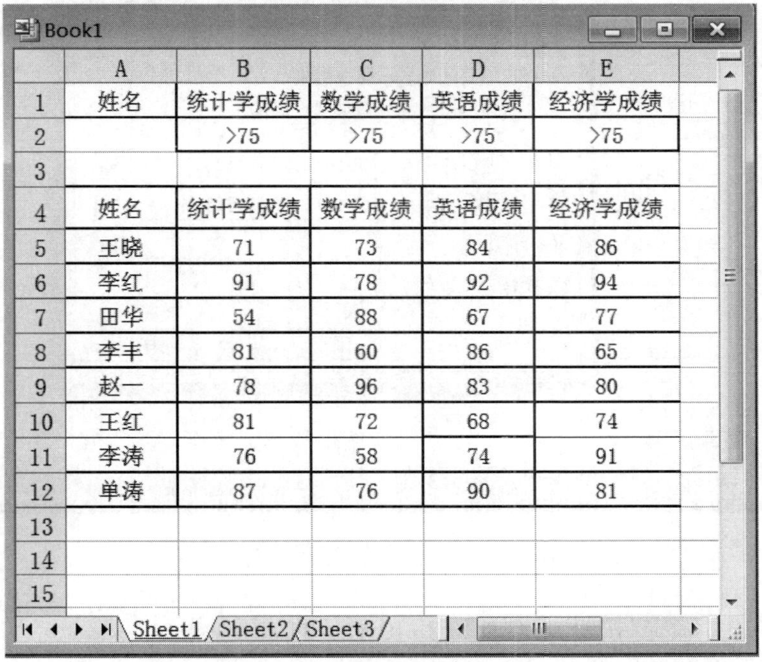

	A	B	C	D	E
1	姓名	统计学成绩	数学成绩	英语成绩	经济学成绩
2		>75	>75	>75	>75
3					
4	姓名	统计学成绩	数学成绩	英语成绩	经济学成绩
5	王晓	71	73	84	86
6	李红	91	78	92	94
7	田华	54	88	67	77
8	李丰	81	60	86	65
9	赵一	78	96	83	80
10	王红	81	72	68	74
11	李涛	76	58	74	91
12	单涛	87	76	90	81
13					
14					
15					

图 2-8　多条件的高级筛选过程

(9)单击“数据”菜单中的“筛选”命令,在“高级筛选”对话框中修改“列表区域”或“条件区域”,结果如图 2-9 所示。

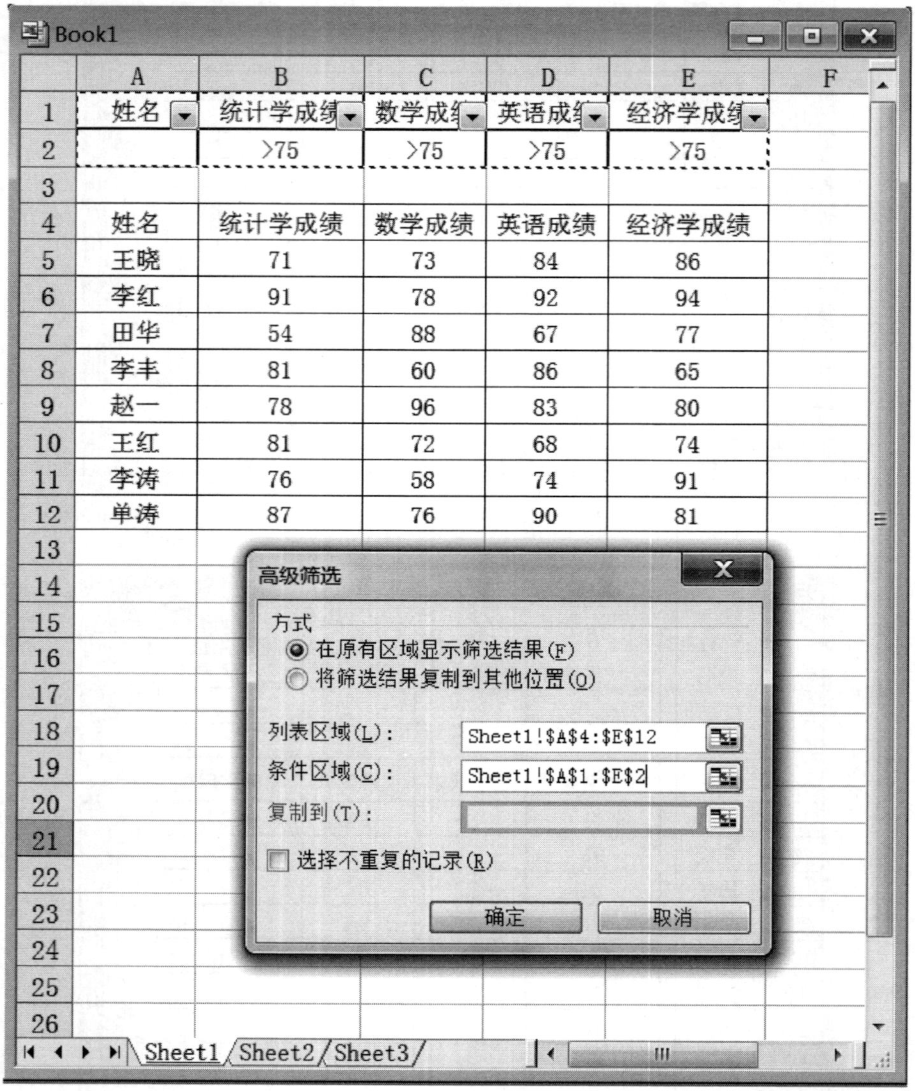

图 2-9 多条件的高级筛选过程

(10)单击“确定”按钮,出现如图 2-10 所示的结果。

【参考答案】

统计学成绩为 81 分的学生如图 2-4 所示。英语成绩排在前三名的学生如图 2-7 所示。4 门课程成绩都大于 75 分的学生如图 2-10 所示。

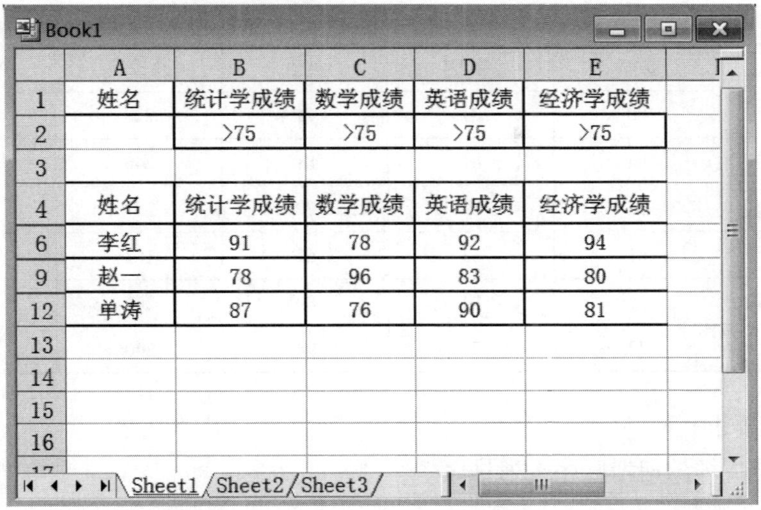

	A	B	C	D	E
1	姓名	统计学成绩	数学成绩	英语成绩	经济学成绩
2		>75	>75	>75	>75
3					
4	姓名	统计学成绩	数学成绩	英语成绩	经济学成绩
6	李红	91	78	92	94
9	赵一	78	96	83	80
12	单涛	87	76	90	81
13					
14					
15					
16					

图 2-10　高级筛选的结果

实验二

【实验名称】

利用 Excel 进行统计数据排序。

【实验目的】

熟悉 Excel 的基本操作。

训练统计资料自动排序的操作。

【实验环境】

(1)系统软件 Windows 2000、Windows 7、Windows 10 或 Windows XP。

(2)应用软件 Excel 2000、Excel 2003、Excel 2007 或 Excel 2010。

【知识准备】

按列排序就是根据一列或几列中的数据清单进行排序。排序时,Excel 将按指定字段的值和指定的“升序”“降序”排序,次序重新设定行。

当对数据清单按列进行排序且只有一个排序关键字时,可以直接使用工具栏中的“升序”或“降序”工具按钮来完成排序。

通常 Excel 按列排序,但也可以按行排序。

按行排序就是根据一行或几行中的数据清单进行排序。排序时, Excel 将按指定行的值和指定的“升序”或“降序”排序,次序重新设定列。

【实验资料】

6 名学生期末考试的学习成绩清单如表 2-2 所示。

表 2-2　6 名学生的学习成绩

姓名	数学	物理	英语	总成绩	平均成绩
李一	80	77	71	228	76
王楠	84	81	81	246	82
刘方	65	69	70	204	68
张伟	61	63	62	183	62
尚文	88	84	89	261	87
李倩	72	74	94	240	80

【实验要求】

试按总成绩的递增顺序按列排序。

【实验步骤】

(1)打开 Excel 工作簿,输入 6 名学生期末考试的学习成绩,如图 2-11 所示。

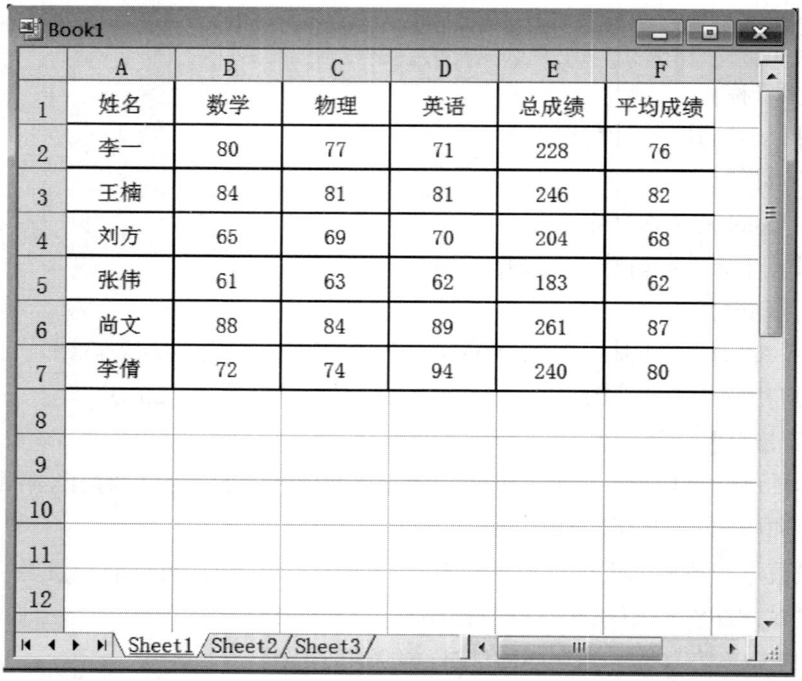

	A	B	C	D	E	F
1	姓名	数学	物理	英语	总成绩	平均成绩
2	李一	80	77	71	228	76
3	王楠	84	81	81	246	82
4	刘方	65	69	70	204	68
5	张伟	61	63	62	183	62
6	尚文	88	84	89	261	87
7	李倩	72	74	94	240	80

图 2-11　6 名学生期末考试的学习成绩

(2)单击数据区域内的任何一个单元格,将光标放置于数据区域内。

(3)执行“数据”菜单中的“排序”命令,弹出“排序”对话框,如图 2-12 所示。

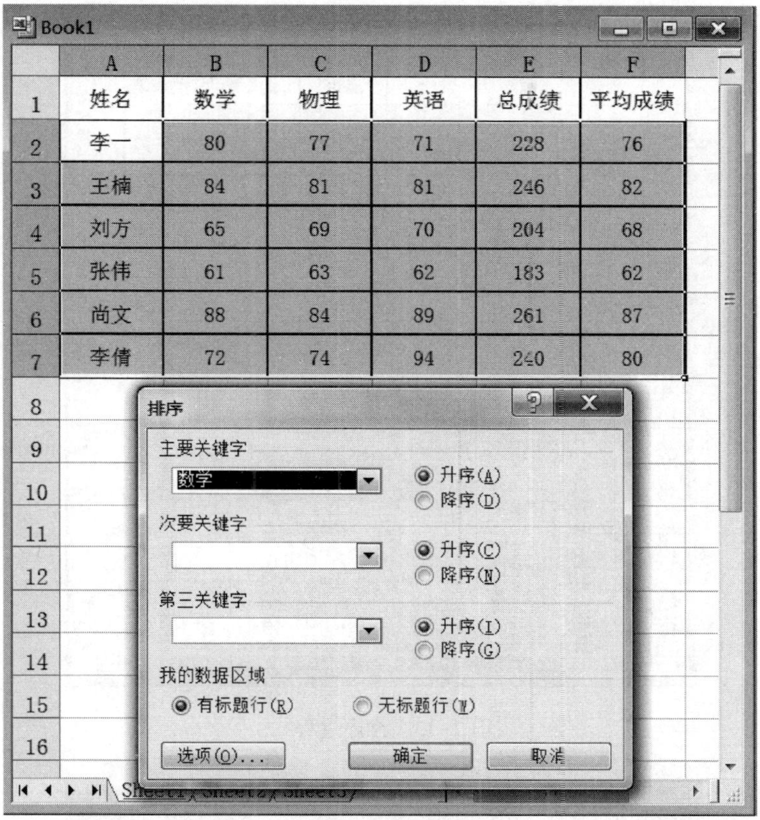

图 2-12　排序过程一

(4)在对话框中，单击“主要关键字”下拉列表框中的按钮，选取主要关键字段如“总成绩”，如图 2-13 所示。

(5)指定升序排列还是降序排列，点选“升序”单选按钮。

(6)用同样的方法选择“次要关键字”“第三关键字”以及升降序。

(7)排除字段名行。因为字段名行不参加排序，所以数据清单中如果含有字段名行，应点选“有标题行”单选按钮将其排除，否则点选“无标题行”单选按钮。

(8)单击“确定”按钮执行排序，得到排序结果。

【参考答案】

各记录的行序被重新组织，记录 1 为总成绩最低的学生，如图 2-14 所示。

关于排序的注释：

按行排序时，Excel 将按指定行的值和指定的“升序”或“降序”排序，次序重新设定列。具体操作步骤如下。

(1)单击数据区域内的任何一个单元格。

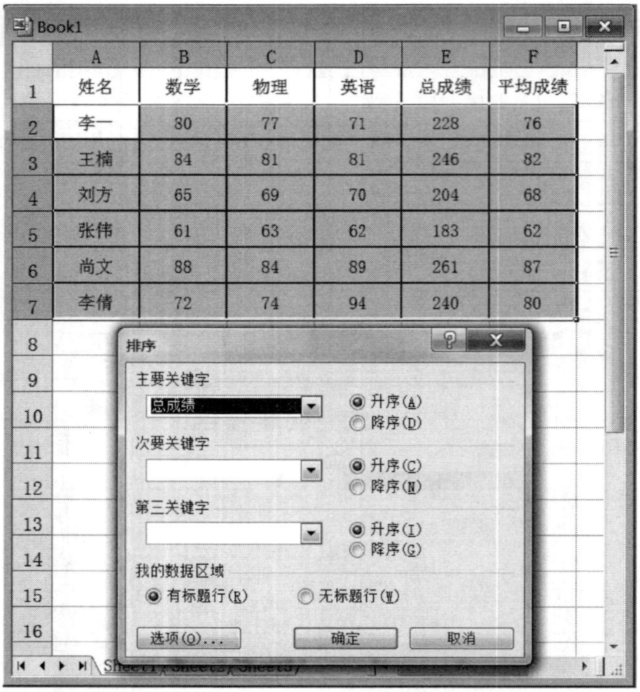

	A	B	C	D	E	F
1	姓名	数学	物理	英语	总成绩	平均成绩
2	李一	80	77	71	228	76
3	王楠	84	81	81	246	82
4	刘方	65	69	70	204	68
5	张伟	61	63	62	183	62
6	尚文	88	84	89	261	87
7	李倩	72	74	94	240	80

图 2-13　排序过程二

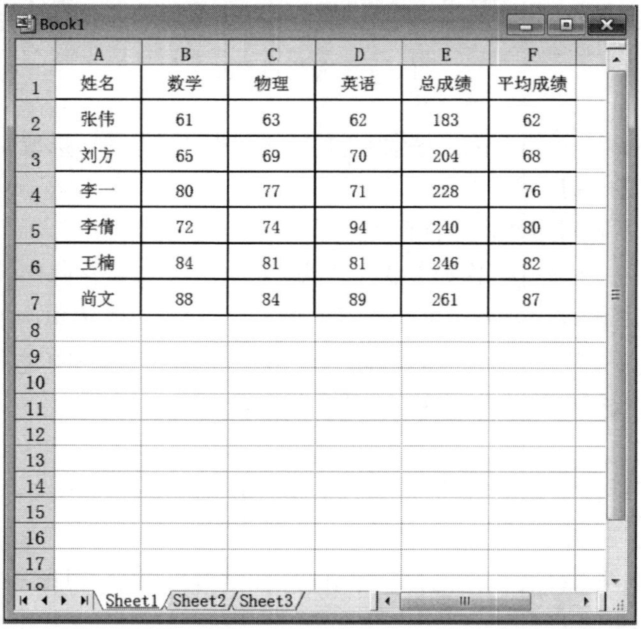

	A	B	C	D	E	F
1	姓名	数学	物理	英语	总成绩	平均成绩
2	张伟	61	63	62	183	62
3	刘方	65	69	70	204	68
4	李一	80	77	71	228	76
5	李倩	72	74	94	240	80
6	王楠	84	81	81	246	82
7	尚文	88	84	89	261	87

图 2-14　排序结果表

(2)执行“数据”菜单中的“排序”命令,弹出“排序”对话框,如图 2-12 所示。
(3)单击对话框中的“选项”按钮,弹出“排序选项”对话框。
(4)在“排序选项”对话框中的“方向”区域中,点选“按行排序”单选按钮。
(5)单击“确定”按钮,回到图 2-12 所示的对话框。
后续步骤和按列排序的步骤相同。

实验三

【实验名称】
统计资料整理综合实验。
【实验目的】
熟悉 Excel 的基本操作。
熟悉统计分组的相关知识。
熟练编制频数表。
对数据进行结构分析。
【实验环境】
(1)系统软件 Windows 2000、Windows 7、Windows 10 或 Windows XP。
(2)应用软件 Excel 2000、Excel 2003、Excel 2007 或 Excel 2010。
【知识准备】
统计资料整理的主要内容是统计分组、汇总和编制统计图表。统计分组是依据统计研究的目的和客观现象的内存特点,按某个标志(或几个标志)把被研究的总体划分为若干个不同性质的组。统计分组的标志可以是品质标志,也可以是数量标志。统计分组的关键在于分组标志的选择。统计分组应遵循穷尽与互斥两个原则。数量分组有单项式分组和组距式分组,组距式分组又分为间断组距式分组与连续组距式分组、等距分组与异距分组。频数分布,又称为次数分布,是在统计分组的基础上,将总体所有的单位按组进行归类排列,形成总体中各个单位在各组间的分布。频数分布是统计整理的一种重要形式,通过对零乱的、分散的原始资料进行有次序的整理,形成一系列反映总体各组之间单位分布状况的数列,这些数列又称为分布数列或分配数列。
【实验资料】
在一项统计学课程教学改革的研究中,研究者通过调查取得 16 名统计学专业学生的概率论、统计学和英语这 3 门课程的考试成绩及他们对专业的兴趣程度资料,见表 2-3。

表 2-3　16 名学生的专业兴趣与各科考试成绩表

学生编号	性别	对专业的兴趣程度	概率论成绩	统计学成绩	英语成绩
1	女	一般	81	72	78
2	男	感兴趣	90	90	65
3	男	感兴趣	91	96	49
4	女	一般	74	68	94
5	男	没兴趣	70	82	58
6	女	没兴趣	73	78	69
7	女	一般	85	81	76
8	女	一般	60	71	85
9	女	一般	83	78	92
10	女	感兴趣	81	94	88
11	女	一般	77	68	77
12	男	一般	60	66	90
13	男	没兴趣	66	58	83
14	男	感兴趣	84	87	79
15	女	一般	70	82	66
16	男	没兴趣	54	46	97

【实验要求】

对“对专业的兴趣程度”进行整理，编制频数、频率表。

【实验步骤】

(1)打开 Excel 工作表，将表 2-3 的“对专业的兴趣程度”数据输入 B2:B17 区域，在相邻列(即 C2:C17 区域)中，将“对专业的兴趣程度”变量中的“没兴趣”“一般”和“感兴趣”取值转换成代码 1、2、3，并将代码的不同取值纵向分列在空白区域，见图 2-15。

(2)单击菜单中的“工具→数据分析”命令，弹出数据分析对话框。如果“工具”菜单中没有“数据分析”工具，可以通过“加载宏”命令加上。在“数据分析”对话框中选择“直方图”命令，见图 2-16，单击确定按钮。

	A	B	C	D	E	F
1	学生编号	对专业的兴趣程度	代码		代码	
2	1	一般	2		1	
3	2	感兴趣	3		2	
4	3	感兴趣	3		3	
5	4	一般	2		合计	
6	5	没兴趣	1			
7	6	没兴趣	1			
8	7	一般	2			
9	8	一般	2			
10	9	一般	2			
11	10	感兴趣	3			
12	11	一般	2			
13	12	一般	2			
14	13	没兴趣	1			
15	14	感兴趣	3			
16	15	一般	2			
17	16	没兴趣	1			
18						

图 2-15　顺序数据集及分组

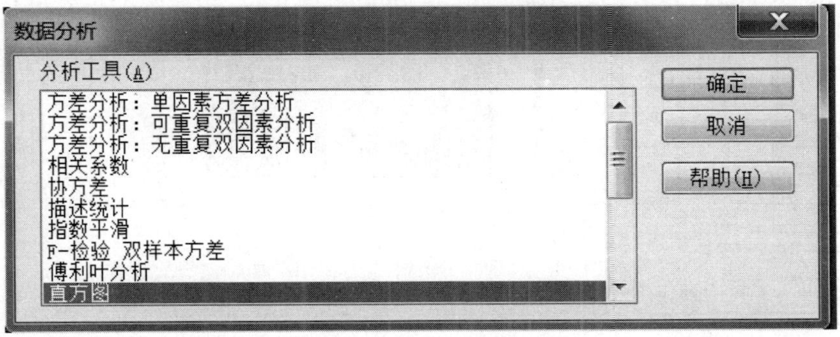

图 2-16　数据分析对话框

(3)在直方图对话框的“输入区域”中输入指定的“对专业的兴趣程度”代码列(即 C2:C17 区域),在“接收区域”方框内输入指定代码值域(即 E2:E4 区域),在“输出区域”方框中输入指定空白区域单元格(即 F2),在复选框中选定“累积百分率”,如图 2-17 所示。

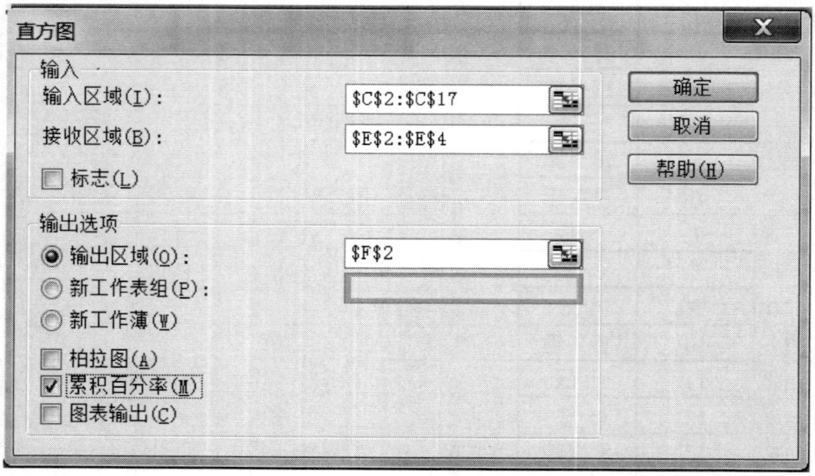

图 2-17　直方图对话框

(4)单击“确定”,获得顺序变量“对专业的兴趣程度”的频数分布及向上累积频率统计表,见图 2-18。

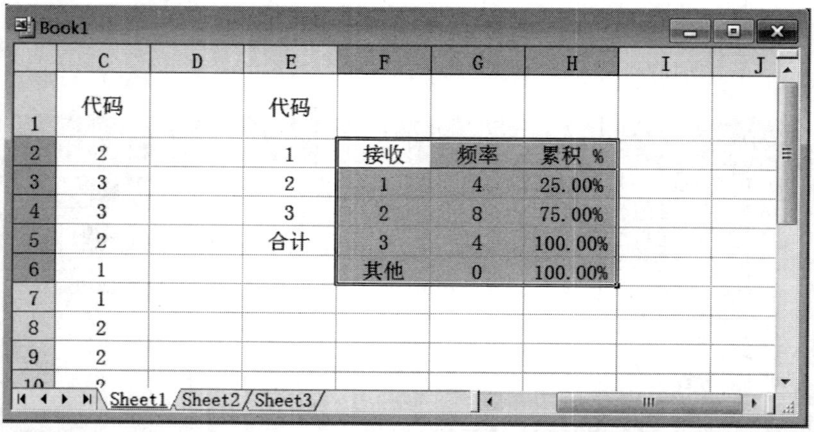

	C	D	E	F	G	H	I	J
1	代码		代码					
2	2		1	接收	频率	累积 %		
3	3		2	1	4	25.00%		
4	3		3	2	8	75.00%		
5	2		合计	3	4	100.00%		
6	1			其他	0	100.00%		
7	1							
8	2							
9	2							

图 2-18　频数分布及向上累积频率统计表

(5)利用“输出区域”的结果,编制累积频数分布表,结果如图 2-19 所示。

兴趣程度变量	频率	累积 %	向上累计频数	向上累计频率	向下累计频数	向下累计频率
没兴趣	4	25%	4	25	16	100
一般	8	25%	12	75	12	75
感兴趣	4	20%	16	100	4	25
合计	16	100%	—	—	—	—

图 2-19　频数(率)和累积频数(率)表

实验四

【实验名称】

分配数列的编制。

【实验目的】

熟悉 Excel 的基本操作。

使用数据透视表实现单项式分组。

【实验环境】

(1)系统软件 Windows 2000、Windows 7、Windows 10 或 Windows XP。

(2)应用软件 Excel 2000、Excel 2003、Excel 2007 或 Excel 2010。

【知识准备】

对于变量值变动较小的离散型变量的单项式变量数列编制方法。

【实验资料】

某公司一生产车间 27 名工人各自看管机器的数量(台):5,4,2,4,3,4,3,4,4,2,4,3,4,3,2,6,4,4,2,2,3,4,4,3,2,4,3。

【实验要求】

编制分配数列。

【实验步骤】

(1)启动 Excel,新建一个工作簿文件。

(2)按图 2-20 的样式填入基本数据。

(3)用鼠标选择数据表中任意单元格。

(4)选择“数据”菜单,进一步选择“数据透视表和数据透视图(P)”菜单项。如图 2-21 所示。

(5)在数据透视表向导的步骤之一中的“请指定待分析数据的数据源类型”中选择“Microsoft Office Excel 数据列表或数据库”单选框;在“所需创建的报表类型”中选择“数据透视表”单选框,如图 2-22 所示。

(6)单击“下一步”,检查“选定区域”是否为“Sheet 1! $A $2: $B $29”,如果不是,

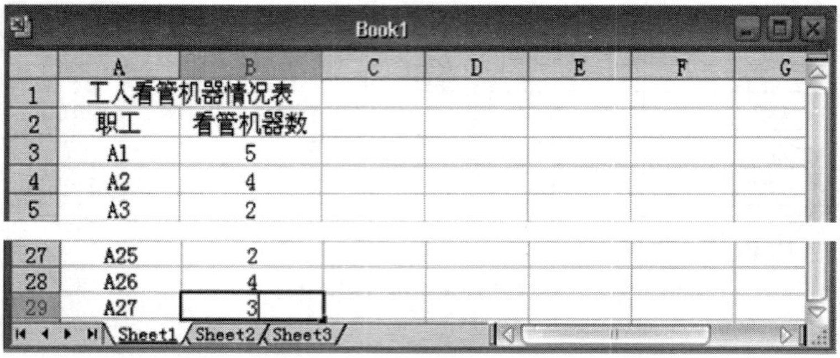

图 2-20 分组工作表

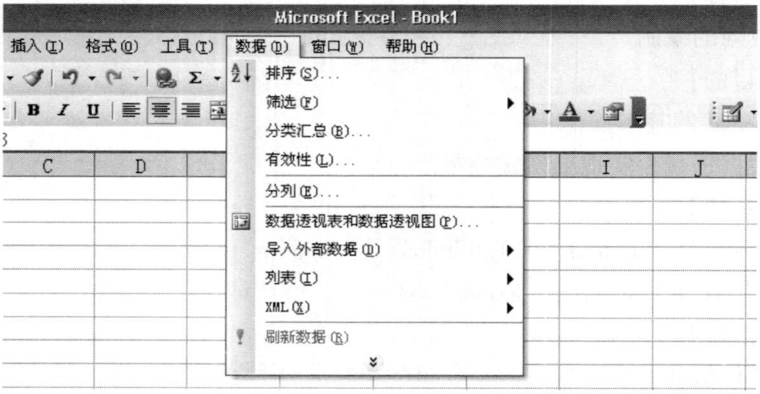

图 2-21 数据菜单

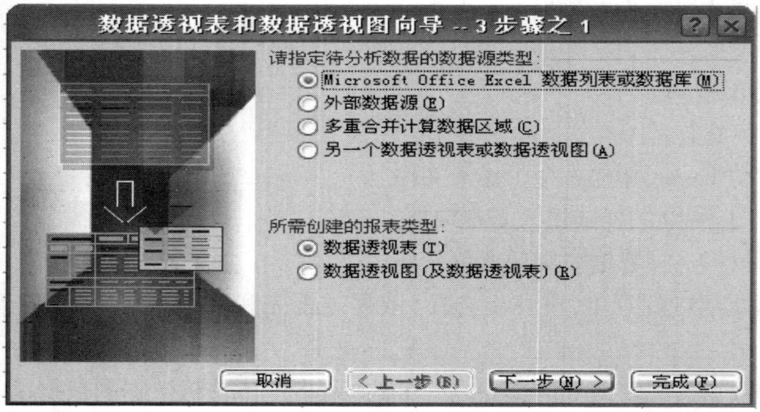

图 2-22 数据透视表向导之一

需要进行适当的调整，如图 2-23 所示。

图 2-23　数据透视表向导之二

(7)单击“下一步”，在步骤之 3 中的“数据透视表显示位置”中选择“现有工作表”，单元格位置为 “Sheet1！$D $2”，如图 2-24 所示。

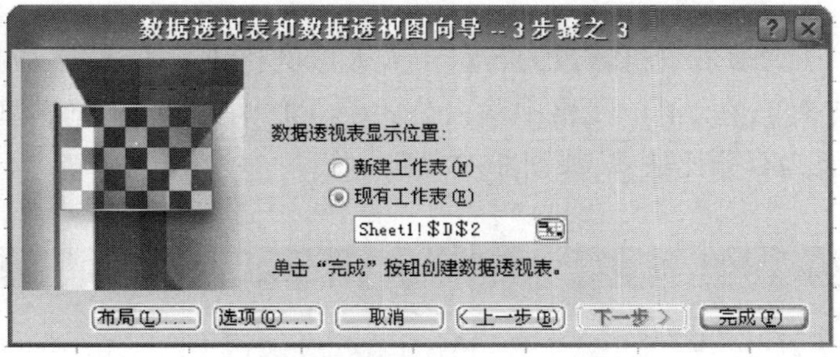

图 2-24　数据透视表向导之三

(8)单击“板式”或“布局”按钮，将“看管机器数”字段拖到“行”区域，同时，也将“看管机器数”字段拖到数据区域，成为“求和项:看管机器数”，双击“求和项:看管机器数”将其改为“计数项:看管机器数”，如图 2-25 所示。

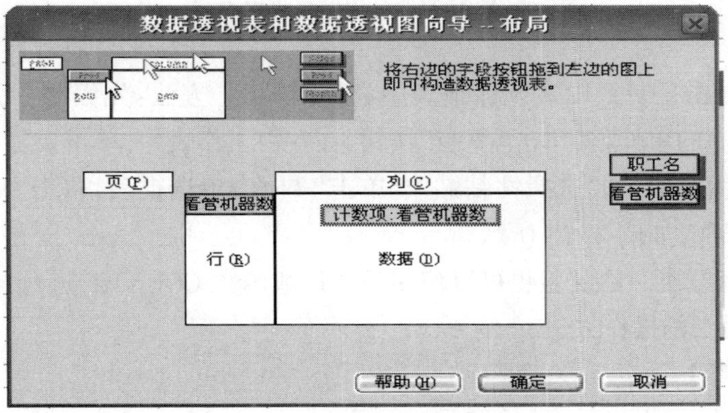

图 2-25　数据透视表数据透视图向导-布局

(9)单击“确定”按钮,然后单击“完成”按钮,就完成了分组操作,如图 2-26 所示。

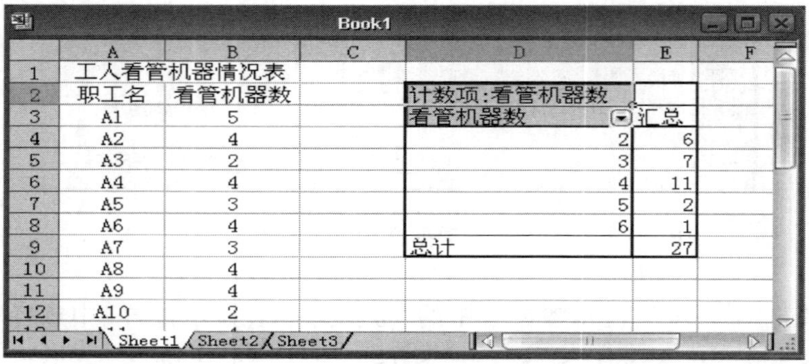

Book1

	A	B	C	D	E	F
1	工人看管机器情况表					
2	职工名	看管机器数		计数项:看管机器数		
3	A1	5		看管机器数	汇总	
4	A2	4		2	6	
5	A3	2		3	7	
6	A4	4		4	11	
7	A5	3		5	2	
8	A6	4		6	1	
9	A7	3		总计	27	
10	A8	4				
11	A9	4				
12	A10	2				

Sheet1 Sheet2 Sheet3

图 2-26　分组结果表之一

(10)进一步计算看管机器数的各组工人人数的比重。方法:在数据透视表的右边增加一列(F 列),在 F4 单元格中输入公式“=E4/ $E $9”,并向下填充到 F9 单元格,将 F 列设置为百分比格式,如图 2-27 所示。

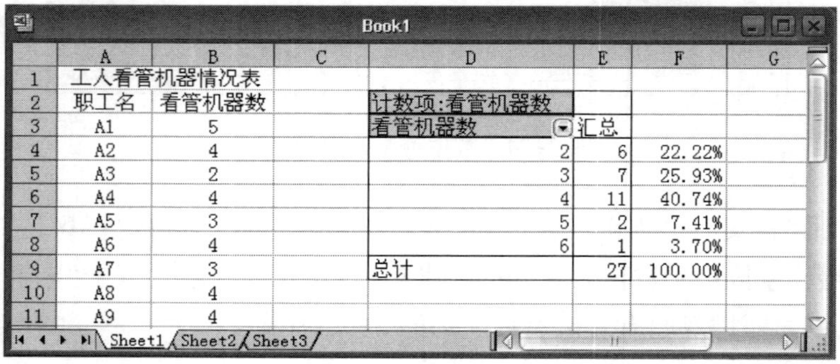

Book1

	A	B	C	D	E	F	G
1	工人看管机器情况表						
2	职工名	看管机器数		计数项:看管机器数			
3	A1	5		看管机器数	汇总		
4	A2	4		2	6	22.22%	
5	A3	2		3	7	25.93%	
6	A4	4		4	11	40.74%	
7	A5	3		5	2	7.41%	
8	A6	4		6	1	3.70%	
9	A7	3		总计	27	100.00%	
10	A8	4					
11	A9	4					

Sheet1 Sheet2 Sheet3

图 2-27　分组结果表之二

(11)将数据复制到正式统计报表中,打印输出。方法:先编制一张空白的工作表,选择要复制的单元格,单击“复制”按钮,在空白工作表中,单击要复制的第一个单元格,使用编辑菜单,选“选择性粘贴”, 单击“数值”单选框后,单击“确定”按钮,就完成了全部操作,如图 2-28 所示。

(12)存盘退出。本实验也可以使用条件计数函数 COUNTIF 进行计算,具体方法可以参考实验二的操作方法。

【参考答案】

完成的计算结果汇总表如图 2-29 所示。

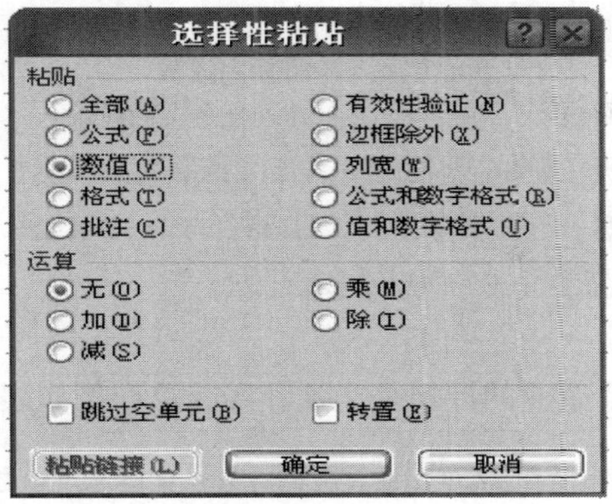

图 2-28　选择性粘贴界面

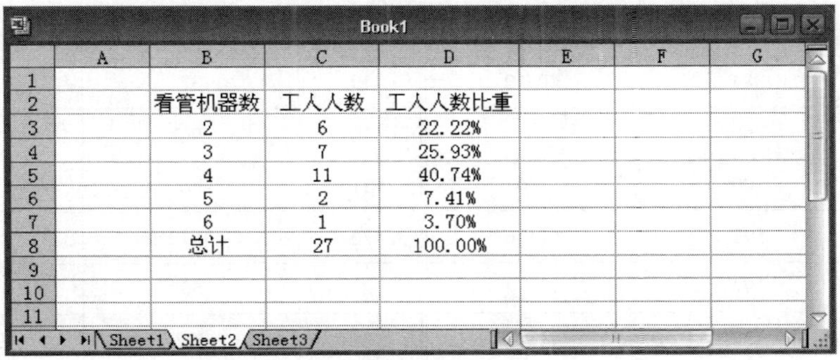

	A	B	C	D	E	F	G
1							
2		看管机器数	工人人数	工人人数比重			
3		2	6	22.22%			
4		3	7	25.93%			
5		4	11	40.74%			
6		5	2	7.41%			
7		6	1	3.70%			
8		总计	27	100.00%			
9							
10							
11							

图 2-29　计算结果汇总表

实验五

【实验名称】

企业产值计划完成情况整理表的编制。

【实验目的】

熟悉使用 Excel 的基本操作。

熟悉分组整理的基本操作。

熟悉 COUNTIF 函数和 SUMIF 函数的基本操作方法。

【实验环境】

(1)系统软件 Windows 2000、Windows 7、Windows 10 或 Windows XP。

(2)应用软件 Excel 2000、Excel 2003、Excel 2007 或 Excel 2010。

【知识准备】

计划完成程度又称计划完成相对数或计划完成百分比,是用来反映现象计划完成情况的综合指标。

$$计划完成程度\% = \frac{实际完成数}{计划任务数} \times 100\%$$

有些现象要求“多快”为好，则使用正指标，计算结果超过 100%为超额完成计划，低于 100%为未完成计划；有些现象要求“少省”为好，则使用逆指标，计算结果低于100%为超额完成计划，高于 100%为未完成计划。

【实验资料】

某市所属 32 个工业企业的计划总产值和实际总产值如表 2-4 所示。

表 2-4　某市所属 32 个工业企业的计划及实际总产值数据汇总表

工厂代号	计划总产值(万元)	实际总产值(万元)	工厂代号	计划总产值(万元)	实际总产值(万元)
1	720	777.6	17	186	203
2	232	332	18	732	754
3	384	307.2	19	32	38.1
4	260	286	20	782	920.4
5	200	244	21	392	439
6	592	621.6	22	3612	3323
7	192	182.4	23	60	60
8	429	419.4	24	392	384.2
9	240	240	25	720	590.4
10	3920	3998.4	26	2380	2713.2
11	288	325.4	27	92	94.8
12	128	137.2	28	34	34
13	336	352.8	29	160	141.2
14	220	217.8	30	50	60
15	412	440.8	31	19	24.6
16	192	184.3	32	12	13

【实验要求】

根据表 2-4 的资料，计算各个工业企业总产值计划完成程度相对指标，并进行分组汇总，编制出反映该市产值计划完成情况的整理表。

按各个工厂总产值的计划完成程度，可以分为未完成计划者、完成计划和超额完成计划 10% 以内者、超额完成计划 10% 以上者三组。汇总各组工厂数，计算各组和全市总产值计划完成程度相对指标，并编出整理表。

【实验步骤】

(1)启动 Excel,新建一个工作簿文件。

(2)按图 2-30 的样式填入基本数据。

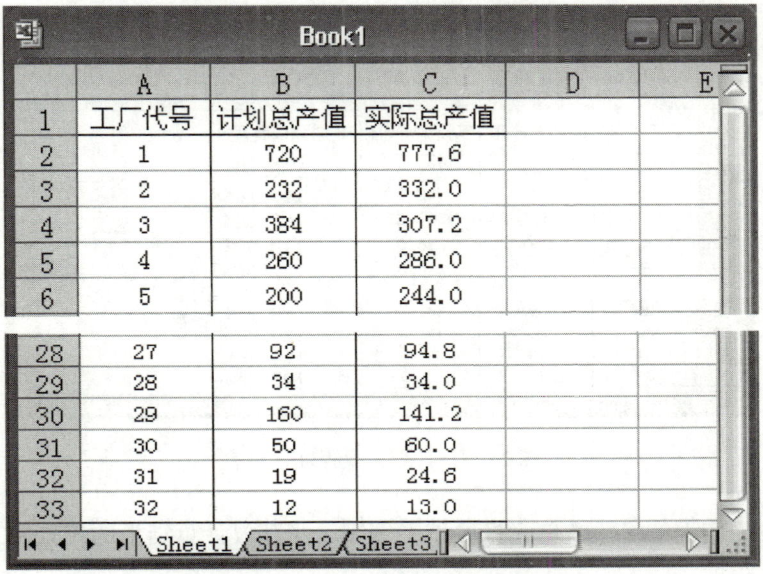

	A	B	C	D	E
1	工厂代号	计划总产值	实际总产值		
2	1	720	777.6		
3	2	232	332.0		
4	3	384	307.2		
5	4	260	286.0		
6	5	200	244.0		
28	27	92	94.8		
29	28	34	34.0		
30	29	160	141.2		
31	30	50	60.0		
32	31	19	24.6		
33	32	12	13.0		

图 2-30　工作表

(3)在表的右边增加一列(D 列),命名为“计划完成程度”。

(4)在工作表的 D2 单元格中输入公式“=C2/B2”确认后向下填充到 D33 单元格。为了便于对公式的理解,可以给工作表命名,方法:将光标移到工作表 C1 单元格向下拉至 C33 单元格,单击“插入”菜单,选择“命名”或“名称”菜单命令,在弹出的二级菜单中选择“指定”,在弹出的对话框中选择“首行”,按“确定” 按钮,完成名称的指定,如图 2-31 所示。

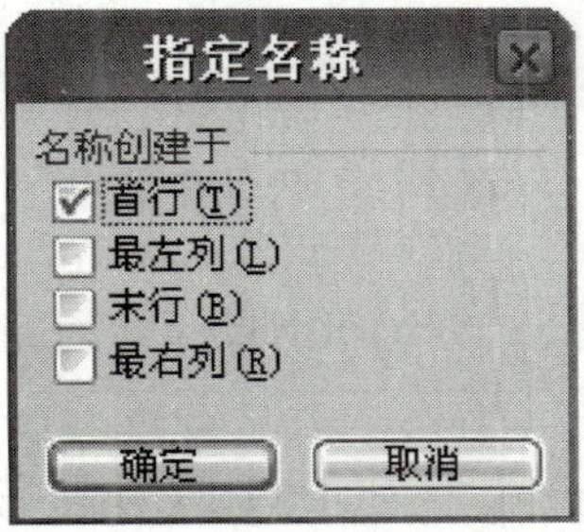

图 2-31　指定名称界面

指定了名称后，还要单击"插入"菜单，选择"命名"或"名称"菜单命令，在弹出的二级菜单中选择"应用"，在弹出的对话框中选择要应用名称的字段，系统才会将字段以名称方式表示。计算公式也会以名称方式表示，便于读者对公式的理解。如本实验中"计划完成程度"的计算公式为"= 实际总产量÷计划总产量"，如图 2-32 所示。

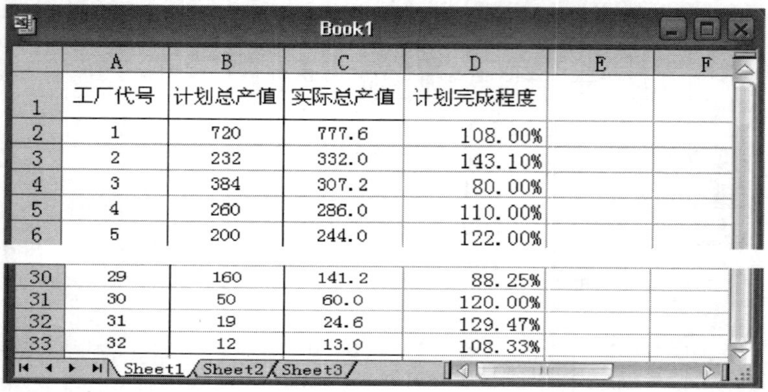

Book1

	A	B	C	D	E	F
1	工厂代号	计划总产值	实际总产值	计划完成程度		
2	1	720	777.6	108.00%		
3	2	232	332.0	143.10%		
4	3	384	307.2	80.00%		
5	4	260	286.0	110.00%		
6	5	200	244.0	122.00%		
30	29	160	141.2	88.25%		
31	30	50	60.0	120.00%		
32	31	19	24.6	129.47%		
33	32	12	13.0	108.33%		

Sheet1 Sheet2 Sheet3

图 2-32　计划完成程度计算表

(5)在工作表的 F3:J8 单元格区域中编制一张存放计算结果的统计整理表，格式如图 2-33 所示。

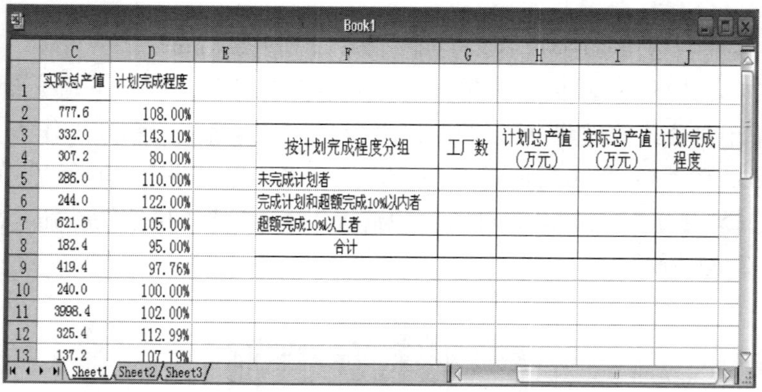

Book1

	C	D	E	F	G	H	I	J
1	实际总产值	计划完成程度						
2	777.6	108.00%						
3	332.0	143.10%		按计划完成程度分组	工厂数	计划总产值（万元）	实际总产值（万元）	计划完成程度
4	307.2	80.00%						
5	286.0	110.00%		未完成计划者				
6	244.0	122.00%		完成计划和超额完成10%以内者				
7	621.6	105.00%		超额完成10%以上者				
8	182.4	95.00%		合计				
9	419.4	97.76%						
10	240.0	100.00%						
11	3998.4	102.00%						
12	325.4	112.99%						
13	137.2	107.19%						

Sheet1 Sheet2 Sheet3

图 2-33　统计整理表

(6)在 G5 单元格中输入公式"=COUNTIF(计划完成程度,"<1")"计算未完成计划的工厂数。

(7)在 G6 单元格中输入公式"=COUNTIF(计划完成程度,"<1.1")-COUNTIF(计划完成程度,"<1")"计算完成计划和超额完成 10% 以内的工厂数。

(8)在 G7 单元格中输入公式"=COUNTIF(计划完成程度,">=1.1")"计算超额完成计划 10% 以上的工厂数。

(9)在 H5 单元格中输入公式"=SUMIF(计划完成程度,"<1",计划总产值)",计算未完成计划的工厂的计划总产值合计数。

(10)在 H6 单元格中输入公式"=SUMIF(计划完成程度,"<1.1",计划总产值)-SUMIF(计划完成程度,"<1",计划总产值)",计算完成计划和超额完成 10%以内的工厂的计划总产值合计数。

(11)在 H7 单元格中输入公式"=SUMIF(计划完成程度,">=1.1",计划总产值)",计算超额完成计划 10%以上的工厂的计划总产值合计数。

(12)在 I5 单元格中输入公式"=SUMIF(计划完成程度,"<1",实际总产值)",计算未完成计划的工厂的实际总产值合计数。

(13)在 I6 单元格中输入公式"=SUMIF(计划完成程度,"<1.1",实际总产值)-SUMIF(计划完成程度,"<1",实际总产值)",计算完成计划和超额完成 10%以内的工厂的实际总产值合计数。

(14)在 I7 单元格中输入公式"=SUMIF(计划完成程度,">=1.1",实际总产值)",计算超额完成计划 10%以上的工厂的实际总产值合计数。

(15)在 G8 单元格中输入公式"= SUM(G5:G7)",确认后向右填充到 I8 单元格,计算各列的合计数。

(16)在 J5 单元格中输入公式"=I5/H5",确认后向下填充到 J8 单元格,计算各组的计划完成程度。

(17)确认存盘,完成全部操作。

【参考答案】

完成的统计整理表如图 2-34 所示。

	C	D
1	实际总产值	计划完成程度
2	777.6	108.00%
3	332.0	143.10%
4	307.2	80.00%
5	286.0	110.00%
6	244.0	122.00%
7	621.6	105.00%
8	182.4	95.00%
9	419.4	97.76%
30	141.2	88.25%
31	60.0	120.00%
32	24.6	129.47%
33	13.0	108.33%

按计划完成程度分组	工厂数	计划总产值(万元)	实际总产值(万元)	计划完成程度
未完成计划者	9	6301	5755.9	91.35%
完成计划和超额完成10%以内者	14	7696	7959.2	10.34%
超额完成10%以上者	9	4403	5050.7	11.47%
合计	32	13400	18765.8	101.99%

图 2-34　统计整理表

从图 2-34 中可以很明显地看出:未完成计划者共 9 个,完成计划和超额完成计划 10% 以内者共 14 个,超额完成计划 10% 以上者共 9 个以及有关的汇总数据。

实验六

【实验名称】

等距离分组以及组距和组数的确定。

【实验目的】

熟悉 Excel 的基本操作。

使用 FREQUENCY 函数进行分组

比较 FREQUENCY 函数、COUNTIF 函数和数据透视表 3 种数据分组计数方法的不同之处以及各自的优势。

【实验环境】

(1)系统软件 Windows 2000、Windows 7、Windows 10 或 Windows XP。

(2)应用软件 Excel 2000、Excel 2003、Excel 2007 或 Excel 2010。

【知识准备】

统计分组是根据统计研究的目的和客观现象的内在特点,按某个(或几个标志)把被研究的总体划分为若干个不同性质的组。

统计分组的性质:分组兼有分与合双重含义。

统计分组的原则:穷尽原则——使总体中的每一个单位都应有组可归。互斥原则——即在特定的分组标志下,总体中的任何一个单位只能归属于某一组,而不能同时或可能归属于几个组。

为研究两组指标的依存关系,进行等距离分组以及组距和组数的确定。

【实验资料】

现有 15 家工厂的产量和年平均工人数的资料如表 2-5 所示。

表 2-5　15 家工厂的产量和平均工人数资料汇总表

工厂序号	年平均工人数(人)	年产量(万元)
1	160	240
2	207	220
3	350	360
4	328	370
5	292	280
6	448	510
7	300	220

续表

工厂序号	年平均工人数(人)	年产量(万元)
8	182	190
9	299	420
10	252	230
11	435	550
12	262	220
13	223	190
14	390	610
15	236	450

【实验要求】

为了研究工人人数同产量和劳动生产率两指标的依存关系，试按年平均工人数进行等距分组，组距和组数自行确定。每组计算：工厂数；年平均工人数；产量（总产量和平均每个工厂产量）；每个工人的平均产量。设计一张统计表，并作简要分析。

【实验步骤】

(1)打开一个 Excel 工作表，在 A1:C16 单元格范围内编制数据表，用于存放原始的数据，如图 2-35 所示。

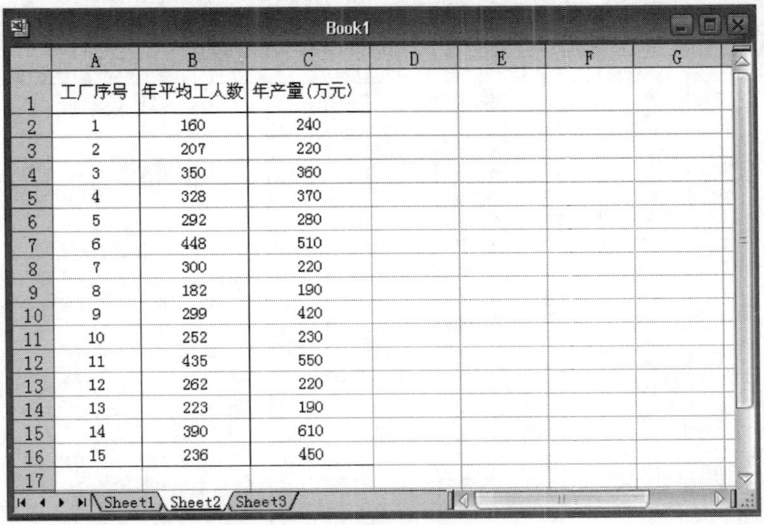

	A	B	C
1	工厂序号	年平均工人数	年产量(万元)
2	1	160	240
3	2	207	220
4	3	350	360
5	4	328	370
6	5	292	280
7	6	448	510
8	7	300	220
9	8	182	190
10	9	299	420
11	10	252	230
12	11	435	550
13	12	262	220
14	13	223	190
15	14	390	610
16	15	236	450

图 2-35　工作表

(2)在 A18:A21 单元格中分别输入最大值、最小值、组数、组距。在 B20 单元格中输入 3。这是考虑到本题总体单位较少，只有 15 个工厂，组数不能太多，分为 3 组比较妥当。

(3)在 B18 单元格中输入公式"=MAX(B2:B16)"求出年平均工人数的最大值；在 B19 单元格中输入公式 "=MIN(B2:B16)"求出年平均工人数的最小值。

(4)在 B21 单元格中输入公式"=ROUND((B18-B19)/B20/100,0) * 100"计算出组距。其中 ROUND 函数对计算结果除以 100 后进行四舍五入处理，然后乘以 100。函数的第二个参数为 0，表示保留到整数。实际上由最大值与最小值的和除以 3，得到 90，向上进到 100。组距的大小取决于组数。

(5)根据计算结果决定以组距 100 进行分组，分为 150~250、250~350 及 350~450 三组。

(6)每组的上限分别为 249、349 和 449，将这 3 个数字填入 C18:C20 单元格。

(7)在数据表格的右边增加一列(D 列)，列标题为"分组"在"D2"单元格中输入公式"=IF(B2< $C $18,"150~250",IF(B2> $C $19,"350~450","250~350"))"，利用 IF 函数确定各工厂的分组标记。

(8)在 F1:K6 单元格范围编制一张统计处理表格，包括工厂数、年平均工人数、产量(总产量和平均每个工厂产量)、每个工人的平均产量等字段。具体样式如图 2-36 所示。

Book1

	A	B	C	D	E	F	G	H	I	J	K
1	工厂序号	年平均工人数	年产量(万元)	分组		按平均工人数分组	工厂数	工人数	工厂组产量		每个工人平均产量
2	1	160	240	150~250					总产量	平均产量	
3	2	207	220	150~250		150~250					
4	3	350	360	350~450		250~350					
5	4	328	370	350~450		350~450					
6	5	292	280	250~350		合计					
7	6	448	510	350~450							
8	7	300	220	250~350							
9	8	182	190	150~250							
10	9	299	420	250~350							
11	10	252	230	250~350							
12	11	435	550	350~450							
13	12	262	220	250~350							
14	13	223	190	150~250							
15	14	390	610	350~450							
16	15	236	450	150~250							
17											
18	最大值	448	249								
19	最小值	160	349								
20	组数	3	449								
21	组距	100									

Sheet1 Sheet2 Sheet3

图 2-36 分组整理表

(9) 选择 G3：G5 单元格范围，输入公式"{ = FREQUENCY (B2：B16，C18：C20)}"，计算各组的工厂数。公式中的大括号不是打上去的，先将所要计算的单元格按列拉黑，当公式各参数输入完成后，按下"Ctrl"键和"Shift"键的同时按"Enter"键，同时按这 3 个键表示输入的是数组公式，函数返回的是一个数组。

(10)在 H3 单元格中输入公式"=SUMIF(D2:D16,"=150~250",B2:B16)"，计算 150~250 组的工人合计数；在 H4 单元格中输入公式"=SUMIF(D2:D16,"=250~350",B2:B16)"，计算 250~350 组的工人合计数；在 H5 单元格中输入公式"=SUMIF(D2:D16,"=350~450",B2:B16)"，计算 350~450 组的工人合计数。

(11)在 I3 单元格中输入公式"=SUMIF(D2:D16,"=150~250",C2:C16)"，计算 150~250 组的各组总产量合计数；在 I4 单元格中输入公式"=SUMIF(D2:D16,"=250~350",C2:C16)"，计算 250~350 组的各组总产量合计数；在 I5 单元格中输入公式"=SUMIF(D2:D16,"=350~450",C2:C16)"，计算 350~450 组的各组总产量合计数。

(12)在 G6 单元格中输入公式"=SUM(G3:G5)"，计算工厂数的合计数。将公式向右填充到 I6 单元格，计算其他各列的合计数。

(13)在 J3 单元格中输入公式"=I3/G3"，计算 150~250 组的平均产量，将公式向下填充到 J6 单元格，计算其他各组的平均产量。

(14)在 K3 单元格中输入公式"=I3/H3"，计算 150~250 组中每个工人的平均产量，将公式向下填充到 K6 单元格，计算其他各组中每个工人的平均产量，并把单元格格式设置为保留两位小数。

(15)完成上述操作后就可以打印、存盘了。

(16)同样是分组，却有很多方法，本实验使用 FREQUENCY 函数进行分组操作，而实验一是使用数据透视表分组，实验二是使用 COUNTIF 函数进行操作的。各种方法各有利弊，应该灵活运用。

【参考答案】

完成的统计整理表如图 2-37 所示。

上面的统计整理表表明，产量明显随工人数的增加而增加，单个工厂生产效率并不随工厂工人数的增加而提高。在这里，工人数在 150~250 人的工厂组的劳动生产率(1.28 万元)同工人数在 350~450 人的工厂组的劳动生产率(1.25 万元)比较相近，而工人数在 250~350 的工厂组的劳动生产率(1.00 万元)比较低。这说明要有适当的企业规模，才会有好的规模效益。

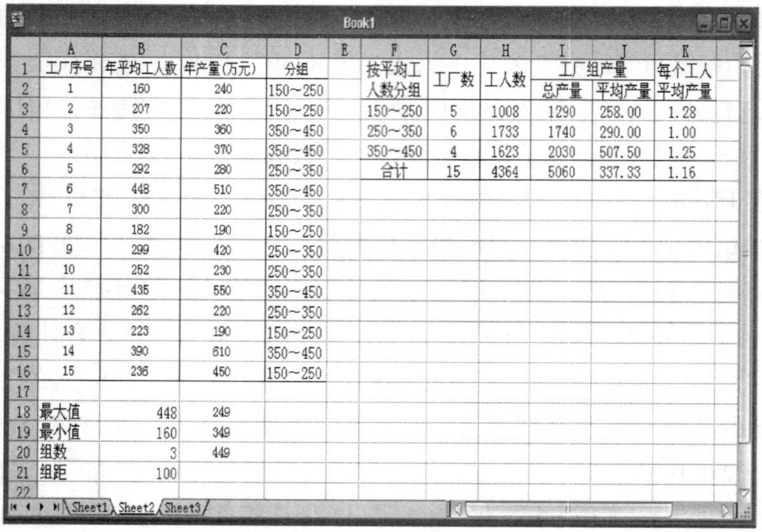

	A	B	C	D	E	F	G	H	I	J	K
1	工厂序号	年平均工人数	年产量(万元)	分组		按平均工人数分组	工厂数	工人数	工厂组产量		每个工人平均产量
2	1	160	240	150~250					总产量	平均产量	
3	2	207	220	150~250		150~250	5	1008	1290	258.00	1.28
4	3	350	360	350~450		250~350	6	1733	1740	290.00	1.00
5	4	328	370	350~450		350~450	4	1623	2030	507.50	1.25
6	5	292	280	250~350		合计	15	4364	5060	337.33	1.16
7	6	448	510	350~450							
8	7	300	220	250~350							
9	8	182	190	150~250							
10	9	299	420	250~350							
11	10	252	230	250~350							
12	11	435	550	350~450							
13	12	262	220	250~350							
14	13	223	190	150~250							
15	14	390	610	350~450							
16	15	236	450	150~250							
17											
18	最大值	448	249								
19	最小值	160	349								
20	组数	3	449								
21	组距	100									
22											

图 2-37　统计整理表

实验七

【实验名称】

统计整理综合练习。

【实验目的】

熟悉 Excel 的基本操作。

统计分组方法的综合运用。

【实验环境】

(1)系统软件 Windows 2000、Windows 7、Windows 10 或 Windows XP。

(2)应用软件 Excel 2000、Excel 2003、Excel 2007 或 Excel 2010。

【知识准备】

品质分组的方法和变量分组的方法,统计分组与统计指标之间的关系。通过分组可以观察、认识社会经济现象的内在规律性。

【实验资料】

现有 50 家同类工业企业的有关资料(表 2-6)。

表 2-6　50 家同类工业企业资料汇总表

企业编号	固定资产价值(万元)	工业总产值(万元)	平均职工数(人)	平均工人数(人)	加工原料(吨)	产量(万吨)
1	610	384	412	322	6.17	0.72

续表

企业编号	固定资产价值（万元）	工业总产值（万元）	平均职工数（人）	平均工人数（人）	加工原料（吨）	产量（万吨）
2	1440	1760	754	674	25.89	3.19
3	320	1090	390	339	16.45	2.09
4	780	1360	394	342	21.73	2.56
5	782	1490	408	357	22.93	2.84
6	720	1007	398	346	17.57	1.84
7	545	1040	336	295	16.02	1.99
8	925	1120	528	465	17.18	2.12
9	895	1775	416	360	27.10	3.42
10	910	2033	538	484	27.74	3.58
11	1920	2210	558	506	36.73	4.12
12	447	670	361	301	9.75	1.31
13	703	1520	447	392	22.20	2.94
14	388	1375	405	354	21.63	2.61
15	464	975	387	332	14.96	1.86
16	447	960	365	316	14.55	1.82
17	640	1300	513	453	13.52	1.61
18	590	862	401	336	21.47	2.58
19	575	1600	504	442	24.50	2.94
20	685	878	475	417	13.83	1.65
21	625	1000	429	370	15.16	1.92
22	938	2680	644	587	18.27	2.27
23	750	1390	502	447	21.85	2.72
24	463	735	330	280	11.58	1.40
25	940	1140	738	599	17.07	2.17
26	655	1330	404	354	20.80	2.56
27	590	1850	535	482	17.09	2.23
28	415	1119	369	304	15.89	2.17
29	1180	2230	752	676	34.42	4.21
30	910	1982	592	506	31.30	3.80

续表

企业编号	固定资产价值（万元）	工业总产值（万元）	平均职工数（人）	平均工人数（人）	加工原料（吨）	产量（万吨）
31	415	1070	376	328	17. 59	2. 04
32	590	975	398	343	14. 26	1. 86
33	703	1070	364	294	16. 37	2. 05
34	367	815	397	288	12. 61	1. 56
35	625	1250	486	416	19. 04	2. 38
36	447	1313	428	364	10. 17	1. 39
37	432	1020	394	330	14. 42	1. 99
38	542	1005	435	369	15. 14	1. 95
39	415	910	381	314	14. 17	1. 77
40	685	1520	522	445	22. 80	2. 89
41	1150	1755	728	622	19. 67	2. 37
42	607	1315	372	306	19. 77	2. 52
43	543	1180	415	364	19. 94	2. 24
44	1137	1580	668	604	25. 43	3. 00
45	350	862	467	281	13. 68	1. 69
46	625	1070	405	352	17. 85	2. 03
47	590	1150	509	461	19. 26	2. 15
48	528	1280	494	432	20. 46	2. 67
49	875	1770	479	421	27. 68	3. 40
50	800	1425	529	484	22. 98	2. 75

【实验要求】

根据表 2-6 的资料，按平均职工人数对 50 家工厂进行等距分组，计算出每组职工人数、工人数、产值和每位职工的平均产值，并编制整理表。按工业总产值大小进行分组（分为 3 个组），然后从固定资产价值和其他经济指标方面来表明总体的结构及其联系。根据分组的结果可得出什么样的结论？按固定资产价值和平均工人数两个标志进行复合分组，列出各组的企业数、固定资产价值、工业总产值和平均工人数，编制整理表。

【实验步骤】

(1)启动 Excel,新建一个工作簿文件。

(2)按图 2-38 的样式填入基本数据。将工作表的名称改为“基础数据”。

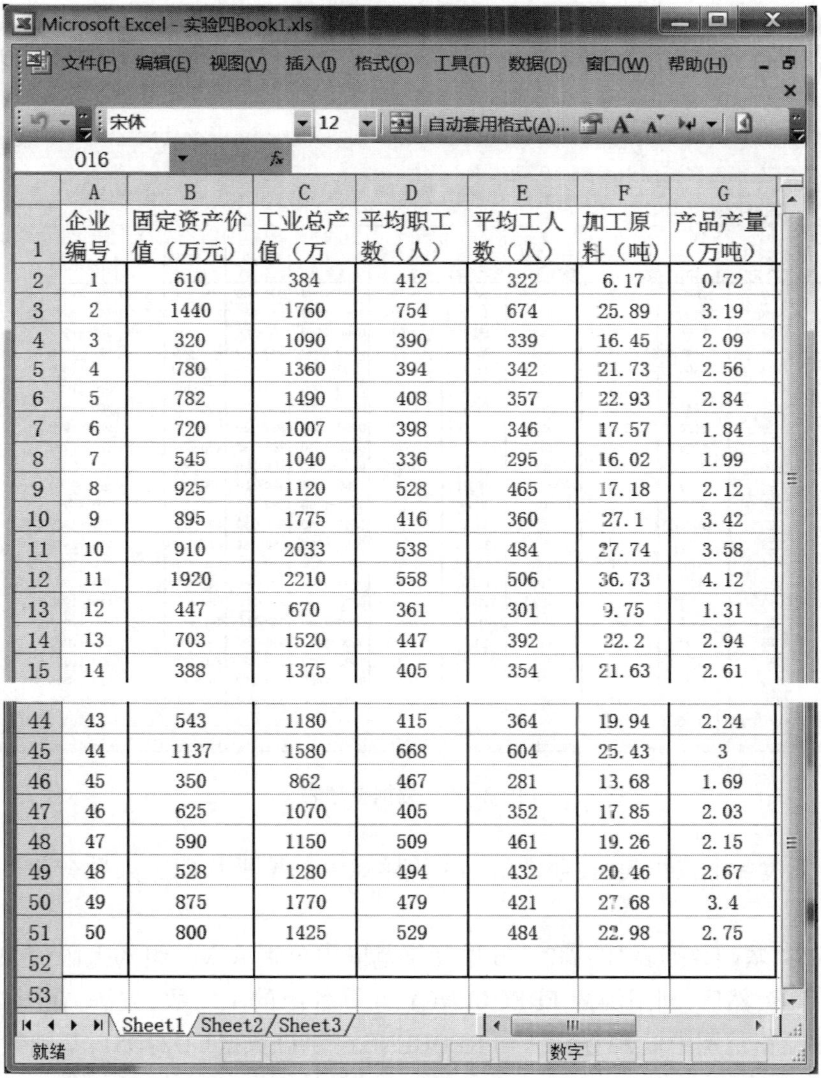

	A	B	C	D	E	F	G
1	企业编号	固定资产价值（万元）	工业总产值（万	平均职工数（人）	平均工人数（人）	加工原料（吨）	产品产量（万吨）
2	1	610	384	412	322	6.17	0.72
3	2	1440	1760	754	674	25.89	3.19
4	3	320	1090	390	339	16.45	2.09
5	4	780	1360	394	342	21.73	2.56
6	5	782	1490	408	357	22.93	2.84
7	6	720	1007	398	346	17.57	1.84
8	7	545	1040	336	295	16.02	1.99
9	8	925	1120	528	465	17.18	2.12
10	9	895	1775	416	360	27.1	3.42
11	10	910	2033	538	484	27.74	3.58
12	11	1920	2210	558	506	36.73	4.12
13	12	447	670	361	301	9.75	1.31
14	13	703	1520	447	392	22.2	2.94
15	14	388	1375	405	354	21.63	2.61
44	43	543	1180	415	364	19.94	2.24
45	44	1137	1580	668	604	25.43	3
46	45	350	862	467	281	13.68	1.69
47	46	625	1070	405	352	17.85	2.03
48	47	590	1150	509	461	19.26	2.15
49	48	528	1280	494	432	20.46	2.67
50	49	875	1770	479	421	27.68	3.4
51	50	800	1425	529	484	22.98	2.75
52							
53							

图 2-38　基础数据表

(3)通过 MAX 函数和 MIN 函数可以得知分组标志(平均职工人数)的最大、最小标志值分别为 330 人和 754 人,从而全距为 754-330=424 人。考虑分为 4 组,计算组距为 424÷5=84.8,可上调为 100 作为分组的实际组距。因此,可以分为以下 4 组:

300~400、400~500、500~600、700~800。

（4）在图 2-38“基础数据”的右边增加一列（H 列），使用 IF 函数找出各企业的分组标记。具体方法：在基础数据表的 H2 单元格中使用 Excel 的公式向导，输入公式“=IF(D2<400,“300~400”,IF(D2<500,“400~500”,IF(D2<600,“500~600”,IF(D2<700,“600~700”,“700~800“))))”，然后，将公式向下填充到 H51 单元格。由于要分成 5 组，因此，IF 函数要经过 4 次叠套，公式就显得比较长，结果见图 2-39。

L1 分组标志2

	A	B	C	D	E	F	G	H	I	J	K	L	M
1	企业编号	固定资产价值（万元）	工业总产值（万	平均职工数（人）	平均工人数（人）	加工原料（吨）	产品产量（万吨）	按固定资产价值分类	按平均人数分类	分 组 标志1		分组标志2	
2	1	610	384	412	322	6.17	0.72	0500-1000	280-380	400-500	1099	300-1100	399
3	2	1440	1760	754	674	25.89	3.19	1000-1500	580-680	700-800	1899	1100-1900	499
4	3	320	1090	390	339	16.45	2.09	0000-0500	280-380	300-400	2699	300-1100	599
5	4	780	1360	394	342	21.73	2.56	0500-1000	280-380	300-400		1100-1900	699
6	5	782	1490	408	357	22.93	2.84	0500--100	280-320	400-500		1100-1900	799
7	6	720	1007	398	346	17.57	1.84	0500-1000	280-380	300-400		300-1100	
8	7	545	1040	336	295	16.02	1.99	0500-1000	280-380	300-400		300-1100	
9	8	925	1120	528	465	17.18	2.12	0500-1000	380-480	500-600		1100-1900	
10	9	895	1775	416	360	27.1	3.42	0500-1000	280-380	400-500		1100-1900	
11	10	910	2033	538	484	27.74	3.58	0500-1000	480-580	500-600		1900-2700	
12	11	1920	2210	558	506	36.73	4.12	1500-2000	480-580	500-600		1900-2700	
13	12	447	670	361	301	9.75	1.31	0000-1500	280-380	300-400		300-1100	
14	13	703	1520	447	392	22.2	2.94	0500-1000	330-480	400-500		1100-1900	
15	14	388	1375	405	354	21.63	2.61	0000-0500	280-380	400-500		1100-1900	
16	15	464	975	387	332	14.96	1.86	0000-0500	280-380	300-400		300-1100	
17	16	447	960	365	316	14.55	1.82	0000-0500	280-380	300-400		300-1100	
18	17	640	1300	513	453	13.52	1.61	0500-1000	380-480	500-600		1100-1900	
19	18	590	862	401	336	21.47	2.58	0500-1000	280-330	400-500		300-1100	
20	19	575	1600	504	442	24.5	2.94	0500-1000	380-580	500-600		1100-1900	
21	20	685	878	475	417	13.83	1.65	0500-1000	380-580	400-500		300-1100	
22	21	625	1000	429	370	15.16	1.92	0500-1000	280-380	400-500		300-1100	
23	22	938	2680	644	587	18.27	2.27	0500-1000	580-680	600-700		1900-2700	

图 2-39 数据整理表

（5）新建一个工作表，按照图 2-40 的样式编制按平均职工人数分组的分组整理表。

（6）在“基础数据表”的 M2:M6 单元格范围内分别输入各组的上限值 399、499、599、699、799，然后，利用函数 FREQUENCY 计算各组的工厂数，方法：在图 2-40 的 B2:B6 单元格范围中输入公式“{=FREQUENCY(基础数据！D2:D51,基础数据！I2:I6)}”，然后，同时按下“Ctrl”“Shift”和“Enter”键，计算出各组的工厂数。

（7）计算各组的工厂数在全部工厂数中的百分比。方法：先在 B7 单元格中输入公式“=SUM(B2:B6)”，计算出工厂的总数；然后，在 C2 单元格输入公式“=B2/$B$7”，并向下填充到 C7 单元格，计算出工厂数百分比。

（8）在工作表中，按照图 2-41 的样式编制按工业总产值分组的分组整理表。

按平均职工人数分组	工厂数	工厂数百分比	平均职工人数	平均工人数	工业总产值	每位职工平均产值
300～400						
400～500						
500～600						
600～700						
700～800						
合计						

图 2-40　按平均职工人数分组的整理表

按平均职工人数分组	工厂数	工厂数百分比	平均职工人数	平均工人数	工业总产值	每位职工平均产值
300～400	16	32%	6012	5058	16131	2683
400～500	17	34%	7406	6261	20344	2747
500～600	11	22%	5830	5175	17580	3015
600～700	2	4%	1312	1191	4260	3247
700～800	4	8%	3E+09	2571	6885	2317
合计	50	100%		20256	65200	2771

按工业总产值分组（万元）	工厂数	固定资产价值		平均职工人数		工业总产值	
		总量	结构	总量	结构	总量	结构
300～1100							
1100～1900							
1900～2700							
合计							

图 2-41　按工业总产值分组的整理表

(9)在“基础数据”表的 J2 单元格中使用 Excel 的公式向导输入公式“=IF(C2<1100,“300~1100”,IF(C2>=1900,“1900~2700”,“1100~1900”))”;之后,将公式向下填充到 J51 单元格。在 K2:K6 单元格范围内分别输入各组的上限值 1099、1899、2699;然后,利用函数 FREQUENCY 计算各组的工厂数,方法:在图 2-41 的 B11:B13 单元格范围中输入公式“{=FREQUENCY(基础数据! C2:C51,基础数据! K2:K6)}”;随后,同时按下“Ctrl”“Shift”和“Enter”键,计算出各组的工厂数。在 B14 单元格中输入公式“=SUM(B11:B13)”,计算合计数。

(10)在 C11 单元格中输入公式“=SUMIF(基础数据! J2:J51,“300~1100”,基础数据! B2:B51)”,计算工业总产值在 300 万~1100 万元的企业的固定资产价值总量;在 C12 单元格中输入公式“=SUMIF(基础数据! J2:J51,“1100~1900”,基础数据! B2:B51)”,计算工业总产值在 1100 万~1900 万元的企业的固定资产价值总量;在 C13 单元格中输入公式“=SUMIF(基础数据! J2:J51,“1900~2700”,基础数据! B2:B51)”,计算工业总产值在 1900 万~2700 万元的企业的固定资产价值总量;在 C14 单元格中输入公式“=SUM(C11:C13)”,计算全部企业的固定资产价值总量。

(11)在 D11 单元格中输入公式“=C11/ $C $14”,然后,向下填充到 D14 单元格,并将格式调整为百分比形式和保留 2 位小数,计算出各组固定资产价值在固定资产总值中的比重。

(12)在 E11 单元格中输入公式“=SUMIF(基础数据! J2:J51,“300~1100”,基础数据! D2: D51)”,计算工业总产值在 300 万~1100 万元的企业的平均职工人数;在 D12 单元格中输入公式“=SUMIF(基础数据! J2:J51,“1100~1900”,基础数据! D2:D51)”,计算工业总产值在 1100 万~1900 万元的企业的平均职工人数;在 D13 单元格中输入公式“=SUMIF(基础数据! J2:J51,“1900~2700”,基础数据! D2:D51)”,计算工业总产值在 1900 万~2700 万元的企业的平均职工人数;在 C14 单元格中输入公式“=SUM(D11:D13)”,计算全部企业的平均职工人数。

(13)在 F11 单元格中输入公式“=E11/ $E $14”,然后,向下填充到 F14 单元格,并将格式调整为百分比形式和保留 2 位小数,计算出各组平均职工人数在总人数中的比重。

(14)在 G11 单元格中输入公式“=SUMIF(基础数据! J2:J51,“300~1100”,基础数据! C2: C51)”,计算工业总产值在 300 万~1100 万元的企业的工业总产值;在 G12 单元格中输入公式“=SUMIF(基础数据! J2:J51,“1100~1900”,基础数据! C2:C51)”,计算工业总产值在 1100 万~1900 万元的企业的工业总产值;在 G13 单元格中输入公式“=SUMIF(基础数据! J2:J51,“1900~2700”,基础数据! C2:C51)”,计算工业总产值在 1900 万~2700 万元的企业的工业总产值;在 G14 单元格中输入公式

“=SUM(G11:G13)”,计算全部企业的工业总产值。

(15)在H11单元格中输入公式“=G11/ $G $14”,然后,向下填充到H14单元格,并将格式调整为百分比形式和保留2位小数,计算出各组工业总产值在全部企业工业总产值中的比重。完成按工业总产值分组的分组整理表。

(16)按企业固定资产价值和平均工人数两个标志进行复合分组,编制反映各组的企业数、固定资产价值、工业总产值和平均工人数的整理表。方法:使用Excel的数据透视表功能。

首先,原始资料按固定资产价值标志分组的最大、最小标志值为320万元和1920万元,从而全距为1920-320=1600万元。考虑分为4组,计算组距为1600÷4=400,可上调为500,作为分组的实际组距。因此,可以分为以下4组:0~500万元,500万~1000万元,1000万~1500万元,1500万~2000万元。

其次,原始资料按平均工人数标志分组的最大、最小标志值为280人和676人,从而全距为676-280=396人。考虑分为4组,计算组距为396÷4=99,可上调为100,作为分组的实际组距。因此,可以分为以下4组:280~380人,380~480人,480~580人,580~680人。

(17)在基础数据表的“分类标志1”前面插入两列(H列和I列),分别填上“按固定资产价值分类”和“按平均工人数分类”,作为两种分类的分类标志列。

(18)在“基础数据”表的H2单元格中使用Excel的公式向导输入公式“=IF(B2<500,“0000~0500”,IF(B2<1000,“0500~1000”,IF(B2<1500,“1000~1500”,“1500~2000”)))”,完成按固定资产价值的分类标志。注意:公式中“0~500”被写成“0000”~0500”,这是因为数字中加了“~”符号,使其成为字符型数据,加0是为了排序的需要。

(19)在“基础数据”表的“I2”单元格中使用Excel的公式向导输入公式“=IF(E2<380,“280~380”,IF(E2<480,“380~480”,IF(E2<580,“480~580”,“580~680”)))”,完成按平均工人数的分类标志。

(20)单击“数据”菜单,选择“数据透视表和图表报告”。在“请指定待分析数据源类型”中选择“Microsoft Excel数据清单或数据库”;在“所需创建的报表类型”中选择“数据透视表”。

(21)单击“下一步”,将选定区域调整为“ $A $1: $I $51”。

(22)在“数据透视表显示位置”中选择“新建工作表”,并单击“版式”按钮,在版式设计向导中进行设计。将“按固定资产价值分类”拖到“列”区域,将“按平均工人数分类”拖到“行”区域,将“企业编号”拖到“数据”区域,并将字段设置为“计数”,默认的设置是“求和”,分别将“固定资产价值”“工业总产值”和“平均工人数”拖到“数据”区域。

(23)单击"确定"按钮就完成了数据透视表的设置。

(24)最后,对完成的数据透视表的格式进行适当的调整,完成全部操作。

【参考答案】

完成的按平均职工人数分组的统计整理表如图 2-42 所示。

按平均职工人数分组	工厂数	工厂数百分比	平均职工人数	平均工人数	工业总产值	每位职工平均产值
300~400	16	32%	6012	5058	16131	2683
400~500	17	34%	7406	6261	20344	2747
500~600	11	22%	5830	5175	17580	3015
600~700	2	4%	1312	1191	4260	3247
700~800	4	8%	2972	2571	6885	2317
合计	50	100%	23532	20256	65200	2771

图 2-42　按平均职工人数分组的统计整理表

完成的按工业总产值分组的统计整理表如图 2-43 所示。

按工业总产值分组(万元)	工厂数	固定资产价值		平均职工人数		工业总产值	
		总量	结构	总量	结构	总量	结构
300~1100	20	10355	29.86%	7901	33.58%	18398	28.22%
1100~1900	25	18465	53.25%	12547	53.32%	35667	54.70%
1900~2700	5	5858	16.89%	3084	13.11%	11135	17.08%
合计	50	34678	100.00%	23532	100.00%	65200	100.00%

图 2-43　按工业总产值分组的统计整理表

按工业总产值和平均工人数两个标志进行复合分组的统计整理表如图 2-44 所示。

	A	B	C	D	E	F	G
1							
2			按固定资产价值分类▼				
3	按平均工人数分类▼	数据 ▼	0000～0500	0500～1000	1000～1500	1500～2000	总计
4	280～380	计数项：企业编号	13	15			28
5		求和项：固定资产价值（万元）	5370	9812			15182
6		求和项：工业总产值（万元）	12914	16863			29777
7		求和项：平均工人数（人）	4131	5110			9241
8	380～480	计数项：企业编号		11			11
9		求和项：固定资产价值（万元）		7581			7581
10		求和项：工业总产值（万元）		14778			14778
11		求和项：平均工人数（人）		4791			4791
12	480～580	计数项：企业编号		4		1	5
13		求和项：固定资产价值（万元）		3210		1920	5130
14		求和项：工业总产值（万元）		7290		2210	9500
15		求和项：平均工人数（人）		1956		506	2462
16	580～680	计数项：企业编号		2	4		6
17		求和项：固定资产价值（万元）		1878	4907		6785
18		求和项：工业总产值（万元）		3820	7625		11145
19		求和项：平均工人数（人）		1136	2576		3732
20	计数项：企业编号的求和		13	32	4	1	50
21	求和项：固定资产价值（万元）的求和		5370	22481	4907	1920	34678
22	求和项：工业总产值（万元）的求和		12914	42751	7325	2210	65200
23	求和项：平均工人数（人）的求和		4131	13043	2576	506	20256
24							

图 2-44　复合分组的统计整理表

实验八

【实验名称】

绘制统计直方图。

【实验目的】

熟悉 Excel 数据分析直方图工具的运用,掌握统计频率分布和直方图等操作。

【实验环境】

(1)系统软件 Windows 2000、Windows 7、Windows 10 或 Windows XP。

(2)应用软件 Excel 2000、Excel 2003、Excel 2007 或 Excel 2010。

【知识准备】

统计图是根据统计数字,用几何图形、事物形象和地图等绘制的各种图形。它具有直观、形象、生动、具体等特点。统计图可以使复杂的统计数字简单化、通俗化、形象化,使人一目了然,便于理解和比较。因此,统计图在统计资料整理与分析中占有重要地位,并得到广泛应用。

统计图一般由图形、图号、图目、图注等组成。常见的有圆形图、条形、直方图、扇形图、折线图和曲线图等。

利用 Excel 数据分析的“直方图”工具可以方便地进行统计数据的分组编制频数(频率)分布并制作相应的统计图表。

【实验资料】

现有 50 名学生的统计学课程考试成绩排序资料:50,51,54,58,59,61,61,62,63,64,65,66,67,68,69,69,70,71,72,72,72,73,74,74,74,75,75,75,75,76,77,78,79,80,81,82,83,84,84,85,86,86,87,88,90,91,91,95,97,99。

【实验要求】

根据这些数据进行统计分组和制作统计图表。

【实验步骤】

(1)进入 Excel 并打开新工作簿,在 A 单元列中逐个输入原始数据,然后在 B 单元列中输入各组的分组上限,无论连续性变量还是离散性变量,其分组的频数都只计算到各组上限包括的变量值数目为止。故一般均取"10"的倍数减 1(上线不在内原则),而分组的下限将默认为"10"的倍数。

(2)输入 50 名学生统计学考试成绩的原始数据。在 B1 单元中输入标志名称,在 B2 单元中输入"59"(说明小于或等于 59 分的变量数计在第一组的频数内,等于 60 分的变量数将计到下一组的频数内)。作为第一组的分组上限,在 B3 单元中输入"69"作为第二项数据,选取 B2:B3,向下拖动所选区域右下角的填充柄,填充到需要的分组单元,见图 2-45。

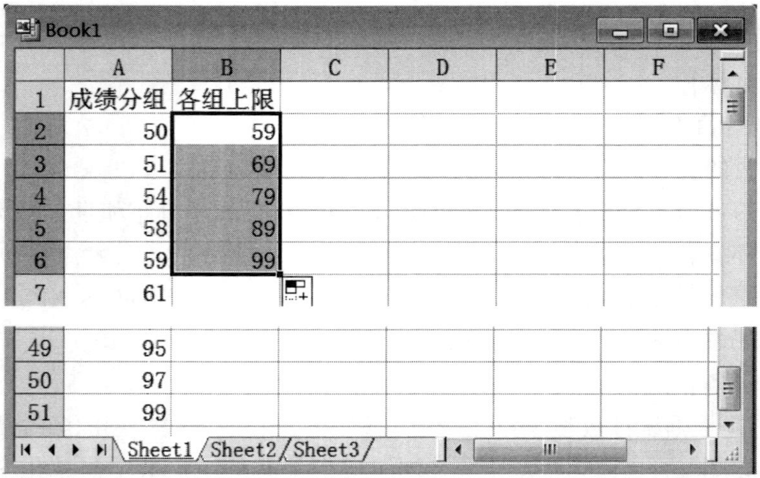

图 2-45　学生的统计学成绩数据表

(3)从工具菜单中下拉选择"数据分析→直方图",单击确定按钮,打开直方图分析选项框,选中直方图选项,见图 2-46。

(4)在直方图分析选项框的"输入区域"中输入含有原始数据单元范围的引用(A1:A51),本例为 $A $1: $A $51,更为简便的是直接用光标圈选 A 列的数据。此外,

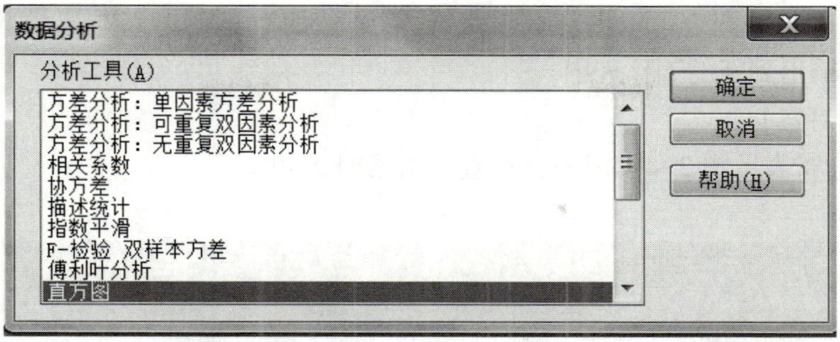

图 2-46　数据分析对话框

如果引用范围包括标志值的名称，须勾选“标志”选项。

（5）在“接收区域”中输入包含有分组标志值单元范围的引用 $B $1：$B $6，通常这些分组区间的界限（上限）必须按升序排列。

（6）在“输出区域”中输入想让输出表显示其范围的左上角单元引用（必须是空的单元），注意防止表格与图表以及原始数据的覆盖和重叠。本例取 $D $1。

（7）如果勾选“图表输出”复选框，除了在 Excel 工作表上能得到一个频率分布表外，还可得到另一与之相对应的直方图，见图 2-47。

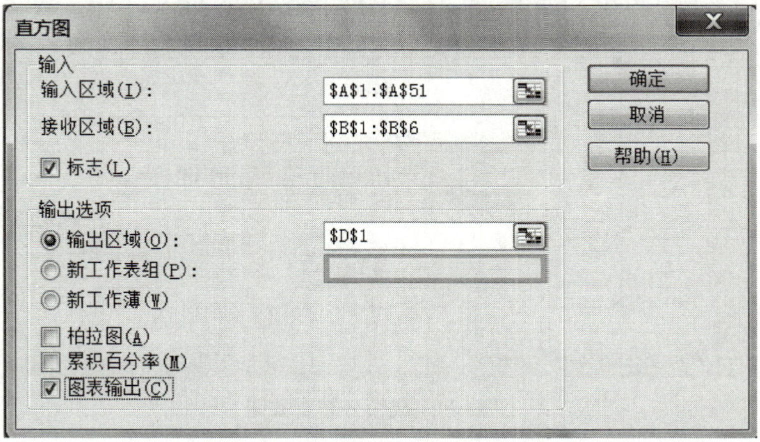

图 2-47　直方图对话框

（8）在 Excel 数据分析/直方图分析工具的对话框中输入完毕后，单击确定。数据分析/直方图分析工具就将频率分布表放在工作表 $D $1：$E $7 的单元中；把直方图放在工作表$G $10：$L $7 的单元中，而且，在确定后我们还可以通过拖拉把直方图放到更为合适的位置上。输出表的 $D 列为分组的上限，$E 列为各组的频数。

(9)对输出的图表可以进行按需修饰,修饰后的直方图可以与原始数据放在一起,也可以输出到新的工作表中。

【参考答案】

频数分布表见图 2-48,成绩分布直方图见图 2-49。

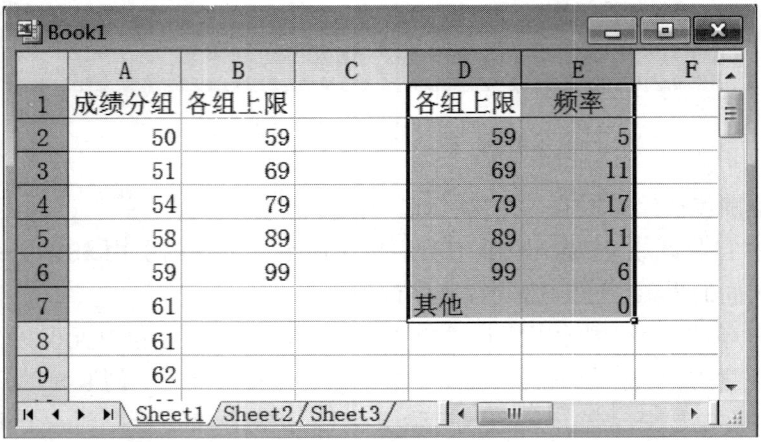

图 2-48 频数分布表

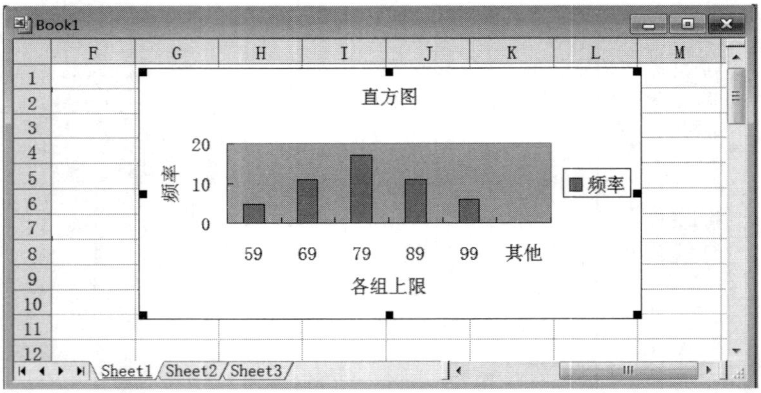

图 2-49 成绩分布直方图

实验九

【实验名称】

统计图的绘制及其修饰。

【实验目的】

熟悉直方图的绘制和修饰以及折线图、曲线图的绘制。

【实验环境】

(1)系统软件 Windows 2000、Windows 7、Windows 10 或 Windows XP。

(2)应用软件 Excel 2000、Excel 2003、Excel 2007 或 Excel 2010。

【知识准备】

统计图是根据统计数字,用几何图形、事物形象和地图等绘制的各种图形。它具有直观、形象、生动、具体等特点。统计图可以使复杂的统计数字简单化、通俗化、形象化,使人一目了然,便于理解和比较。因此,统计图在统计资料整理与分析中占有重要地位,并得到广泛应用。

统计图一般由图形、图号、图目、图注等组成。常见的有圆形图、条形、直方图、扇形图、折线图和曲线图等。

利用 Excel 数据分析的“直方图”工具可以方便地进行统计数据的分组编制频数(频率)分布并制作相应的统计图表。

【实验资料】

根据抽样调查得到某地 60 户农民家庭月消费额资料(表 2-7)。

表 2-7　60 户农民家庭月消费额资料　　单位:元

500	612	631	650	840	778	777	775	889	653
663	790	807	925	589	683	776	700	703	639
647	835	775	770	878	578	569	805	816	768
753	845	998	740	723	891	860	563	556	670
948	827	738	910	698	760	623	415	523	763
708	715	701	643	661	545	671	780	708	667

【实验要求】

依据上述资料,利用 Excel 绘制 60 户农民家庭月消费额统计图。

【实验步骤】

(1)打开 Excel 并建立新的工作簿,将 60 户农民家庭月消费额资料输入 A 列,并由低到高排序,Excel 工作簿中的排序数据在截图中无法全部显示,以下表(表 2-8)显示排序数据。

表 2-8　60 户农民家庭月消费额排序表　　单位:元

415	500	523	545	556	563	569	578	589	512
623	631	639	643	647	650	653	661	663	667
670	671	683	698	700	701	703	708	715	723

续表

738	740	753	760	763	768	770	775	775	776
777	778	780	783	790	805	807	816	827	835
840	845	860	878	889	891	910	925	948	998

(2)由于最大值减最小值为(998-415=583)583 元,可等距分为 6 组,组距 100,各组上限值为 499.9、599.9、699.9、799.9、899.9 和 999.9;A 列中是 60 户农民家庭月消费额;B 列输入各组上限值数据。

(3)计算频数。选定 D2:D7,输入公式“=FREQUENCY(A2:A61,B2:B7)”,然后按“Crtl+Shift+Enter”组合键,即可计算出各组的频数。该函数的第一个参数指定用于编制分布数列的原始数据,第二个参数指定每一组的上限。在 D8 单元格中输入公式“=SUM(D2:D7)”,计算出频数的合计。

(4)计算频率。在 E2 中输入公式“=D2/ $D $8 * 100”,然后选定 E2:E7 区域,按“Ctrl+D”组合键,即可将该公式复制到 E3:E7 区域。

(5)计算向上累计频数。在 F2 单元格中输入公式“=D2”,在 F3 单元格中输入公式“=D3+F2”,再将公式复制到 F4:F7 区域。

(6)计算向下累计频数。在 G7 中输入公式“=D7”,在 G6 单元格输入公式“=G7+D6”,再将公式复制到 G2:G5 单元格区域即可。可以采用向上填充的方法复制公式,即选定 G2:G6 单元格区域,然后单击菜单[编辑]→[填充]→[向上填充],见图 2-50。

Book1

	A	B	C	D	E	F	G
1	消费额	各组上限	等距分组	频数	频率%	向上累计频数	向下累计频数
2	415	499.9	400—500	1	1.666667	1	60
3	500	599.9	500—600	8	13.33333	9	59
4	523	699.9	600—700	15	25	24	51
5	545	799.9	700—800	21	35	45	36
6	556	899.9	800—900	11	18.33333	56	15
7	563	999.9	900以上	4	6.666667	60	4
8	569		合计	60	100	—	—
9	578						

Sheet1 / Sheet2 / Sheet3

图 2-50　分组及数列编制工作表

(7)使用上图资料,直方图所需数据在 C1:E7 单元格区域,选定该区域。需要特别注意的是,最好是如图 2-50 所示的那样安排用于生成直方图的各列数据的位置,即 *X* 轴上的数据(分组的说明性文字)在该区域的最左边一列,*Y* 轴上的数据(频数、频率)依次向右排列。如果不是这样,则图表向导第 2 步有可能设置不符合我们的要求。

(8)进入图表向导,在图表向导第 1 步直接单击“完成”按钮即可生成,如图 2-51 所示。

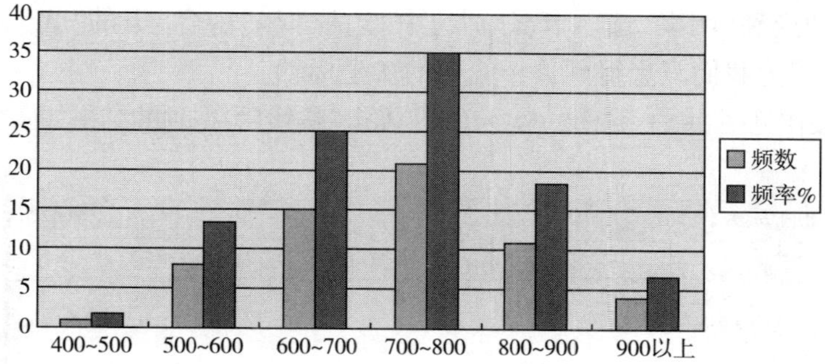

图 2-51 60 户农民家庭月消费额的直方图

因为在图表向导第 1 步中默认选定的图表类型就是“簇状柱形图”,并且由于已经选定直方图所需的数据区域,第 2 步也已经正确设置,至于第 3 步和第 4 步,使用其默认设置即可,此时没有图表和坐标轴的标题,并且图表是作为浮动对象插入到当前工作表中的。

(9)对生成的直方图进行修改,使其更符合统计上的表示形式。

①去掉网络线,即 X 轴上面的几条横线。选中图表后,单击菜单[图表]→[图表选项],调出图表选项对话框,切换到“网络线”选项卡,将 Y 轴下主要网络线前面的“√”去掉即可,如图 2-52 所示。

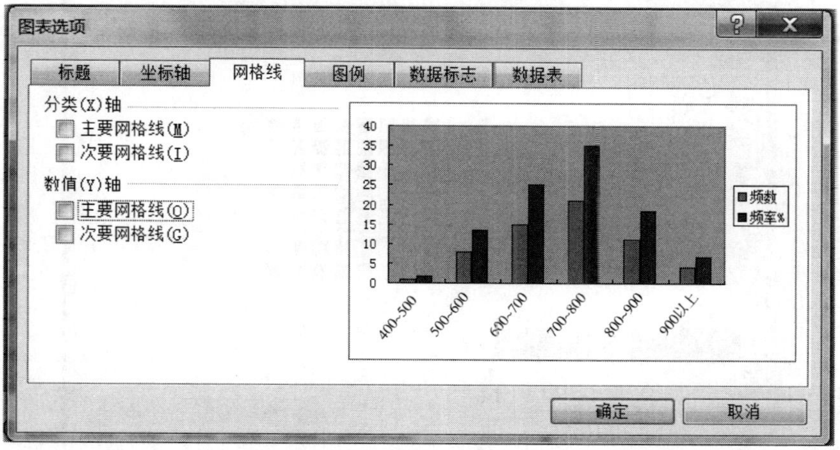

图 2-52 图表选项对话框

②生成次坐标轴，即生成另外一个 Y 轴，用来表示频率。右键单击任一分组中相对较高的柱形图（即频率柱形图），在弹出的菜单中单击［数据系列格式］，调出关于频率的“数据系列格式”对话框。

在该对话框中，切换到“坐标轴”选项卡，选中“次坐标轴”，即可生成频率坐标轴。然后再切换到“图案”选项卡，分别选中“边框”和“内容”下的“无”，将频率柱形图隐藏起来，因为我们只想得到关于频率的次坐标轴。

以上的操作见图 2-53 和图 2-54。单击“确定”按钮后，得到的结果如图 2-55 所示。

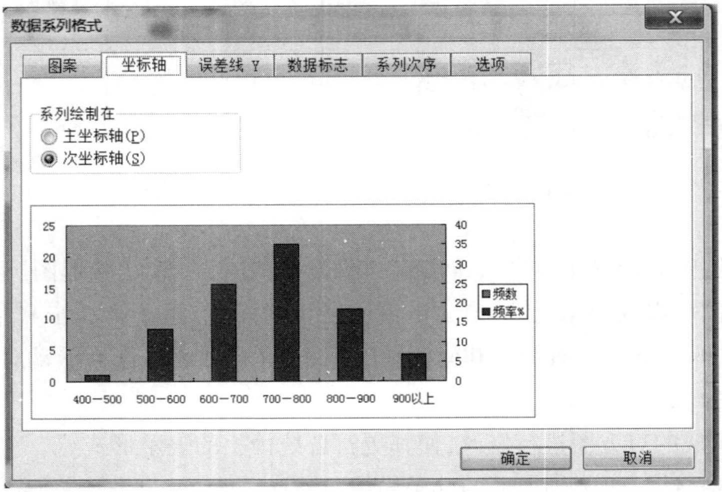

图 2-53　图表格式对话框

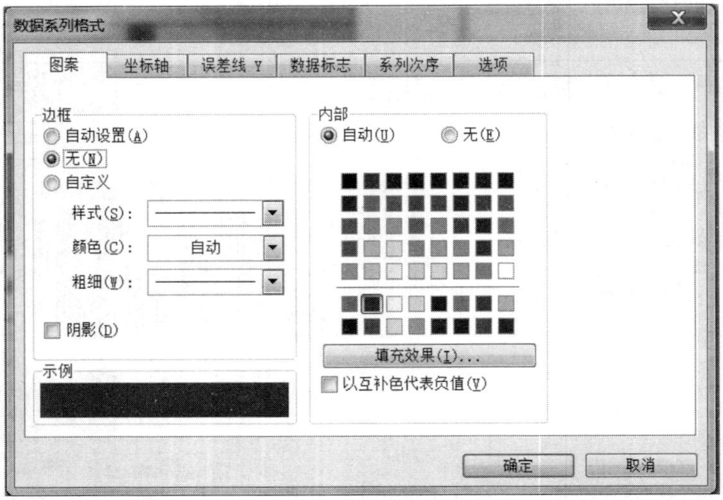

图 2-54　图表格式对话框

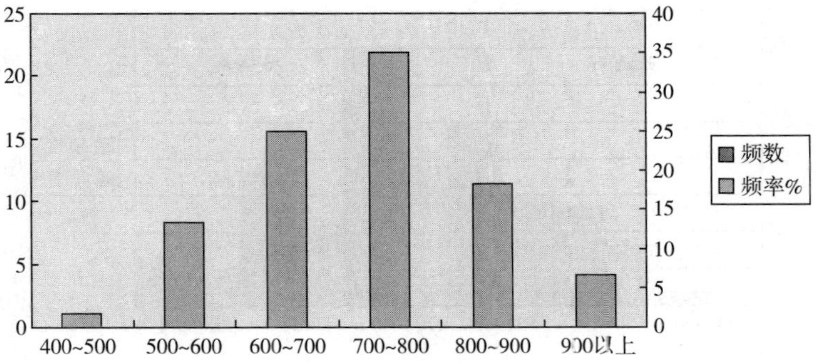

图 2-55　60 户农民家庭月消费额的直方图

③消除柱形图之间的间距。使用②中的操作方法，调出关于频数的“数据系列格式”对话框。切换到“选项”选项卡，将分类间距改为 0，见图 2-56。

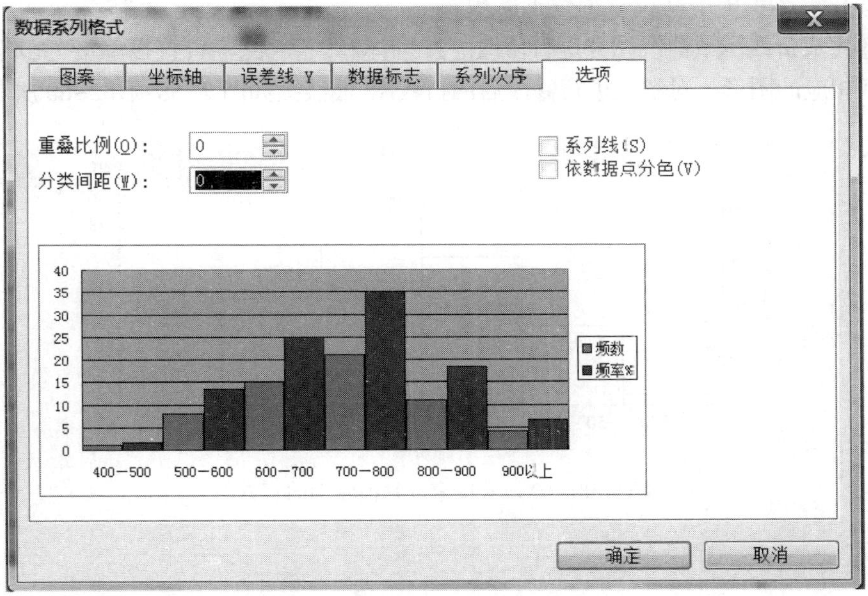

图 2-56　图表格式对话框

④单击确定按钮，得到直方图，如图 2-57 所示。

(10)绘制折线图与曲线图。折线图和曲线图可以在上述直方图的基础上完成，即将上述修改图形②中被隐藏起来的频率系列改为折线图或曲线图。这里介绍直接绘制折线图和曲线图的方法。主要的操作步骤如下。

①选定 B2:D7 单元格区域，并进入图表向导。

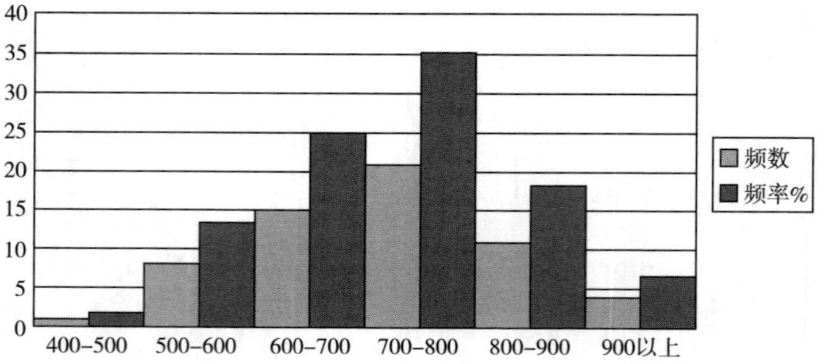

图 2-57 60 户农民家庭月消费额的直方图

②选择图表类型。对于折线图,先在“图表类型”中选择“散点图”,然后在“子图表类型”中选“元数据点折线散点图”,而对于曲线图,则选“无数据点平滑线散点图”。需要说明的是,折线图的绘制也可以使用 Excel 中的“折线图”这一图表类型,但需要在第 2 步中手动设置源数据区域。

③生成折线图或曲线图并进行修改。在选择好图表类型后,直接单击“完成”按钮即得到相应的图形。对图表进行修改后的折线图、曲线图如图 2-58~图 2-60 所示。

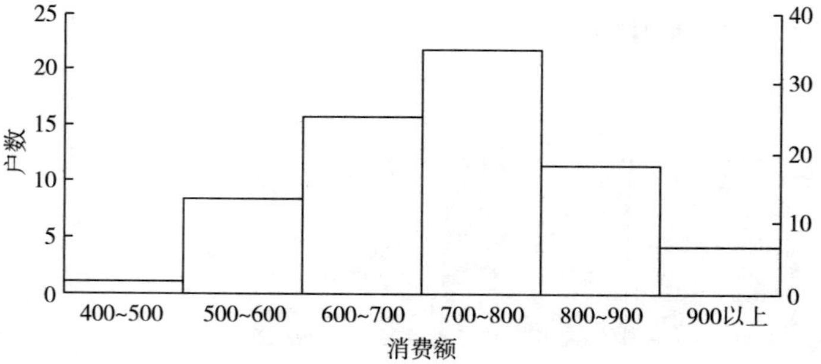

图 2-58 60 户农民家庭月消费额的直方图

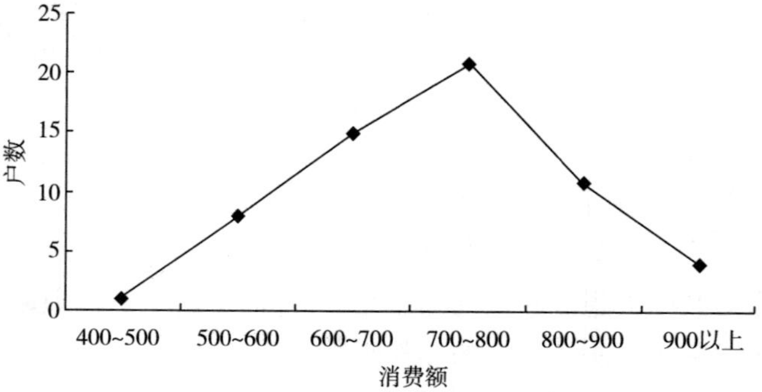

图 2-59 60 户农民家庭月消费额的折线图

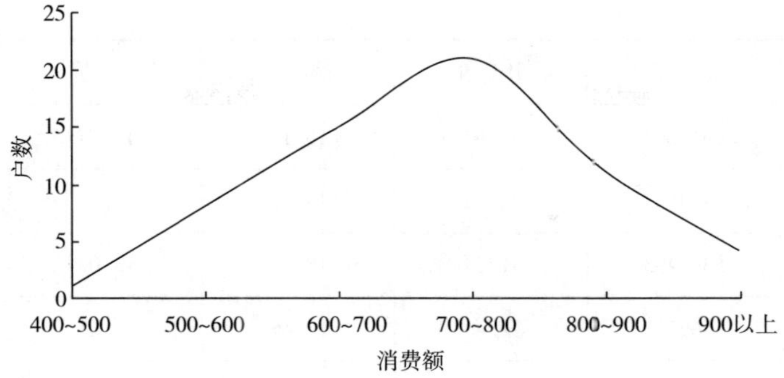

图 2-60　60 户农民家庭月消费额的曲线图

实验十

【实验名称】

利用 Excel 功能绘制 K 线图。

【实验目的】

熟悉 Excel 的基本操作。

训练利用 Excel 功能绘制 K 线图的操作。

【实验环境】

(1)系统软件 Windows 2000、Windows 7、Windows 10 或 Windows XP。

(2)应用软件 Excel 2000、Excel 2003、Excel 2007 或 Excel 2010。

【知识准备】

统计图是根据统计数字,用几何图形、事物形象和地图等绘制的各种图形。它具有直观、形象、生动、具体等特点。统计图可以使复杂的统计数字简单化、通俗化、形象化,使人一目了然,便于理解和比较。因此,统计图在统计资料整理与分析中占有重要地位,并得到广泛应用。

统计图一般由图形、图号、图目、图注等组成。常见的有圆形图、条形、直方图、扇型形图、K 线图、折线图和曲线图等。

【实验资料】

已知某上市公司 2015 年 8 月 3~31 日的股价数据资料(表 2-9)。

表 2-9　某上市公司股票交易资料

日期	成交量	开盘价	最高价	最低价	收盘价
2015. 8. 3	6868705	17. 07	17. 78	16. 92	17. 40

续表

日期	成交量	开盘价	最高价	最低价	收盘价
2015.8.4	6415693	17.61	18.15	17.17	18.03
2015.8.5	6144053	18.17	18.35	17.82	18.33
2015.8.6	5302493	18.31	18.40	18.00	18.24
2015.8.7	5569122	18.41	18.46	17.85	18.08
2015.8.10	5750477	18.18	18.19	17.72	17.65
2015.8.11	6497330	17.38	17.97	17.12	17.35
2015.8.12	7489850	16.98	17.83	16.51	17.36
2015.8.13	7679892	17.52	17.90	17.18	17.61
2015.8.14	8564278	17.79	18.50	17.17	18.49
2015.8.17	10541235	19.16	19.51	19.32	19.24
2015.8.18	10898998	20.01	20.15	19.73	19.52
2015.8.19	9252137	19.33	19.69	19.16	19.12
2015.8.20	9978160	19.20	19.61	18.85	19.25
2015.8.21	10720738	19.82	20.25	19.20	20.14
2015.8.24	10715367	20.45	20.99	19.99	20.69
2015.8.25	9142965	20.91	21.16	20.46	20.75
2015.8.26	8339080	21.01	21.19	20.62	21.18
2015.8.27	8272253	21.25	21.31	20.75	21.15
2015.8.28	8673187	21.16	21.20	20.74	20.73
2015.8.31	8863478	20.76	21.67	20.69	21.08

【实验要求】

利用 Excel 绘制该上市公司 2015 年 8 月 3~31 日的股价 K 线图。

【实验步骤】

(1) 打开 Excel 工作簿,输入上市公司 2015 年 8 月 3~31 日的股价数据,如图 2-61 所示。

Book1

	A	B	C	D	E	F
1	日期	成交量	开盘价	最高价	最低价	收盘价
2	2015.8.3	6868705	17.07	17.78	16.92	17.4
3	2015.8.4	6415693	17.61	18.15	17.17	18.03
4	2015.8.5	6144053	18.17	18.35	17.82	18.33
5	2015.8.6	5302493	18.31	18.4	18	18.24
6	2015.8.7	5569122	18.41	18.46	17.85	18.08
7	2015.8.10	5750477	18.18	18.19	17.72	17.65
8	2015.8.11	6497330	17.38	17.97	17.12	17.35
9	2015.8.12	7489850	16.98	17.83	16.51	17.36
10	2015.8.13	7679892	17.52	17.9	17.18	17.61
11	2015.8.14	8564278	17.79	18.5	17.17	18.49
12	2015.8.17	10541235	19.16	19.51	19.32	19.24
13	2015.8.18	10898998	20.01	20.15	19.73	19.52
14	2015.8.19	9252137	19.33	19.69	19.16	19.12
15	2015.8.20	9978160	19.2	19.61	18.85	19.25
16	2015.8.21	10720738	19.82	20.25	19.2	20.14
17	2015.8.24	10715367	20.45	20.99	19.99	20.69
18	2015.8.25	9142965	20.91	21.16	20.46	20.75
19	2015.8.26	8339080	21.01	21.19	20.62	21.18
20	2015.8.27	8272253	21.25	21.31	20.75	21.15
21	2015.8.28	8673187	21.16	21.2	20.74	20.73
22	2015.8.31	8863478	20.76	21.67	20.69	21.08
23						

Sheet1 / Sheet2 / Sheet3

图 2-61　上市公司 2015 年 8 月 3~31 日股价数据资料

(2)在“插入”工具栏中单击“图表向导”按钮，选择“股价图”，如图 2-62 所示。

(3)在“子图表类型”中选择子图为“成交量-开盘-盘高-盘低-收盘图”，如图 2-63 所示。

(3)单击“下一步”按钮，弹出“图表向导-4 步骤之 2-图表源数据”对话框，输入(或选择)数据区域，如图 2-64 所示。

(4)单击“下一步”按钮，弹出“图表向导-4 步骤之 3-图表选项”对话框。选择“标题”选项卡，在“图表标题”栏内输入“K 线图”，在“数值(Y)轴”栏内输入“成交量”，在“次数值(Y)轴”栏内输入“股价”，如图 2-65 所示。

图 2-62　图表类型的选择

图 2-63　子图表类型的选择

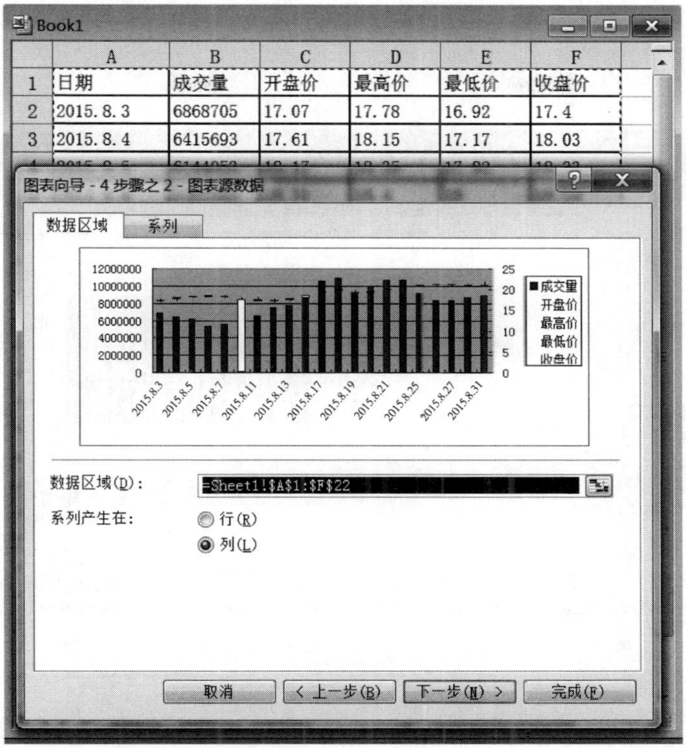

图 2-64　输入数据区域

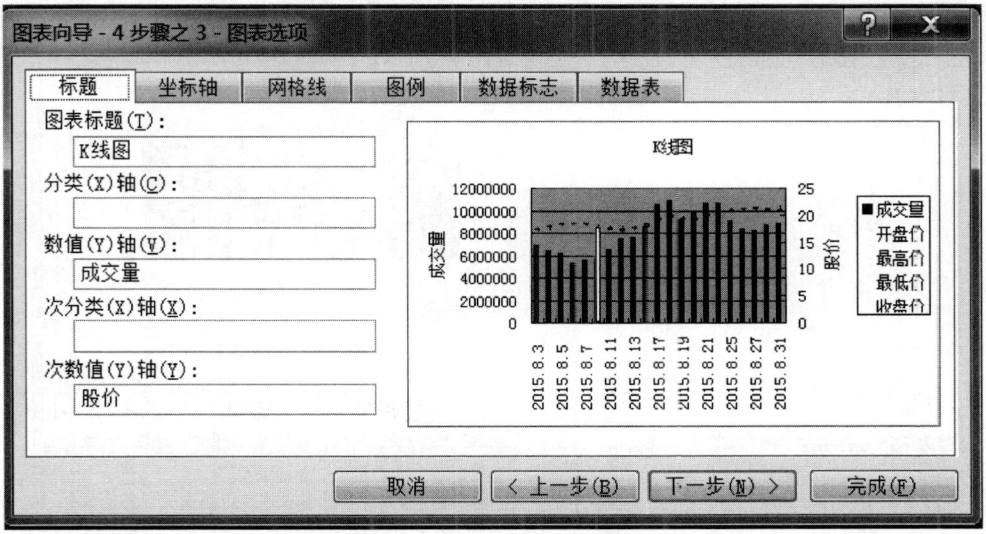

图 2-65　K 线图 Y 轴的确定

（5）选择“坐标轴”选项卡，在主坐标轴的“分类（X）轴”中点选“分类”单选按钮，如图 2-66 所示。

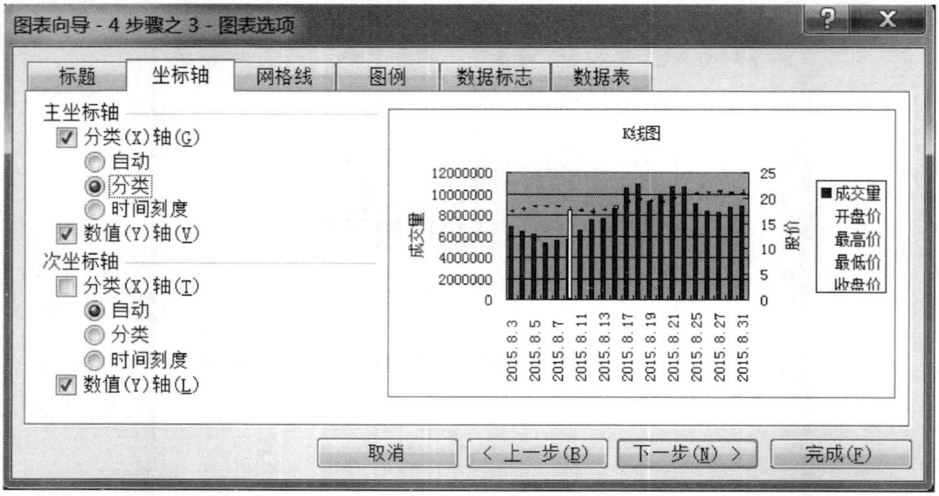

图 2-66　K 线图 X 轴的确定

（6）选择“图例”选项卡，取消勾选“显示图例”复选框，如图 2-67 所示。

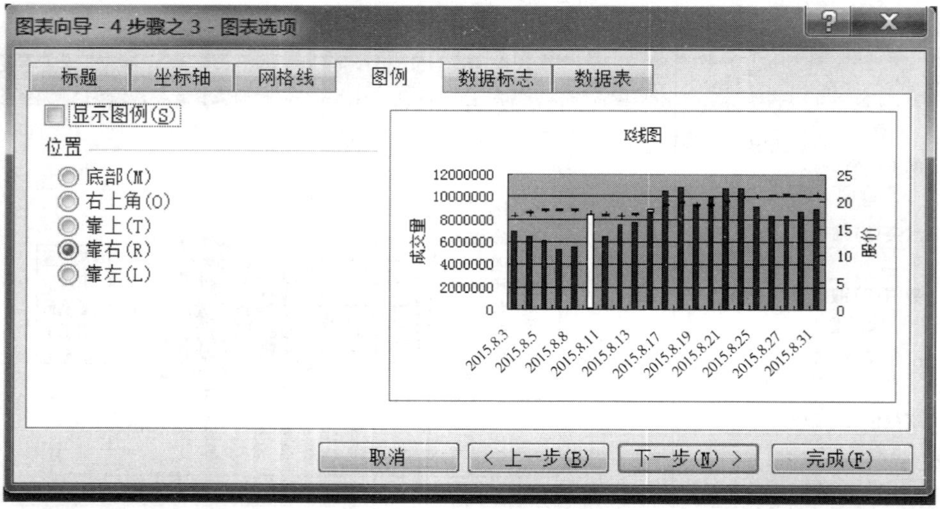

图 2-67　隐藏图例

（7）单击“完成”按钮，得到 K 线图草图如图 2-68 所示。

（8）修饰草图。双击“主数值轴”，在坐标轴格式对话框中，选择“刻度”选项卡，

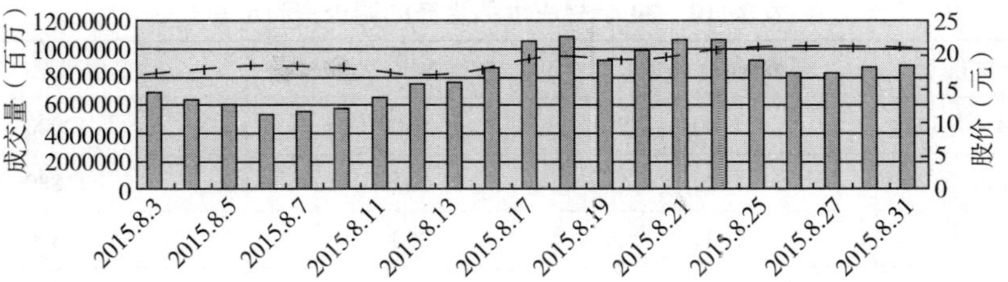

图 2-68　K 线图草图

将“最大值”设置为“20000000”，并把“显示单位”选择为“百万”，单击“确定”按钮；双击“次主数值轴”，在“坐标轴格式”对话框中，选择“数字”选项卡，选中“数值”，将“小数位数”设置为“0”，单击“确定”按钮；双击“分类轴”，在“坐标轴格式”对话框中，选择“字体”选项卡，将“字号”设置为“8”，单击“确定”按钮。

（9）添加移动平均线。单击绘图区使之处于激活状态，再执行“图表”菜单中的“添加趋势线”命令，选择“移动平均”，将“周期”调至 3，单击“确定”按钮；执行“视图→工具→绘图”命令，将绘图工具栏打开，单击文本框，在绘图区添加一个文本框，并输入“3 日均线”，再单击↘按钮，绘制箭头指向移动平均线，得到如图 2-69 所示的 K 线图。

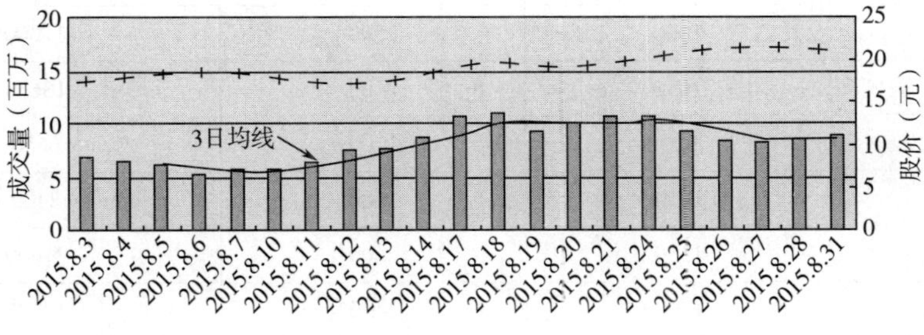

图 2-69　K 线图

第三节　模拟练习与参考答案

练习一

【实验资料】

某县 30 个村庄水稻生产的调查资料如表 2-10 所示。

表 2-10　30 个村庄水稻生产的调查资料汇总

村庄编号	播种面积(公顷)	耕地面积(公顷)	粮食产量(吨)
1	1200	2400	12000
2	1320	2640	11880
3	1000	2500	12500
4	1400	2100	14700
5	500	1250	10000
6	700	1400	8400
7	1500	3500	15000
8	2000	4400	22000
9	1200	2000	16400
10	780	1600	5460
11	800	2000	7600
12	1300	2000	10660
13	1800	3500	21660
14	700	1800	8400
15	1800	3800	27000
16	1000	2500	17000
17	1050	2300	13650
18	950	1700	6650
19	1050	1600	8400
20	1350	2600	21600
21	1200	2400	10200
22	2000	4300	15050
23	2150	4100	24600
24	800	1400	4900
25	1600	2400	11200
26	1800	3400	13600
27	1400	1800	12600
28	1300	2600	20800
29	1800	3600	19800
30	500	1100	8150

【实验要求】

根据上述资料计算各村庄播种面积的平均亩产，并分为 8000 千克以下、8000～10000 千克、10000～12000 千克、12000～14000 千克、14000～16000 千克、16000 千克以上 6 组，编制统计整理表。

【参考答案】

如图 2-70 所示。

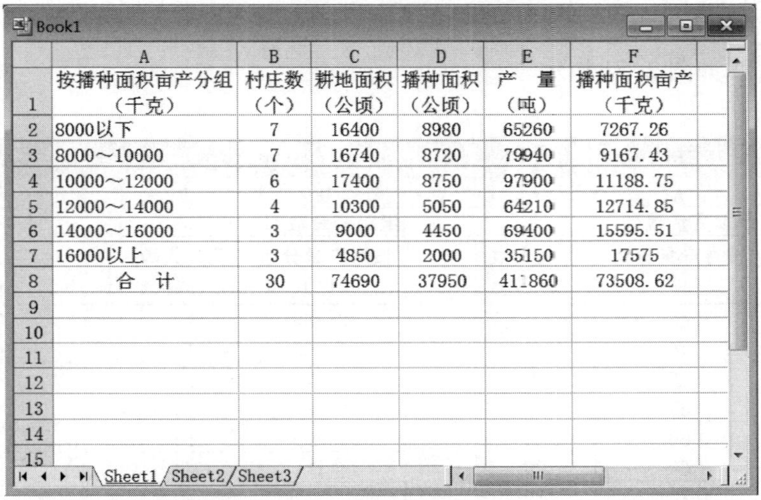

	A	B	C	D	E	F
1	按播种面积亩产分组（千克）	村庄数（个）	耕地面积（公顷）	播种面积（公顷）	产　量（吨）	播种面积亩产（千克）
2	8000以下	7	16400	8980	65260	7267.26
3	8000～10000	7	16740	8720	79940	9167.43
4	10000～12000	6	17400	8750	97900	11188.75
5	12000～14000	4	10300	5050	64210	12714.85
6	14000～16000	3	9000	4450	69400	15595.51
7	16000以上	3	4850	2000	35150	17575
8	合　计	30	74690	37950	411860	73508.62

图 2-70　练习一答案

练习二

【实验资料】

某车间 100 名工人本月生产某种产品的产量资料如表 2-11 所示。

表 2-11　某车间 100 个工人本月生产某种产品的产量资料　　单位：件

49	56	82	58	92	66	59	69	66	76
46	58	92	88	58	88	56	76	82	46
58	76	46	66	66	66	59	69	58	69
66	69	76	88	69	58	59	58	69	76
69	88	58	69	58	76	76	82	92	46
76	66	66	76	69	88	52	58	58	66
82	52	76	92	82	69	82	69	76	88

续表

69	69	58	66	49	58	69	82	88	58
58	69	66	88	58	69	66	52	88	69
66	88	82	58	66	88	52	58	58	66

【实验要求】

试根据以上资料,分别编制单项式变量数列和组距式变量数列(分为 5 组)。

【参考答案】

实验结果如图 2-71 所示。

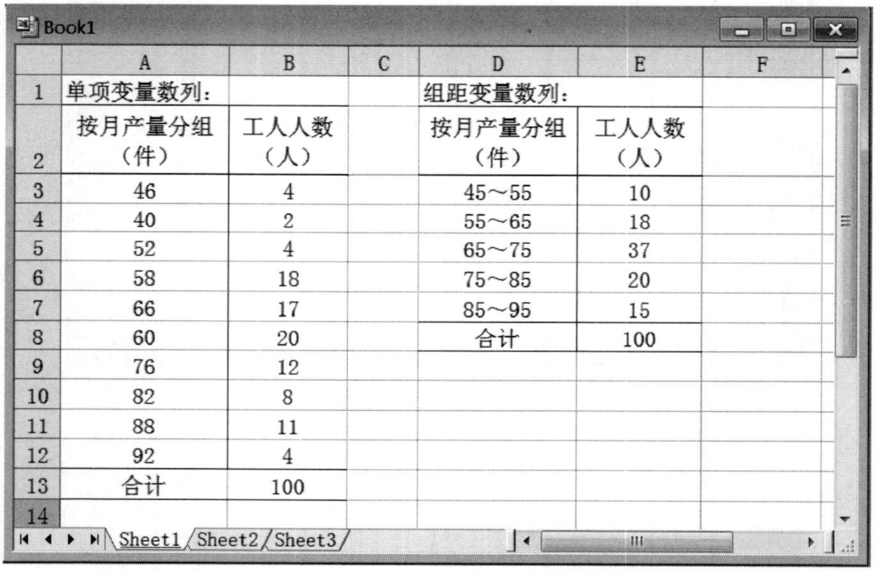

	A	B	C	D	E	F
1	单项变量数列:			组距变量数列:		
2	按月产量分组（件）	工人人数（人）		按月产量分组（件）	工人人数（人）	
3	46	4		45~55	10	
4	40	2		55~65	18	
5	52	4		65~75	37	
6	58	18		75~85	20	
7	66	17		85~95	15	
8	60	20		合计	100	
9	76	12				
10	82	8				
11	88	11				
12	92	4				
13	合计	100				
14						

图 2-71　练习二答案

练习三

【实验资料】

某集团公司下属企业某月生产情况如表 2-12 所示。

表 2-12　练习三资料汇总

分公司	分厂	工人(人)	实际产值(万元)	计划完成(%)
第一分公司	一厂	340	230	100

续表

分公司	分厂	工人(人)	实际产值(万元)	计划完成(%)
	二厂	510	370	102
	三厂	620	400	90
	四厂	750	700	101
	五厂	810	640	99
第二分公司	一厂	790	920	110
	二厂	840	680	90
	三厂	1320	1890	120
	四厂	1140	940	95
第三分公司	一厂	100	70	104
	二厂	90	80	100
	三厂	140	100	102
	四厂	150	120	98
	五厂	200	174	99
第四分公司	一厂	1220	1420	100
	二厂	1440	1400	100
	三厂	1420	1760	113
	四厂	950	1010	109

【实验要求】

试根据表中资料。按企业计划完成程度分组,编制统计表;按企业工人人数分组,编制统计表并说明企业规模与工人劳动生产率之间的关系。

【参考答案】

实验结果如图 2-72 所示。

通过观察上表“总工人数”和“人均产值”两列数据的变化,可以看出:随着工人人数的增加,人均产值逐渐增加;随着企业规模的增大,工人的劳动生产率逐渐提高。从而表明,该类企业的工人劳动生产率随规模增大而提高。

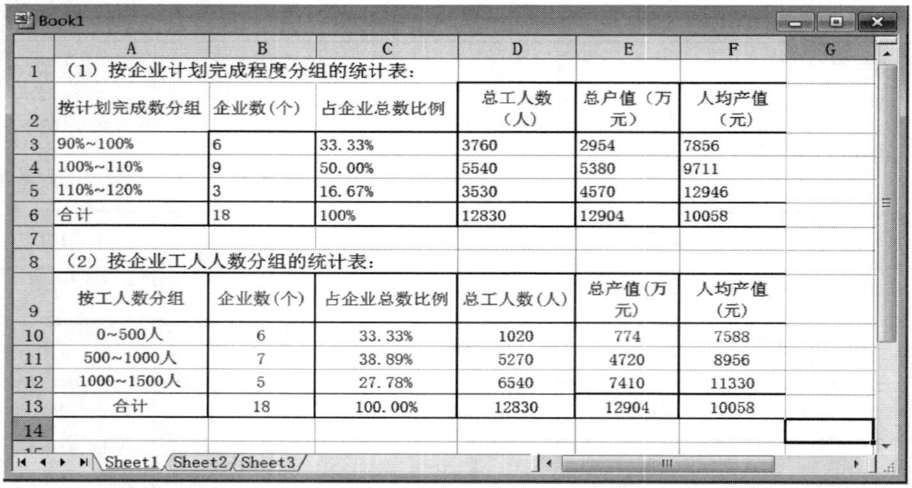

(1) 按企业计划完成程度分组的统计表：

按计划完成数分组	企业数(个)	占企业总数比例	总工人数（人）	总户值（万元）	人均产值（元）
90%~100%	6	33.33%	3760	2954	7856
100%~110%	9	50.00%	5540	5380	9711
110%~120%	3	16.67%	3530	4570	12946
合计	18	100%	12830	12904	10058

(2) 按企业工人人数分组的统计表：

按工人人数分组	企业数(个)	占企业总数比例	总工人数(人)	总产值(万元)	人均产值（元）
0~500人	6	33.33%	1020	774	7588
500~1000人	7	38.89%	5270	4720	8956
1000~1500人	5	27.78%	6540	7410	11330
合计	18	100.00%	12830	12904	10058

图 2-72　练习三答案

第三章　总量指标和相对指标实验

第一节　知识要点与主要公式

一、知识要点

(1)总量指标是社会经济统计的基础指标,总量指标的作用(意义)体现如下。

①反映一个国家的国情、国力,反映一个地区、一个部门或一个单位(人、财、物)的基本情况。

②是制订政策和检验政策、制订计划和检查计划的基本依据。

③是计算其他统计指标的基础。

总量指标按其反映现象总体内容的不同可分为总体单位总量与总体标志总量;按反映时间状况的不同可分为时期指标和时点指标。

计算和应用总量指标,必须确定指标的科学含义、包括的范围、计算方法和计量单位,在整理和综合过程中,上述几方面应该保持一致。

(2)相对指标是两个有联系的指标对比的比值,反映现象的数量特征、数量关系和变动程度,可以用于社会经济现象、工作业绩的比较和评价。

常用的相对指标有结构相对数、比例相对数、动态相对数、强度相对数和计划完成程度相对数等。

①结构相对指标。结构相对数是在分组的基础上,以各组总量与总体总量对比的相对数;是说明总体内部组成情况的一种相对数;用百分数表示,一般用比重(包括频率)或比率表示,各组比重之和等于100%或1。分子、分母不能互换。

②比例相对指标。比例相对指标是反映同一总体内部各个组成部分之间数量对比关系的综合指标。如男性∶女性,医生∶护士,教师∶学生,城乡比等。2000年中国出生的婴儿性别比为119.92。通常用比的形式,也可用百分数、倍数形式表示。分子、分母可以互换。

③计划完成程度相对指标。计划完成程度相对指标又称为计划完成相对数或计划完成百分比。它是用来反映现象计划完成情况的综合指标。一般用百分数表示,分子、分母不能互换。

有些现象以“多快”为好,则使用正指标,计算结果超过100%为超额完成计划,低于 100%为未完成计划;有些现象以“少省”为好,则使用逆指标,计算结果低于 100%为超额完成计划,高于 100%为未完成计划。

④动态相对指标。动态相对指标是指同类现象同类指标在不同时间状态下的对比关系,用来说明社会经济现象在时间上发展变化的方向和程度的综合指标,又称为发展速度。一般用百分数或倍数表示。通常把对比基础的时期称为基期,把所要计算和研究的时期称为报告期或计算期。分子、分母不可以互换。

⑤比较相对指标。比较相对指标是将不同总体的同期、同类指标进行对比而得的相对数,它是说明某一现象在同一时间内各总体发展的不平衡程度的综合指标。一般用百分数、系数或倍数表示。分子、分母可以互换。

⑥强度相对指标。强度相对指标是将两个性质不同而有联系的、属于不同总体的总量指标进行对比,用以说明现象的强度、密度或普及程度的综合指标。一般用复名数表示,如人口密度(人/平方公里)、人均粮食产量(千克/人)等指标。也有用无名数表示的,如人口自然增长率等。

强度相对数分子分母互逆:正指标,指标越大表明强度越高;逆指标,指标越大表明强度越弱。

运用相对指标对社会经济现象进行比较、评价时,必须注意统计的可比性,即用于对比的指标在含义、包括范围、计算方法、计量单位、时间跨度等方面要保持一致;如果违反了可比性原则,计算的相对数就不能真实反映对象量的差异,不能作出客观的评价。

此外,运用相对指标进行比较、评价,还必须注意:第一,正确选择对比标准的基数,基数必须符合所研究现象的性质特点;第二,保证两个对比指标的可比性,经济内容、总体范围、计算方法、计量单位一致;第三,必须把相对数和总量指标结合应用,相对数具有抽象性,可以揭示现象的相对差异程度,但掩盖了现象之间绝对量上的差别。

二、主要公式

(1)结构相对指标。

$$\text{结构相对指标}(\%) = \frac{\text{总体的各组(或部分)总量}}{\text{总体的总量}} \times 100$$

(2)比例相对指标。

$$\text{比例相对指标} = \frac{\text{总体中某一部分数值}}{\text{总体中另一部分数值}}$$

(3)计划完成程度相对指标。

计划完成程度相对指标基本公式。

$$计划完成程度相对指标(\%)=\frac{实际完成数}{计划任务数}\times 100$$

检查中长期计划执行情况的水平法。

$$计划性完成程度(\%)=\frac{计划期末实际水平}{计划性规定期末应达到水平}\times 100$$

检查中长期计划执行情况的累计法。

$$计划完成程度(\%)=\frac{五年计划期间累计完成数}{五年计划规定累计数}\times 100$$

计划任务数为相对数时。

$$计划完成程度相对数(\%)=\frac{实际为上年的百分数}{计划为上年的百分数}\times 100$$

$$(或者)计划完成程度相对数(\%)=\frac{1\pm实际提高(或降低)百分数}{1\pm计划提高(或降低)百分数}\times 100$$

(4)动态相对指标

$$动态相对指标(\%)=\frac{报告期指标}{基期指标}\times 100$$

(5)比较相对指标

$$比较相对指标=\frac{某总体单位(国家、地区、部门或单位)的指标值}{另一总体单位(国家、地区、部门或单位)的同类指标值}$$

(6)强度相对指标。

$$强度相对数=\frac{某一总量指标数值}{另一有联系但性质不同的总量指标数值}$$

第二节　实验课题与参考答案

实验一

【实验名称】

总量指标和相对指标的计算。

【实验目的】

熟悉 Excel 的基本操作和总量指标、相对指标的计算。

【实验环境】

(1)系统软件 Windows 2000、Windows 7、Windows 10 或 Windows XP。

(2)应用软件 Excel 2000、Excel 2003、Excel 2007 或 Excel 2010。

【知识准备】

总量指标是以绝对数反映的统计数字，表现事物在一定条件下的总水平和总规模；相对指标的表现形式是相对数，相对指标是将两个性质相同或相互有关的指标数值对比求得商数或比例，用于反映现象总体内部的结构、比例、发展状况或彼此之间的对比关系。

【实验资料】

我国的人口和国土面积资料如表 3-1 所示。

表 3-1　我国的人口和国土面积数据资料表

指标	根据第四次人口普查调整数	
	1982 年	1990 年
人口总数(万人)	101654	114333
男(万人)	52352	58904
女(万人)	49302	55429
国土面积(平方公里)	9600000	9600000

【实验要求】

试计算全部可能计算的相对指标，并指出它们分别属于哪一种相对指数。

【实验步骤】

(1)根据题意可以分别计算男女比重、性别比例、人口密度、人口增长速度等相对指标，计算工作表样式如图 3-1 所示。

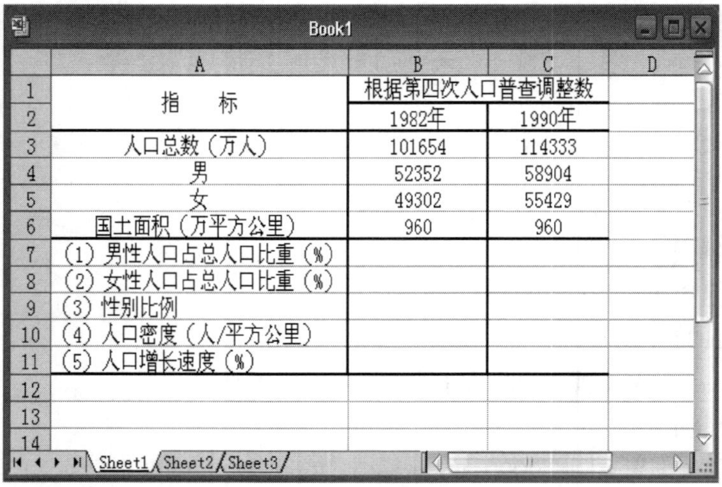

图 3-1　计算工作表

(2)计算男性人口在总人口中的比重,方法:在 B7 单元格中输入计算相对指标的公式“=B4/B3”,确认以后向右填充到 C7 单元格。

(3)计算女性人口在总人口中的比重,方法:在 B8 单元格中输入计算相对指标的公式“=B5/B3”,确认以后向右填充到 C8 单元格。

(4)计算性别比例,方法:在 B9 单元格中输入计算相对指标的公式“=B4/B5”,确认以后向右填充到 C9 单元格。

(5)计算人口密度,方法:在 B10 单元格中输入计算相对指标的公式“=B3/B6”,确认以后向右填充到 C10 单元格。

(6)计算人口增长速度,方法:在 C11 单元格中输入计算相对指标的公式“=(C3-B3)/B3”。

(7)调整表格的小数点和边框线。注意人口密度保留为整数,其他保留为百分号或 2 位小数。

【参考答案】

完成的计算结果表如图 3-2 所示。

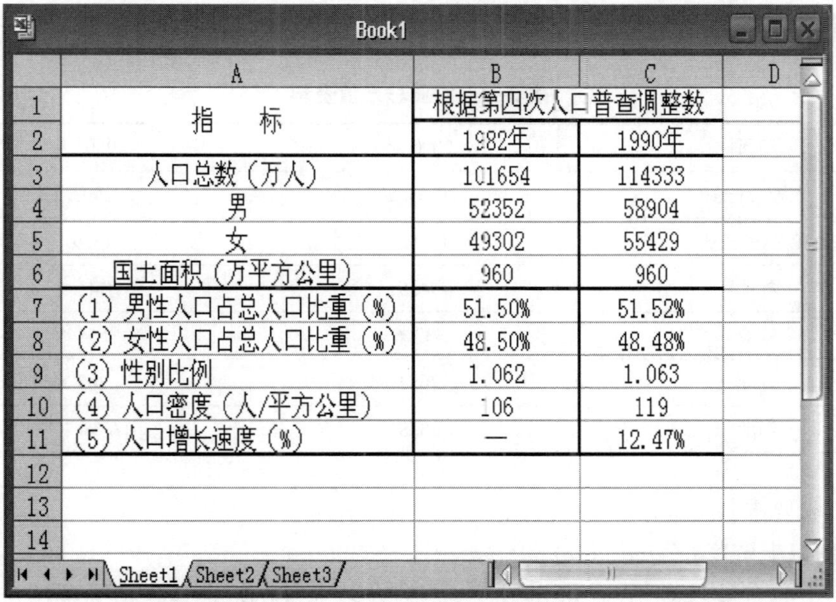

	A	B	C	D
1	指　　标	根据第四次人口普查调整数		
2		1982年	1990年	
3	人口总数(万人)	101654	114333	
4	男	52352	58904	
5	女	49302	55429	
6	国土面积(万平方公里)	960	960	
7	(1)男性人口占总人口比重(%)	51.50%	51.52%	
8	(2)女性人口占总人口比重(%)	48.50%	48.48%	
9	(3)性别比例	1.062	1.063	
10	(4)人口密度(人/平方公里)	106	119	
11	(5)人口增长速度(%)	—	12.47%	
12				
13				
14				

图 3-2　计算结果表

在所计算的相对指标中,男性人口占总人口比重(%)和女性人口占总人口比重(%)为结构相对数;性别比例为比例相对数;人口密度为强度相对数;人口增长速度为动态相对数。

实验二

【实验名称】

各种相对指标的计算。

【实验目的】

熟悉 Excel 的基本操作和各种相对指标的计算。

【实验环境】

(1)系统软件 Windows 2000、Windows 7、Windows 10 或 Windows XP。

(2)应用软件 Excel 2000、Excel 2003、Excel 2007 或 Excel 2010。

【知识准备】

相对指标的种类大致有计划完成程度相对指标、结构相对指标、比较相对指标、比例相对指标、动态相对指标和强度相对指标等。强度相对指标是两个性质不同而又有联系的现象总量指标的对比,因此,使用复名数表示,其他各种相对数指标均为无名数。

【实验资料】

假设某县级市 2000 年和 2005 年农业总产值资料如表 3-2 所示。

表 3-2　农业总产值资料　　单位:万元

项目	2000 年	2005 年
农业总产值	1964. 5	2903. 1
其中:种植业	1415. 3	1929. 7
林业	94. 5	145. 2
牧业	339. 6	554. 5
副业	76. 3	205. 6
渔业	38. 8	68. 1

【实验要求】

根据以上资料:

(1)分别计算该县 2000 年和 2005 年林业、牧业、副业、渔业产值为种植业产值的百分比,并指出其为何种相对数。

(2)分别计算该县 2000 年和 2005 年种植业、林业、牧业、副业、渔业产值占农业总产值的比重,并说明其为何种相对数。

(3)将表 3-2 两年资料对比,说明其为何种指标,若是相对数,指出为何种相对数。

(4)简单分析两年间农业总产值的变化情况。

【实验步骤】

(1)编制计算工作表,将初始数据表格中 2000 年与 2005 年分别列示,最后在表的右面增加 1 列,计算 2005 年与 2000 年相比的百分比。具体样式如图 3-3 所示。

	2000年			2005年			2005年为2000年的百分比
	产值	比重	为种植业的百分比	产值	比重	为种植业的百分比	
农业总产值	1964.5			2903.1			
其中：							
种植业	1415.3			1929.7			
林业	94.5			145.2			
牧业	339.6			554.5			
副业	76.3			205.6			
渔业	38.8			68.1			
属于何种相对数							

图 3-3　计算工作表

(2)计算 2000 年的农业总产值中各行业的比重,方法:在 C3 单元格中输入公式“=SUM(C5:C9)”,在 C5 单元格中输入公式“=B5/ $B $3”,确认后向下填充到 C9 单元格。

(3)计算 2005 年的农业总产值中各行业的比重,方法:在 F3 单元格中输入公式“=SUM(F5:F9)”,在 F5 单元格中输入公式“=E5/ $E $3”,确认后向下填充到 F9 单元格。

(4)计算 2000 年的各行业与种植业比较的百分比,方法:在 D6 元格中输入公式“=B6/ $B $5”,确认后向下填充到 B9 单元格。

(5)计算 2005 年的各行业与种植业比较的百分比,方法:在 G6 单元格中输入公式“=F6/ $F $5”,确认后向下填充到 G9 单元格。

(6)计算 2005 年与 2000 年相比较的百分比,方法:在 H3 单元格中输入公式“=E3/B3”,确认后向下填充到 H9 单元格,最后,将 H4 单元格中的内容清除。

(7)将各相关单元格的数值调整为百分比格式,小数点保留两位。

(8)在表格最下面一行中分别填上各个相对指标的类别名称。

(9)适当调整表格的边框线,完成全部操作。

【参考答案】

完成的计算结果表如图 3-4 所示。

	A	B	C	D	E	F	G	H
1		2000年			2005年			2005年为2000年的百分比
2		产值	比重	为种植业的百分比	产值	比重	为种植业的百分比	
3	农业总产值	1964.5	100%	—	2903.1	100	—	147.78%
4	其中：							
5	种植业	1415.3	72.04%	—	1929.7	66.47%	—	136.35%
6	林业	94.5	4.81%	6.68%	145.2	5.00%	7.52%	153.65%
7	牧业	339.6	17.29%	23.99%	554.5	19.10%	381.89%	163.28%
8	副业	76.3	3.88%	5.39%	205.6	7.08%	37.08%	269.46%
9	渔业	38.8	1.98	2.74%	68.1	2.35%	33.12%	175.52%
10	属于何种相对数	绝对数	结构	比较	绝对数	结构	比较	动态

图 3-4　计算结果表

(1)表中林业、牧业、副业、渔业产值为种植业产值的百分比,是同一总体内不同部分之间的对比,故属于比较相对数。

(2)种植业、林业、牧业、副业、渔业产值占农业总产值的比重属于结构相对数。

(3)图 3-4 中 2005 年各行业产值为 2000 年的百分比是动态相对数。

(4)简要分析:2000 年农业总产值中种植业产值占 72.04%,反映农业以种植业为主单一经营;2005 年这一现象有所好转,种植业的比重降低到 66.47%,而林业、牧业、副业、渔业产值的比重均有所提高,这说明该县开始走上农、林、牧、副、渔全面发展的道路。

实验三

【实验名称】

各种相对指标的计算。

【实验目的】

熟悉 Excel 的基本操作和各种相对指标的计算。

【实验环境】

(1)系统软件 Windows 2000、Windows 7、Windows 10 或 Windows XP。

(2)应用软件 Excel 2000、Excel 2003、Excel 2007 或 Excel 2010。

【知识准备】

首先,将不同年份下的农、轻、重产值除以总产值,可得到各自占总产值的比重,即为结构相对指标,再分别将不同年份下的农、轻、重产值作对比,即为相对指标,连续用下年度数据与上年库数据作对比,可得到动态相对指标。

【实验资料】

某市解放以来各历史时期的农业、轻工业和重工业产值资料如表 3-3 所示。

表 3-3　某市各历史时期的产值资料汇总表　　　单位：万元

年份	农、轻、重产值合计	其中		
		农业	轻工业	重工业
1949	4160	1951	183	2026
1952	6288	2717	363	3208
1957	10827	3877	702	6248
1965	28851	4927	5100	18824
1970	43529	7717	13391	22421
1975	63857	13016	19694	31147
1976	68862	13629	22965	22207
1977	74970	14808	25506	34656
1978	88029	16079	30711	41239
1979	101497	17356	35727	8414
1980	115402	18918	40275	56209

【实验要求】

试根据以上资料：

(1)计算各种结构相对指标，比例相对指标。

(2)分别计算农、轻、重和总产值的动态相对指标。

【实验步骤】

(1)编制计算工作表，计算结构相对指标和比例相对指标，将数据填入初始数据表格中，留出计算比重和产值比例的单元格，其中，农、轻、重产值的比例栏由 5 列组成，第 2 列和第 5 列分别填上比例号“ : ”，如图 3-5 所示。

(2)计算历年农业的比重，方法：在 D3 单元格中输入公式“=C3/B3”，确认后向下填充到 D13 单元格。

(3)计算历年重工业的比重，方法：在 F3 单元格中输入公式“=E3/B3”，确认后向下填充到 F13 单元格。

(4)计算历年轻工业的比重，方法：在 H3 单元格中输入公式“=G3/B3”，确认后向下填充到 H13 单元格。

(5)计算农、轻、重产值的比例，首先以农业为 1，在“农、轻、重产值的比例”栏的第 1 列全部填上 1，在第 3 列计算重工业的比例，方法：在 K3 单元格中输入公式“=

年份	农、轻、重产值合计	其中						农、轻、重产值比例				
		农业	比重%	轻工业	比重%	重工业	比重%					
1949	4160	1951		183		2026			:		:	
1952	6288	2717		363		3208			:		:	
1957	10827	3877		702		6248			:		:	
1965	28851	4927		5100		18824			:		:	
1970	43529	7717		13391		22421			:		:	
1975	63857	13016		19694		31147			:		:	
1976	68862	13629		22965		22207			:		:	
1977	74970	14808		25506		34656			:		:	
1978	88029	16079		30711		41239			:		:	
1979	101497	17356		35727		48414			:		:	
1980	115402	18918		40275		56209			:		:	

图 3-5　结构相对指标和比例相对指标计算工作表

E3/C3”,确认后向下填充到 K13 单元格。

(6)在第 5 列计算轻工业的比例,方法:在 M3 单元格中输入公式“=G3/C3”,确认后向下填充到 M13 单元格。

调整表格的列宽和数字的格式,即完成了结构相对指标和比例相对指标的计算。

(7)计算动态相对指标,方法:在计算结构相对指标和比例相对指标的表格右边空一列,编制计算动态相对指标的计算工作表,如图 3-6 所示。

	总产值	农　业	轻工业	重工业
1952为1949的%				
1957为1952的%				
1965为1957的%				
1970为1965的%				
1975为1970的%				
1976为1975的%				
1977为1976的%				
1978为1977的%				
1979为1978的%				
1980为1979的%				

图 3-6　动态相对指标计算工作表

(8)计算总产值的动态相对指标。方法:在 P2 单元格中输入公式“=B4/B3”,从前面的表中引用数据,确认后向下填充到 P11 单元格。

(9)计算农业的动态相对指标。方法:在 Q2 单元格中输入公式“=C4/C3”,确认后向下填充到 Q11 单元格。

(10)计算重工业的动态相对指标。方法:在 R2 单元格中输入公式“=E4/E3”,

确认后向下填充到 R11 单元格。

(11)计算轻工业的动态相对指标。方法:在 S2 单元格中输入公式“ = G4/G3”,确认后向下填充到 S11 单元格。

调整表格的列宽和数字的格式,即完成了动态相对指标的计算。

【参考答案】

实验结果如图 3-7 和图 3-8 所示。

年份	农、轻、重产值合计	其中						农、轻、重产值比例				
		农业	比重%	轻工业	比重%	重工业	比重%					
1949	4160	1951	46.9	183	4.4	2026	48.7	1	:	0.09	:	1.04
1952	6288	2717	43.21	363	5.77	3208	51.02	1	:	0.13	:	1.18
1957	10827	3877	35.81	702	6.48	6248	57.71	1	:	0.18	:	1.61
1965	28851	4927	17.08	5100	17.68	18824	65.25	1	:	1.04	:	3.82
1970	43529	7717	17.37	13391	30.76	22421	51.51	1	:	1.74	:	2.91
1975	63857	13016	20.38	19694	30.84	31147	48.78	1	:	1.51	:	2.39
1976	68862	13629	19.79	22965	33.35	22207	32.25	1	:	1.69	:	1.63
1977	74970	14808	19.75	25506	34.02	34656	46.23	1	:	1.72	:	2.34
1978	88029	16079	18.27	30711	34.89	41239	46.85	1	:	1.91	:	2.56
1979	101497	17356	17.1	35727	35.2	48414	47.7	1	:	2.06	:	2.79
1980	115402	18918	16.39	40275	34.9	56209	48.71	1	:	2.13	:	2.97

图 3-7 结构相对指标、比例相对指标计算结果表

	总产值	农 业	轻工业	重工业
1952为1949的%	151.15	139.26	198.36	158.34
1957为1952的%	172.19	142.69	193.39	194.76
1965为1957的%	266.47	127.08	726.50	301.28
1970为1965的%	150.88	156.63	262.57	119.11
1975为1970的%	146.70	168.67	147.07	138.92
1976为1975的%	107.84	104.71	116.61	71.30
1977为1976的%	108.87	108.65	111.06	156.06
1978为1977的%	117.42	108.58	120.41	119.00
1979为1978的%	115.30	107.94	116.33	117.40
1980为1979的%	113.70	109.00	112.73	116.10

图 3-8 动态相对指标计算结果表

实验四

【实验名称】

总量指标、比较相对指标和强度相对指标的计算。

【实验目的】

熟悉 Excel 的基本操作和各种相对指标的计算。

【实验环境】

(1)系统软件 Windows 2000、Windows 7、Windows 10 或 Windows XP。

(2)应用软件 Excel 2000、Excel 2003、Excel 2007 或 Excel 2010。

【知识准备】

分别就两个不同总体的总量指标和强度相对数指标进行对比,求出各自的比较相对指标。

【实验资料】

某年 A 国和 B 国经济实力的有关资料如表 3-4 所示。

表 3-4 A、B 两国经济实力有关资料

项目	A 国	B 国
人口数(万人)	25870	21682
劳动力就业数(万人)	11884	8749
国民生产总值(亿美元)	9370	16920
国民收入(亿美元)	6220	9350
谷物总产量(万吨)	18795	26143
钢产量(万吨)	14700	11600
军费开支(亿美元)	1270	1027

【实验要求】

根据以上资料,分别就 A、B 两国的总量指标和强度相对数指标进行对比,求出各自的比较相对指标,并进行分析。

【实验步骤】

(1)编制表格,计算总量指标的对比,如图 3-9 所示。

(2)计算 A 国为 B 国的百分比,方法:在 E2 单元格中输入公式"=C2/D2",确认后向下填充到 E8 单元格,如图 3-10 所示。

(3)在上述总量指标比较工作表的下面空一行,编制强度相对指标比较工作表,如图 3-11 所示。

项目	单位	A国	B国	A国为B国的百分比
人口数	万人	25870	21682	
劳动力就业数	万人	11884	8749	
国民生产总值	亿美元	9370	16920	
国民收入	亿美元	6220	9350	
谷物总产量	万吨	18795	26143	
钢产量	万吨	14700	11600	
军费开支	亿美元	1270	1027	

图 3-9　总量指标比较工作表

项目	单位	A国	B国	A国为B国的百分比(%)
人口数	万人	25870	21682	119.32
劳动力就业数	万人	11884	8749	135.83
国民生产总值	亿美元	9370	16920	55.38
国民收入	亿美元	6220	9350	66.52
谷物总产量	万吨	18795	26143	71.89
钢产量	万吨	14700	11600	126.72
军费开支	亿美元	1270	1027	123.66

图 3-10　A 国为 B 国的百分比计算表

项目	单位	A国	B国	A国为B国的百分比(%)
人均国民生产总值(美元/人)				
人均国民收入(美元/人)				
人均谷物产量(千克/人)				
人均钢产量(千克/人)				
人均负担军费开支(美元/人)				
平均每万人的就业人数				

图 3-11　强度相对指标比较工作表

(4)计算人均国民生产总值,方法:在 B11 单元格中输入公式“=C4/C2 * 10000”,完成后向右填充到 C11 单元格。

(5)计算人均国民收入,方法:在 B12 单元格中输入公式“=C5/C2 * 10000”,完成后向右填充到 C12 单元格。

(6)计算人均谷物产量,方法:在 B13 单元格中输入公式“=C6/C2 * 10000”,完成后向右填充到 C13 单元格。

(7)计算人均钢产量,方法:在 B14 单元格中输入公式“=C7/C2 * 10000”,完成后向右填充到 C14 单元格。

(8)计算人均负担军费开支,方法:在 B15 单元格中输入公式“=C8/C2 * 10000”,完成后向右填充到 C15 单元格。

(9)计算平均每万人的就业人数,方法:在 B16 单元格中输入公式“=C3/C2 * 10000”,完成后向右填充到 C16 单元格。

(10)计算各强度相对指标,即 A 国为 B 国的百分比,方法:在 D11 单元格中输入公式“=B11/C11”,确认后向下填充到 D16 单元格。

(11)最后适当调整各单元格的数字格式和百分比符号。

【参考答案】

完成的总量指标比较结果表和强度相对指标的比较结果表如图 3-12 和图 3-13 所示。

从以上两个比较结果表中可以看出 ,A 国在钢的产量和军费开支两方面,无论从总量指标还是从强度相对指标看,均高于 B 国 ,而其他经济指标却远低于 B 国。可见,A 国比 B 国更重视钢的生产和军队建设。

Book1

	A	B	C	D	E	F
1	项目	单位	A国	B国	A国为B国的百分比(%)	
2	人口数	万人	25870	21682	119.32	
3	劳动力就业数	万人	11884	8749	135.83	
4	国民生产总值	亿美元	9370	16920	55.38	
5	国民收入	亿美元	6220	9350	66.52	
6	谷物总产量	万吨	18795	26143	71.89	
7	钢产量	万吨	14700	11600	126.72	
8	军费开支	亿美元	1270	1027	123.66	
9						
10						

Sheet1 / Sheet2 / Sheet3

图 3-12　总量指标比较结果表

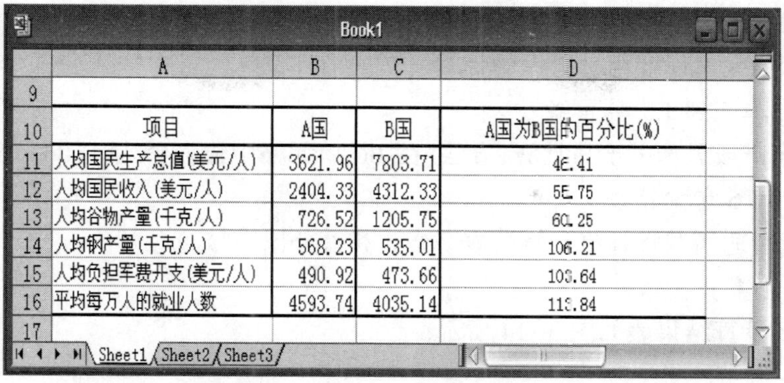

Book1

	A	B	C	D
9				
10	项目	A国	B国	A国为B国的百分比(%)
11	人均国民生产总值(美元/人)	3621.96	7803.71	46.41
12	人均国民收入(美元/人)	2404.33	4312.33	55.75
13	人均谷物产量(千克/人)	726.52	1205.75	60.25
14	人均钢产量(千克/人)	568.23	535.01	106.21
15	人均负担军费开支(美元/人)	490.92	473.66	103.64
16	平均每万人的就业人数	4593.74	4035.14	113.84
17				

Sheet1 / Sheet2 / Sheet3

图 3-13　强度相对指标比较结果表

实验五

【实验名称】

计划完成程度相对指标的计算。

【实验目的】

熟悉 Excel 的基本操作和计划完成程度相对指标的计算。

【实验环境】

(1)系统软件 Windows 2000、Windows 7、Windows 10 或 Windows XP。

(2)应用软件 Excel 2000、Excel 2003、Excel 2007 或 Excel 2010。

【知识准备】

计划完成程度相对指标的计算是以实际数除以计划数求得的。

【实验资料】

某企业 2006 年某月份产品的产量资料如表 3-5 所示。

表 3-5　产量数据资料表

项目	月产量(吨)	上旬(吨)	中旬(吨)	下旬(吨)
本月计划	48000	16000	16000	16000
本月实际	49163	13456	15208	20499

【实验要求】

试计算各旬和全月计划完成程度相对指标,并加以分析。

【实验步骤】

(1)在图 3-14 中先导入表 3-5 的数据,然后在表的下方增加两行,用于计算计划完成程度的百分比和超产或欠产的产量。

(2)计划完成程度相对指标的计算,方法:在 B5 单元格中输入公式“=B4/B3”,确认后向右填充到 E5 单元格。

(3) 超产或欠产的产量计算,方法:在 B6 单元格中输入公式“=B4-B3”,确认后向右填充到 E6 单元格。

(4)最后适当调整各单元格的数字格式和百分比符号。

【参考答案】

完成的计算结果表如图 3-14 所示。

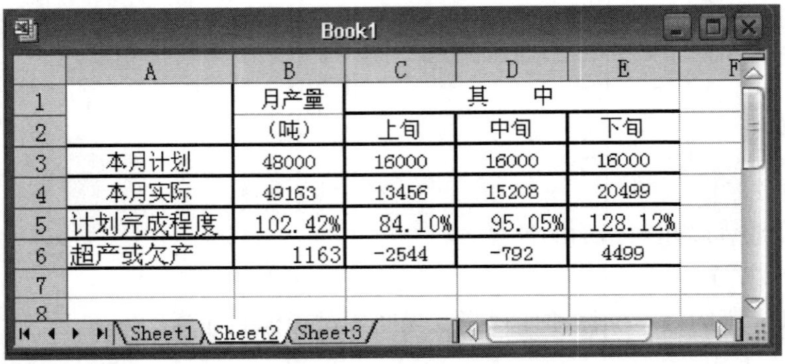

	A	B	C	D	E
1		月产量	其　中		
2		(吨)	上旬	中旬	下旬
3	本月计划	48000	16000	16000	16000
4	本月实际	49163	13456	15208	20499
5	计划完成程度	102.42%	84.10%	95.05%	128.12%
6	超产或欠产	1163	-2544	-792	4499

图 3-14　计算结果表

从图 3-14 中可以看出,该厂本月完成了生产任务,并超产 1163 吨,但是生产任务完成得不均衡。上旬只完成了本旬计划的 84.1%,欠产 2544 吨;中旬也没有完成计划,欠产 792 吨,只完成了本旬计划的 95.05%;下旬加大了生产量,超产 4499 吨,超额完成了本旬计划的 28.12%。明显地呈现出月初松、月末紧的现象,因此,该厂应注意科学地组织生产。

第三节　模拟练习与参考答案

练习一

【实验资料】

1985 年、1990 年、1995 年、2000 年和 2001 年中我国农村居民家庭平均每人纯收入的数据资料如表 3-6 所示。

表 3-6　1985~2001 年我国农村居民家庭人均纯收入　　单位:元

年	1985	1990	1995	2000	2001
第一产业收入	298. 28	510. 86	996. 51	1125. 34	1165. 17
第二产业收入	29. 47	70. 68	287. 24	488. 89	532. 61
第三产业收入	39. 95	75. 81	195. 74	515. 35	533. 80

资料来源:《中国统计年鉴 2002 》。

【实验要求】

根据上述资料,计算每年 3 个产业的总收入,以及每年 3 个产业的结构相对指标、比例相对指标。

【参考答案】

如图 3-15 所示。

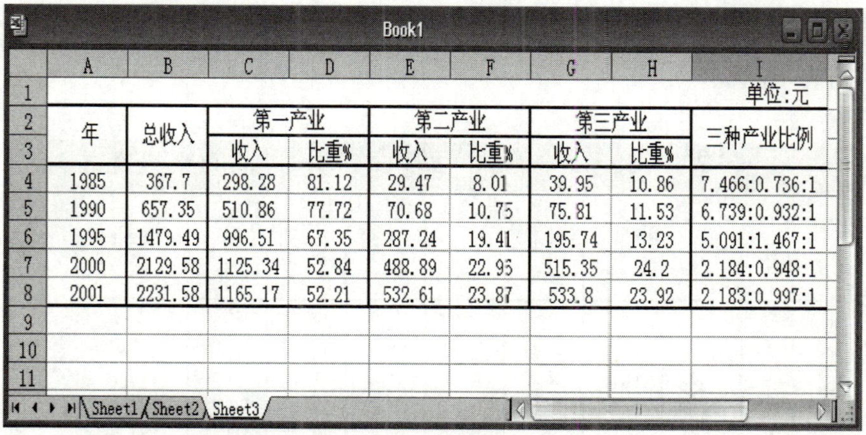

年	总收入	第一产业		第二产业		第三产业		三种产业比例
		收入	比重%	收入	比重%	收入	比重%	单位:元
1985	367.7	298.28	81.12	29.47	8.01	39.95	10.86	7.466:0.736:1
1990	657.35	510.86	77.72	70.68	10.75	75.81	11.53	6.739:0.932:1
1995	1479.49	996.51	67.35	287.24	19.41	195.74	13.23	5.091:1.467:1
2000	2129.58	1125.34	52.84	488.89	22.96	515.35	24.2	2.184:0.948:1
2001	2231.58	1165.17	52.21	532.61	23.87	533.8	23.92	2.183:0.997:1

图 3-15　练习一答案

练习二

【实验资料】

部分国家国民收入的有关资料如表 3-7 所示。

表 3-7　部分国家国民收入

国家	国民收入估计数(亿美元)				1970 年人口数(百万人)
	1960 年	1965 年	1969 年	1970 年	
美国	4623	6283	8382	8754	204. 88

续表

国家	国民收入估计数（亿美元）				1970 年人口数（百万人）
	1960 年	1965 年	1969 年	1970 年	
日本	393	769	1441	1714	104. 33
法国	549	891	1271	1323	50. 77
西德	659	1035	1370	1661	59. 43
英国	668	928	1014	1110	55. 41
意大利	320	539	766	852	53. 66

资料来源：《世界经济统计简编》。

【实验要求】

根据以上资料，计算各种比较相对数、强度相对数及动态相对数，通过列表进行分析。

【参考答案】

如图 3-16 所示。

国家	各国相对美国的比例数				国民收入变动情况(%)			人均国民收入(美元/人)
	1960年	1965年	1969年	1970年	65为60	69为65	70为69	
美国	—	—	—	—	135.91	133.41	104.44	2256.44
日本	8.5	12.24	17.19	19.58	195.67	187.39	118.95	376.69
法国	11.88	14.18	15.16	15.11	162.3	142.65	104.09	1081.35
西德	14.25	16.47	16.34	18.97	157.06	132.37	121.24	1108.87
英国	14.45	14.77	12.1	12.68	138.92	109.27	109.47	1205.56
意大利	6.92	8.58	9.14	9.73	168.44	142.12	111.23	596.35

图 3-16　练习二答案

第四章　平均指标实验

第一节　知识要点与主要公式

一、知识要点

(1)算术平均数的基本公式是总体标志总量除以总体单位总量。算术平均数有简单算术平均数和加权算术平均数两种。权数权衡轻重作用体现在各标志值对平均数的影响上面,权数大的标志值对平均数的影响相应较大,权数小的标志值对平均数的影响相应较小。

(2)调和平均数是各标志值倒数的平均数的倒数,有简单调和平均数和加权调和平均数两种。调和平均数是算术平均数的变形。

(3)几何平均数是 n 项标志值连乘积的 n 次方根,分为简单几何平均数和加权几何平均数两种。如果现象变化的总比率或总速度是各项比率或各项速度的连乘积,就适合用几何平均数计算平均比率或平均速度。

(4)众数是总体中出现次数最多的标志值,在分布曲线图上,曲线的最高点对应的标志值就是众数。

(5)中位数是总体各单位按大小顺序序列化后,处在数列中点位置上那个单位的标志值。

中位数的概念表明,总体中有一半单位的标志值大于中位数,有一半单位的标志值小于中位数。

(6)极差是总体中两个极端标志值的差。四分位差则是剔除了最大和最小各1/4单位后的极差。

(7)标准差是方差的平方根,它利用了 $\sum_{i=1}^{n}(x_i - \bar{x})^2 = \min$ 的数学性质,因此是测定标志变异程度最灵敏的指标。

(8)变异系数。变异系数等于绝对量变异指标除以算术平均数,最常用的变异系数是标准差系数: $V = \frac{\sigma}{\bar{x}}$。

(9)偏度与峰度。偏度是指频数分配的不对称程度或偏斜程度。偏度指标是三阶中心动差除以标准差三次方。峰度是指频数分布的集中程度,也就是分布曲线的尖平程度。峰度指标是四阶中心动差除以标准差四次方再减去 3。

二、主要公式

1. 简单算术平均数

$$\bar{x}=\frac{x_1+x_2+\cdots+x_n}{n}=\frac{\sum_{i=1}^{n}x_i}{n}$$

2. 加权算术平均数

$$\bar{x}=\frac{x_1f_1+x_2f_2+\cdots+x_nf_n}{f_1+f_2+\cdots+f_n}=\frac{\sum_{i=i}^{n}x_if_i}{\sum_{i=1}^{n}f_i}\text{或}=\sum_{i=1}^{n}x_i\left(\frac{f_i}{\sum_{i=1}^{n}f_i}\right)$$

或简化为

$$\bar{x}=\frac{\sum xf}{\sum f}\text{或}\ \bar{x}=\sum x\left(\frac{f}{\sum f}\right)$$

3. 简单调和平均数

$$H=\frac{n}{\sum\frac{1}{x}}$$

4. 加权调和平均数

$$H=\frac{\sum m}{\sum\frac{m}{x}}$$

5. 简单几何平均数

$$G=\sqrt[n]{x_1\cdot x_2\cdots x_n}=\sqrt[n]{\Pi x}$$

6. 加权几何平均数

$$G=\sqrt[f_1+f_2+\cdots+f_n]{x_1^{f_1}\cdot x_2^{f_2}\cdots x_n^{f_n}}=\sqrt[\sum f]{\Pi x^f}$$

7. 具有某种标志表现的单位数所占的成数

$$P=\frac{N_1}{N}$$

8. 不具有某种标志表现的单位数所占的成数

$$q=\frac{N_0}{N}$$

9. 是非标志的平均数

$$\overline{X}_p = \frac{\sum Xf}{\sum f} = \frac{1 \times N_1 + 0 \times N_0}{N} = \frac{N_1}{N} = P$$

10. 众数

由单项数列确定众数的方法：出现次数最多的标志值就是众数 M_0。

由组距数列确定众数的方法如下。

$$下限公式：M_0 = L + \frac{\Delta_1}{\Delta_1 + \Delta_2} \cdot d$$

$$上限公式：M_o = U - \frac{\Delta_2}{\Delta_1 + \Delta_2} \cdot d$$

11. 中位数

由未分组资料确定中位数。

$$中位数 M_e 的位次 = \frac{n+1}{2}$$

由单项数列确定中位数。

$$中位数 M_e 的位次 = \frac{\sum f}{2}$$

由组距数列确定中位数。

$$下限公式(向上累计时用)M_e = L + \frac{\frac{\sum f}{2} - S_{m-1}}{f_m} \cdot d$$

$$上限公式(向下累计时用)M_e = U - \frac{\frac{\sum f}{2} - S_{m+1}}{f_m} \cdot d$$

12. 全距

$$R = \max(x_i) - \min(x_i)$$

13. 简单平均差

$$A.D = \frac{\sum |x - \bar{x}|}{n}$$

14. 加权平均差

$$A.D = \frac{\sum_{i=1}^{k} |x_i - \bar{x}| \cdot f_i}{\sum_{i=1}^{k} f_i}$$

15. 简单方差

$$\sigma^2 = \frac{\sum (x - \bar{x})^2}{n}$$

16. 加权方差

$$\sigma^2 = \frac{\sum (x - \bar{x})^2 f}{\sum f}$$

17. 简单标准差

$$\sigma = \sqrt{\frac{\sum (x - \bar{x})^2}{n}}$$

18. 加权标准差

$$\sigma = \sqrt{\frac{\sum (x_i - \bar{x})^2 \cdot f}{\sum f}}$$

19. 是非标志方差

$$\sigma^2 = Pq = P(1 - P)$$

20. 是非标志标准差

$$\sigma_p = \sqrt{\frac{\sum (X - \bar{X})^2 f}{\sum f}} = \sqrt{\frac{(1 - P)^2 N_1 + (0 - P)^2 N_0}{N_1 + N_0}}$$

$$= \sqrt{q^2 P + P^2 q} = \sqrt{Pq(q + P)} = \sqrt{Pq} = \sqrt{p(1 - P)}$$

21. 变异系数

$$V_\sigma = \frac{\sigma}{\bar{x}} \times 100\%$$

$$V_\sigma = \frac{\sigma_P}{\bar{X}_P} = \frac{\sqrt{P(1 - P)}}{P} = \sqrt{\frac{1 - P}{P}} = \sqrt{\frac{q}{P}}$$

22. 偏度系数

$$\alpha = \frac{\sum_{i=1}^{n} (x_i - \bar{x})^3 f_i}{\sum_{i=1}^{n} f\sigma^3}$$

23. 峰度系数

$$\beta = \frac{\sum_{i=1}^{n} (x_i - \bar{x})^4 f_i}{\sum_{i=1}^{n} f\sigma^4}$$

第二节　实验课题与参考答案

实验一

【实验名称】

企业加权平均资金利润率的计算。

【实验目的】

熟悉 Excel 的基本操作。

训练加权算术平均数的计算。

【实验环境】

(1)系统软件 Windows 2000、Windows 7、Windows 10 或 Windows XP。

(2)应用软件 Excel 2000、Excel 2003、Excel 2007 或 Excel 2010。

【知识准备】

加权算术平均数是根据统计分组整理的变量数列资料计算的算术平均数。公式如下。

$$\bar{x} = \frac{\sum xf}{\sum f} \text{或} \bar{x} = \sum x\left(\frac{f}{\sum f}\right)$$

计算加权算术平均数时,要注意权数的正确选择,标准是保证权数与标志值的乘积具有实际意义,即必须是标志值的总和。

加权平均利润率的计算,一般不宜以企业数为权数,应该以企业资金为权数,求得各组的实际利润,然后求加权平均利润率。

$$\bar{x} = \frac{\sum xf}{\sum f}$$

【实验资料】

某集团公司所属 20 个企业的资金利润率及有关资料情况如图 4-1 所示。

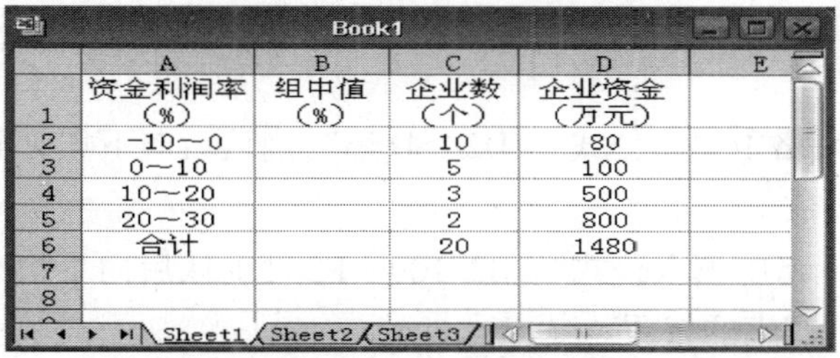

	A	B	C	D	E
1	资金利润率(%)	组中值(%)	企业数(个)	企业资金(万元)	
2	-10~0		10	80	
3	0~10		5	100	
4	10~20		3	500	
5	20~30		2	800	
6	合计		20	1480	
7					
8					

图 4-1　20 个企业的资金利润率资料汇总

【实验要求】

计算该公司的加权平均利润率。

【实验步骤】

(1)先计算各组的组中值,方法:将光标移到 B2 单元格中,单击函数向导按钮,选择函数 MEDIAN,在函数向导对话框的数据输入栏里分别输入本组的上限和下限值,确定后就得到了该组的组中值。其他各组都按照这样的方法计算出组中值,如图 4-2 所示。

	A	B	C	D	E	F
1	资金利润率(%)	组中值(%)	企业数	企业资金(万元)		
2	-10~0	-5	10	80		
3	0~10	5	5	100		
4	10~20	15	3	500		
5	20~30	25	2	800		
6	合计	—	20	1480		
7						
8						
9						

Sheet1 / Sheet2 / Sheet3

图 4-2　工作表

(2)在上面的工作表右边增加两列(E 列和 F 列),一列用于计算权数,一列用于计算加权平均利润率。两列的列标题分别为“按资金计算的权数”和“加权平均利润率”,如图 4-3 所示。

	A	B	C	D	E	F
1	资金利润率(%)	组中值(%)	企业数	企业资金(万元)	按资金计算的权数	加权平均利润率
2	-10~0	-5	10	80		
3	0~10	5	5	100		
4	10~20	15	3	500		
5	20~30	25	2	800		
6	合计	—	20	1480		
7						
8						
9						
10						

Sheet1 / Sheet2 / Sheet3

图 4-3　工作表

(3)在 E2 单元格中填入公式“=D2/ $D $6”,确认后向下填充到 E6 单元格,计算各组企业资金的权数。

(4)在 F2 单元格中填入公式“=B2/100 * E2”,确认后向下填充到 F5 单元格,计算各组企业资金利润率的权重。

(5)在 F6 单元格中填入公式“=SUM(F2:F5)”,计算出加权平均利润率。

(6)对表格进行适当的格式调整,完成全部操作步骤。

【参考答案】

完成的计算结果表如图 4-4 所示。

资金利润率(%)	组中值(%)	企业数	企业资金(万元)	按资金计算的权数	加权平均利润率
-10~0	-5	10	80	5.41%	-0.270%
0~10	5	5	100	6.76%	0.338%
10~20	15	3	500	33.78%	5.068%
20~30	25	2	800	54.05%	13.514%
合计	—	20	1480	100.00%	18.649%

图 4-4　计算结果表

从计算结果中可以看出,计算所得的加权平均利润率 18.65% 是符合实际的。

实验二

【实验名称】

计算平均数并分析不同月份劳动生产率变动的原因。

【实验目的】

熟悉 Excel 的基本操作。

训练加权算术平均数的计算。

【实验环境】

(1)系统软件 Windows 2000、Windows 7、Windows 10 或 Windows XP。

(2)应用软件 Excel 2000、Excel 2003、Excel 2007 或 Excel 2010。

【知识准备】

加权算术平均数是根据统计分组整理的变量数列资料计算的算术平均数。公式如下。

$$\bar{x}=\frac{\sum xf}{\sum f} \text{ 或 } \bar{x}=\sum x\left(\frac{f}{\sum f}\right)$$

计算加权算术平均数时,要注意权数的正确选择,标准是保证权数与标志值的乘积具有实际意义,即必须是标志值的总和。

以实物量计算的平均劳动生产率,一般以各组的组中值作为各组的平均水平,各组平均水平乘以人数,合计后除以总人数计算。公式如下:

$$\bar{x} = \frac{\sum xf}{\sum f}$$

【实验资料】

某企业包装车间有 60 个工人,2004 年 4 月和 5 月两个月,工人按每天包装某产品的数量的分组情况如图 4-5 所示。

	A	B	C	D
1	工人按日包装数量	工人数(人)		
2	分组(件)	4月	5月	
3	400以下	5	3	
4	400~500	13	5	
5	500~600	18	12	
6	600~700	15	20	
7	700~800	7	15	
8	800以上	2	5	
9	合　　计	60	60	
10				

图 4-5　按工人日包装数量分组表

【实验要求】

试计算 4 月、5 月平均每人日包装数,并指出 5 月的劳动效率比 4 月高的原因。

【实验步骤】

(1)编制数据分组整理表,在初始数据表格的右面增加 4 列,D 列为"增减变动数",用于反映 4、5 两个月各组工人的变动情况,E 列为"组中值",用于计算各组的组中值,F 列和 G 列为"总包装量",用于计算 4 月和 5 月各组的包装量和合计包装数量。在初始数据表格的下方,增加一行,用于计算平均每天每人的包装量。编制的数据分组整理表如图 4-6 所示。

	A	B	C	D	E	F	G	H
1	工人按日包装数量	工人数(人)f		增减变动	组中值	总包装量(件)xf		
2	分组(件)	4月	5月	5月-4月	x	4月	5月	
3	400以下	5	3					
4	400~500	13	5					
5	500~600	18	12					
6	600~700	15	20					
7	700~800	7	15					
8	800以上	2	5					
9	合　　计	60	60					
10	每人平均每天包装量(件/天)							
11								
12								
13								

图 4-6　数据分组整理表

（2）计算 4 月和 5 月各组工人的变动情况。方法：在 D3 单元格中，输入公式“=C3-B3”，确认后向下填充到 D8 单元格。

（3）计算各组的组中值，方法：在 E3 单元格中使用函数“=MEDIAN(300,400)”，计算出 400 以下组的组中值，由于各组的组距为 100，因此，在 E4 单元格输入公式“=E3+100”，确认后向下填充到 E8 单元格（注意与上一实验比较各组组中值的计算方法）。

（4）在 F3 单元格中输入公式“=$E3*B3”，其中“$E3”表示向下或向上填充时，行号随着公式变动（相对引用），向右或左填充时，列号不随着公式变动（绝对引用），确认后向下填充到 F8 单元格，向右填充到 G3:G8 单元格区域，计算出 4 月、5 月两个月各组包装的产品数。

（5）在 F9 单元格中输入公式“=SUM(F3:F8)”，确认后向右填充到 G9 单元格，计算全体工人包装产品的总数量。

（6）在 F10 单元格中输入公式“=F9/B9”，确认后向右填充到 G10 单元格，计算 4 月、5 月平均每人每日的包装产品数。

（7）对完成的表格稍加整理，结束全部操作。

【参考答案】

完成的计算结果表如图 4-7 所示。

	A	B	C	D	E	F	G
1	工人按日包装数量分组（件）	工人数（人）f		增减变动	组中值	总包装量（件）xf	
2		4月	5月	5月-4月	x	4月	5月
3	400以下	5	3	-2	350	1750	1050
4	400~500	13	5	-8	450	5850	2250
5	500~600	18	12	-6	550	9900	6600
6	600~700	15	20	5	650	9750	13000
7	700~800	7	15	8	750	5250	11250
8	800以上	2	5	3	850	1700	4250
9	合　计	60	60			34200	38400
10	每人平均每天包装量（件/天）					570	640
11							
12							

Sheet1 Sheet2 Sheet3

图 4-7　计算结果表

比较图 4-7 中 4 月、5 月的工人数可以得到，5 月日包装数量达 600 件以上的工人比 4 月多，而 5 月日包装数量在 600 件以下的工人比 4 月少，说明工人的劳动熟练程度有了明显的提高，所以 5 月平均每人日包装数从 4 月的 570 件增加到 640 件。

实验三

【实验名称】

分别用工人人数和人数比重作权数计算日人均产量。

【实验目的】

熟悉 Excel 的基本操作。

训练加权算术平均数的计算。

【实验环境】

(1)系统软件 Windows 2000、Windows 7、Windows 10 或 Windows XP。

(2)应用软件 Excel 2000、Excel 2003、Excel 2007 或 Excel 2010。

【知识准备】

加权算术平均数是根据统计分组整理的变量数列资料计算的算术平均数。公式如下。

$$\bar{x} = \frac{\sum xf}{\sum f} \text{ 或 } \bar{x} = \sum x\left(\frac{f}{\sum f}\right)$$

计算加权算术平均数时,要注意权数的正确选择,标准是保证权数与标志值的乘积具有实际意义,即必须是标志值的总和。

以工人人数为权数计算公式如下。

$$\bar{x} = \frac{\sum xf}{\sum f}$$

以工人人数比重为权数计算公式如下。

$$\bar{x} = \sum \left(x \cdot \frac{f}{\sum f}\right)$$

【实验资料】

某厂按工人每天的产量分组的工人人数资料如图 4-8 所示。

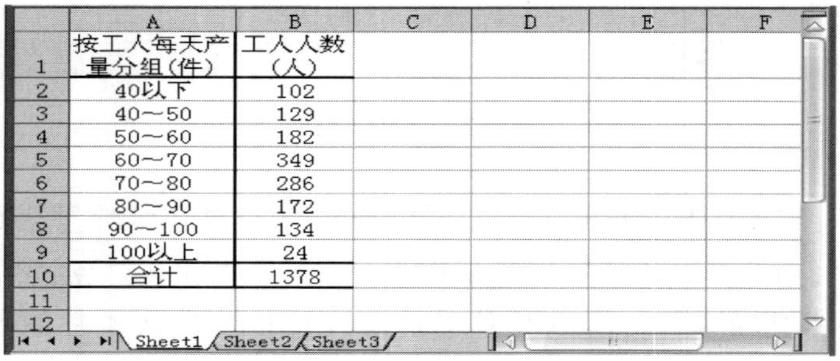

	A	B	C	D	E	F
1	按工人每天产量分组(件)	工人人数(人)				
2	40以下	102				
3	40～50	129				
4	50～60	182				
5	60～70	349				
6	70～80	286				
7	80～90	172				
8	90～100	134				
9	100以上	24				
10	合计	1378				
11						
12						

图 4-8　按工人每天产量的分组表

【实验要求】

试根据表中资料，分别用工人人数和人数比重作权数计算该厂工人的日人均产量。

【实验步骤】

（1）编制计算工作表，在初始数据表格的右面增加 4 列，分别为“组中值”“总产量”“工人比重”和“变量与比重之积”，如图 4-9 所示。

Book1

	A	B	C	D	E	F	G
1	按工人每天产量分组（件）	工人人数（人）	组中值（件）	总产量（件）	工人比重	变量与比重之积	
2	40以下	102					
3	40～50	129					
4	50～60	182					
5	60～70	349					
6	70～80	286					
7	80～90	172					
8	90～100	134					
9	100以上	24					
10	合计	1378					
11							
12							

Sheet1　Sheet2　Sheet3

图 4-9　计算工作表

（2）计算组中值，40 以下组的组中值用公式“=MEDIAN(30,40)”进行计算，在此基础上，其他各组可以在上一组的组中值之上加上组距即可，如“40～50”组的计算公式为“=MEDIAN(30,40)+(50-40)”。事实上，很多情况下凭口算就能够计算出各组的组中值，不一定要搞得如此复杂。

（3）计算总产量，总产量是以组中值乘以工人人数求得的。因此，只要在 D2 单元格中输入公式“= $C2 * B2”，确认后向下填充到 D9 单元，就完成了计算。在 D10 单元格中输入公式“=SUM(D2:D9)”计算合计数。

（4）计算工人比重，工人比重是各组工人数在总人数中所占的比重，因此，只要在 E2 单元格中输入公式“=B2/ $B $10”，确认后向下填充到 E10 单元格，就完成了计算。最后，将单元格的格式设置为百分比样式，并调整小数到 2 位。

（5）计算变量与比重之积，即以工人比重为权数，计算各组产量的组中值与权数之积，因此，只要在 F2 单元格中输入公式“=C2 * E2”，确认后向下填充到 F10 单元格，在 F10 单元格中输入公式“=SUM(D2:D9)”计算合计数，就完成了计算。

（6）对以工人人数为权数计算的结果予以验证。

$$\bar{x}=\frac{\sum xf}{\sum f}=\frac{93390}{1378}=67.77\text{（件/人）}$$

【参考答案】

完成的计算结果表如图 4-10 所示。

按工人每天产量分组(件)	工人人数(人)	组中值(件)	总产量(件)	工人比重	变量与比重之积
40以下	102	35	3570	7.40%	2.59
40~50	129	45	5805	9.36%	4.21
50~60	182	55	10010	13.21%	7.26
60~70	349	65	22685	25.33%	16.46
70~80	286	75	21450	20.75%	15.57
80~90	172	85	14620	12.48%	10.61
90~100	134	95	12730	9.72%	9.24
100以上	24	105	2520	1.74%	1.83
合计	1378	—	93390	100.00%	67.77

图 4-10　计算结果表

实验四

【实验名称】

多品种平均价格的计算。

【实验目的】

熟悉 Excel 的基本操作。

训练多品种平均价格的计算。

【实验环境】

(1)系统软件 Windows 2000、Windows 7、Windows 10 或 Windows XP。

(2)应用软件 Excel 2000、Excel 2003、Excel 2007 或 Excel 2010。

【知识准备】

加权算术平均数是根据统计分组整理的变量数列资料计算的算术平均数。公式如下。

$$\bar{x} = \frac{\sum xf}{\sum f} \text{ 或 } \bar{x} = \sum x\left(\frac{f}{\sum f}\right)$$

计算加权算术平均数时,要注意权数的正确选择,标准是保证权数与标志值的乘积具有实际意义,即必须是标志值的总和。

多品种平均价格计算时各因素的关系:成交额=成交量×价格,因此可以利用此关系计算相关的指标。

【实验资料】

现有甲、乙两个市场销售 3 种相同的农产品,某天 3 种农产品的交易价格、成交量和成交额资料如表 4-1 所示。

表 4-1　甲、乙市场销售资料汇总

品种	价格(元/千克)	甲市场成交额(元)	乙市场成交量(千克)
A	1.2	1200	2000
B	1.4	2800	1000
C	1.5	1500	1000
合计	—	5500	4000

【实验要求】

试计算分析这 3 种农产品的平均价格，并且指出哪个市场的平均价格高，并说明价格高的原因。

【实验步骤】

(1)先编制计算用的工作表，并填入原始数据，如图 4-11 所示。

图 4-11　工作表

(2)根据价格与成交额的关系，计算甲市场成交量，方法：在 D3 单元格中输入公式“=C3/B3”，确认后向下填充到 D5 单元格。

(3)根据价格与成交量的关系，计算乙市场成交额，方法：在 E3 单元格中输入公式“=F3 * B3”，确认后向下填充到 E5 单元格。

(4)进一步计算各项合计数，在 C6 单元格输入公式“=SUM(C3:C5)”，确认后向右填充到 F6 单元格。

(5)计算两个市场中 3 种农产品的平均价格，在 C7 单元格中输入公式“=C6/D6”，确认后向右填充到 E7 单元格。

(6)最后，比较两个市场的平均价格，根据成交量中不同品种的数量比重，说明平均价格较高的原因。

【参考答案】

完成的计算结果表如图 4-12 所示。

品种	价格（元/千克）	甲市场		乙市场	
		成交额（元）	成交量（千克）	成交额（元）	成交量（千克）
A	1.2	1200	1000	2400	2000
B	1.4	2800	2000	1400	1000
C	1.5	1500	1000	1500	1000
合计	—	5500	4000	5300	4000
市场平均价格		1.375		1.325	

图 4-12　计算结果表

根据图表所示，虽然两市场在农产品价格及总量上都相等，但甲市场的平均价格却高于乙市场，原因是两市场成交量结构不同，甲市场价格较高的 B 产品成交量占总成交量的 50%以上，而价格最低的 A 产品在乙市场中的成交量占了将近 50%，故甲市场的平均价格略高于乙市场。

实验五

【实验名称】

利用工人完成生产定额的分配数列，计算众数和中位数。

【实验目的】

熟悉 Excel 的基本操作。

训练众数和中位数的计算。

【实验环境】

(1)系统软件 Windows 2000、Windows 7、Windows 10 或 Windows XP。

(2)应用软件 Excel 2000、Excel 2003、Excel 2007 或 Excel 2010。

【知识准备】

(1)计算众数的公式。

众数的下限公式如下。

$$M_0 = L + \frac{f_1}{f_1 + f_2} \times d$$

众数的上限公式如下。

$$M_0 = U - \frac{f_2}{f_1 + f_2} \times d$$

式中：M_0——众数；

L——众数所在组的下限值；

U——众数所在组的上限值；

d——组距，即($U-L$)；

f_1——该组次数与前一组次数之差；

f_2——该组次数与后一组次数之差。

(2)计算中位数的公式。

中位数的下限公式如下。

$$M_e = L + \frac{\frac{\sum f_m}{2} - S_{m-1}}{f_m} \times d$$

中位数的上限公式如下。

$$M_e = U - \frac{\frac{\sum f_m}{2} - S_{m+1}}{f_m} \times d$$

式中：M_e——中位数；

L——众数和中位数所在组的下限值；

U——众数和中位数所在组的上限值；

d——组距，即($U-L$)；

f_m——中位数所在组的次数；

S_{m-1}——中位数所在组以前各组的累计次数；

S_{m+1}——中位数所在组以后各组的累计次数。

【实验资料】

工人完成生产定额情况分配数列如表 4-2 所示。

表 4-2　生产定额完成情况分组表

工人按完成生产定额百分比分组(%)	各组工人占工人总数的比重(%)
90~100	4
100~110	12
110~120	15
120~130	26

续表

工人按完成生产定额百分比分组(%)	各组工人占工人总数的比重(%)
130~140	19
140~150	15
150~160	9

【实验要求】

计算众数和中位数。

【实验步骤】

(1)先编制计算工作表,由于计算中位数时要求累计百分比数,因此,可以在原始资料表的右边加上两列,分别计算向上和向下累计的工人比重累计百分比。在表的下方加上 4 行,存放计算结果,如图 4-13 所示。

Book1

	A	B	C	D	E
1	工人按完成生产定额百分比分组%	各组工人占工人总数的百分比%	工人比重累计%		
2			向上累计	向下累计	
3	90~100	4			
4	100~110	12			
5	110~120	15			
6	120~130	26			
7	130~140	19			
8	140~150	15			
9	150~160	9			
10	合计	100	—	—	
11					
12	由众数上限公式计算的众数:				
13	由众数下限公式计算的众数:				
14	由中位数众数上限公式计算的中位数:				
15	由中位数众数下限公式计算的中位数:				

Sheet1 / Sheet2 / Sheet3

图 4-13　计算工作表

(2)计算向上累计的工人比重累计百分比,计算方法:在 C3 单元格中输入计算的初始数,公式为“=B3”,在 C4 单元格中输入公式“=C3+B4”,确认后向下填充到 C9 单元格,计算各组的工人比重向上累计百分比。

(3)计算向下累计的工人比重累计百分比,计算方法:在 D9 单元格中输入计算的初始数,公式为“=B9”,在 D8 单元格中输入公式“=D9+B8”,确认后向上填充到 D3 单元格,计算各组的工人比重向下累计百分比。

(4)由众数上限公式计算众数,根据众数定义,因为工人比重占 26% 者为各组中频数最大组,所以工人完成生产定额百分比的众数在 120%~130% 组内。该组的下限 $L=120\%$,上限 $U=130\%$,组距 $d=U-L=130\%-120\%=10\%$,用上限公式计算的计算方法:在 C12 单元格中输入计算众数的下限公式"=120+((B6-B5)/((B6-B5)+(B6-B7))*10)",单击确认即可。

(5)由众数下限公式计算众数,方法:在 C13 单元格中输入计算众数的上限公式"=130-((B6-B7)/((B6-B7)+(B6-B5))*10)",单击确认即可。

(6)由中位数上限公式计算中位数,根据中位数定义,首先求中位数的位次。中位数的位次为:

$$\frac{\sum f}{2}=\frac{100\%}{2}=50\%$$

即累计到 50% 的工人时,这个比重组的工人完成生产定额的百分比即为中位数。故中位数落在 120%~130% 的组内。该组的下限 $L=120\%$,上限 $U=130\%$,组距 $d=U-L=130\%-120\%=10\%$,用中位数上限公式计算中位数的方法:在 C14 单元格中输入计算中位数的下限公式"=120+(((B10/2)-C5)/(C7-(B10/2)))*10",单击确认即可。

(7)由中位数下限公式计算中位数,方法:在 C15 单元格中输入计算中位数的上限公式"=130-(((B10/2)-D7)/(D6-D7))*10",单击确认即可。

(8)将小数点调整为 2 位,即完成了全部操作。

【参考答案】

完成的计算结果表如图 4-14 所示。

Book1

	A	B	C	D	E
1	工人按完成生产定额百分比分组%	各组工人占工人总数的百分比%	工人比重累计%		
2			向上累计	向下累计	
3	90~100	4	4	100	
4	100~110	12	16	96	
5	110~120	15	31	84	
6	120~130	26	57	69	
7	130~140	19	76	43	
8	140~150	15	91	24	
9	150~160	9	100	9	
10	合计	100	—	—	
11					
12	由众数上限公式计算的众数:		126.11		
13	由众数下限公式计算的众数:		126.11		
14	由中位数众数上限公式计算的中位数:		127.31		
15	由中位数众数下限公式计算的中位数:		127.31		
16					

Sheet1 Sheet2 Sheet3

图 4-14 计算结果表

实验六

【实验名称】

全距与平均差的计算。

【实验目的】

熟悉 Excel 的基本操作。

训练全距与平均差的计算。

【实验环境】

(1)系统软件 Windows 2000、Windows 7、Windows 10 或 Windows XP。

(2)应用软件 Excel 2000、Excel 2003、Excel 2007 或 Excel 2010。

【知识准备】

(1)计算全距的公式如下。

$$R = X_{max} - X_{min}$$

式中:X_{max}——组内的最大值;

X_{min}——组内的最小值。

(2)计算平均差的公式如下。

$$A \cdot D = \frac{\sum |x - \bar{x}|}{n}$$

其中:

$$\bar{x} = \frac{\sum x}{n}$$

【实验资料】

某车间有两个小组,每组各有 7 名工人,其年龄资料如下。

第一组:23、32、36、40、43、48、51。

第二组:21、26、32、38、41、46、52。

【实验要求】

试根据以上资料计算两组工人年龄的全距与平均差,并予以说明。

【实验步骤】

(1)根据题意编制计算表如图 4-15 所示。

(2)计算各组全距,在 B9 单元格中输入公式"=MAX(B2:B8)-MIN(B2:B8)",确认后向右填充到 C9 单元格,计算出各组的全距。

(3)利用 AVERAGE 计算各组平均年龄,在 B10 单元格中输入公式"=AVERAGE(B2:B8)",确认后向右填充到 C10 单元格,计算出各组的平均年龄。

(4)利用 AVEDEV 计算各组平均差,在 B11 单元格中输入公式"=AVEDEV(B2:

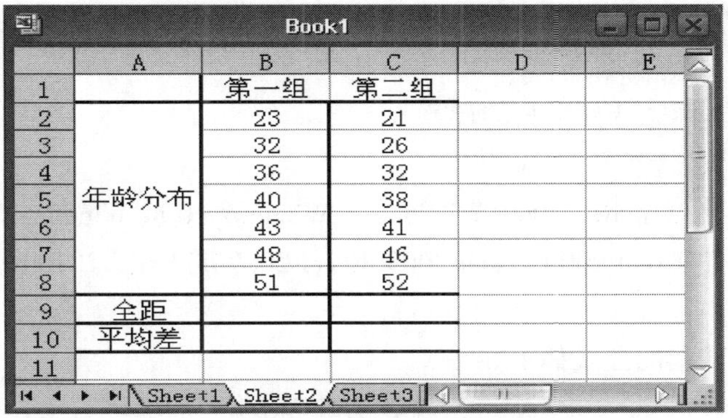

	A	B	C	D	E
1		第一组	第二组		
2	年龄分布	23	21		
3		32	26		
4		36	32		
5		40	38		
6		43	41		
7		48	46		
8		51	52		
9	全距				
10	平均差				
11					

图 4-15　工人年龄数据表

B8)”,确认后向右填充到 C11 单元格,计算出各组的平均差。

(5)适当调整小数点和边框线,对计算结果进行说明,完成全部操作。

【参考答案】

完成的计算结果表如图 4-16 所示。

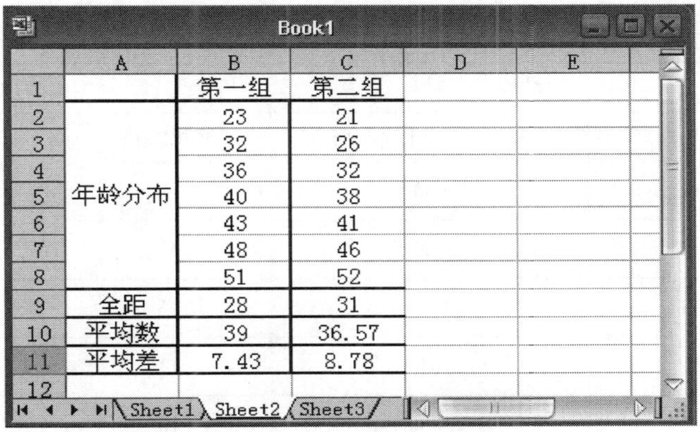

	A	B	C	D	E
1		第一组	第二组		
2	年龄分布	23	21		
3		32	26		
4		36	32		
5		40	38		
6		43	41		
7		48	46		
8		51	52		
9	全距	28	31		
10	平均数	39	36.57		
11	平均差	7.43	8.78		
12					

图 4-16　计算结果表

从全距来看,第一组全距小于第二组,第一组标志变异小,故第一组的平均数代表性好于第二组;从平均差来看,第一组的平均差为 7.43 岁,小于第二组的 8.78 岁,亦说明第一组的标志变异小于第二组,所以第一组平均数的代表性好于第二组。

实验七

【实验名称】

标准差和标志变异系数的计算。

【实验目的】

熟悉 Excel 的基本操作。

训练标准差、标志变异系数的计算。

【实验环境】

(1)系统软件 Windows 2000、Windows 7、Windows 10 或 Windows XP。

(2)应用软件 Excel 2000、Excel 2003、Excel 2007 或 Excel 2010。

【知识准备】

(1)计算标准差的公式如下。

$$\sigma = \sqrt{\frac{\sum (x - \bar{x})^2 f}{\sum f}}$$

(2) 计算标志变异系数(离散分数)的公式如下。

$$V_\sigma = \frac{\sigma}{\bar{x}}$$

【实验资料】

将某农作物的两种不同品种分别在 5 处田地上试种,其产量如表 4-3 所示。

表 4-3 甲、乙两种农作物数据资料

田地编号	甲品种		乙品种	
	面积(亩)	每亩产量(千克/亩)	面积(亩)	每亩产量(千克/亩)
1	11	950	9	700
2	9	900	13	900
3	10	1100	15	1120
4	8	1050	13	1000
5	12	1000	10	1208
合计	50	—	60	—

【实验要求】

(1)分别计算两品种的单位面积产量。

(2)计算两品种亩产量的标准差和标志变异系数。

(3)假定生产条件基本相同,确定哪一个品种具有较大的稳定性,更宜于推广。

【实验步骤】

(1)根据题意编制计算工作表如图 4-17 所示。

(2)计算两个品种的总产量,计算方法:在 F3 单元格中输入公式“=B3 * C3”,确

Book1

	A	B	C	D	E	F	G
1	编号	甲品种		乙品种		总产量	
2		面积	亩产量	面积	亩产量	甲品种	乙品种
3	1	11	950	9	700		
4	2	9	900	13	900		
5	3	10	1100	15	1120		
6	4	8	1050	13	1000		
7	5	12	1000	10	1208		
8	合计	50	—	60	—		
9	平均产量						
10	标准差						
11	变异系数						
12							

Sheet1 / Sheet2 / Sheet3

图 4-17　计算工作表

认后向下填充到 F7；在 G3 单元格中输入公式“=D3 * E3”，确认后向下填充到 G7。在 F8 单元格中输入“=SUM(F3:F7)”，确认后向右填充到 G8，计算出两个品种的总产量。

(3)计算两个品种的平均产量，方法：在 F9 单元格中输入公式“=F8/B8”；在 G9 单元格中输入公式“=G8/D8”，计算出两个品种的平均产量。

(4)计算甲品种的标准差，方法：在 F10 单元格中输入计算标准差的公式“=SQRT((POWER(C3,2) * B3+POWER(C4,2) * B4+POWER(C5,2) * B5+POWER(C6,2) * B6+ POWER(C7,2) * B7)/B8-POWER(F9,2))”，计算出甲品种的标准差。

(5)计算乙品种的标准差，方法：在 G10 单元格中输入计算标准差的公式“=SQRT((POWER(E3,2) * D3+POWER (E4,2) * D4+POWER(E5,2) * D5+ POWER(E6,2) * D6 + POWER(E7,2) * D7)/D8-POWER(G9,2))”，计算出乙品种的标准差。

(6)计算两种品种的标志变异系数，计算方法：在 F11 单元格中输入公式“=F10/F9”，确认后向右填充到 G11 单元格，完成标志变异指标的计算。

(7)调整表格的边框线和小数点后，便完成了全部操作。

【参考答案】

完成的计算结果如图 4-18 所示。

从上面的计算结果看，甲品种的每亩产量略高于乙品种，标志变异系数甲品种又比乙品种小，说明甲品种的每亩产量较高且具有较大稳定性，有较高的推广价值。

编号	甲品种		乙品种		总产量	
	面积	亩产量	面积	亩产量	甲品种	乙品种
1	11	950	9	700	1045	6300
2	9	900	13	900	8100	11700
3	10	1100	15	1120	11000	16800
4	8	1050	13	1000	8400	13000
5	12	1000	10	1208	12000	12080
合计	50	—	60	—	49950	59880
平均产量					999	998
标准差					68.91	162.71
变异系数					6.90%	16.30%

图 4-18　计算结果表

实验八

【实验名称】

Excel 描述性统计指标综合实验。

【实验目的】

熟悉 Excel 的基本操作。

各项描述性统计指标的计算。

【实验环境】

(1)系统软件 Windows 2000、Windows 7、Windows 10 或 Windows XP。

(2)应用软件 Excel 2000、Excel 2003、Excel 2007 或 Excel 2010。

【知识准备】

平均值(M)、标准误差、组中值、众数、样本标准差(s)、样本方差(S^2)、峰度值、偏度值、最小值、最大值、样本总和与一定显著水平下总体均值的置信度。其中重点公式如下。

(1)计算标准差的公式如下。

$$\sigma = \sqrt{\frac{\sum (x - \bar{x})^2 f}{\sum f}}$$

(2)计算标志变异系数(离散分数)的公式如下。

$$V_\sigma = \frac{\sigma}{\bar{x}}$$

【实验资料】

根据某次抽样调查结果得知,某月某居民区 45 户居民消费支出资料如下所示。

830	880	1230	1100	1180	1580	1210	1460	1170
1050	1100	1070	1370	1200	1630	1250	1360	1270
1180	1030	870	1150	1410	1170	1230	1260	1380
1020	860	810	1130	1140	1190	1260	1350	930
1080	1010	1050	1250	1160	1320	1380	1310	1270

【实验要求】

对上述资料进行描述统计分析。

【实验步骤】

(1)数据输入。打开 Excel 工作簿,将上述 45 个数据输入 Excel 工作表中的 A2 到 A46 单元格中。在 A1 单元格中输入“消费品支出”作为标志项(或称变量名)。

(2)执行菜单命令[工具]→[数据分析],调出“数据分析”对话框,选择“描述统计”选项,调出“描述统计”对话框,见图 4-19。

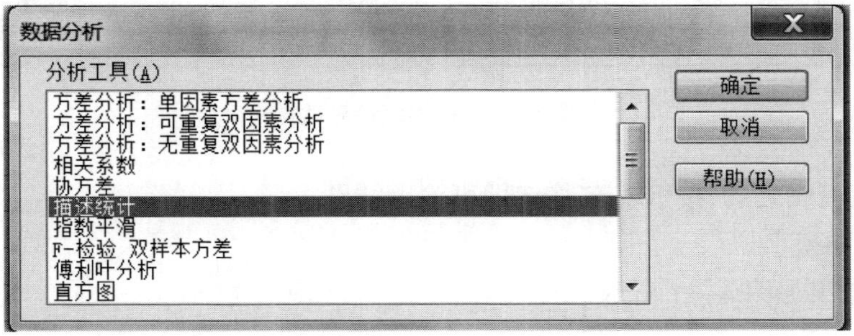

图 4-19　数据分析对话框

注意“数据分析”命令没有出现在“工具”菜单上,则应先使用[工具]→[加载宏]命令来加载“分析工具库”。

(3)单击确定按钮,在“描述统计”对话框中,输入相关数据。

(4)输入区域填写“A1:A46”或“$A$1:$A$46”(“$”符号起到了固定单元格坐标的作用,表示的是绝对地址)。

(5)分组方式填写“逐列”。

(6)选中“标志位于第一行”复选框,若分组方式为“逐行”,则为“标志位于第二列”。如果输入区域没有标志项,该复选框将被清除,Microsoft Excel 将在输出结果中生成适宜的数据标志。

(7)输出区城填写“$C$1”或 C1(为输出结果左上角单元格地址)。

(8)选中“汇总统计”复选框。描述统计工具可生成以下统计指标,按从上到下的顺序,其中包括样本的平均值(M)、标准误差、组中值、众数、样本标准差(s)、样本方差

(S^2)、峰度值、偏度值、最小值、最大值、样本总和与一定显著水平下总体均值的置信度。

填写结果见图 4-20。

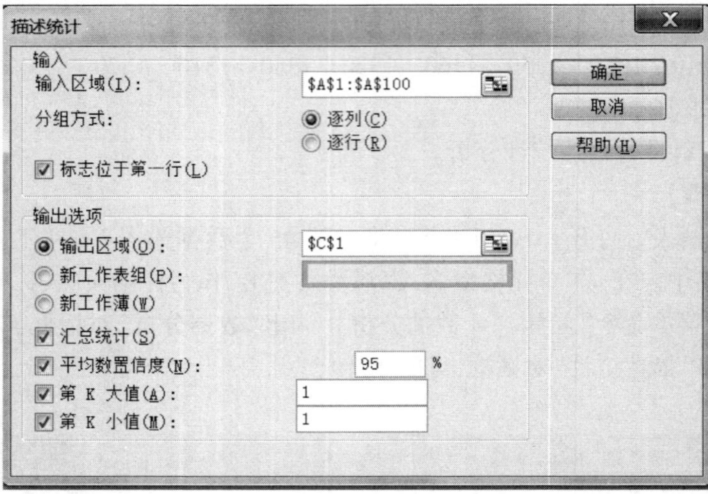

图 4-20　描述统计对话框

(9)填写完之后,按“确定”按钮即可输出结果。

【参考答案】

实验结果如图 4-21 所示。

	A	B	C	D	E	F	G	H
1	消费品支出		消费品支出					
2	810							
3	830		平均	1180.888889				
4	860		标准误差	27.65739571				
5	870		中位数	1180				
6	880		众数	1050				
7	930		标准差	185.5314507				
8	1010		方差	34421.91919				
9	1020		峰度	0.108847085				
10	1030		偏度	0.030289804				
11	1050		区域	820				
12	1050		最小值	810				
13	1070		最大值	1630				
14	1080		求和	53140				
15	1100		观测数	45				
16	1100		最大(1)	1630				
17	1130		最小(1)	810				
18	1140		置信度(95.0%)	55.73981775				
19	1150							
20	1160							
21	1170							

图 4-21　消费品描述统计结果

简要说明:从输出结果可以知道,该月该小区 45 户居民购买消费品支出的平均水平是 1180 元,众数是 1050 元;样本最大数据值是 1630 元,最小值是 810 元,样本标准差是 185.5 元;偏度大于 0,说明样本呈正(右)偏状态,峰度也大于 0。

第三节 模拟练习与参考答案

练习一

【实验资料】

某企业 60 名工人月工资资料如表 4-4 所示。

表 4-4 某企业 60 名工人月工资资料

按月工资分组(元)	工人数(人)
600 以下	6
600~800	14
800~1000	26
1000~1200	10
1200 以上	4
合计	60

【实验要求】

计算 60 名工人的月平均工资(绝对数的平均数)。

【参考答案】

使用加权算术平均数,计算结果:60 名工人的月平均工资为 873.33 元。

练习二

【实验资料】

30 家企业利润资料如表 4-5 所示。

表 4-5 30 家企业利润资料

利润率(%)	利润总额(万元)
10 以下	80

续表

利润率(%)	利润总额(万元)
10~20	120
20~30	300
30 以上	70
合计	570

【实验要求】

依据上表利润资料,计算平均利润率(相对数的平均数)。

【参考答案】

使用加权调和平均数,计算结果:平均利润率为 15%。

练习三

【实验资料】

某公司所属各企业按工人人数的分组资料如表 4-6 所示。

表 4-6　各企业按工人人数分组表

企业按工人人数分组(人)	各组企业占企业总数的比重(%)
50~150	2
150~250	8
250~350	15
350~450	20
450~550	25
550~650	20
650~750	10

【实验要求】

试计算该公司下属企业的平均工人数、平均差、标准差及离散系数。

【参考答案】

实验结果如图 4-22 所示。

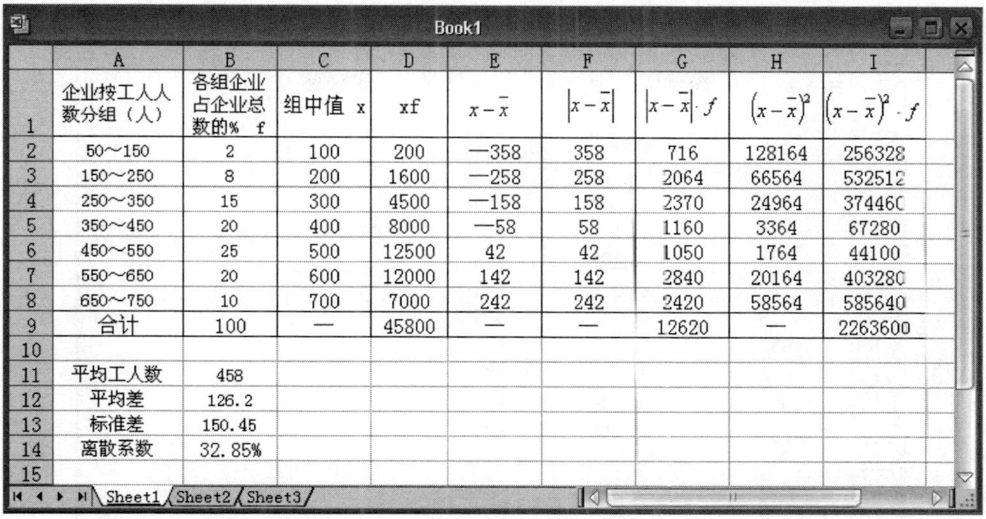

	A	B	C	D	E	F	G	H	I
1	企业按工人人数分组（人）	各组企业占企业总数的% f	组中值 x	xf	$x-\bar{x}$	$\lvert x-\bar{x}\rvert$	$\lvert x-\bar{x}\rvert \cdot f$	$(x-\bar{x})^2$	$(x-\bar{x})^2 \cdot f$
2	50～150	2	100	200	—358	358	716	128164	256328
3	150～250	8	200	1600	—258	258	2064	66564	532512
4	250～350	15	300	4500	—158	158	2370	24964	374460
5	350～450	20	400	8000	—58	58	1160	3364	67280
6	450～550	25	500	12500	42	42	1050	1764	44100
7	550～650	20	600	12000	142	142	2840	20164	403280
8	650～750	10	700	7000	242	242	2420	58564	585640
9	合计	100	—	45800	—	—	12620	—	2263600
10									
11	平均工人数	458							
12	平均差	126.2							
13	标准差	150.45							
14	离散系数	32.85%							
15									

图 4-22　练习三答案

练习四

【试验资料】

根据抽样调查得到某地 60 户农民家庭的月消费额资料如表 4-7 所示。

表 4-7　60 户农民家庭月消费额资料　　单位:元

500	612	631	650	840	778	777	775	889	653
663	790	807	925	589	683	776	700	703	639
647	835	775	770	878	578	569	805	816	768
753	845	998	740	723	891	860	563	556	670
948	827	738	910	698	760	623	415	523	763
708	715	701	643	661	545	671	780	708	657

【实验要求】

依据上述资料,利用 Excel 描述统计功能计算 60 户农民家庭月消费额的平均数、中位数和众数。

【参考答案】

实验结果见图 4-23。

	A	B	C	D
1	月消费额		月消费额	
2	500			
3	612		平均	723.7333
4	631		标准误差	15.20476
5	650		中位数	719
6	840		众数	775
7	778		标准差	117.7756
8	777		方差	13871.08
9	775		峰度	-0.0374
10	889		偏度	-0.08593
11	653		区域	583
12	663		最小值	415
13	790		最大值	998
14	807		求和	43424
15	925		观测数	60
16	589			

图 4-23　60 户农民家庭月消费额的描述统计指标

练习五

【试验资料】

2015 年 10 月某市 60 家民营企业工业总产值的数据资料如表 4-8 所示。

表 4-8　60 家民营企业工业总产值的数据资料　　单位:万元

58.5	45.6	57.2	36.9	68.6	73.2	53.2	31.2	70.9	45.4
42.1	44.6	45.6	61.2	67.3	56.8	59.3	47.2	35.9	67.4
50.4	52.3	48.9	49.9	50.5	53.8	56.5	57.9	55.9	57.9
51.2	69.8	78.3	74.4	47.4	68.4	66.6	38.9	33.4	48.4
63.4	58.1	38.9	49.8	47.7	50.5	51.2	55.5	59.9	60.3
53.2	53.5	56.7	55.6	51.1	48.2	68.7	41.3	45.2	40.8

【实验要求】

依据上述资料,利用 Excel 描述统计功能,计算 60 家民营企业工业总产值的各项描述统计指标。

【参考答案】

实验结果如图 4-24 所示。

Book1

	A	B	C	D
1	总产值			
2	58.5		列1	
3	42.1			
4	50.4		平均	53.80833333
5	51.2		标准误差	1.366434371
6	63.4		中位数	53.2
7	53.2		众数	51.2
8	45.6		标准差	10.58435513
9	44.6		方差	112.0285734
10	52.3		峰度	-0.302219548
11	69.8		偏度	0.166076821
12	58.1		区域	47.1
13	53.5		最小值	31.2
14	57.2		最大值	78.3
15	45.6		求和	3228.5
16	48.9		观测数	60
17	78.3		最大(1)	78.3
18	38.9		最小(1)	31.2
19	56.7		置信度(95.0%)	2.734228838
20	36.9			

Sheet1 / Sheet2 / Sheet3

图 4-24　60 家民营企业工业总产值的描述统计指标

第五章　抽样分布与参数估计

第一节　知识要点与主要公式

一、知识要点

(1)总体可分为有限总体和无限总体两种。从有限总体中抽样有放回与不放回之分,当总体容量 N 很大,而样本容量 n 相对较小时,不放回抽样与放回抽样几乎给出相同的结果。从无限总体中抽样没有放回与不放回之分。从有限总体中放回抽样和从无限总体中抽样得到的简单随机样本都具有同一性和独立性这两个重要性质。

(2)统计量是根据观测值计算的样本指标。每抽一个样本,就可以得到一个统计量的数值,如果能从总体中抽得所有可能的样本,则得到的统计量的所有数值将形成一个概率分布,这种概率分布称为抽样分布。统计量和抽样分布是统计推断的基础。

(3)样本均值的抽样分布是最基本、最重要的抽样分布。如果样本是从正态总体(只可能是无限总体)中抽取的,则样本均值服从正态分布 $N(\mu,\sigma^2/n)$,这与样本容量 n 的大小没有关系。如果样本是从非正态无限总体或有限总体中抽取的,则根据中心极限定理,在大样本情况下,样本均值的抽样分布近似为正态分布 $N(\mu,\sigma^2/n)$ 或 $N\left(\mu,\frac{\sigma^2}{n}\frac{N-n}{N-1}\right)$,而在小样本情况下,通常很难得到 $\bar{X}$ 的抽样分布,因而很难对总体均值 μ 作进一步的推断〈如置信区间和假设检验〉。中心极限定理的重要性就在于,即使对总体的分布一无所知,但只要样本容量 n 足够大,$\bar{X}$ 的抽样分布就近似为正态分布,从而可以进行一系列的统计推断。

(4)参数估计和假设检验是统计推断的两大问题。参数估计有点估计和区间估计两种。点估计值是由样本算出的一个数值,它不能表明估计的可靠程度;区间估计则能以一定的置信度清楚地断定被估计的未知参数在某一区间内。

通常,评价估计量有 4 个准则:无偏性、有效性、一致性和充分性。一致性涉及统计学中一个非常重要的定律——大数定律,特别是均值的大数定律。其大意是,随着样本容量 n 的无限增大,样本均值将无限地逼近于总体均值 μ。这也说明随

着实验次数 n 的无限增大,事件 A 发生的频率将逐渐地稳定于事件 A 发生的概率 $P(A)$。

进行区间估计必须注意以下两点。

①根据具体的研究任务和实际条件,把握好置信度和精确度的关系。在样本容量一定时,通常在确保一定置信度的前提下来提高精确度。

②根据研究问题和已知条件的不同而用不同的方法对总体均值、总体成数和总体方差进行区间估计。

分层抽样、等距抽样和整群抽样等因不同抽样方式的抽样误差计算方法不同,参数估计也有所不同。

二、主要公式

1. 总体参数

总体平均数:$\bar{X} = \dfrac{\sum X}{N}$;$\bar{X} = \dfrac{\sum XF}{\sum F}$。

总体成数:P;$(1-P)$。

总体方差:$\sigma^2 = \dfrac{\sum (X-\bar{X})^2}{N}$;$\sigma^2 = \dfrac{\sum (X-\bar{X})^2 F}{\sum F}$。

总体标准差:$\sigma = \sqrt{\dfrac{\sum (X-\bar{X})^2}{N}}$;$\sigma = \sqrt{\dfrac{\sum (X-\bar{X})^2 F}{\sum F}}$。

2. 样本统计量

样本平均数:$\bar{x} = \dfrac{\sum x}{n}$;$\bar{x} = \dfrac{\sum xf}{\sum f}$。

样本成数:p;$(1-p)$。

样本方差:$S^2 = \dfrac{\sum (x-\bar{x})^2}{n}$;$S^2 = \dfrac{\sum (x-\bar{x})^2 f}{\sum f}$。

样本标准差:$S = \sqrt{\dfrac{\sum (x-\bar{x})^2}{n}}$;$S = \sqrt{\dfrac{\sum (x-\bar{x})^2 f}{\sum f}}$。

3. 重置简单随机抽样

样本平均数的平均数等于总体平均数:$\bar{\bar{x}} = \bar{X}$。

样本平均数的抽样平均误差等于总体方差的 1/n：$S_x = \sqrt{\frac{\sigma_x}{n}}$。

样本成数的平均数等于总体成数：$p = P$。

样本成数的抽样平均误差等于总体方差的 1/n：$S_p = \sqrt{\frac{p(1-p)}{n}}$。

4. 不重置简单随机抽样

样本平均数的平均数等于总体平均数：$\bar{\bar{x}} = \bar{X}$。

样本平均数的抽样平均误差等于总体方差的 1/n 乘(N−n)/(N−1)的平方根。

$$S_x = \sqrt{\frac{\sigma_x}{n}\left(\frac{N-n}{N-1}\right)}$$

样本成数的平均数等于总体成数：$p = P$。

样本成数的抽样平均误差等于总体成数方差的 1/n 乘(N−n)/(N−1)的平方根。

$$S_p = \sqrt{\frac{p(1-p)}{n}\left(\frac{N-n}{N-1}\right)}$$

5. 抽样平均误差

抽样平均误差一般公式：$\mu_x = \sqrt{\frac{\sum_{i=1}^{m}(\bar{x}_i - \bar{x})^2}{m}} = \sqrt{\frac{\sum_{i=1}^{m}(\bar{x}_i - \bar{\bar{x}})^2}{m}}$。

6. 样本平均数的抽样平均误差

重复抽样情况下：$u_{\bar{x}} = \frac{\sigma}{\sqrt{n}}$。

不重复抽样情况下：$u_{\bar{x}} = \sqrt{\frac{\sigma^2}{n}\left(\frac{N-n}{N-1}\right)}$。

7. 样本成数的抽样平均误差

重复抽样情况下：$u_p = \sqrt{\frac{p(1-p)}{n}}$。

不重复抽样情况下：$u_p = \sqrt{\frac{p(1-p)}{n}\left(\frac{N-n}{N-1}\right)}$。

8. 抽样极限误差

平均数的抽样极限误差：$z = \frac{\Delta_{\bar{x}}}{\mu_{\bar{x}}}$ 或 $\Delta_{\bar{x}} = z\mu_{\bar{x}}$。

成数抽样极限误差：$z = \frac{\Delta_p}{\mu_p}$ 或 $\Delta_p = z\mu_p$。

9. 总体平均数区间估计

$$\bar{x} - z_{\frac{\alpha}{2}} \frac{\sigma}{\sqrt{n}} \leqslant \bar{x} \leqslant \bar{x} + z_{\frac{\alpha}{n}} \frac{\sigma}{\sqrt{n}}$$

$$\bar{x} - z_{\frac{\alpha}{2}} \frac{S_{n-1}}{\sqrt{n}} \leqslant \bar{x} \leqslant \bar{x} + z_{\frac{\alpha}{n}} \frac{S_{n-1}}{\sqrt{n}}$$

10. 总体成数区间估计

$$p - z_{\frac{\alpha}{2}} \sqrt{\frac{p(1-p)}{n}} \leqslant P \leqslant p + z_{\frac{\alpha}{2}} \sqrt{\frac{p(1-p)}{n}}$$

11. 估计总体均值时样本容量的确定

$$n_{重复} = Z_{\frac{\alpha}{2}}^2 \cdot \frac{\sigma^2}{\Delta^2}$$

$$n_{不重复} = \frac{z_{\alpha/2}^2 \sigma^2 N}{(N-1)\Delta_x^2 + z_{\alpha/2}^2 \sigma^2}$$

$$n_{不重复} = \frac{z_{\alpha/2}^2 \sigma^2 N}{N\Delta_x^2 + z_{\alpha/2}^2 \sigma^2} = \frac{n_{重复}}{1 + n_{重复}/N}$$

12. 估计总体成数时样本容量的确定

$$n_{重复} = Z_{\alpha/2}^2 \frac{P(1-P)}{\Delta_p^2} \approx Z_{\alpha/2}^2 \frac{p(1-p)}{\Delta_p^2}$$

$$n_{不重复} = \frac{z^2 P(1-P) N}{(N-1)\Delta_p^2 + z^2 P(1-P)}$$

$$n_{不重复} = \frac{z_{\alpha/2}^2 P(1-P) N}{N\Delta_p^2 + z_{\alpha/2}^2 P(1-P)} = \frac{n_{重复}}{1 + n_{重复}/N}$$

13. 总体分布、样本容量及参数估计公式的选择(表 5-1)

表 5-1　总体分布、样本容量及参数估计公式的选择表

总体分布	样本容量	σ 已知	σ 未知
正态分布	大样本($n \geqslant 30$)	$\bar{x} \pm z_{\alpha/2} \frac{\sigma}{\sqrt{n}}$	$\bar{x} \pm z_{\alpha/2} \frac{s}{\sqrt{n}}$
	大样本($n<30$)	$\bar{x} \pm z_{\alpha/2} \frac{\sigma}{\sqrt{n}}$	$\bar{x} \pm t_{\alpha/2} \frac{s}{\sqrt{n}}$
非正态分布	大样本($n \geqslant 30$)	$\bar{x} \pm z_{\alpha/2} \frac{\sigma}{\sqrt{n}}$	$\bar{x} \pm z_{\alpha/2} \frac{s}{\sqrt{n}}$

第二节　实验课题与参考答案

实验一

【实验名称】

随机抽样方法的应用。

【实验目的】

熟悉 Excel 的基本操作和随机抽样操作方法。

【实验环境】

(1)系统软件 Windows 2000、Windows 7、Windows 10 或 Windows XP。

(2)应用软件 Excel 2000、Excel 2003、Excel 2007 或 Excel 2010。

【知识准备】

抽样就是从总体中抽取一部分样本,对样本资料进行分析,认识样本分布,并由样本的规律推断总体特征。

抽样推断建立在随机取样的基础上,以随机原则为抽取样本的基本规则。

【实验资料】

使用 Excel 的随机数发生器产生 600 个随机数,平均值为 200,标准差为 12,正态分布。然后,从中随机抽出 80 个样本,并在 95% 的置信度下,计算样本平均数、样本方差及标准差,并与总体进行比较。

【实验要求】

计算样本平均数、样本方差及标准差,并与总体进行比较。

【操作步骤】

(1)打开 Excel 工作表,在 A1 单元格中输入“编号”,在 A 列产生 1~600 的序列数。方法:在工作表的 A2 单元格中输入数字“1”作为序列的起始值,将鼠标保留在 A2 单元格,打开“编辑” 菜单工具,选择“填充→序列”命令,打开“序列”界面。

(2)在序列界面中“序列产生在”栏中选择“列”,在“类型”栏中选择“等差序列”,将“步长值”设置为“1”,“终止值”设置为“600”。按“确定”即可,如图 5-1 所示。

(3)在工作表的 B1 单元格中输入“数值”,打开“工具”菜单,选择“数据分析→随机数发生器”命令,打开“随机数发生器 ”界面。

(4)在“随机数发生器”界面中的“变量个数”栏输入“1”,即只需要 1 组随机数,在“随机数个数”栏中输入“600”,即这组随机数有 600 个。在“分布”栏中选择“正态”,即随机数按正态分布产生,在“平均值”栏中输入“200”,即这组随机数的总体平

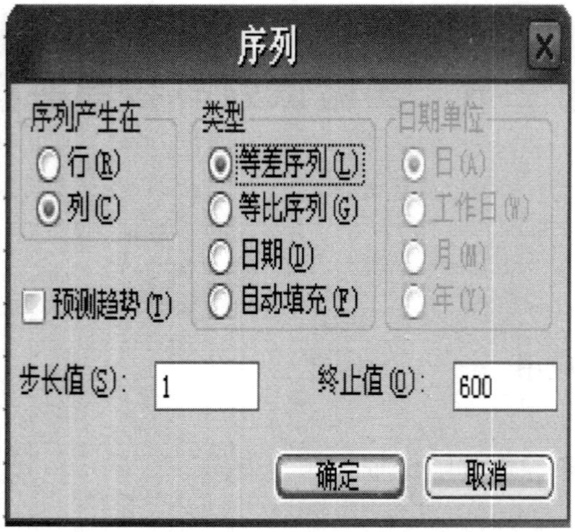

图 5-1　序列界面

均数为 200。在“标准偏差” 栏中输入“12”,即总体标准差为 12,最后 ,在“输出区域”栏中输入“ $B $2”,如图 5-2 所示。

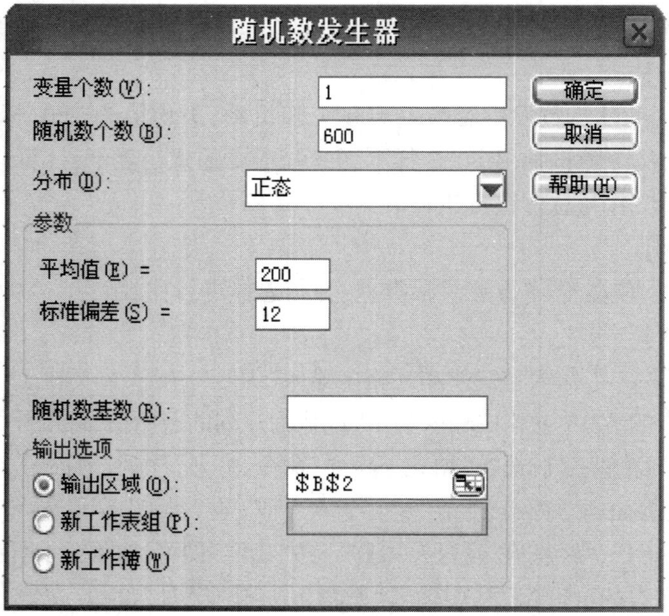

图 5-2　随机数发生器界面

(5)按“确定”按钮后,就产生了由 600 个随机数组成的总体工作表,如图 5-3 所示。

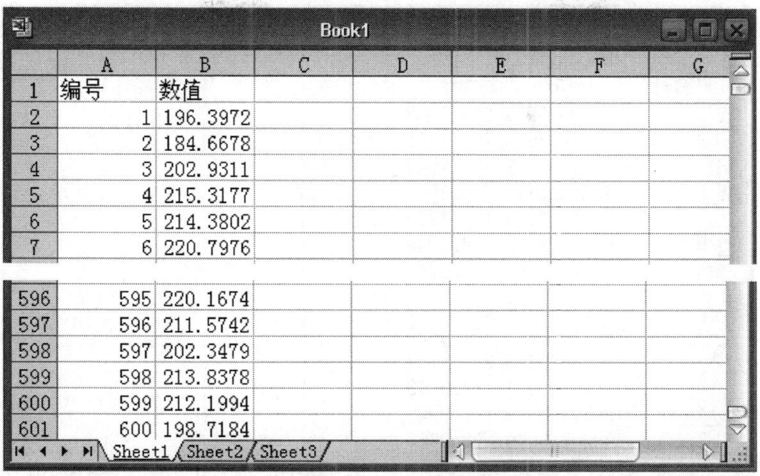

图 5-3　由 600 个随机数组成的总体工作表

(6)在工作表的 C1 单元格中输入“样本”,打开“工具”菜单,选择“数据分析→抽样”命令,打开“抽样”界面。

(7)在“输入区域”栏输入“ $B $2: $B $601”,即总体各数据,在“抽样方法”栏选择“随机”,在“样本数”栏中输入样本数量“80”,然后,在“输出选项”栏选择“输出区域”,并输入“ $C $2”,如图 5-4 所示。

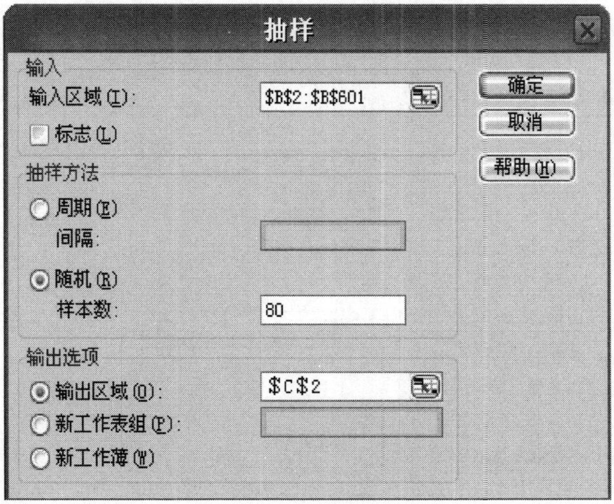

图 5-4　抽样界面

(8)按“确定”按钮后,就得到 80 个样本数据,如图 5-5 所示。

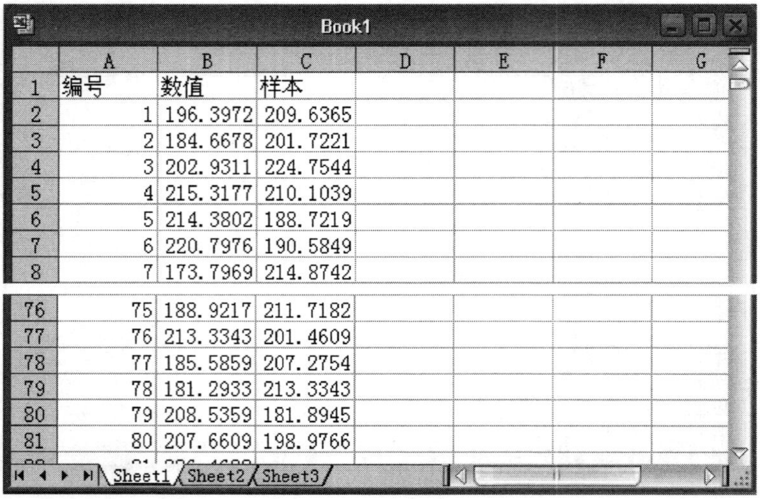

图 5-5　80 个样本的工作表

(9)计算总体的平均数和标准差。方法:打开“工具”菜单 ,选择“数据分析→描述统计”命令 ,打开“描述统计”界面。如果 Excel 工具栏中没有“数据分析”工具 ,可以通过“加载宏” 命令加上。

(10)在“输入区域”栏输入“ $B $1: $B $601”,“分组方式”栏选“逐列”,勾选“标志位于第一行”选择框,在“输出区域”栏输入“ $E $1”并勾选“汇总统计”选择框,如图 5-6 所示。

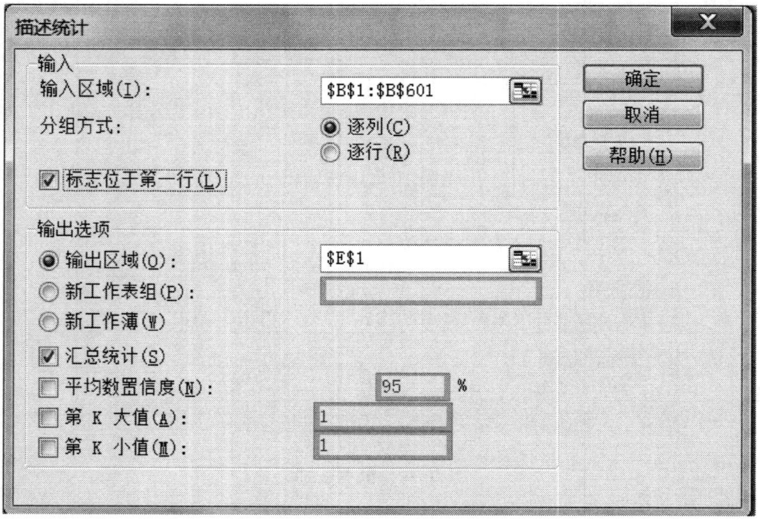

图 5-6　描述统计界面

(11)按“确定”按钮，完成操作。

(12)计算样本的平均数和标准差。方法：打开“工具”菜单，选择“数据分析→描述统计”命令，打开“描述统计”界面。在“输入区域”输入“ \$C \$1:\$C \$81”，“分组方式”栏选“逐列”，勾选“标志位于第一行”选择框，在“输出区域”栏输入“ \$G \$1”，并勾选“汇总统计”选择框。按“确定” 按钮，完成操作。

【参考答案】

完成的计算结果表如图 5-7 所示。

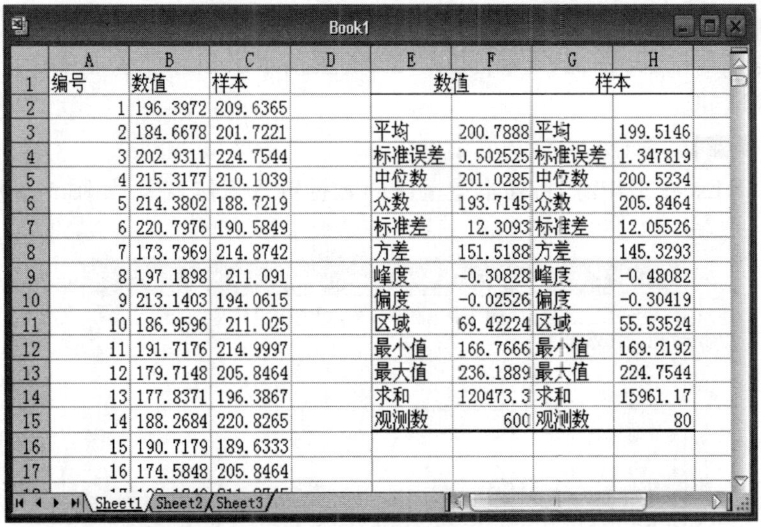

	A	B	C	D	E	F	G	H
1	编号	数值	样本		数值		样本	
2	1	196.3972	209.6365					
3	2	184.6678	201.7221		平均	200.7888	平均	199.5146
4	3	202.9311	224.7544		标准误差	0.502525	标准误差	1.347819
5	4	215.3177	210.1039		中位数	201.0285	中位数	200.5234
6	5	214.3802	188.7219		众数	193.7145	众数	205.8464
7	6	220.7976	190.5849		标准差	12.3093	标准差	12.05526
8	7	173.7969	214.8742		方差	151.5188	方差	145.3293
9	8	197.1898	211.091		峰度	-0.30828	峰度	-0.48082
10	9	213.1403	194.0615		偏度	-0.02526	偏度	-0.30419
11	10	186.9596	211.025		区域	69.42224	区域	55.53524
12	11	191.7176	214.9997		最小值	166.7666	最小值	169.2192
13	12	179.7148	205.8464		最大值	236.1889	最大值	224.7544
14	13	177.8371	196.3867		求和	120473.3	求和	15961.17
15	14	188.2684	220.8265		观测数	600	观测数	80
16	15	190.7179	189.6333					
17	16	174.5848	205.8464					

图 5-7　计算结果表

实验二

【实验名称】

用 Excel 进行参数估计。

【实验目的】

熟悉 Excel 的基本操作和区间估计的操作方法。

【实验环境】

(1)系统软件 Windows 2000、Windows 7、Windows 10 或 Windows XP。

(2)应用软件 Excel 2000、Excel 2003、Excel 2007 或 Excel 2010。

【知识准备】

统计估计是指利用样本统计量来估计总体参数。统计估计可以分为点估计和区间估计。

点估计指的是由一组样本中计算出来的样本估计量来直接推断总体参数的真值。大部分情况下,样本平均数可以作为总体平均数的优良估计量。由于样本与总体之间客观上存在着一定的误差,可以用点估计值为中心,加上或减去一个数字(极限误差值),建立一个包含上、下限的区间,这种方法就是区间估计。

【实验资料】

某工厂加工一种材料,对某天加工的材料每隔一段时间进行抽样,共取出 10 个,测得样本重量(kg)数据分别为 11.9,11.7,11.8,11.74,11.77,11.71,12.01,11.96,11.84,11.78。

【实验要求】

假定零件重量服从正态分布,试以 95%的置信水平估计该企业生产的零件平均重量的置信区间。

【实验步骤】

(1)打开 Excel 工作簿,将样本重量(kg)数据输入工作表中,如图 5-8 所示。

	A	B	C	D	E
1	样本数据				
2	11.9				
3	11.7				
4	11.8				
5	11.74				
6	11.77				
7	11.71				
8	12.01				
9	11.96				
10	11.84				
11	11.78				

图 5-8 样本重量(kg)数据

(2)在 C2 单元格中填入数据个数。若数据较多则使用公式“=COUNT()”。

(3)计算样本均值,在单元格 C3 输入公式“=AVERAGE(A2:A11)”,确定。

(4)计算样本标准差,在单元 C4 输入公式“=STDEV(A2:A11)”,确定。

(5)计算抽样平均误差,在单元格 C5 输入公式“=C4/SQRT(C2)”,确定。

(6)计算置信水平,在单元格 C6 输入数据“0.95”,确定。

(7)计算自由度,在单元格 C7 输入公式“=C2-1”,确定。

(8)计算 t 值,在单元格 C8 输入公式“=TINV(1-C6,C7)”,确定。

(9)计算误差范围,在单元格 C9 输入公式“=C8 * C5”,确定。

(10)计算置信下限,在单元格 C10 输入公式“=C3-C9”,确定。

(11)计算置信上限,在单元格 C11 输入公式“=C3+C9”,确定。

完成上述步骤,得到置信区间为[11.75, 11.90]。结果如图 5-9 所示。

	A	B	C	D	E
1	样本数据	指标计算			
2	11.9	样本数据个数	10		
3	11.7	样本均值	11.821		
4	11.8	样本标准差	0.105351		
5	11.74	抽样平均误差	0.033315		
6	11.77	置信水平	0.95		
7	11.71	自由度	9		
8	12.01	t值	2.262175		
9	11.96	误差范围	0.075364		
10	11.84	置信下限	11.74564		
11	11.78	置信上线	11.89636		

图 5-9　置信区间估计结果表

【参考答案】

实验结果如图 5-9 所示。

实验三

【实验名称】

点估计和区间估计。

【实验目的】

熟悉 Excel 的基本操作以及点估计的操作方法。

【实验环境】

(1)系统软件 Windows 2000、Windows 7、Windows 10 或 Windows XP。

(2)应用软件 Excel 2000、Excel 2003、Excel 2007 或 Excel 2010。

【知识准备】

同实验二。

【实验资料】

从自动机床加工的同类零件中抽取 16 件,测得长度值分别为 12.15,12.12,12.01,12.08,12.09,12.16,12.13,12.07,12.11,12.08,12.01,12.03,12.01,12.03,12.06,12.05。

【实验要求】

以样本平均数为总体平均数的估计值。

【操作步骤】

(1)打开 Excel 工作簿,选取一张工作表 ,记录下测得的零件长度值,如图 5-10 所示。

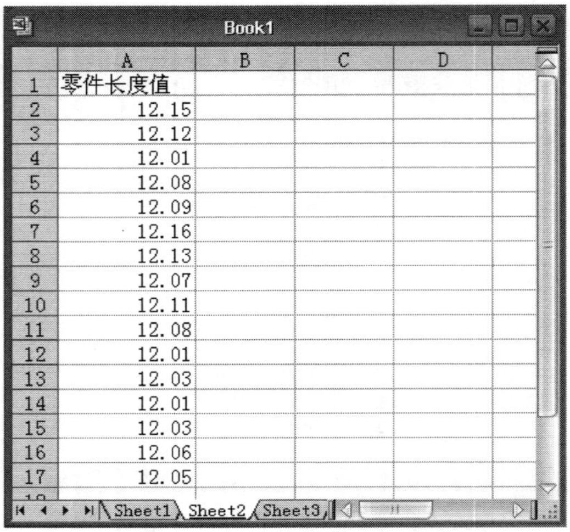

	A	B	C	D
1	零件长度值			
2	12.15			
3	12.12			
4	12.01			
5	12.08			
6	12.09			
7	12.16			
8	12.13			
9	12.07			
10	12.11			
11	12.08			
12	12.01			
13	12.03			
14	12.01			
15	12.03			
16	12.06			
17	12.05			

图 5-10　零件长度数据表

(2)计算样本平均数的方法很多,先使用函数进行计算。在数据下面的 A18 单元格中输入样本平均数,在 B18 单元格输入公式"=AVERAGE(A2:A17)",确认后就得到了样本平均数,以样本平均数估计总体平均数,如图 5-11 所示。

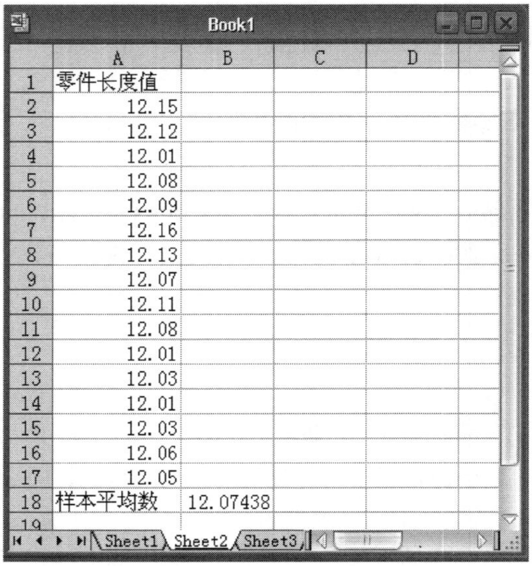

	A	B	C	D
1	零件长度值			
2	12.15			
3	12.12			
4	12.01			
5	12.08			
6	12.09			
7	12.16			
8	12.13			
9	12.07			
10	12.11			
11	12.08			
12	12.01			
13	12.03			
14	12.01			
15	12.03			
16	12.06			
17	12.05			
18	样本平均数	12.07438		

图 5-11　使用函数计算的平均数

(3)使用“数据分析”工具进行样本平均数的计算。使用鼠标选取“工具→数据分析”菜单命令打开“数据分析”对话框，在“数据分析”对话框中选取“描述统计”，并单击“确定”。

(4)在“描述统计”界面的“输入区域”中输入数据范围“$A$2:$A$17”，“分组方式”选择“逐列”，“输出选项”中选择“输出区域”，并在输入框中输入“$C$1”，勾选“汇总统计”，最后单击“确定”按钮，如图 5-12 所示。

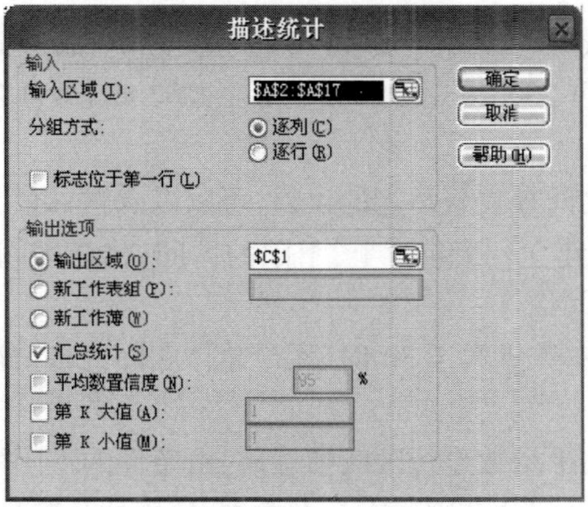

图 5-12　描述统计界面

(5)根据计算结果估计总体的平均值。

【参考答案】

完成的计算结果表如图 5-13 所示。

从计算结果可以看出，零件长度的估计值是 12.074，标准偏差为 0.049661。

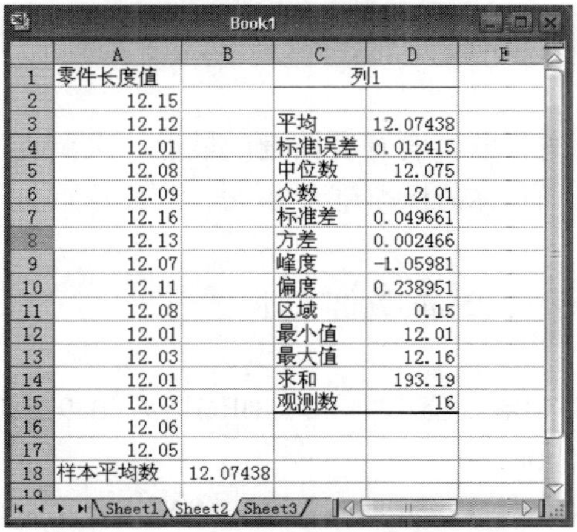
Book1

	A	B	C	D	E
1	零件长度值		列1		
2	12.15				
3	12.12		平均	12.07438	
4	12.01		标准误差	0.012415	
5	12.08		中位数	12.075	
6	12.09		众数	12.01	
7	12.16		标准差	0.049661	
8	12.13		方差	0.002466	
9	12.07		峰度	-1.05981	
10	12.11		偏度	0.238951	
11	12.08		区域	0.15	
12	12.01		最小值	12.01	
13	12.03		最大值	12.16	
14	12.01		求和	193.19	
15	12.03		观测数	16	
16	12.06				
17	12.05				
18	样本平均数	12.07438			

Sheet1　Sheet2　Sheet3

图 5-13　计算结果表

实验四

【实验名称】

正态分布条件下平均数的区间估计。

【实验目的】

熟悉 Excel 的基本操作以及大样本总体平均数区间估计的操作方法。

【实验环境】

(1)系统软件 Windows 2000、Windows 7、Windows 10 或 Windows XP。

(2)应用软件 Excel 2000、Excel 2003、Excel 2007 或 Excel 2010。

【知识准备】

由于样本与总体之间存在着一定的误差,可以以点估计值为中心,加上和减去一个数字(极限误差值),建立一个包含上、下限的区间,将该区间作为总体参数的估计值,这样的方法就是区间估计。

一般情况下,当样本数量大于 30 时,无论总体实际分布情况如何,均可以视为正态分布。

根据样本对总体的平均数进行区间估计时,由条件的不同可以选择 t 分布或正态分布;对总体比率进行区间估计则要求是大样本,使用的分布是正态分布。

正态总体、方差已知,或者非正态总体、大样本、方差已知的情况下,平均数的置信区间为 $\left[\bar{x}-Z_{\frac{\alpha}{2}}\frac{\sigma}{\sqrt{n}},\ \bar{x}+Z_{\frac{\alpha}{2}}\frac{\sigma}{\sqrt{n}}\right]$;大样本、方差未知时,无论总体是否为正态分布,平均数的置信区间均可按 $\left[\bar{x}-Z_{\frac{\alpha}{2}}\frac{s}{\sqrt{n}},\bar{x}+Z_{\frac{\alpha}{2}}\frac{s}{\sqrt{n}}\right]$ 计算。

公式中的样本平均数、样本方差可以由软件计算(或者总体标准差已知),$Z_{\frac{\alpha}{2}}$ 可以根据正态分布的累积分布的反函数计算,因此,相应的置信区间就很容易计算。

【实验资料】

某公司每个月都要进行顾客满意度调查。最近一次调查了 100 名顾客,顾客的平均满意度为 82 分,已知总体的标准差为 20 分。

【实验要求】

计算顾客平均满意度的 95%的置信区间。

【实验步骤】

(1)在 Excel 单元格中输入公式"=82-NORMINV (0.975,0,1) *20/10",确认后可得到置信下限值为 78.08;

(2)在 Excel 单元格中输入公式"=82+NORMINV (0.975,0,1) *20/10",确认后可得到置信上限值为 85.92;

(3)如果把公式中的0.975改为0.995,可求出顾客满意度99%的置信区间。

(注意:NORMINV的概率参数与显著性水平α的关系,在Excel中也可利用函数CONFIDENCE(α,σ,n)计算正态总体,方差已知情况下的置信区间,该函数的返回值为$\bar{x} \pm Z_{\frac{\alpha}{2}} \frac{\sigma}{\sqrt{n}}$,相当于置信区间长度的一半,根据这一结果很容易计算相应的置信区间。如在本例中,“=CONFIDENCE(0.05,20,100)”的计算结果为3.919928。

【参考答案】

顾客满意度的95%的置信区间的下限值为78.08;上限值为85.92。

实验五

【实验名称】

利用t分布计算平均数的置信区间。

【实验目的】

熟悉Excel的基本操作以及大样本总体平均数区间估计的操作方法。

【实验环境】

(1)系统软件Windows 2000、Windows 7、Windows 10或Windows XP。

(2)应用软件Excel 2000、Excel 2003、Excel 2007或Excel 2010。

【知识准备】

正态总体、方差未知时,平均数的置信区间为$\left[\bar{x} - t_{\frac{\alpha}{2}}(n-1)\frac{s}{\sqrt{n}}, \bar{x} + t_{\frac{\alpha}{2}}(n-1)\frac{s}{\sqrt{n}}\right]$。大样本时,这一置信区间也成立,但大样本可以用正态分布的Z值来代替t值。

若样本平均数、样本标准差已知,可直接在Excel中输入相应的公式来计算置信区间。

【实验资料】

某出租汽车公司随机调查了40位乘客的乘车行驶里程,发现这些乘客的平均行驶里程为7.7千米,样本标准差为2.93千米。假设总体为正态分布。

【实验要求】

计算出租汽车平均行驶里程95%的置信区间。

【实验步骤】

(1)在Excel单元格中输入公式“=7.7-TINV(0.05,39)*2.93/ 40^0.5”;

(2)确认后得到置信区间的下限为6.76千米;

(3)在Excel单元格中输入公式“=7.7+TINV(0.05,39)*2.93/40^0.5”;

(4)确认后得到置信区间的上限为8.64千米;

由于样本容量较大,也可以用正态分布。在Excel单元格中输入公式“=7.7-

NORMINV（0.975,0,1）*2.93/40^0.5”，可知置信区间的下限为 6.79 千米；由公式“=7.7+ NORMINV（0.975,0, 1）*2.93/40^0.5”可知置信区间的上限为 8.61 千米。

【参考答案】

出租汽车平均行驶里程 95%的置信区间的下限为 6.76 千米；上限为 8.64 千米。

实验六

【实验名称】

大样本总体平均数区间估计。

【实验目的】

熟悉 Excel 的基本操作以及大样本总体平均数区间估计的操作方法。

【实验环境】

(1)系统软件 Windows 2000、Windows 7、Windows 10 或 Windows XP。

(2)应用软件 Excel 2000、Excel 2003、Excel 2007 或 Excel 2010。

【知识准备】

区间估计、正态分布。

【实验资料】

用放射性同位素法可以客观地测定地层的年代，为了研究这种方法的准确度，在同一地层抽取 32 个样本，测定了年代数据（单位：百年）分别为 249,254,243,268,253,269,287,241,273,306,303,280,260,256,278,344,304,283,310,295,286,288,301,258,300,254,282,249,251,264,275,281。

【实验要求】

假设这些数据是正态分布的样本，在 0.95 的置信水平下估计地层年代的置信区间。

【操作步骤】

(1)打开 Excel 工作簿，选取一张工作表，记录用放射性同位素法测得的地层年代值，如图 5-14 所示。

(2)使用“数据分析”工具进行点估计的计算。用鼠标选取“工具→数据分析”菜单命令，打开“数据分析”对话框，在“数据分析”对话框中选取“描述统计”，在“描述统计”界面中输入数据范围“$A$2:$A$33”，“分组方式”选择“逐列”，“输出选项”中选择“输出区域”，并输入“$C$1”，在多选框中勾选“汇总统计”，“平均数置信度”为 95%，最后单击“确定”按钮，如图 5-15 所示。

(3)使用函数 CONFIDENCE 计算总体平均数的置信区间，计算出来的数值是样本平均数的左右任何一边的范围。在 C18 单元格中输入“置信区间值”5 个字，在 D18 单元格中输入函数公式“=CONFIDENCE(0.05,D7,D15)”，其中，函数第一个参

	A	B	C	D
1	测得地层年代（百年）			
2	249			
3	254			
4	243			
5	268			
6	253			
7	269			
8	287			
9	241			
10	273			
11	306			
12	303			
13	280			
14	260			
15	256			
16	278			
17	344			
18	304			
19	283			

图 5-14　用放射性同位素测定地层年代数据工作表

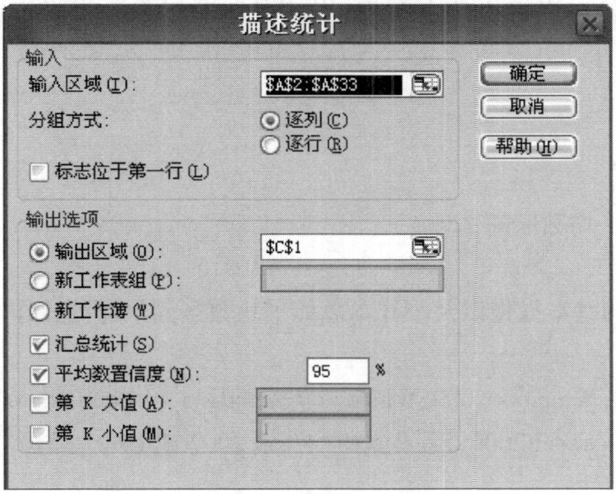

图 5-15　描述统计界面

数代表推断置信度的显著程度,0.05 指的是 95% 的置信度。

(4)根据计算结果写出估计的结论。

【参考答案】

完成的计算结果表如图 5-16 所示。

Book1

	A	B	C	D	E	F
1	测得地层年代（百年）		列1			
2	249					
3	254		平均	276.4063		
4	243		标准误差	4.186398		
5	268		中位数	276.5		
6	253		众数	249		
7	269		标准差	23.68184		
8	287		方差	560.8296		
9	241		峰度	0.469585		
10	273		偏度	0.659333		
11	306		区域	103		
12	303		最小值	241		
13	280		最大值	344		
14	260		求和	8845		
15	256		观测数	32		
16	278		置信度(95.0%)	8.538214		
17	344					
18	304		置信区间值	8.205189		
19	283					

Sheet1 / Sheet2 / Sheet3

图 5-16　计算结果表

根据计算结果可以得出如下结论：用放射性同位素法测定的地层年代估计为(276.41±8.21)百年。

实验七

【实验名称】

小样本总体平均数区间估计。

【实验目的】

熟悉 Excel 的基本操作以及小样本总体平均数区间估计的操作方法。

【实验环境】

(1)系统软件 Windows 2000、Windows 7、Windows 10 或 Windows XP。

(2)应用软件 Excel 2000、Excel 2003、Excel 2007 或 Excel 2010。

【知识准备】

一般情况下，当样本数量小于 30 时，样本的分布情况就不一定趋近于标准正态分布，大多趋向于自由度为$(n-1)$的 t 分布。t 分布是一个用来取代正态公布 z 值的分布，它与正态分布非常相似。

【实验资料】

某公司生产一种养生营养饮料，每瓶 600 毫升，质检部门随机抽出 10 瓶饮料检查，并且记录下每瓶饮料的实际容量分别为 605，607，600，595，588，610，603，590，

598，600。

【实验要求】

在 95% 的置信度下，估计该产品每瓶的实际容量。

【操作步骤】

(1)打开 Excel 工作簿，选取一张工作表，在 A2:A11 单元格中记录下每瓶饮料的实际容量，如图 5-17 所示。

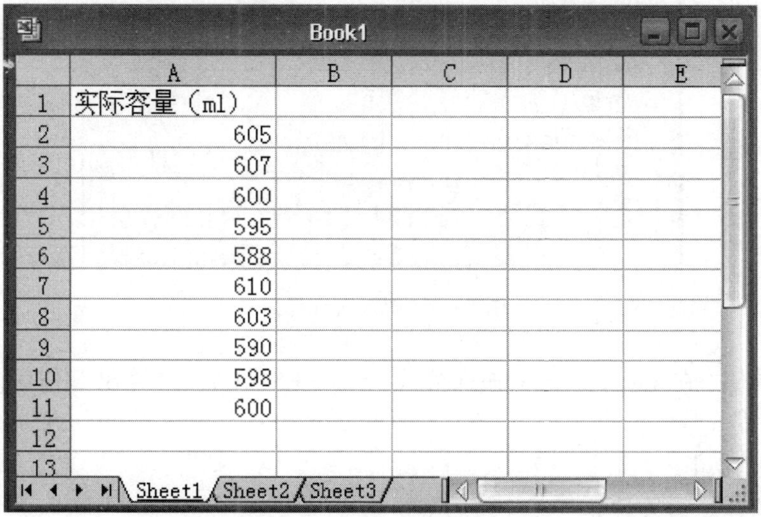

	A	B	C	D	E
1	实际容量（ml）				
2	605				
3	607				
4	600				
5	595				
6	588				
7	610				
8	603				
9	590				
10	598				
11	600				
12					
13					

图 5-17　每瓶饮料的实际容量数据工作表

(2)使用“数据分析”工具进行点估计的计算。用鼠标选取“工具→数据分析”菜单命令，打开“数据分析”对话框，在“数据分析”界面中选取“描述统计”，在“描述统计”界面“输入区域”栏输入数据范围“$A$2:$A$11”，“分组方式”选择“逐列”，结果输出在本工作表 B2 单元格，如图 5-18 所示。

(3)在单元格 D4 中输入“误差允许值”，E4 单元格中输入“0.05”，在单元格 D5 中输入“t 值”。

(4)在 E5 单元格中使用 TINV 函数求出 t 值。方法：选定 E5 单元格，输入公式“=TINV (0.05,C16-1)”，再单击“确认”按钮求出 t 值。

(5)在 D6 单元格输入“标准误差”，在 E6 单元格中计算出标准差，方法：直接从描述统计中引用，即在 E6 单元格中输入公式“=C5”，或输入公式“=C8/SQRT (C16)”，重新计算。

(6)计算置信区间的上、下限，方法：在 D7 和 D8 单元格中分别输入“置信区间上限值”和“置信区间下限值”，在 E7 单元格中输入公式“=C4+E5 * E6”，计算出置

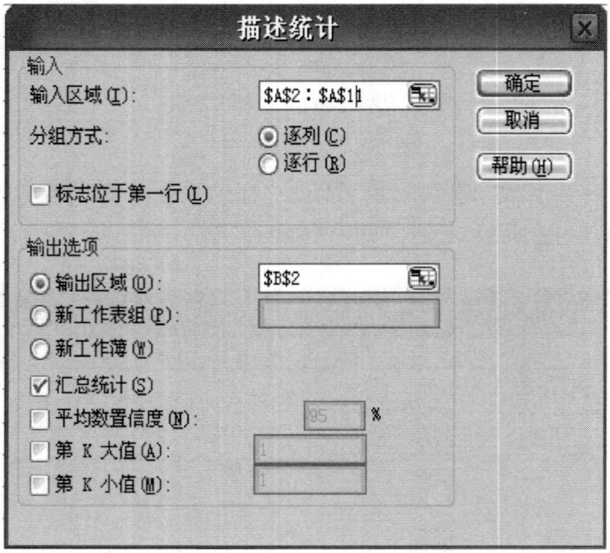

图 5-18　描述统计界面

信区间上限值，在 E8 单元格中输入公式"=C4-E5 * E6"，计算出置信区间下限值，完成计算。

【参考答案】

完成的计算结果表如图 5-19 所示。

	A	B	C	D	E
1	实际容量（ml）				
2	605	列1			
3	607				
4	600	平均	599.6	误差允许值	0.05
5	595	标准误差	2.246973	t值	2.262157
6	588	中位数	600	标准误差	2.246973
7	610	众数	600	置信区间上限值	604.683
8	603	标准差	7.105553	置信区间下限值	594.517
9	590	方差	50.48889		
10	598	峰度	-0.68032		
11	600	偏度	-0.31749		
12		区域	22		
13		最小值	588		
14		最大值	610		
15		求和	5996		
16		观测数	10		
17					

图 5-19　计算结果表

通过计算可知该产品每瓶实际容量的置信区间为594.52~604.68毫升。

实验八

【实验名称】

样本容量的确定。

【实验目的】

熟悉Excel的基本操作以及样本容量计算的操作方法。

【实验环境】

(1)系统软件Windows 2000、Windows 7、Windows 10或Windows XP。

(2)应用软件Excel 2000、Excel 2003、Excel 2007或Excel 2010。

【知识准备】

在简单随机抽样的情况下,如果给定了最大允许误差以及总体方差的估计值,则可推导出必要样本容量的计算公式。

在重复抽样条件下的必要样本容量计算公式。

$$n = \frac{Z_{\frac{\alpha}{2}}^2 \sigma^2}{\Delta_{\bar{x}}^2}$$

估计总体比率的必要样本容量计算公式如下所示。

$$n = \frac{Z_{\frac{\alpha}{2}}^2 p(1-p)}{\Delta_{\bar{p}}^2}$$

公式中的 $Z_{\frac{\alpha}{2}}$ 可以利用统计软件进行计算,其他量已知。

【实验资料】

一名学习公共管理的学生希望估计某城市公务员的平均工资。在95%的置信度下允许的最大抽样误差为100元。此前有研究表明公务员工资的标准差为800元。

【实验要求】

在简单重复抽样条件下,计算必要样本容量。

【实验步骤】

(1)打开Excel工作簿。

(2)根据相应的公式,在单元格中输入公式“=NORMSINV(0.975)^2*800^2/100^2)”。

(3)单击确定按钮后得到结果245.8534。

Excel中的CEILING函数可以对小数向上取整。公式中使用的函数NORMSINV()是用来计算标准正态分布累计分布反函数,比函数NORMINV()要求的参数较少,但计算结果相同。

【参考答案】

在简单重复抽样条件下的必要样本容量为 246 人。

第三节　模拟练习与参考答案

练习一(大样本估计)

【实验资料】

某企业生产 A 产品的工人有 1000 人,某日采用不重复抽样从中随机抽取 100 人并调查他们的当日产量,样本人均产量为 35 件,产量的样本标准差为 4.5 件。

【实验要求】

以 95.45%的置信度估计该日人均产量的置信区间。

【参考答案】

可以 95.45%的置信度断言,该日人均产量为 34.15~35.85 件。

练习二(大样本估计)

【实验资料】

某企业生产某种产品的工人有 1000 人,某日采用不重复抽样从中随机抽取 100 人并调查他们的当日产量,见表 5-2。

表 5-2　100 名工人的日产量分组资料

按日产量分组(件)	工人数(人)
110~114	3
114~118	7
118~122	18
122~126	23
126~130	21
130~134	18
134~138	6
138~142	4
合计	100

【实验要求】

在95%的概率保证程度下，估计该厂全部工人的日平均产量和日总产量。

【参考答案】

该企业工人人均产量为124.797~127.203件，其日总产量为124797~127203件，估计的可靠程度为95%。

练习三（大样本估计）

【实验资料】

某乡水稻总面积为20000亩，以不重置抽样方法从中随机抽取400亩实割实测求得样本平均亩产645千克，标准差为72.6千克。

【实验要求】

在极限误差不超过7.2千克的情况下，试对该乡水稻的亩产和总产量作估计。

【参考答案】

计算结果显示：以95.45%保证该乡水稻平均亩产为637.8~652.2千克，总产量为1275.6万~1304.4万千克。

练习四（大样本估计）

【实验资料】

某电子产品使用寿命在3000小时以下为不合格产品，现采用简单随机抽样方法，从5000个产品中抽取100个，对其寿命情况进行调查。所得结果如表5-3所示。

表5-3　某电子产品使用寿命调查表

使用寿命（小时）	产品数（个）
3000以下	2
3000~4000	30
4000~5000	50
5000以上	18
合计	100

【实验要求】

根据以上资料：

（1）按重复抽样和不重复抽样计算该产品平均寿命的抽样平均误差。

（2）按重复抽样和不重复抽样计算该产品合格率的抽样平均误差。

（3）根据重复抽样计算的抽样平均误差，以68.27%的概率保证程度（即 $t=l$），对该产品的平均使用寿命和合格率进行区间估计。

【参考答案】

(1)平均寿命的抽样平均误差。

①重复抽样条件下：$\mu_{\bar{x}} = 73.1$(小时)。

②不重复抽样条件下：$\mu_{\bar{x}} = 72.37$(小时)。

(2)合格率的抽样平均误差。

①重复抽样条件下：$\mu_{p} = 1.4\%$。

②不重复抽样条件下：$\mu_{p} = 1.39\%$。

(3)对平均使用寿命和合格率进行区间估计。

①估计平均使用寿命：(4266.9 小时,4413.1 小时)。

②估计合格率：(96.6%,99.4%)。

练习五(大样本估计)

【实验资料】

某企业估计 6000 包某种材料的平均重量。随机抽取 350 包组成一个样本，样本的均值和标准差分别为 32 千克和 7 千克。

【实验要求】

求总体均值的置信度为 95%的置信区间。

【参考答案】

某种材料的平均重量区间估计在置信程度为 95%的水平上，其估计下限为 31.26664971 千克，估计上限为 32.73335029 千克。

练习六(小样本估计)

【实验资料】

16 世纪中叶到 20 世纪的 12 个重大科学突破情况如表 5-4 所示。

表 5-4　重大科学突破年龄分布表

科学发现	科学家	年份(年)	年龄(岁)
日心说	哥白尼	1543	40
望远镜及天文学的基本定律	伽利略	1600	43
动力学，万有引力，微积分	牛顿	1665	23
电的实质	富兰克林	1746	40
燃烧即氧气	拉瓦锡	1774	31

续表

科学发现	科学家	年份(年)	年龄(岁)
地球的演变	莱尔	1830	33
进化论	达尔文	1858	49
光的电磁特征	麦克思韦	1864	33
放射性	居里	1896	34
量子论	普朗克	1901	43
狭义相对论	爱因斯坦	1905	26
量子力学的数学基础	薛定鄂	1926	39

假设提出重大科学发现时科学家的年龄服从 $N(\mu,\sigma^2)$ 分布(μ,σ^2 未知)。

【实验要求】

试计算 μ 的置信水平为 0.95 时提出重大科学发现的科学家年龄的置信区间。

【参考答案】

实验结果如图 5-20 所示。

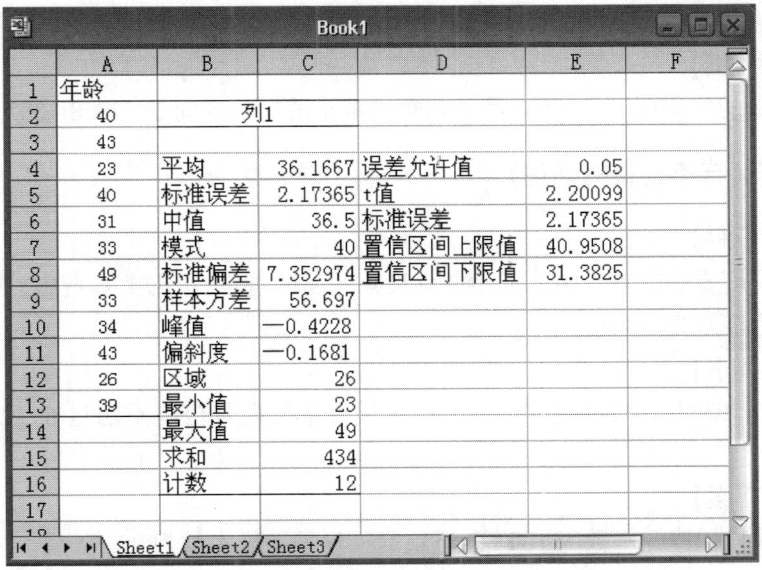

	A	B	C	D	E	F
1	年龄					
2	40	列1				
3	43					
4	23	平均	36.1667	误差允许值	0.05	
5	40	标准误差	2.17365	t值	2.20099	
6	31	中值	36.5	标准误差	2.17365	
7	33	模式	40	置信区间上限值	40.9508	
8	49	标准偏差	7.352974	置信区间下限值	31.3825	
9	33	样本方差	56.697			
10	34	峰值	−0.4228			
11	43	偏斜度	−0.1681			
12	26	区域	26			
13	39	最小值	23			
14		最大值	49			
15		求和	434			
16		计数	12			
17						

图 5-20　计算结果表

在 0.95 的置信水平下，提出重大科学发现的科学家年龄的期望值的置信区间为(31.38,40.95)。

练习七(小样本估计)

【实验资料】

在一项关于软塑料管的适用性研究中,工程师们想估计软管将承受的平均压力。他们随机抽取了 9 个压力读数:3. 46、3. 42、3. 49、3. 51、3. 40、3. 38、3. 58、3. 31、3. 54,样本均值和样本标准差分别为 3. 62 千克和 0. 45 千克。

【实验要求】

假定压力读数近似服从正态分布,估计总体平均压力的置信度为 99%的置信区间。

【参考答案】

得到置信区间的下限为 3. 363592228 千克,上限为 3. 549741105 千克。

练习八(小样本估计)

【实验资料】

某商场从一批袋装食品中随机抽取 10 袋,测得每袋重量(单位:克)分别为 789,780,794,762,802,813,770,785,810,806。

【实验要求】

以 95%的把握程度,估计这批食品平均每袋重量的区间范围。

【参考答案】

在 95%的置信度下,这批食品平均每袋重量的置信区间是 778. 8~803. 4 克。

练习九(样本容量的确定)

【实验资料】

某食品厂要检验本月生产的 10000 袋某产品的重量,根据上月资料,这种产品每袋重量的标准差为 25 克。

【实验要求】

在 95. 45%的概率保证程度下,平均每袋重量的误差范围不超过 5 克,应抽查多少袋产品?

【参考答案】

重复抽样抽取样本数为 100 袋;不重复抽样抽取样本数为 99. 01 袋。

第六章 统计假设检验

第一节 知识要点与主要公式

一、知识要点

(1)统计假设检验就是事先对总体参数或总体分布形式作出一个假设,然后利用样本信息来判断这一假设是否合理,即判断样本统计量的具体数值与原假设是否有显著差异,从而决定拒绝或接受原假设。

(2)假设检验的特点:第一,采用反证法;第二,依据"小概率事件在一次试验中不能发生"的原理。

(3)原假设对所考察的总体的分布形式或总体的某些未知参数做出某些假设,称之为原假设,用 H_0 表示,是研究者想收集证据予以反对的假设。

(4)与原假设对立的假设称为备择假设,用 H_1 表示,是研究者想收集证据予以支持的假设。

(5)关于假设的认识。

①原假设和备择假设是一个完备事件组,而且相互独立。

②建立假设时,通常先确定备择假设,再确定原假设。

③在假设检验中,等号"="总是放在原假设上。

④只要原假设和备择假设符合研究的最终目的就是合理的。

⑤假设检验的目的是收集证据来拒绝原假设。

(6)假设检验过程中可能发生以下两类错误:

①当原假设为真时拒绝原假设,所犯的错误称为第一类错误,也叫弃真错误。犯第一类错误的概率通常记为 α。

②当原假设为假时没有拒绝原假设,所犯的错误称为第二类错误,也叫取伪错误。犯第二类错误的概率通常记为 β。

(7)显著性水平是当原假设实际上正确时,检验统计量落在拒绝域的概率。

(8)检验统计量是根据样本观测结果计算得到的,用于对原假设和备择假设做出决策的某个样本统计量。常用的检验统计量有 Z 统计量与 t 统计量。

(9)拒绝域就是由显著性水平所围成的区域。拒绝域的大小与我们事先选定的显著性水平有一定的关系。

(10)临界值为原假设的接受域与拒绝域的分界值,它是根据给定的显著性水平确定的拒绝域的边界值。

(11)统计假设检验的类型:

①双侧检验:当要检验的是样本统计值与总体参数有没有显著性差异,而不问差异的方向是正差还是负差时,这时的检验称为双侧检验,又称双尾检验,如图 6-1 所示。

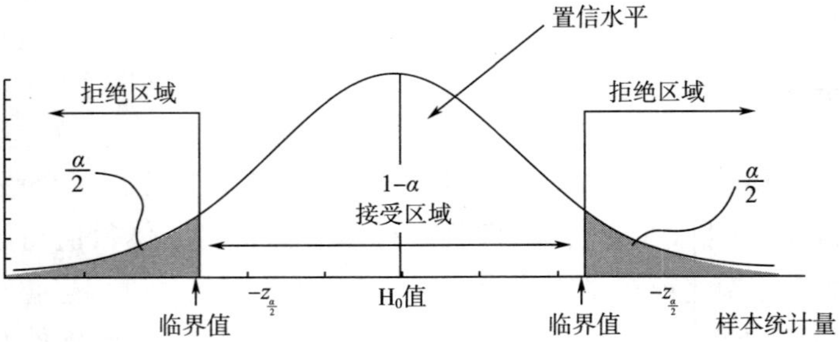

图 6-1　双尾检验

假设的设立如下。

$$H_0:\overline{X}=\overline{X}_0;H_1:\overline{X}\neq\overline{X}_0$$

或

$$H_0:P=P_0;H_1:P\neq P_0$$

将样本信息计算出的检验统计量数值 Z 与事先给定的临界值比较,如果 $-Z_{\frac{\alpha}{2}}\leqslant z\leqslant Z_{\frac{\alpha}{2}}$,则接受原假设 H_0;如果 $Z<-Z_{\frac{\alpha}{2}}$,或 $Z>Z_{\frac{\alpha}{2}}$ 则拒绝原假设 H_0,接受备择假设 H_1。

②单侧检验:不仅检验样本统计值与总体参数有没有显著性差异,而且追究是否发生预先指定方向的差异,就应采用单侧检验。单侧检验分为左侧检验和右侧检验。

右侧检验也叫右单尾检验,主要用于检验样本统计值是否出现了增长方向的变动,如图 6-2 所示。

假设的设立如下。

$$H_0:\overline{X}\leqslant\overline{X}_0;H_1:\overline{X}>\overline{X}_0$$

或

$$H_0:P\leqslant P_0;H_1:P>P_0$$

将样本信息计算出的检验统计量数值 Z 与事先给定的临界值比较,如果 $z\leqslant Z_{\frac{\alpha}{2}}$,则接受原假设 H_0;如果 $Z>Z_{\frac{\alpha}{2}}$,则拒绝原假设 H_0,接受备择假设 H_1。

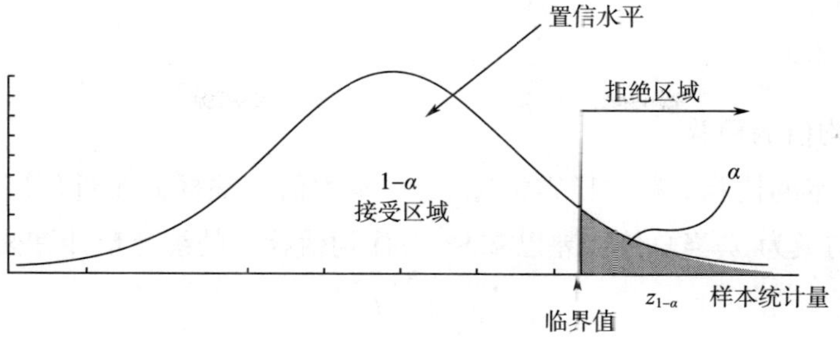

图 6-2　右侧检验

左侧检验也叫左单尾检验，主要用于检验样本统计值是否出现了减少或降低方向的变动，如图 6-3 所示。

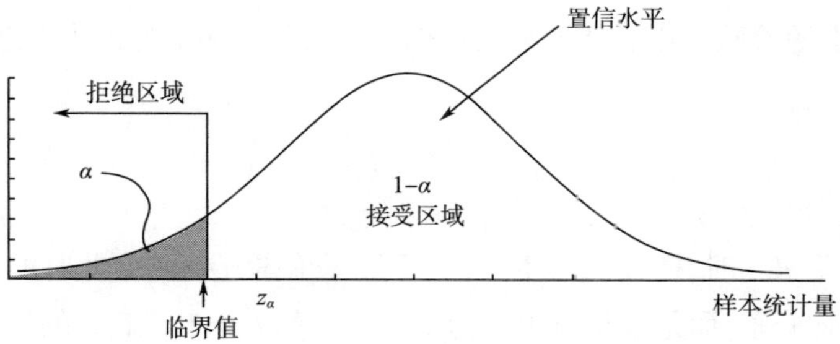

图 6-3　左侧检验

假设的设立如下。

$$H_0:\overline{X} \geqslant \overline{X}_0;H_1:\overline{X} < \overline{X}_0$$

或

$$H_0:P \geqslant P_0;H_1:P < P_0$$

将样本信息计算出的检验统计量数值 Z 与事先给定的临界值比较，如果 $z \geqslant -Z_{\frac{\alpha}{2}}$，则接受原假设 H_0；如果 $z < -Z_{\frac{\alpha}{2}}$，则拒绝原假设 H_0，接受备择假设 H_1。

(12)假设检验的步骤

第一步，根据实际应用问题确定合适的原假设和备择假设；

第二步，从所研究的总体中抽出一个随机样本；

第三步，确定一个适当的检验统计量，并利用样本数据算出其具体数值；

第四步，确定一个适当的显著性水平，并计算出其临界值，指定拒绝域；

第五步，由样本资料计算检验统计量的值，并将其与临界值进行比较，并做出决策；若统计量的值落在拒绝域内，拒绝原假设，否则接受原假设。

二、主要公式

1. 总体均值的检验

(1)大样本的检验。在大样本情况下,样本均值的抽样分布近似服从正态分布,假设的总体均值为μ,当总体方差已知时,总体均值检验的统计量计算公式如下。

$$Z=\frac{\bar{x}-\mu_0}{\sigma/\sqrt{n}}$$

总体方差未知时,可以用样本方差 S^2 来近似代替总体方差,此时,总体均值检验的统计量计算公式如下。

$$Z=\frac{\bar{x}-\mu}{s/\sqrt{n}}$$

(2)小样本的检验。当总体方差已知时,检验统计量依然服从正态分布,其计算公式如下。

$$Z=\frac{\bar{x}-\mu}{\sigma/\sqrt{n}}$$

当总体方差未知时,需要用样本方差 S^2 代替总体方差 σ^2,此时的检验统计量不再服从标准正态分布,而是服从自由度为 $(n-1)$ 的 t 分布。此时的统计量计算公式如下。

$$t=\frac{\bar{x}-\mu}{s_{n-1}^2/\sqrt{n}}$$

2. 总体比率的检验

总体比率的检验同总体均值的检验基本相同,区别只在于参数和检验统计量的形式不同。大样本条件下的总体比率检验的 3 种基本形式如下。

双侧检验:$H_0:P=p$,$H_1:P\neq p$;

左侧检验:$H_0:P>p$,$H_1:P<p$;

右侧检验:$H_0:P<p$, $H_1:P>p$。

检验统计量的计算公式如下。

$$z=\frac{p-P}{\sqrt[2]{\frac{p(1-p)}{n}}}$$

第二节　实验课题与参考答案

实验一

【实验名称】

等方差双样本的 t 检验。

【实验目的】

熟悉 Excel 的基本操作。

等方差双样本 t 检验的操作方法。

【实验环境】

(1)系统软件 Windows 2000、Windows 7、Windows 10 或 Windows XP。

(2)应用软件 Excel 2000、Excel 2003、Excel 2007 或 Excel 2010。

【知识准备】

当样本数量小于 30 个时,或者无法知道总体方差和标准差时,可以使用 t 检验。

【实验资料】

某重点高中对数学教学法改进进行实验比较,以传统教学法对 10 名学生讲授,同一课程以新法教学对另外 10 名学生讲授,然后对两组学生进行测验,成绩如表 6-1 所示。

表 6-1　测验成绩表

传统教学法测验成绩	新教学法测验成绩
80	88
70	78
92	91
70	83
88	92
90	97
85	88
78	87
70	83
82	93

【实验要求】

假定两总体近似正态分布，且其方差相等，以 $\alpha=0.05$ 为显著水平，检验传统教学法与新教学法对学生教学的效果是否相同。

【实验步骤】

(1) 打开 Excel 工作簿，把测得的成绩输入工作表中，如图 6-4 所示。

	A	B	C	D	E
1	传统教学法测验成绩	新教学法测验成绩			
2	80	88			
3	70	78			
4	92	91			
5	70	83			
6	88	92			
7	90	97			
8	85	88			
9	78	87			
10	70	83			
11	82	93			

图 6-4　20 名学生的成绩数据工作表

(2) 选择“工具”下拉菜单。

(3) 选择“数据分析”选项。

(4) 在分析工具中选择“t 检验：双样本等方差假设”，如图 6-5 所示。

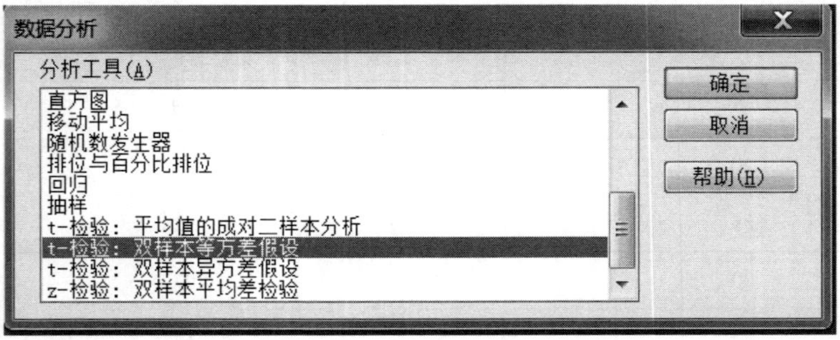

图 6-5　分析工具对话框

(5) 在分析工具中选择“t 检验：双样本等方差假设”项后确定，当出现“t 检验：双样本等方差假设”对话框后，进行下列操作。

在“变量 1 的区域”方框内键入 A2:A11。
在“变量 2 的区域”方框内键入 B2:B11。
在“假设平均差”方框内键入 0。
在“α”方框内建入 0.05。
在“输出选项”中选择输出区域(再次选择“新工作表”);
完成上述操作,如图 6-6 所示。

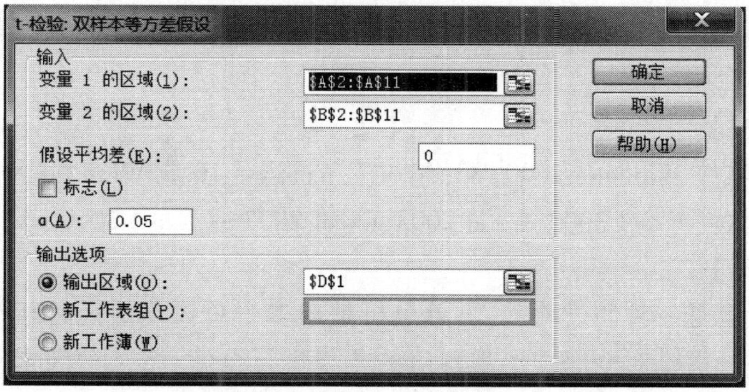

图 6-6　*t* 检验:双样本等方差假设对话框

(6)选择“确定”,得到输出结果,如图 6-7 所示。
【参考答案】

Book1

	C	D	E	F	G
1		t-检验: 双样本等方差假设			
2					
3			变量 1	变量 2	
4		平均	80.5	88	
5		方差	70.94444	31.33333	
6		观测值	10	10	
7		合并方差	51.13889		
8		假设平均	0		
9		df	18		
10		t Stat	-2.34515		
11		P(T<=t)	0.015341		
12		t 单尾临	1.734064		
13		P(T<=t)	0.030682		
14		t 双尾临	2.100922		

Sheet1 / Sheet2 / Sheet3

图 6-7　*t* 检验:双样本等方差假设结果表

简要说明：计算的 t 检验统计量为-2.3452，而在 $\alpha=0.05$ 时，自由度为 18，t 的临界值为 2.1009，故拒绝原假设。

实验二

【实验名称】

单因素方差分析。

【实验目的】

熟悉 Excel 的基本操作；理解方差分析的基本思想；训练单因素方差分析的基本原理及其实际应用。

【实验环境】

（1）系统软件 Windows 2000、Windows 7、Windows 10 或 Windows XP。

（2）应用软件 Excel 2000、Excel 2003、Excel 2007 或 Excel 2010。

【知识准备】

方差分析也是一种假设检验，方差分析是对多个总体均值是否相等这一假设进行检验。方差分析是对全部样本观察值的差异进行分解，将某种因素下各组样本观察值之间可能存在的系统性误差与随机误差进行比较，据以推断各总体之间是否存在显著性差异，若存在显著性差异，也就说明该因素的影响是显著的。涉及的基本概念有总离差平方和、组间离差平方和、组内离差平方和、检验统计量、自由度、单因素方差分析和双因素方差分析。

【实验资料】

某化妆品生产公司研制出一种新型爽肤水。爽肤水的颜色共有 4 种，分别为橘黄色、粉色、绿色和无色透明。现随机从 5 家专卖市场上收集该爽肤水的销售量，如表 6-2 所示。

表 6-2　该公司爽肤水在 5 家专卖市场的销售情况

专卖市场	无色透明	粉色	橘黄色	绿色
1	26.5	31.2	27.9	30.8
2	28.7	28.3	25.1	26.6
3	25.1	30.8	28.5	32.4
4	29.1	27.9	24.2	31.7
5	27.2	29.6	26.5	32.8

【实验要求】

分析该公司爽肤水的颜色是否对销售量产生影响。

【实验步骤】

(1)打开 Excel 工作簿,把该公司爽肤水在 5 家专卖市场的销售数据输入工作表中的 A2:D6 单元格,如图 6-8 所示。

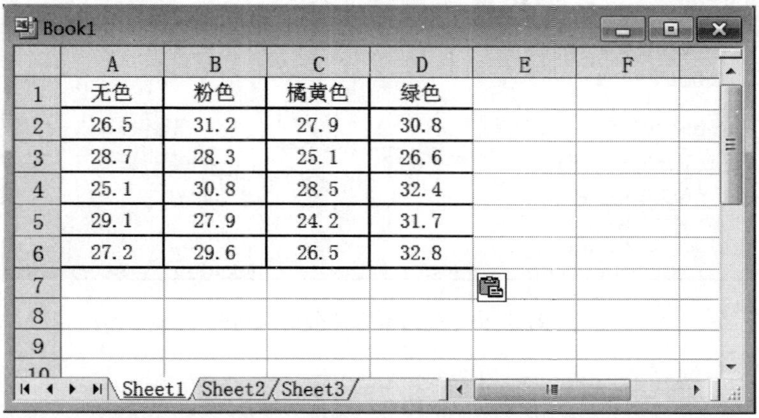

	A	B	C	D	E	F
1	无色	粉色	橘黄色	绿色		
2	26.5	31.2	27.9	30.8		
3	28.7	28.3	25.1	26.6		
4	25.1	30.8	28.5	32.4		
5	29.1	27.9	24.2	31.7		
6	27.2	29.6	26.5	32.8		

图 6-8　该公司爽肤水的销售数据工作表

(2)选择“工具”下拉菜单。

(3)选择“数据区域”选项。

(4)在分析工具中选择“单因素方差分析”,如图 6-9 所示。

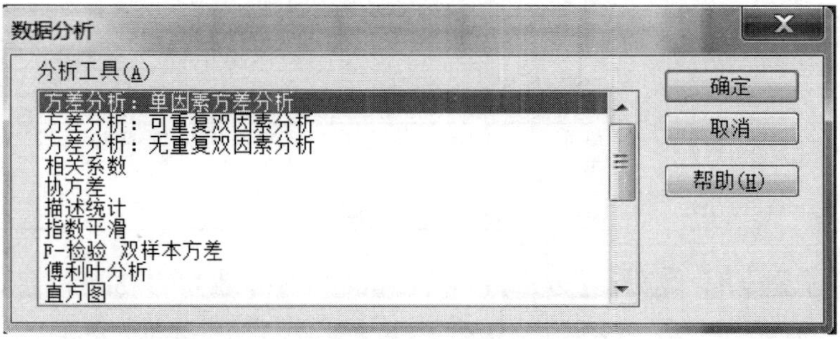

图 6-9　数据分析对话框

(5)确定后,出现单因素方差分析对话框,如图 6-10 所示。

(6)在“数据区域”方框内键入 A2:D6。

(7)在 α 方框内输入 0.01。

(8)在“输出选项”中选择输出区域 F2。

(9)选择“确定”按钮,得到输出结果如图 6-11 所示。

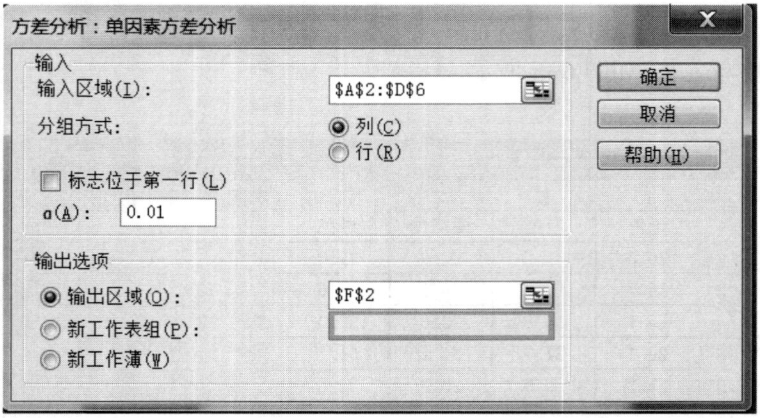

图 6-10　单因素方差分析对话框

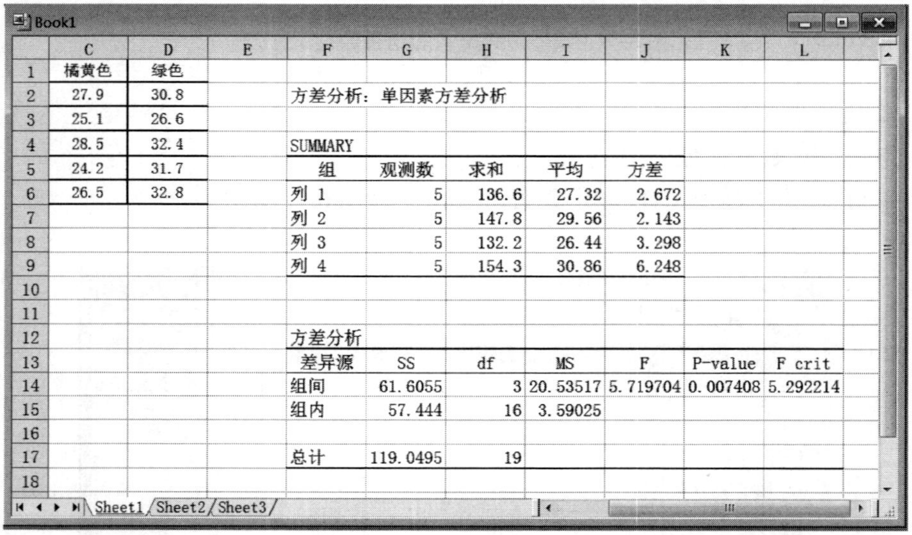

	C	D
1	橘黄色	绿色
2	27.9	30.8
3	25.1	26.6
4	28.5	32.4
5	24.2	31.7
6	26.5	32.8

方差分析：单因素方差分析

SUMMARY

组	观测数	求和	平均	方差
列 1	5	136.6	27.32	2.672
列 2	5	147.8	29.56	2.143
列 3	5	132.2	26.44	3.298
列 4	5	154.3	30.86	6.248

方差分析

差异源	SS	df	MS	F	P-value	F crit
组间	61.6055	3	20.53517	5.719704	0.007408	5.292214
组内	57.444	16	3.59025			
总计	119.0495	19				

图 6-11　该公司爽肤水的颜色对销售量影响的单因素方差分析结果

【参考答案】

由于 $F > F_{1-\alpha}$，故拒绝原假设。说明该公司爽肤水的颜色对销售量有显著影响。

实验三

【实验名称】

总体平均数的假设检验。

【实验目的】

熟悉 Excel 的基本操作以及假设检验的 Z 检验操作方法。

【实验环境】

(1)系统软件 Windows 2000、Windows 7、Windows 10 或 Windows XP。

(2)应用软件 Excel 2000、Excel 2003、Excel 2007 或 Excel 2010。

【知识准备】

当总体方差及标准差已知的情况下,无论样本大小,都可以采用 Z 检验来进行总体平均数的假设检验。函数 ZTEST 可以根据指定的数据,返回正态分布的 P 值。

【实验资料】

某食品加工企业生产袋装味精,其中最小容量包装味精的标准规格是每袋净重 250 克,根据以往经验,标准差是 3 克,该食品加工企业质检部门从一批最小容量包装味精中随机抽取 50 袋进行检验,其净重如表 6-3 所示。

表 6-3　50 袋最小容量包装味精净重数据

250	251	251	253	252	251	250	253	250	251
253	251	250	250	250	249	251	250	251	251
250	252	249	251	250	251	252	251	250	252
249	250	252	252	251	251	251	252	251	250
252	253	252	250	252	250	251	252	251	252

【实验要求】

按规定的显著性水平($\alpha=0.05$),检验这批最小容量包装味精是否符合标准规格。

【操作步骤】

(1)提出原假设 $H_0:\overline{X}=250$ 克,备择假设 $H_1:\overline{X}\neq 250$ 克。

(2)由于样本数量在 30 个以上,可以使用 Z 检验对总体平均数为 250 克的假设进行假设检验。首先,将抽取的样本数值输入工作簿的 A1:J5 单元格区域内,如图 6-12 所示。

(3)选择一个空白的单元格,如 K1 单元格。单击“插入”,弹出“插入函数”对话框,在选择类别栏选中“统计”,然后在“选择函数”栏内选中函数 ZTEST,确定,弹出 ZTEST(或函数参数)对话框,如图 6-13 所示。

(4)在 ZTEST(或函数参数)对话框内的“Array”栏填上数据区域“A1:J5”,在“X”栏总体平均数的假设值填上 250 克,在“Sigma”栏总体标准差填上 3 克,如果总体标准差为未知,“Sigma”栏可以不填,函数将自动用样本标准差取代,如图 6-14 所示。

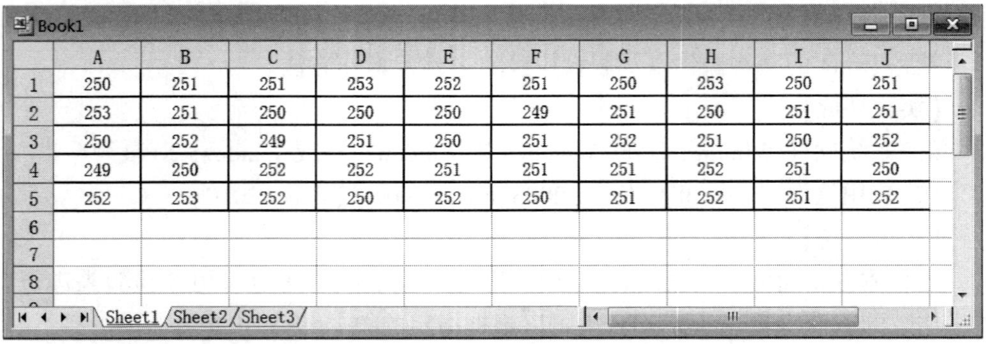

	A	B	C	D	E	F	G	H	I	J
1	250	251	251	253	252	251	250	253	250	251
2	253	251	250	250	250	249	251	250	251	251
3	250	252	249	251	250	251	252	251	250	252
4	249	250	252	252	251	251	251	252	251	250
5	252	253	252	250	252	250	251	252	251	252

图 6-12　50 袋最小容量包装味精净重数据工作表

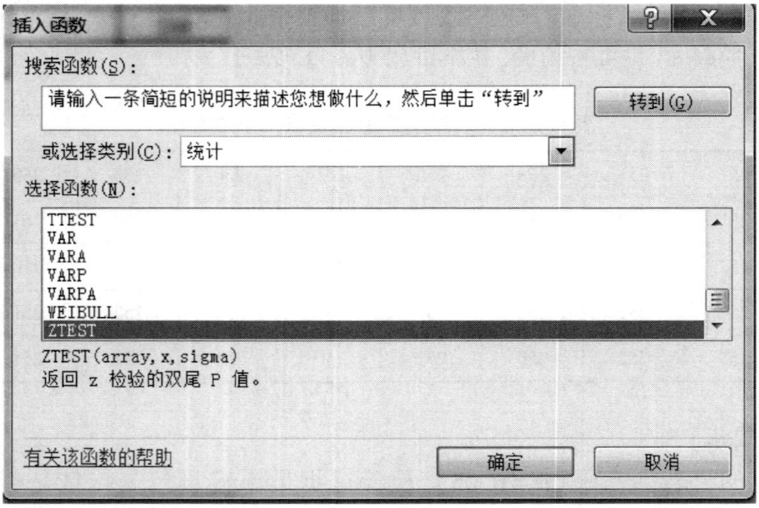

图 6-13　ZTEST(或函数参数)对话框

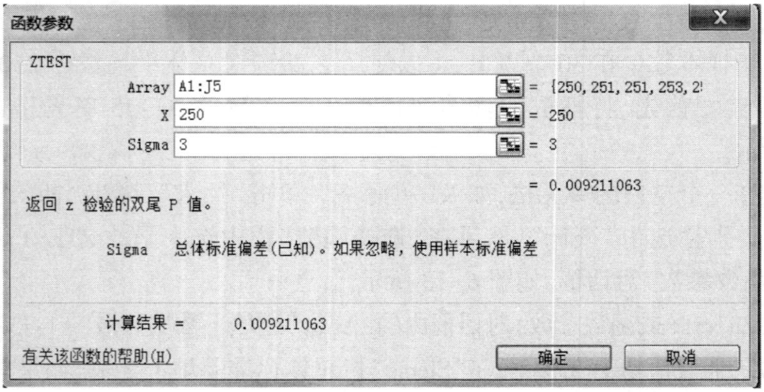

图 6-14　*Z* 检验函数向导界面

(5)最后单击“确定”按钮,得到检验的概率值为0.009210,如图6-15所示。

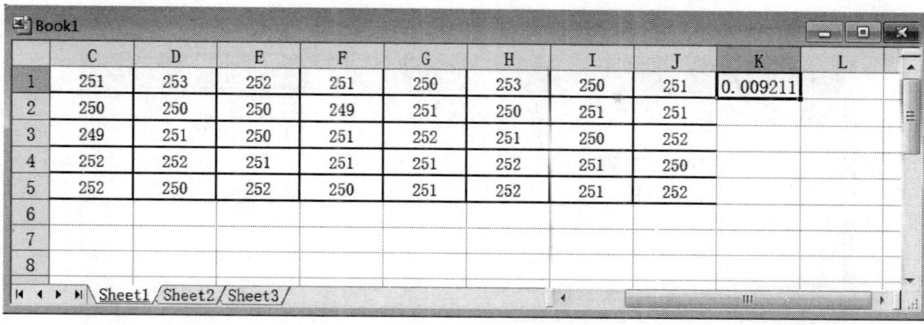

Book1

	C	D	E	F	G	H	I	J	K	L
1	251	253	252	251	250	253	250	251	0.009211	
2	250	250	250	249	251	250	251	251		
3	249	251	250	251	252	251	250	252		
4	252	252	251	251	251	252	251	250		
5	252	250	252	250	251	252	251	252		
6										
7										
8										

Sheet1 / Sheet2 / Sheet3

图6-15　检验的概率值结果表

(6)判断是否接受。

【参考答案】

因为 $P \leqslant 0.05$,所以接受 H_0,即认为这批袋装食品符合标准规格。

实验四

【实验名称】

小样本总体平均数的假设检验。

【实验目的】

熟悉 Excel 的基本操作以及假设检验的 t 检验操作方法。

【实验环境】

(1)系统软件 Windows 2000、Windows 7、Windows 10 或 Windows XP。

(2)应用软件 Excel 2000、Excel 2003、Excel 2007 或 Excel 2010。

【知识准备】

当样本数量小于30个时,或者无法知道总体方差和标准差时,可以使用 T 检验。

【实验资料】

通过对零售商店销售情况的调查得知,市郊食品店上月每个零售点的平均销售额为2500元。本月抽取16个零售点进行调查,平均销售额为2660元,销售额标准差为480元。

【实验要求】

在显著性水平 $\alpha = 0.05$ 下,检验自上次调查以来,市郊食品店的平均月销售额在统计上是否发生了显著变化。

【操作步骤】

(1)提出原假设 $H_0: \overline{X} = 2500$ 元,备择假设 $H_1: \overline{X} \neq 2500$ 元。

(2)按照图 6-16 的样式在空白工作簿中编制一张用于假设检验的工作表,如图 6-16 所示。

	A	B	C	D	E	F	G
1							
2		样本平均数					
3		样本方差					
4		样本数					
5		母体平均数					
6		α					
7		t值统计量					
8		tα/2					
9							
10							
11							

图 6-16 工作表

(3)在表格的"样本平均数"栏填上本月抽取 16 个零售点进行调查后得到的平均销售金额 2660 元。

(4)在表格的"样本方差"栏填上销售额标准差 480。

(5)在表格的"样本数"栏填上样本数量 16。

(6)在表格的"母体平均数"栏填上 2500。

(7)在表格的"α"栏填上显著性水平 0.05。

(8)在表格的"t 值统计量"栏填上 t 值统计量的计算公式:"=(C2-C5)/(C3/SQRT(C4))",计算出 t 值统计量,如图 6-17 所示。

	A	B	C	D	E	F	G
1							
2		样本平均数	2660				
3		样本方差	480				
4		样本数	16				
5		母体平均数	250				
6		α	0.05				
7		t值统计量	20.08333333				
8		tα/2					
9							
10							
11							
12							

图 6-17 工作表

(9)最后使用函数 TINV 计算 t 值,方法:使用函数向导打开 TINV 函数,如图 6-18 所示。

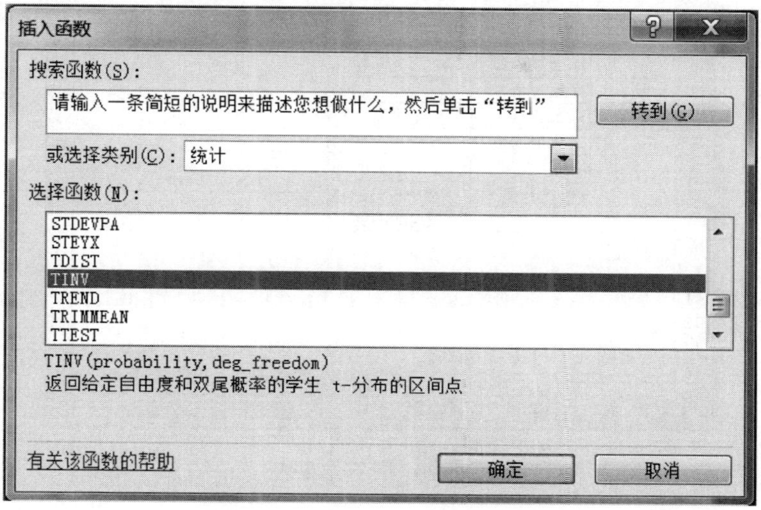

图 6-18 函数向导对话框

(10)单击确定后弹出 TINV 函数向导界面,在“Probability”栏输入“C6/2”,即 $\alpha/2$,在“Deg_freedom”栏输入“C4-1”,即自由度为(n-1),如图 6-19 所示。

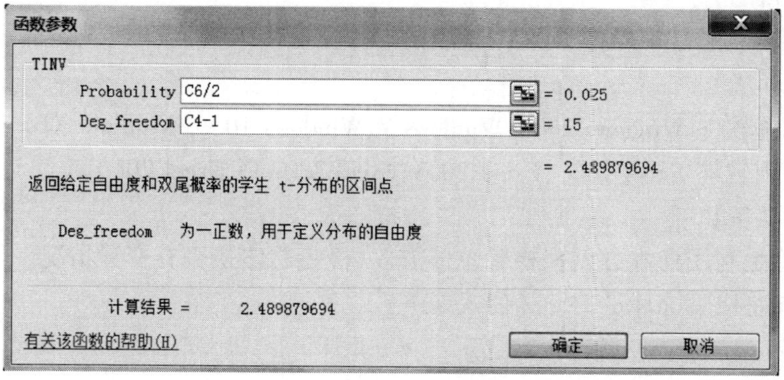

图 6-19 TINV 函数向导界面

(11)按“确定”按钮,得到 t 值,见图 6-20。

(12)根据计算结果,判断是否接受。

【参考答案】

从计算结果表中可以看出,所计算出来的统计量数值落在可接受区域内,因此可以判定两个月的月平均销售额没有显著变化。

样本平均数	2660
样本方差	480
样本数	16
母体平均数	250
α	0.05
t值统计量	20.08333333
tα/2	2.489879694

图 6-20　计算结果表

实验五

【实验名称】

总体方差及标准差的假设检验。

【实验目的】

熟悉 Excel 的基本操作以及χ^2 检验的操作方法。

【实验环境】

(1)系统软件 Windows 2000、Windows 7、Windows 10 或 Windows XP。

(2)应用软件 Excel 2000、Excel 2003、Excel 2007 或 Excel 2010。

【知识准备】

χ^2 检验是利用样本方差来检验总体方差,检验总体是否有变异情况。

总体方差检验统计量的计算公式如下。

$$\chi^2 = \frac{(n-1)s^2}{\sigma_0^2}$$

σ_0^2 为总体方差的预测值,S^2 为样本方差,S^2 的自由度为$(n-1)$。

χ^2 检验的判断法则为:

左侧检验:若$\chi^2 < \chi^2_{n-1,1-\alpha}$,则拒绝 H_0。

右侧检验:若$\chi^2 > \chi^2_{n-1,1-\alpha}$,则拒绝 H_0。

双侧检验:若$\chi^2 > \chi^2_{n-1,\frac{\alpha}{2}}$ 或$\chi^2 < \chi^2_{n-1,\frac{\alpha}{2}}$ 则拒绝 H_0。

【实验资料】

某食品加工企业生产的味精产品使用包装机包装，假设每袋味精的净重服从正态分布，规定每袋味精（大包装）的标准重量为 1 千克，标准差不能超过 0.02 千克，为检验包装机器工作是否正常，某天开工后，从包装好的味精（大包装）中随机抽取 9 袋，称其净重（单位：千克）分别为 0.994，1.014，1.02，0.95，1.03，0.968，0.976，1.048，0.982。

【实验要求】

检验这天该企业的味精（大包装）包装机工作是否正常（$\alpha=0.05$）。

【操作步骤】

（1）打开 Excel 工作簿，将随机抽取的 9 袋味精（大包装）的净重数据输入空白工作表的 A 列，见图 6-21。

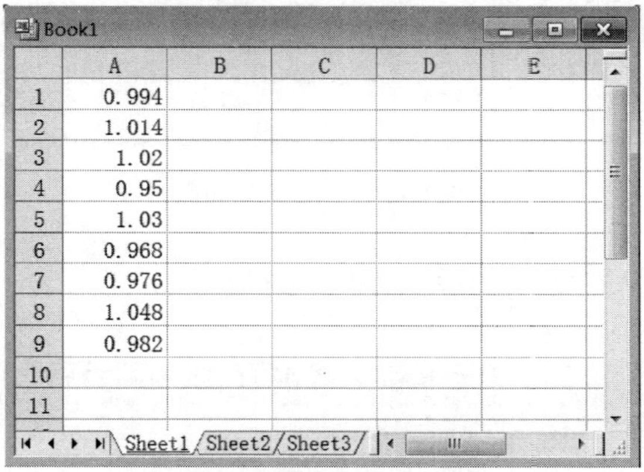

图 6-21　工作表

（2）使用描述统计工具计算出有关的统计量，具体方法：单击“工具→数据分析”，选择“描述统计”项，见图 6-22。

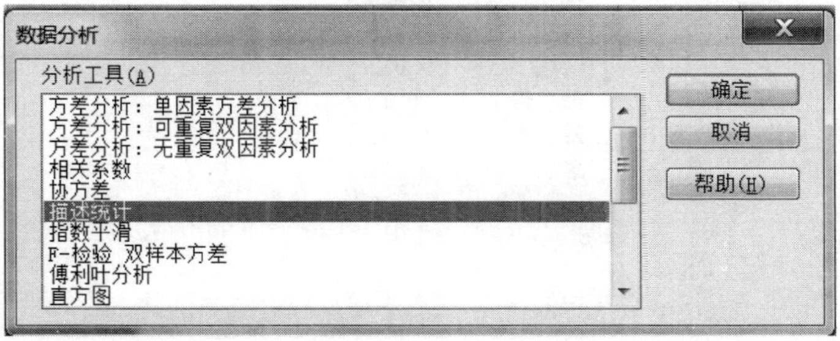

图 6-22　数据分析对话框

(3)单击确定按钮,弹出描述统计额界面,在输入区域填入 A1:A9,分组方式选择“逐列”,在输出区域填入 C1,勾选汇总统计项,如图 6-23 所示。

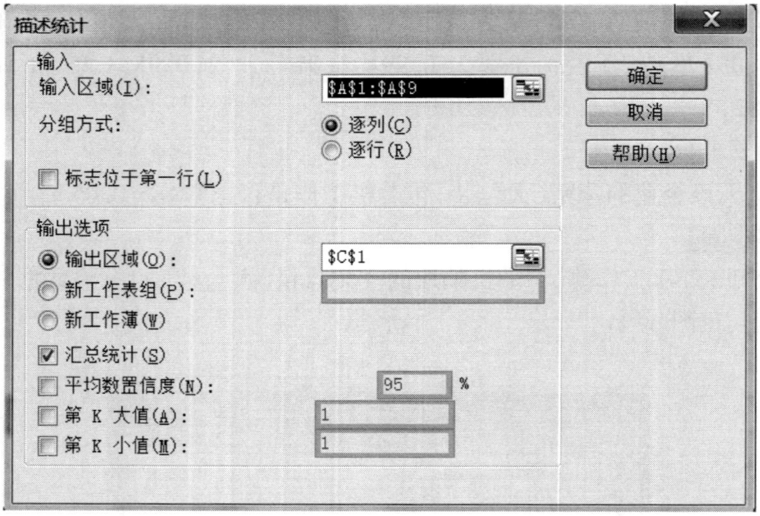

图 6-23 描述统计界面

(4)单击确定按钮,得到计算结果,如图 6-24 所示。

Book1

	A	B	C	D	E	F	G
1	0.994		列1				
2	1.014						
3	1.02		平均	0.998			
4	0.95		标准误差	0.010687			
5	1.03		中位数	0.994			
6	0.968		众数	#N/A			
7	0.976		标准差	0.032062			
8	1.048		方差	0.001028			
9	0.982		峰度	-1.01866			
10			偏度	0.098066			
11			区域	0.098			
12			最小值	0.95			
13			最大值	1.048			
14			求和	8.982			
15			观测数	9			
16							
17							

Sheet1 / Sheet2 / Sheet3

图 6-24 描述统计计算结果表

(5)在工作表的 E 列和 F 列编制假设检验的工作表,表格的样式如图 6-25 所示。

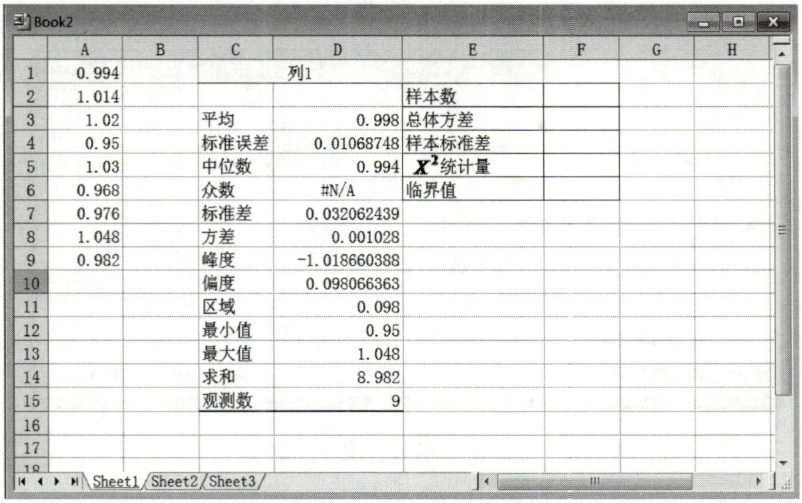

	A	B	C	D	E	F
1	0.994		列1			
2	1.014				样本数	
3	1.02		平均	0.998	总体方差	
4	0.95		标准误差	0.01068748	样本标准差	
5	1.03		中位数	0.994	χ^2统计量	
6	0.968		众数	#N/A	临界值	
7	0.976		标准差	0.032062439		
8	1.048		方差	0.001028		
9	0.982		峰度	-1.018660388		
10			偏度	0.098066363		
11			区域	0.098		
12			最小值	0.95		
13			最大值	1.048		
14			求和	8.982		
15			观测数	9		

图 6-25 假设检验工作表

(6)计算有关的数据。在 F2 单元格输入"=D15",引入样本数量。

(7)在 F3 单元格输入预计的总体标准差 0.02。

(8)在 F4 单元格输入"=D7",引入样本标准差。

(9)在 F5 单元格计算χ^2 统计量,计算公式为"=((F2-1) * D7^2)/F3^2"。

(10)在 F6 单元格使用 CHIINV 计算临界值,具体方法:使用函数向导打开 CHIINV 函数,如图 6-26 所示。

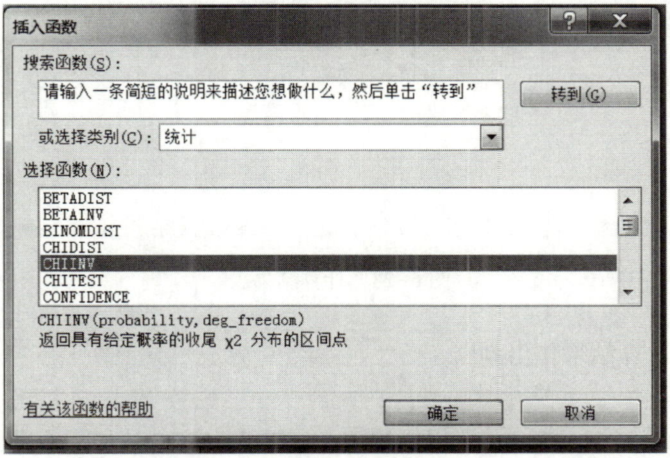

图 6-26 函数向导

(11)单击确定按钮,弹出函数参数对话框,在"Probability"栏输入"0.05",在"Deg_freedom"栏输入"D15-1",如图 6-27 所示。

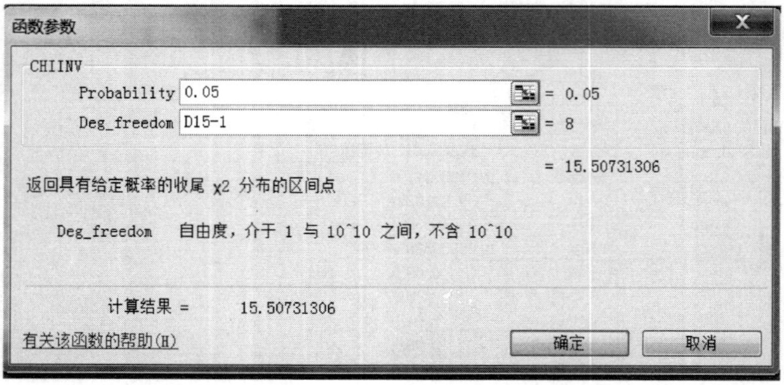

图 6-27 函数参数对话框

(12)然后按"确定"按钮,得到计算结果,如图 6-28 所示。

	A	B	C	D	E	F	G
1	0.994		列1				
2	1.014				样本数	9	
3	1.02		平均	0.998	总体方差	0.02	
4	0.95		标准误差	0.01068748	样本标准差	0.032062	
5	1.03		中位数	0.994	X^2统计量	20.56	
6	0.968		众数	#N/A	临界值	15.50731	
7	0.976		标准差	0.032062439			
8	1.048		方差	0.001028			
9	0.982		峰度	-1.018660388			
10			偏度	0.098066363			
11			区域	0.098			
12			最小值	0.95			
13			最大值	1.048			
14			求和	8.982			
15			观测数	9			
16							
17							
18							

图 6-28 计算结果表

(13)根据计算结果作出判断。

【参考答案】

因为$\chi^2=20.56>15.5=\chi^2_\alpha$,所以拒绝 H_0,可以认为该食品加工企业这一天的味精(大包装)包装机工作是不正常的。

实验六

【实验名称】

两总体间的平均差假设 Z 检验。

【实验目的】

熟悉 Excel 的基本操作以及两总体间的平均差假设 Z 检验操作方法。

【实验环境】

(1)系统软件 Windows 2000、Windows 7、Windows 10 或 Windows XP。

(2)应用软件 Excel 2000、Excel 2003、Excel 2007 或 Excel 2010。

【知识准备】

两总体的检验过程与单一总体的检验没有很大的差异。对两总体间的平均差进行假设检验的两个总体,可能来自两个完全不相关总体的独立样本,也可能来自两个相关总体的非独立样本。在两个总体都是正态分布的情况下,推论两总体母数的平均数的差异。

当总体方差及标准差为已知或样本数大于 30 时,可以使用 Z 检验来检验两总体间的平均差假设。

在两总体方差已知的情况下,总体平均差 $(\mu_1-\mu_2)$ 的统计量计算公式如下。

$$Z=\frac{(\overline{X}_1-\overline{X}_2)-(\mu_1-\mu_2)}{\sqrt{\frac{\sigma_1^2}{n_1}+\frac{\sigma_2^2}{n_2}}}$$

在两总体方差未知的情况下,总体平均差 $(\mu_1-\mu_2)$ 的统计量计算公式如下。

$$Z=\frac{(\overline{X}_1-\overline{X}_2)-(\mu_1-\mu_2)}{\sqrt{\frac{S_1^2}{n_1}+\frac{S_2^2}{n_2}}}$$

【实验资料】

某养鸡场先后使用一般配方和营养配方饲养蛋鸡,前后各抽样 50 只饲养了 5 周的鸡,有关数据如表 6-4 所示。

表 6-4　营养配方和一般配方对照表

样本编号	营养配方	一般配方
1	1.8	1.7
2	1.8	1.7
3	1.9	1.7

续表

样本编号	营养配方	一般配方
4	2.1	1.3
5	2.1	1.2
6	1.4	1.6
7	1.9	1.6
8	1.6	1.5
9	1.5	1.8
10	1.5	1.2
11	1.5	1.6
12	1.6	1.3
13	1.8	1.9
14	1.2	1.2
15	1.5	2
16	1.4	1.3
17	1.8	1.1
18	1.7	1.2
19	1.8	1.6
20	1.8	1.3
21	1.9	1.9
22	1.9	1.7
23	1.2	2
24	2	1.3
25	1.3	1.6
26	1.8	1.1
27	1.8	1.7
28	1.9	1.7
29	2.1	1.3
30	2.1	1.2
31	1.4	1.6
32	1.9	1.6

续表

样本编号	营养配方	一般配方
33	1.6	1.5
34	1.5	1.8
35	1.5	1.2
36	1.5	1.6
37	1.5	1.6
38	1.6	1.3
39	1.8	1.9
40	1.2	1.2
41	1.3	2
42	1.4	1.3
43	1.8	1.1
44	1.7	1.2
45	1.8	1.6
46	1.8	1.3
47	1.9	1.9
48	2.1	1.2
49	1.5	2
50	1.5	1.3

【实验要求】

检验使用营养配方和一般配方饲养的鸡的平均重量差是否大于 0.2 千克。

【操作步骤】

(1)根据题意建立假设。检验使用营养配方后，鸡的平均重量是否增加了 0.2 千克以上。因此，应该采用左侧检验。

$$H_0:(\mu_1-\mu_2)\geqslant 0.2$$

$$H_1:(\mu_1-\mu_2)<0.2$$

(2)打开 Excel 工作簿，将抽样获得的数据填入空白的工作表，A 列为编号，B 列为使用营养配方的样本值，C 列为使用一般配方的样本值，如图 6-29 所示。

(3)计算各个基础统计数据，方法：使用“工具→数据分析”菜单命令，在“数据分析”对话框中选择“描述统计”，按“确定”后打开“描述统计”界面。

(4)在“输入区域”栏中输入“ \$B \$1：\$C \$51”，即样本数据区域，分组方式选“逐

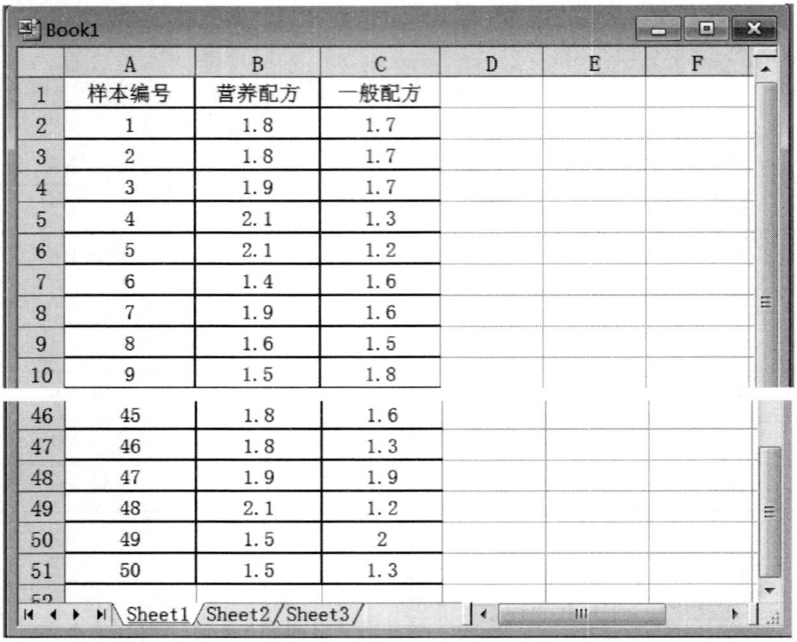

	A	B	C	D	E	F
1	样本编号	营养配方	一般配方			
2	1	1.8	1.7			
3	2	1.8	1.7			
4	3	1.9	1.7			
5	4	2.1	1.3			
6	5	2.1	1.2			
7	6	1.4	1.6			
8	7	1.9	1.6			
9	8	1.6	1.5			
10	9	1.5	1.8			
46	45	1.8	1.6			
47	46	1.8	1.3			
48	47	1.9	1.9			
49	48	2.1	1.2			
50	49	1.5	2			
51	50	1.5	1.3			

图 6-29　工作表

列”,勾选“标志位于第一行”选项和“汇总统计”选项,在“输出区域”栏输入“ $E $1”,如图 6-30 所示。

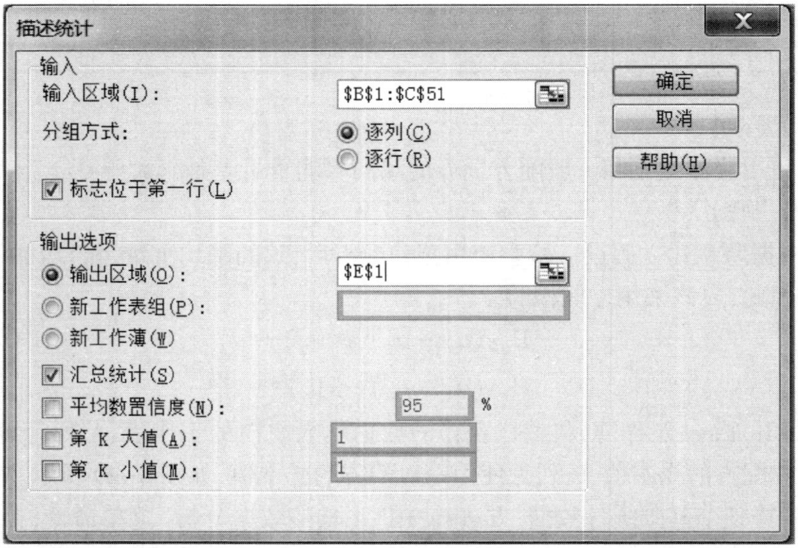

图 6-30　描述统计界面

(5)单击“确定”按钮,得到描述统计结果,如图 6-31 所示。

	C	D	E	F	G	H	I
1	一般配方		营养配方		一般配方		
2	1.7						
3	1.7		平均	1.68	平均	1.51	
4	1.7		标准误差	0.035799897	标准误差	0.039615499	
5	1.3		中位数	1.75	中位数	1.6	
6	1.2		众数	1.8	众数	1.3	
7	1.6		标准差	0.253143502	标准差	0.280123879	
8	1.6		方差	0.064081633	方差	0.078469388	
9	1.5		峰度	-0.826981242	峰度	-1.195700851	
10	1.8		偏度	-0.119516309	偏度	0.229788731	
11	1.2		区域	0.9	区域	0.9	
12	1.6		最小值	1.2	最小值	1.1	
13	1.3		最大值	2.1	最大值	2	
14	1.9		求和	84	求和	75.5	
15	1.2		观测数	50	观测数	50	
16	2						

图 6-31 述统计结果表

(6)进行平均差检验,方法:使用“工具→数据分析”菜单命令,在“数据分析”对话框中选择“Z-检验:双样本平均差检验”,如图 6-32 所示。

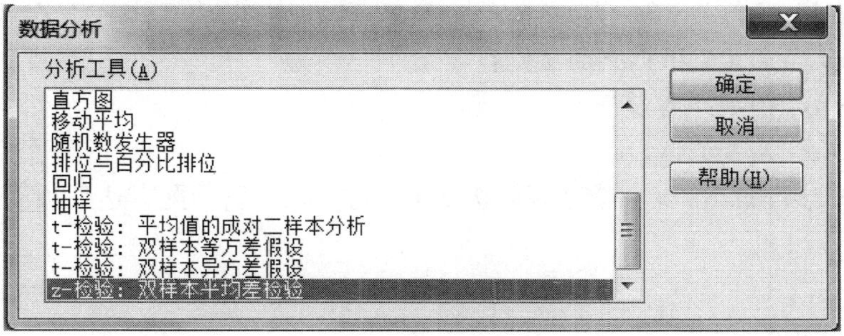

图 6-32 数据分析对话框

(7)单击按“确定”按钮弹出“Z-检验:双样本平均差检验”界面,输入有关参数,各个参数添加的方法如下。

在“变量 1 的区域(1)”中,输入“ $B$1: $B$51”,即使用营养配方的样本数据。

在“变量 2 的区域(2)”中,输入“ \$C \$1: \$C \$51”,即使用一般配方的样本数据。

在“假设平均差(P)”中,输入“0. 2”。

在“变量 1 的方差(已知)”和“变量 2 的方差(已知)”中分别输入各自的样本方差,勾选“标志”选择框。

在“α(A):”中输入 0. 05。

在“输出区域”栏中,填上“ \$E \$17”,用以存放计算结果,如图 6-33 所示。

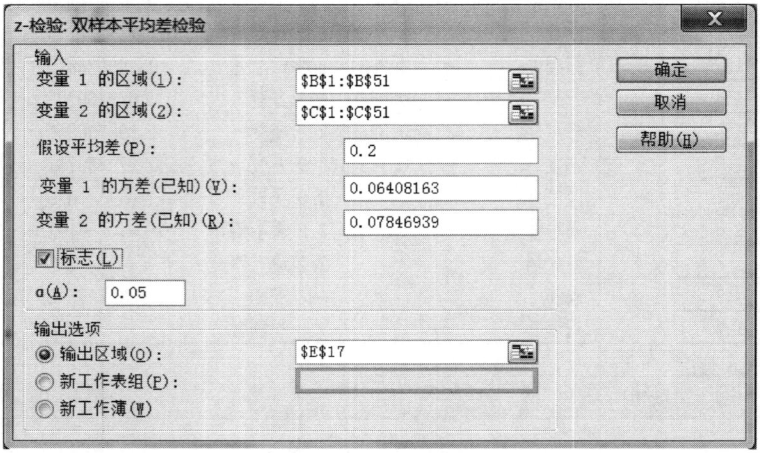

图 6-33 Z-检验:双样本平均差检验界面

(8)根据计算结果作出判断。

【参考答案】

计算结果如图 6-34 所示。从计算结果表中可以看出, $P(Z\ <=)$ 值为 0. 2871088,大于 0. 05,依据判断法则:

P 值 $< \alpha$, 拒绝原假设 H_0

P 值 $\geqslant \alpha$, 接受原假设 H_0

由于 0. 287108762 > 0. 05, 因此接受 H_0,可以认为营养配方达到预期效果。

实验七

【实验名称】

两总体间的平均差假设 t 检验。

【实验目的】

熟悉 Excel 的基本操作以及两总体间的平均差假设 t 检验的操作方法。

【实验环境】

(1)系统软件 Windows 2000、Windows 7、Windows 10 或 Windows XP。

Book1

	C	D	E	F	G	H
1	一般配方		营养配方		一般配方	
2	1.7					
3	1.7		平均	1.68	平均	1.51
4	1.7		标准误差	0.035799897	标准误差	0.039615499
5	1.3		中位数	1.75	中位数	1.6
6	1.2		众数	1.8	众数	1.3
7	1.6		标准差	0.253143502	标准差	0.280123879
8	1.6		方差	0.064081633	方差	0.078469388
9	1.5		峰度	-0.826981242	峰度	-1.195700851
10	1.8		偏度	-0.119516309	偏度	0.229788731
11	1.2		区域	0.9	区域	0.9
12	1.6		最小值	1.2	最小值	1.1
13	1.3		最大值	2.1	最大值	2
14	1.9		求和	84	求和	75.5
15	1.2		观测数	50	观测数	50
16	2					
17	1.3		z-检验：双样本均值分析			
18	1.1					
19	1.2			营养配方	一般配方	
20	1.6		平均	1.68	1.51	
21	1.3		已知协方差	0.06408163	0.07846939	
22	1.9		观测值	50	50	
23	1.7		假设平均差	0.2		
24	2		z	-0.561850915		
25	1.3		P(Z<=z) 单尾	0.2871088		
26	1.6		z 单尾临界	1.644853627		
27	1.1		P(Z<=z) 双尾	0.574217599		
28	1.7		z 双尾临界	1.959963985		

Sheet1 / Sheet2 / Sheet3

图 6-34　计算结果表

(2)应用软件 Excel 2000、Excel 2003、Excel 2007 或 Excel 2010。

【知识准备】

当总体方差及标准差为未知或样本数小于 30 时，可以使用 t 检验来检验两总体间的平均差假设。

在两总体方差未知的情况下，小样本总体平均差 $(\mu_1 - \mu_2)$ 的统计量计算公式如下。

$$T = \frac{(\overline{X}_1 - \overline{X}_2) - (\mu_1 - \mu_2)}{\sqrt{\frac{S_1^2}{n_1} + \frac{S_2^2}{n_2}}}$$

【实验资料】

某英语培训班由两名教师进行教学，为评估两位教师的教学水平，各抽 9 位同学进行了一次英语水平测验，成绩如表 6-5 所示。

图 6-5　英语水平测验成绩表

学生编号	1	2	3	4	5	6	7	8	9
教师 A	80	68	78	92	84	67	82	68	80
教师 B	75	68	82	81	64	63	71	69	70

【实验要求】

假设水平测验成绩服从正态分布，试在显著性水平 $\alpha=0.05$ 下，判断两位教师的教学效果是否有显著差异。

【操作步骤】

（1）根据题意建立假设。使用双侧检验，检验 A、B 两位教师的教学效果。

$H_0:(\mu_1-\mu_2)=0$，两位教师的教学效果没有显著性差异。

$H_1:(\mu_1-\mu_2)\neq 0$，两位教师的教学效果有显著性差异。

（2）打开 Excel 工作簿，将抽样得到的数据填入空白的工作表，A 列为学生编号，B 列为教师 A 样本值，C 列为教师 B 样本值，如图 6-35 所示。

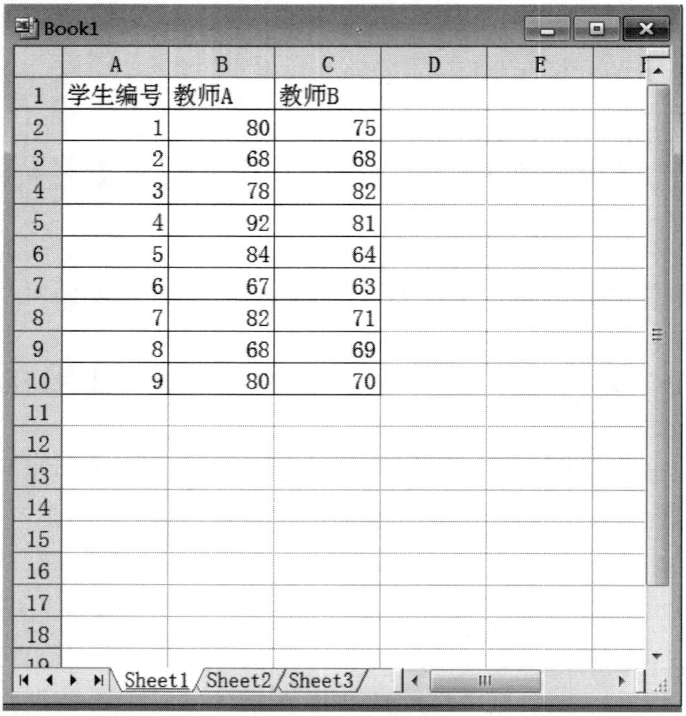

学生编号	教师A	教师B
1	80	75
2	68	68
3	78	82
4	92	81
5	84	64
6	67	63
7	82	71
8	68	69
9	80	70

图 6-35　工作表

(3)打开“工具→数据分析”菜单命令,在“数据分析”对话框中选择“T-检验:双样本等方差假设”,如图 6-36 所示。

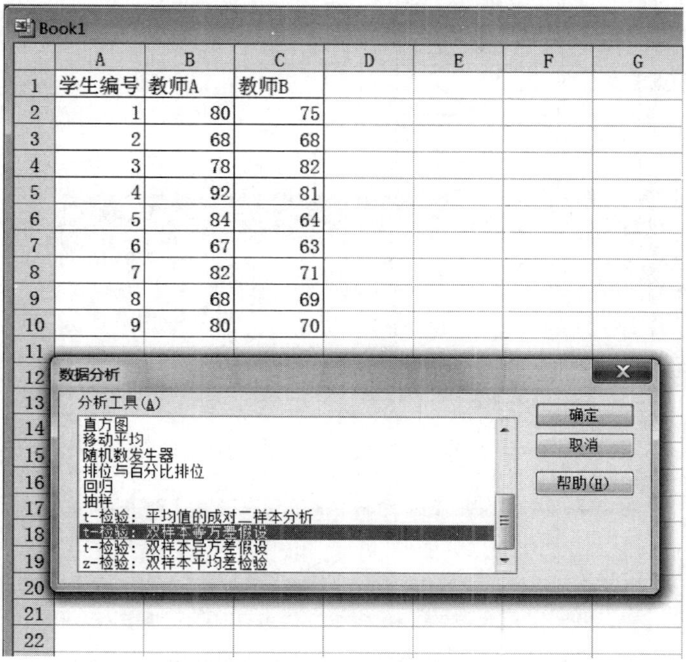

图 6-36　数据分析对话框

(4)单击“确定”按钮,弹出“t-检验:双样本等方差假设”界面。

(5)输入有关参数:

在“变量 1 的区域(1)”栏中输入“ \$B \$1: \$B \$10”,即教师 A 的样本值;

在“变量 2 的区域(2)”栏中输入“ \$C \$1: \$C \$10”,即教师 B 的样本值;

在“假设平均差(E)”栏中输入“0”,勾选“标志”选择框;

在“α(A):”中输入 0. 05;

在“输出区域”栏中输入“ \$E \$1”用于存放计算结果,如图 6-37 所示。

(6)按“确定”按钮,完成操作,如图 6-38 所示。

(7)根据计算结果作出判断。

【参考答案】

计算结果如图 6-38 所示。

从计算结果表中可以看出,T 统计值(1. 723689)<双侧临界值(2. 119905),因此,接受 H_0,即两位教师的教学效果没有显著性差异。

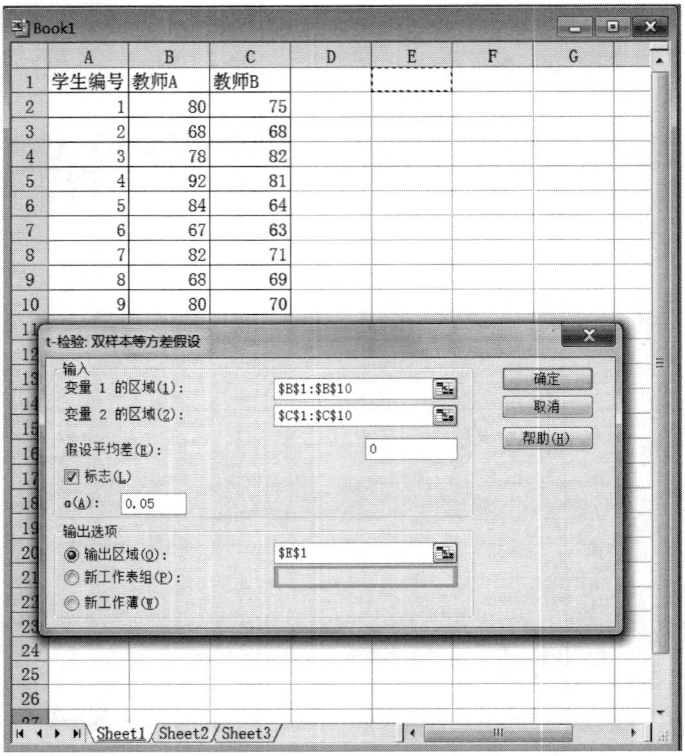

图 6-37　t-检验：双样本等方差假设的界面

	A	B	C	D	E	F	G
1	学生编号	教师A	教师B		t-检验：双样本等方差假设		
2	1	80	75				
3	2	68	68			教师A	教师B
4	3	78	82		平均	77.66666667	71.44444444
5	4	92	81		方差	72	45.27777778
6	5	84	64		观测值	9	9
7	6	67	63		合并方差	58.63888889	
8	7	82	71		假设平均差	0	
9	8	68	69		df	16	
10	9	80	70		t Stat	1.723688992	
11					P(T<=t) 单尾	0.052014492	
12					t 单尾临界	1.745883669	
13					P(T<=t) 双尾	0.104028984	
14					t 双尾临界	2.119905285	

图 6-38　计算结果表

实验八

【实验名称】

双因素方差分析—非交叉分析。

【实验目的】

熟悉 Excel 的基本操作以及双因素方差分析—非交叉分析的操作方法。

【实验环境】

(1)系统软件 Windows 2000、Windows 7、Windows 10 或 Windows XP。

(2)应用软件 Excel 2000、Excel 2003、Excel 2007 或 Excel 2010。

【知识准备】

方差分析(ANOVA)又称变异数分析或 F 检验,其目的是推断两组或多组资料的总体平均数是否相同,检验两个或多个样本平均数的差异是否具有统计学意义。若每组独立样本只受单一因素影响,称为单因素方差分析,若每组独立样本受双因素影响,称为双因素方差分析,若每组独立样本受多个因素影响,则称为多因素方差分析。可以使用 ANOVA 工具进行双因素方差交叉或非交叉分析,分析方法基本相同。

【实验资料】

某企业现有三、四、五级工各 20 人,操作三种机床生产某产品的有关产量数据记录如表 6-6 所示。

表 6-6　产量数据表

分类	A 机床	B 机床	C 机床
三级工	52	38	78
四级工	56	39	75
五级工	51	37	80

【实验要求】

在 95%的置信度下,检验工人技术等级不同是否会对产量有影响。

【操作步骤】

(1)根据题意建立假设,检验工人技术等级的不同是否会对产量有影响。

$H_0:\mu_1=\mu_2=\mu_3$,不同技术等级工人的产量平均数相等。

$H_1:\mu_1\neq\mu_2\neq\mu_3$,不同技术等级工人的产量平均数不等。

(2)打开 Excel 工作簿,将产品产量数据填入空白工作表,如图 6-39 所示。

(3)打开“工具→数据分析”菜单命令,在“数据分析”对话框中选择“方差分析:无重复双因素分析”,如图 6-40 所示。

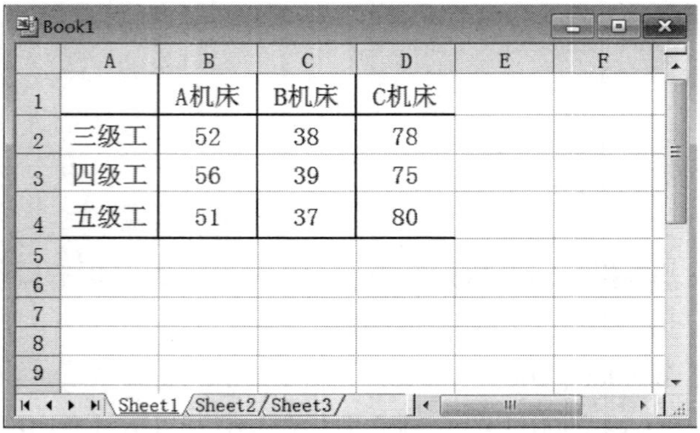

图 6-39　工作表

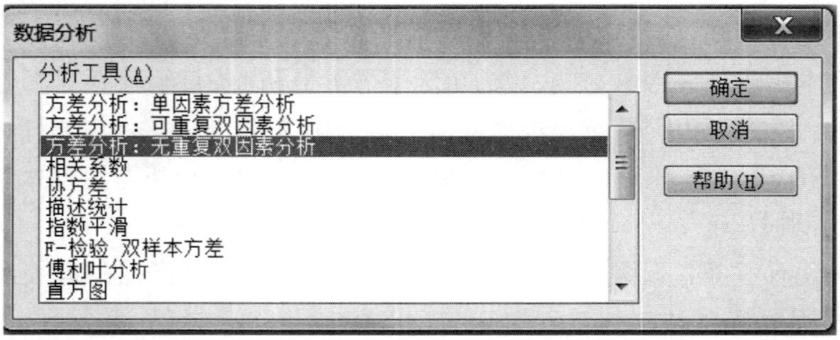

图 6-40　数据分析对话框

(4)单击按“确定”按钮,打开“方差分析:无重复双因素分析”界面。输入有关参数。

(5)在“输入区域”中输入“ $A $1: $D $4”,勾选“标志”选择框,在“α(A):”中输入 0.05,在“输出区域”栏中输入“ $A $7”存放分析结果,如图 6-41 所示。

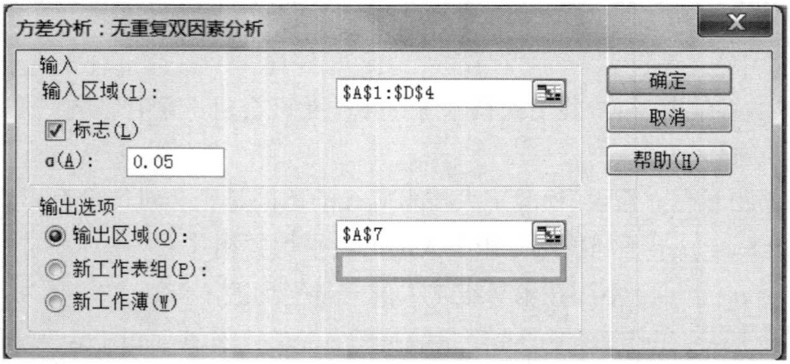

图 6-41　方差分析:无重复双因素分析界面

（6）单击“确认”按钮，得到分析结果如图 6-42 所示，根据分析结果作出决策。

【参考答案】

计算结果表如图 6-42 所示。

Book1

	A	B	C	D	E	F	G
1		A机床	B机床	C机床			
2	三级工	52	38	78			
3	四级工	56	39	75			
4	五级工	51	37	80			
5							
6							
7	方差分析：无重复双因素分析						
8							
9	SUMMARY	观测数	求和	平均	方差		
10	三级工	3	168	56	412		
11	四级工	3	170	56.66667	324.3333		
12	五级工	3	168	56	481		
13							
14	A机床	3	159	53	7		
15	B机床	3	114	38	1		
16	C机床	3	233	77.66667	6.333333		
17							
18							
19	方差分析						
20	差异源	SS	df	MS	F	P-value	F crit
21	行	0.888889	2	0.444444	0.064	0.938946	6.944272
22	列	2406.889	2	1203.444	173.296	0.00013	6.944272
23	误差	27.77778	4	6.944444			
24							
25	总计	2435.556	8				

Sheet1 / Sheet2 / Sheet3

图 6-42 计算结果表

从计算结果表中可以看出，3 个等级工人的产量平均数比较接近；而且，从方差分析表中可以看出，F 值为 0.064，小于临界值 6.944276，落在接受区域中，说明企业在 3 种机床上使用不同技术等级工人生产的产量没有显著差异，即工人技术等级与产量没有关系。

第三节　模拟练习与参考答案

练习一

【实验资料】

某保险公司希望估计所在城市居民参加财产保险的比例，以掌握财产保险的潜力，据初步估算约有 80%的居民参加了财产保险。为了掌握具体统计资料，统计人员调查了 150 户居民，了解到有 70%的居民参加了财产保险。

【实验要求】

在 $\alpha = 0.05$ 的显著性水平下，检验“参加财产保险户为 80%”这个假设。

【参考答案】

由题意可知，$P_0 = 0.8$，$n = 150$，$p = 0.7$，$\alpha = 0.05$。

(1)提出原假设 $H_0: P = 0.8$，对立假设 $H_1: P \neq 0.8$。

(2)由于 $n > 30$，$p = 0.88$，所以采用正态分布来描述其抽样分布。

确定检验统计量的计算公式如下。

$$Z = \frac{p - P_0}{\sqrt{\dfrac{P_0(1 - P_0)}{n}}}$$

(3)按照图 6-43 所示，在 Excel 空白工作簿中编制一张用于假设检验的工作表。

	A	B	C	D
1	待检验总体参保比例（P_0）	0.8		
2	样本参保比例（P）	0.7		
3	样本数（n）	150		
4	α	0.05		
5	Z统计量			
6	$Z_{\alpha/2}$			

图 6-43　工作表

(4)在表格的“待检验总体参保比例”栏内输入给出数据0.8。

(5)在表格的“样本参保比例”栏内输入给出数据0.7。

(6)在表格的“样本数”栏内输入给出数据样本数量150。

(7)在表格的“α”栏内输入给出数据显著性水平0.05。

(8)在表格的“Z值统计量”栏内输入Z值统计量的计算公式:“=(B2-B1)/SQRT((B1*(1-B1))/B3)”,计算出Z值统计量。

(9)使用函数NORMSINV计算t值,方法:使用函数向导打开NORMSINV函数,在“Probability”栏输入“B4/2”即$\alpha/2$,单击“确定”按钮,得到Z值,如图6-44所示。

Book1

	A	B	C	D
1	待检验总体参保比例(P_0)	0.8		
2	样本参保比例(P)	0.7		
3	样本数(n)	150		
4	α	0.05		
5	Z统计量	-3.06		
6	$Z_{\alpha/2}$	-1.96		
7				
8				
9				
10				
11				
12				

Sheet1 / Sheet2 / Sheet3

图6-44　练习一参考答案

(10)作出判断:因为$-3.06<-1.96$(Z的取值落在拒绝域内),所以拒绝H_0,而接受H_1,由此可以判断参加财产保险户数的比例不是80%。

练习二

【实验资料】

某公司某产品过去的不合格率为0.02,现在,从5批产品中随机抽取500件作为样本进行检验,得到的不合格率为0.01。

【实验要求】

这是否能说明该产品不合格率有了明显下降($\alpha=0.1$)。

【参考答案】

由题意可知,$P_0=0.02$,$n=500$,$p=0.01$,$\alpha=0.1$。

(1)提出原假设$H_0:P\geqslant 0.02$,对立假设$H_1:P\leqslant 0.02$。

(2)由于样本容量 $n=500$ 充分大,所以采用正态分布来描述其抽样分布。

确定检验统计量的公式如下。

$$Z=\frac{p-P_0}{\sqrt{\dfrac{P_0(1-P_0)}{n}}}$$

(3)按照图 6-45 的样式,在 Excel 空白工作簿中编制一张用于假设检验的工作表。

(4)在表格的“原不合格率”栏输入题目中给出的待检验的数据 0.02。

(5)在表格的“样本不合格率”栏输入题目中给出的数据 0.01。

(6)在表格的“样本数”栏输入题目中给出的样本数量 500。

(7)在表格的“α”栏输入题目中给出的显著性水平 0.10,如图 6-45 所示。

图 6-45　工作表

(8)在表格的“Z 统计量”栏输入“ =(B2 - B1)/SQRT((B1 * (1 - B1))/B3) ”,计算出 Z 值统计量。

(9)最后使用函数 NORMSINV 计算 t 值,方法:使用函数向导打开 NORMSINV 函数,在“Probability”栏输入“1-B4”,即 $(1-\alpha)$,单击“确定”按钮,得到 Z 值,如图 6-46 所示。

所以确定 H_0 的拒绝域为 $(-1.6, 1.28)$。

(10)作出判断:因为 $-1.59 < 1.28$(Z 的取值落在拒绝域内),所以拒绝 H_0,而接受 H_1,由此可认为该种产品的不合格率有了明显下降。

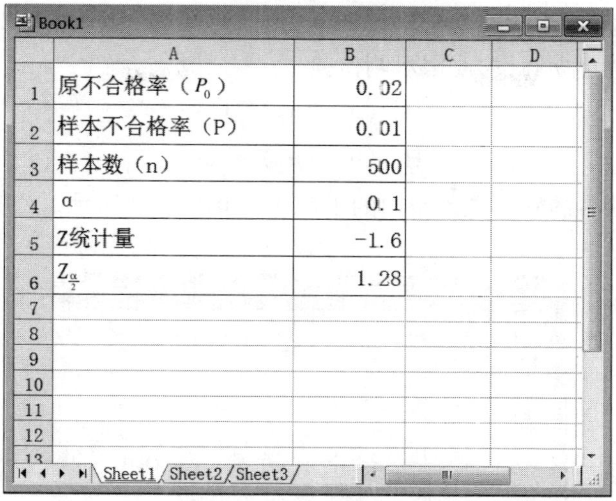

	A	B	C	D
1	原不合格率（P_0）	0.02		
2	样本不合格率（P）	0.01		
3	样本数（n）	500		
4	α	0.1		
5	Z统计量	-1.6		
6	$Z_{\frac{\alpha}{2}}$	1.28		

图 6-46　练习二参考答案

练习三

【实验资料】

某牧场抽取 6 匹马和 8 只羊进行检查，测得每 100 毫升血清中所含的无机磷量如表 6-7 所示。

表 6-7　马和羊血清中所含无机磷数据表　　　　单位：毫升

编号	马	羊
1	3.88	3.12
2	3.45	3.23
3	3.13	2.88
4	3.66	2.76
5	2.97	3.41
6	3.76	3.54
7	—	3.24
8	—	2.87

假设检测结果服从正态分布。

【实验要求】

在显著性水平 $\alpha = 0.05$ 下，检验马与羊的血清中所含的无机磷量是否有显著差异。

【参考答案】

当总体方差及标准差为未知或样本数小于 30 时，可以使用 T 检验来检验两总体间的平均差假设。

(1)根据题意建立假设,使用双侧检验。

$$H_0:(\mu_1 - \mu_2) = 0$$

$$H_1:(\mu_1 - \mu_2) \neq 0$$

(2)将抽样获得的数据填入空白的工作表,如图 6-47 所示。

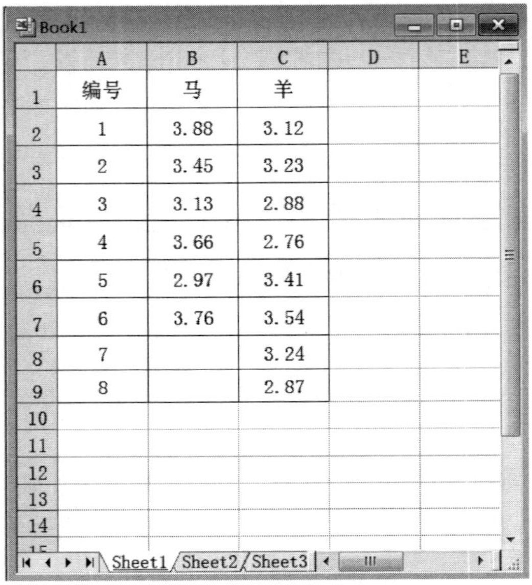

	A	B	C	D	E
1	编号	马	羊		
2	1	3.88	3.12		
3	2	3.45	3.23		
4	3	3.13	2.88		
5	4	3.66	2.76		
6	5	2.97	3.41		
7	6	3.76	3.54		
8	7		3.24		
9	8		2.87		

图 6-47　工作表

(3)打开"工具→数据分析"菜单命令,在"数据分析"对话框中选择"t-检验:双样本等方差假设"界面,输入有关参数,如图 6-48 所示。

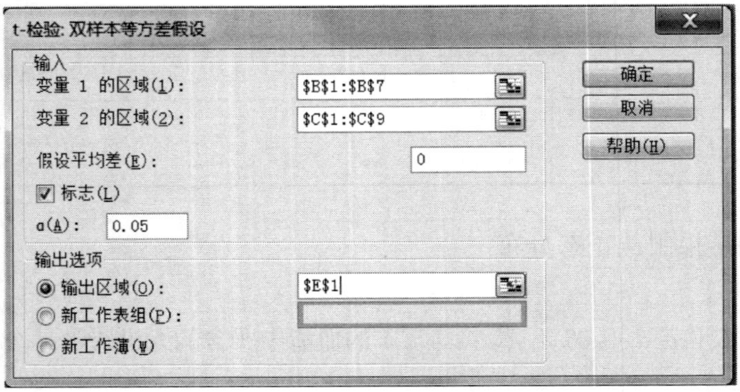

图 6-48　t-检验:双样本等方差假设界面

(4)根据计算结果作出判断。计算结果如图 6-49 所示。

	C	D	E	F	G	H
1	羊		t-检验：双样本等方差假设			
2	3.12					
3	3.23			马	羊	
4	2.88		平均	3.475	3.13125	
5	2.76		方差	0.13083	0.076526786	
6	3.41		观测值	6	8	
7	3.54		合并方差	0.099153125		
8	3.24		假设平均差	0		
9	2.87		df	12		
10			t Stat	2.021371343		
11			P(T<=t) 单尾	0.033062566		
12			t 单尾临界	1.782287548		
13			P(T<=t) 双尾	0.066125132		
14			t 双尾临界	2.178812827		
15						
16						
17						

图 6-49　计算结果表

从计算结果可以看出，t 统计值为 2.02137<双侧临界值 2.17881。因此，接受 H_0，即马与羊的血清中所含的无机磷量没有显著差异。

练习四(均值的双侧 Z 检验)

【实验资料】

某机床厂加工一种零件，根据经验，该厂加工零件的椭圆度近似服从正态分布，其总体均值为 $\mu_0=0.081$ 毫米，总体标准差为 0.025 。今换一种新机床进行加工，抽取 200 个零件进行检验，得到的椭圆度为 0.076 毫米。

【实验要求】

检验新机床加工零件的椭圆度均值与以前有无显著差异($\alpha=0.05$)。

【参考答案】

作出决策：因为 $-2.83<-1.96$，所以拒绝原假设 H_0。

结论：新机床加工的零件的椭圆度与以前有显著差异。

练习五(均值的单侧 Z 检验)

【实验资料】

某批发商欲从生产厂家购进一批灯泡,根据合同规定,灯泡的平均使用寿命不能低于 1000 小时。已知灯泡使用寿命服从正态分布,标准差为 20 小时。在总体中随机抽取 100 只灯泡,测得样本均值为 960 小时。

【实验要求】

检验批发商是否应该购买这批灯泡?($\alpha = 0.05$)

【参考答案】

因为 $-2 < -1.645$,说明这批灯泡的使用寿命低于 1000 小时,所以拒绝 H_0。

练习六(小样本的平均数检验——正态总体、方差已知时的小样本平均数检验)

在小样本($n<30$)情形下,检验方法主要取决于总体的分布。如果是正态总体,检验统计量的选择与总体方差是否已知有着密切的联系。

【实验资料】

根据过去的大量资料,某厂生产的产品的使用寿命(单位:小时)服从正态分布 $N \sim (1020100^2)$。现从最近生产的一批产品中随机抽取 25 件,测得样本平均寿命为 1080 小时。

【实验要求】

在 0.05 的显著性水平下,判断这批产品的使用寿命是否有显著提高。

【参考答案】

接受 $H_1: \bar{X}>1020$ 小时,这批产品的使用寿命确有显著提高。

练习七(小样本的平均数检验——正态总体、方差未知时的小样本平均数检验)

在方差未知情况下,正态总体的小样本平均数服从自由度为($n-1$)的 t 分布。所以可用 t 分布理论来检验方差未知的正态总体小样本平均数离差的显著性。

【实验资料】

某厂采用自动包装机分装产品,假定每包产品的重量服从正态分布,每包标准重量为 1000 克。某日随机抽查 9 包,测得样本平均重量为 986 克,样本标准差为 24 克(均值的双侧 t 检验)。

【实验要求】

在 0.05 的显著性水平上,检验这天的自动包装机工作是否正常。

【参考答案】

因为−2.306<−1.75<2.306,表明这天的自动包装机工作正常,所以,在 $\alpha=0.05$ 的水平上接受 H_0。

练习八(小样本的平均数检验——正态总体、方差未知时的小样本平均数检验)

在方差未知情况下,正态总体的小样本平均数服从自由度为 $(n-1)$ 的 t 分布。所以可用 t 分布理论来检验方差未知的正态总体小样本平均数离差的显著性。

【实验资料】

一个汽车轮胎制造商声称,在一定的汽车重量和正常行驶条件下,某一等级轮胎的平均寿命大于 40000 千米,对一个由 20 个轮胎组成的随机样本作了试验,测得平均值为 41000 千米,标准差为 5000 千米,已知轮胎寿命的公里数服从正态分布(均值的单侧 t 检验)。

【实验要求】

根据这些数据,判断该制造商的产品同他所说的标准是否相符($\alpha=0.05$)。

【参考答案】

因为 0.894>−1.7291,表明轮胎使用寿命显著地大于 40000 千米,所以,在 $\alpha=0.05$ 的水平上接受 H_0,该制造商的产品同他所说的标准相符。

练习九(总体比率的假设检验)

【实验资料】

我国出口的某种药酒畅销于某国市场。据以往调查,购买此种药酒的顾客中,40 岁以上者占 50%。经营该种药酒的进出口公司经理关心这个比率是否发生了变化,于是,委托一个咨询机构进行调查,这个咨询机构从众多购买该种药酒的顾客中随机抽取了 400 名进行调查,结果有 210 名为 40 岁以上。

【实验要求】

在 0.05 的显著水平上,检验购买此种药酒的顾客中 40 岁以上者所占比率是否发生了变化。

【参考答案】

H_0:$P=50\%$,说明购买这种产品的顾客中 40 岁以上者所占比率没有变化。

练习十(总体比率的假设检验)

【实验资料】

某工厂大批量生产某种零件,按照合同规定,如不合格品超过总数的 10%,零件将被定货者拒收(即退货)。一次交货时,销售部门与购买方经协商决定,随机抽检

200 个零件,风险概率 $\alpha=0.02$。检查结果显示不合格品占样本容量的 11%。

【实验要求】

判断该批零件能否被定货者拒收。

【参考答案】

$H_0: P \leqslant 10\%$,即该批零件不能被定货者拒收。

第七章　相关与回归分析实验

第一节　知识要点与主要公式

一、知识要点

(1)客观现象之间的数量联系存在着两种不同的类型:一种是确定型的函数关系;另一种是非确定型的相关关系。

相关关系:当一个或若干个变量 X 取一定值时,与之相对应的另一个变量 Y 的值虽然不确定,但却按某种规律在一定范围内变化,变量之间的这种关系被称为不确定的统计关系或相关关系。

(2)相关关系可以按不同的标志加以区分。按相关的程度可分为完全相关、不完全相关和不相关。按相关的形式可分为线性相关和非线性相关。按所研究的变量多少可分为单相关、复相关和偏相关。

(3)相关分析是研究变量之间关系性质和紧密程度的一种统计分析方法。其目的是揭示现象之间是否存在相关关系,确定相关关系的表现形式以及确定现象变量间相关关系的密切程度和方向。

(4)相关分析的方法有相关表、相关图和相关系数。

(5)相关系数是反映两个变量之间线性相关密切程度和相关方向的统计测定,它是其他相关系数形成的基础,是对变量之间关系密切程度的度量;是对两个变量之间线性相关程度的度量。

若相关系数是根据总体全部数据计算的,称为总体相关系数,记为 ρ;若相关系数是根据样本数据计算的,则称为样本相关系数,记为 r。

(6)相关系数的性质:

①相关系数的取值范围在-1 和+1 之间,即 $-1\leqslant r\leqslant 1$。

②若 r 为正,则表明两变量为正相关;若 r 为负,则表明两变量为负相关。

③相关系数 r 的数值越接近于 1(-1 或+1),表示相关性越强;越接近于 0,表示相关性越弱。如果 $r=1$ 或-1,则表示两个现象完全呈直线性相关。如果 $r=0$,则表示两个现象完全不相关(不是直线相关)。

(7)判断两变量线性相关密切程度的具体标准如下。

$0 \leqslant |r| < 0.3$，称为微弱相关；$0.3 \leqslant |r| < 0.5$，称为低度相关；$0.5 \leqslant |r| < 0.8$，称为显著相关；$0.8 \leqslant |r| < 1$ 称为高度相关。

(8)回归分析是指在相关分析的基础上，把变量之间的具体变动关系模型化，求出关系方程式就是找出一个能够反映变量间变化关系的函数关系式，并据此进行估计和推算。通过回归分析，可以将相关变量之间不确定、不规则的数量关系一般化、规范化。从而可以根据自变量的某一个给定值推断出因变量的可能值(或估计值)。

(9)回归分析包括多种类型，根据所涉及变量的多少不同，可分为简单回归和多元回归。简单回归又称一元回归，是指两个变量之间的回归，其中一个变量是自变量，另一个变量是因变量。

根据变量变化的表现形式不同，回归分析也可分为直线回归和曲线回归。对具有直线相关关系的现象，以直线方程进行回归分析，即直线回归；对具有曲线相关关系的现象，以曲线方程进行回归分析，则称为曲线回归。

(10)一元线性回归模型可以表示为 $Y_t = \alpha + \beta X_t + \varepsilon$。

(11)一元线性回归方程的拟合优度就是它的判定系数 R^2。

(12)对于一元线性回归模型，还可以直接计算变量 X 与 Y 的相关系数 r，平方后得到的就是拟合优度。

(13)为了检验回归方程是否显著，需要构造用于检验的统计量。该统计量的构造应以回归平方和、残差平方和为基础，同时考虑统计量的样本分布。

(14)回归系数的检验实质上就是要检验自变量 X 对因变量 Y 的影响是否显著。在一元线性回归中，由于只有一个自变量，对各回归系数的显著性检验与对回归方程的总显著性检验在事实上是等价的。

二、主要公式

(1)总体相关系数记为 ρ；样本相关系数记为 r。

(2)简单相关系数的计算公式如下。

$$r = \frac{n\sum xy - \sum x \sum y}{\sqrt{n\sum x^2 - \left(\sum x\right)^2} - \sqrt{n\sum y^2 - \left(\sum y\right)^2}}$$

(3)简单相关系数的检验：对于一个二元总体，假定它服从二元正态分布，可以采用 t 统计量进行检验，公式如下。

$$t = \frac{r\sqrt{N-2}}{\sqrt{1-r^2}} \sim t(n-2)$$

(4)相关系数的显著性检验(t 检验法)：目的是检验总体两变量间线性相关性是否显著。

步骤一，提出假设：$H_0:\rho = 0$；$H_1:\rho \neq 0$。

步骤二，构造检验统计量：$t = \dfrac{r\sqrt{N-2}}{\sqrt{1-r^2}} \sim t(n-2)$。

步骤三，根据给定的显著性水平 α，确定临界值 $t_{\alpha/2}$。

步骤四，确定原假设的拒绝规则：若 $|t| < t_{\alpha/2}(n-2)$，则接受 H_0，表示总体两变量间线性相关性不显著；若 $|t| \geqslant t_{\alpha/2}(n-2)$，则拒绝 H_0，表示总体两变量间线性相关性显著。

步骤五，计算检验统计量并做出决策。

(5) 在回归分析中，最简单最基本的方程模型为一元线性回归模型。一元线性回归分析的总体回归模型(也称为直线回归方程)如下。

$$y_i = \beta_0 + \beta_1 x_i + u_i$$

β_0 为回归直线在 y 轴上的截距，是 $x = 0$ 时 y 的期望值；β_1 是直线的斜率，称为回归系数，表示当 x 每变动一个单位时，y 的平均变动值。

(6) 总体回归方程中的回归参数是未知的，必需利用样本数据去估计。用样本统计量代替回归方程中的未知参数，就得到样本回归方程：

$$\hat{y} = \alpha + \beta x$$

α 为估计的回归直线在 y 轴上的截距，是当 $x = 0$ 时 y 的期望值；

β 是直线的斜率，称为回归系数：

$$\begin{cases} \beta = \dfrac{n\sum xy - \sum x \sum y}{n\sum x^2 - \left(\sum x\right)^2} \\ \alpha = \dfrac{\sum y}{n} - \beta \dfrac{\sum x}{n} = \bar{y} - \beta\bar{x} \end{cases}$$

(7) 一元线性回归方程的拟合优度就是它的判定系数 R^2，计算公式如下。

$$R^2 = \frac{\sum(\hat{Y}_i - \bar{Y})^2}{\sum(Y_i - \bar{Y})^2} = \frac{RSS}{TSS}$$

而

$$TSS = ESS + RSS$$

(8) 为了检验回归方程是否显著，需要构造用于检验的统计量。该统计量的构造应以回归平方和以及残差平方和为基础，同时考虑统计量的样本分布。一般采用下面的统计量：

$$F = \frac{\dfrac{RSS}{1}}{\dfrac{ESS}{(w-2)}}$$

(9)回归系数显著性检验的基本步骤如下：

①提出假设。$H_0:\beta = 0, H_1:\beta \neq 0$。

②计算统计量，用 t 分布做 t 检验。

$$t = \frac{\beta}{\sqrt{\frac{\hat{\sigma}^2}{\sum x^2}}}$$

其中：$\hat{\sigma} = \sqrt{\frac{\sum (y_i - \hat{y}_i)^2}{N-2}} = \sqrt{\frac{\sum u_t^2}{N-2}} = \sqrt{\frac{ESS}{N-2}}$ 为估计标准误差。

③给定显著性水平 α，确定临界值。

④检验结果判断。如果计算的统计量的绝对值大于临界值，则拒绝原假设，反之，则不拒绝原假设。

第二节　实验课题与参考答案

实验一

【实验名称】

利用 Excel 中的函数计算相关系数。

【实验目的】

熟悉 Excel 的基本操作。

利用 Excel 中的函数计算相关系数。

【实验环境】

(1)系统软件 Windows 2000、Windows 7、Windows 10 或 Windows XP。

(2)应用软件 Excel 2000、Excel 2003、Excel 2007 或 Excel 2010。

【知识准备】

在 Excel 中，计算两个变量之间相关系数的 CORREL 函数和 PEARSON 函数是等价的。

下面以 CORREL 函数为例介绍 Excel 计算相关系数的方法。

【实验资料】

对 10 家航空公司最近一年的航班正点率与顾客投诉次数进行调查得到的原始数据如表 7-1 所示。

表 7-1 10 家航空公司航班正点率与顾客投诉次数原始数据

航空公司编号	1	2	3	4	5	6	7	8	9	10
航班正点率(%)	81.8	76.6	76.6	75.7	73.8	72.2	71.2	70.8	91.4	68.5
投诉次数(次)	21	58	85	68	74	93	72	122	18	125

【实验要求】

利用 CORREL 函数计算航班正点率和顾客投诉次数之间的相关系数。

【实验步骤】

(1)打开 Excel 工作簿,将数据输入 Excel 空白工作表为,如图 7-1 所示。

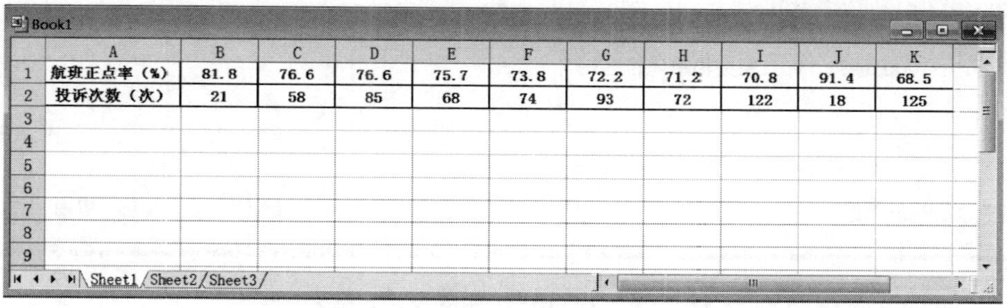

图 7-1 航班正点率和顾客投诉次数数据

(2)单击任一个空白单元格,执行“插入”菜单中的“函数”命令,在“或选择类别”下拉列表框中选择“统计”,然后在“选择函数”列表框中选择 CORREL 函数,如图 7-2 所示。

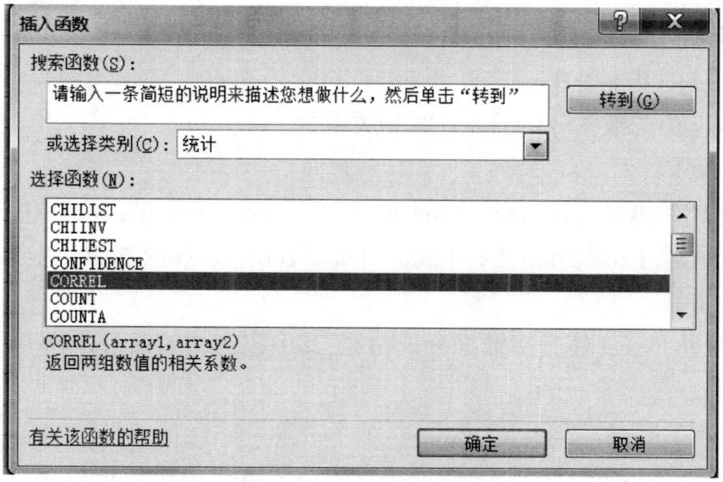

图 7-2 函数对话框

（3）单击图 7-2 中的“确定”按钮，弹出“函数参数”对话框。在“Array1”文本框中输入“B1:K1”，在“Array2”文本框中输入“B2:K2”，即可在对话框下方显示计算结果为 0.8686，如图 7-3 所示。

【参考答案】

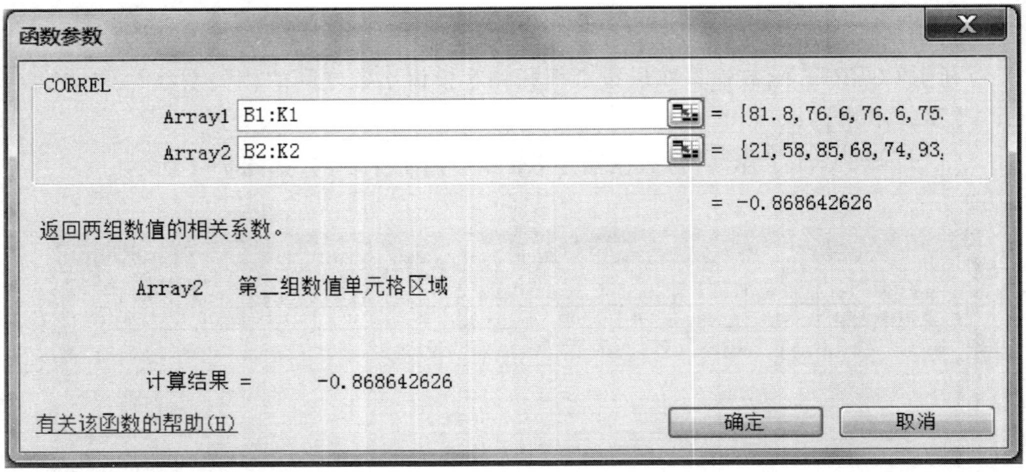

图 7-3 “CORREL”函数及计算结果

实验二

【实验名称】

利用数据分析功能计算相关系数。

【实验目的】

熟悉 Excel 的基本操作。

利用 Excel 中的数据分析功能计算相关系数。

【实验环境】

（1）系统软件 Windows 2000、Windows 7、Windows 10 或 Windows XP。

（2）应用软件 Excel 2000、Excel 2003、Excel 2007 或 Excel 2010。

【知识准备】

除了函数外，Excel 还具有数据分析功能，其中包含相关系数计算模块，据此可以计算相关系数。

【实验资料】

对 10 家航空公司最近一年的航班正点率与顾客投诉次数进行调查得到的原始数据如表 7-2 所示。

表 7-2　10 家航空公司航班正点率与顾客投诉次数原始数据

航空公司编号	1	2	3	4	5	6	7	8	9	10
航班正点率(%)	81.8	76.6	76.6	75.7	73.8	72.2	71.2	70.8	91.4	68.5
投诉次数(次)	21	58	85	68	74	93	72	122	18	125

【实验要求】

利用数据分析功能计算航班正点率和顾客投诉次数之间的相关系数。

【实验步骤】

(1)打开 Excel 工作簿,将数据输入 Excel 空白工作表内,如图 7-4 所示。

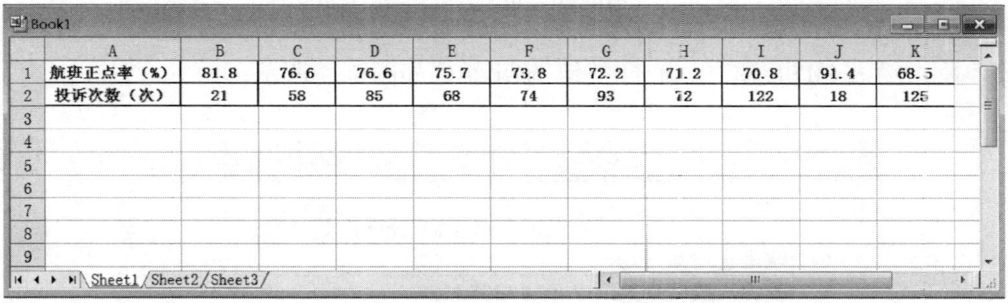

图 7-4　航班正点率和顾客投诉次数数据

(2)在 Excel 中,执行“工具”菜单中的“数据分析”命令,在“数据分析”对话框中选择“相关系数”,如图 7-5 所示。

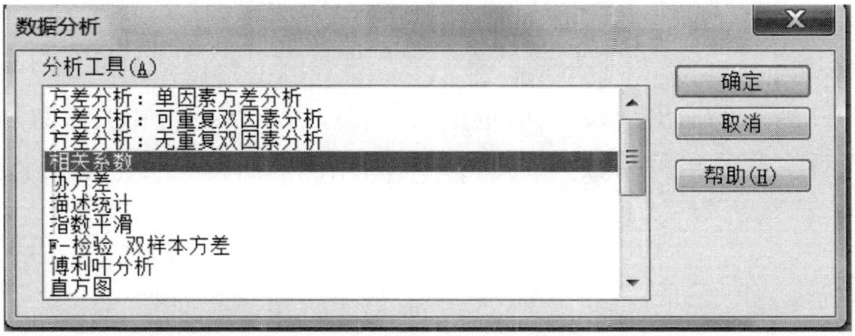

图 7-5　宏-数据分析对话框

(3)单击“确定”按钮,弹出“相关系数”对话框,如图 7-6 所示。

(4)如图 7-6 所示,在“输入区域”文本框中输入 $A $1:$K $2,“分组方式”中点选“逐行”单选按钮,勾选“标志位于第一列”复选框,点选“输出区域”单选按钮并在

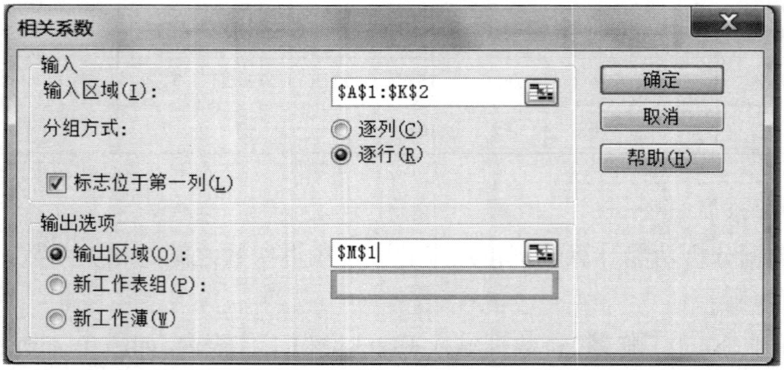

图 7-6　相关系数计算

文本框中输入 $M $1，单击“确定”按钮，输出结果如图 7-7 所示。

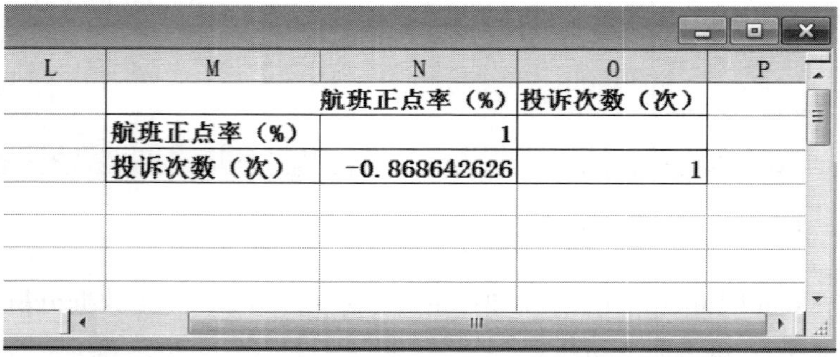

	航班正点率（%）	投诉次数（次）
航班正点率（%）	1	
投诉次数（次）	-0.868642626	1

图 7-7　相关系数计算计算结果

【参考答案】

在图 7-7 所示的输出结果中，航班正点率和投诉次数的自相关系数均为 1，航班正点率和投诉次数的相关系数为-0.866，与利用函数计算结果（见上个实验）完全相同。

实验三

【实验名称】

相关系数的计算。

【实验目的】

熟悉 Excel 的基本操作。

相关系数计算的操作。

【实验环境】

(1)系统软件 Windows 2000、Windows 7、Windows 10 或 Windows XP。

(2)应用软件 Excel 2000、Excel 2003、Excel 2007 或 Excel 2010。

【知识准备】

相关系数是用来度量直线相关的方向与强度的指标，通常以 r 值来代表，相关系数的计算公式如下。

$$r = \frac{n\sum xy - \sum x \sum y}{\sqrt{n\sum x^2 - \left(\sum x\right)^2}\sqrt{n\sum y^2 - \left(\sum y\right)^2}}$$

r 值通常介于 1~-1。$r = 0$，表示无直线相关；$r = 1$，表示完全正相关；$r = -1$，表示完全负相关。

手工计算相关系数比较麻烦，Excel 提供了相关系数的计算工具和 CORREL 函数，使相关系数的计算方便了很多。本例运用相关系数的计算工具计算相关系数。

【实验资料】

我国某城镇居民家庭人均收入和人均消费的资料如表 7-3 所示。

表 7-3 某城镇居民家庭人均收入和人均消费资料

年	人均收入(元)	人均消费(元)
1998	802	685
1999	931	828
2000	1089	916
2001	1431	1119
2002	1568	1261
2003	1686	1387
2004	1925	1544
2005	2356	1826
2006	3027	2336
2007	3979	3179
2008	4283	3893
2009	4839	3919
2010	5160	4186
2011	5425	4332
2012	5854	4616

续表

年	人均收入(元)	人均消费(元)
2013	6280	4953
2014	6860	5309
合计	57495	46289

【实验要求】

根据上述资料,分析该城镇居民家庭人均收入和人均消费之间的关系。

【操作步骤】

(1)打开一张空白的工作表,将上述资料从 A1 单元格开始顺序填入,如图 7-8 所示。

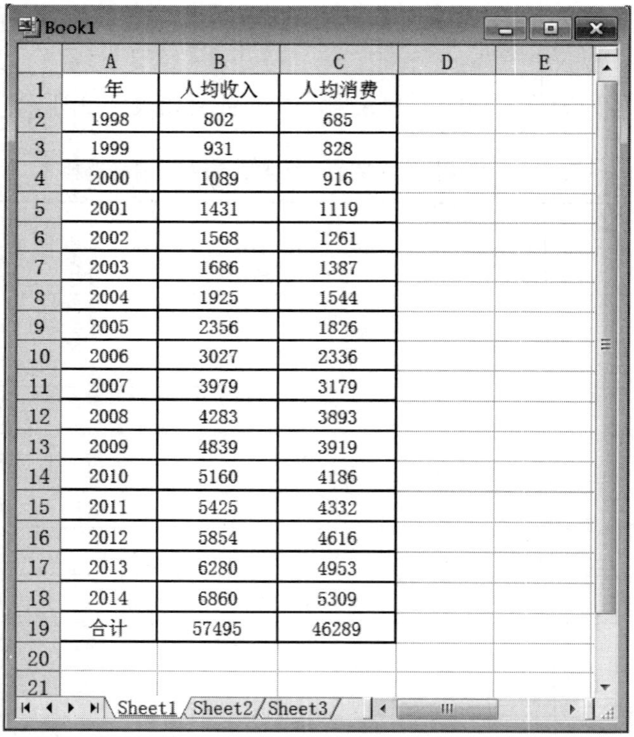

	A	B	C
1	年	人均收入	人均消费
2	1998	802	685
3	1999	931	828
4	2000	1089	916
5	2001	1431	1119
6	2002	1568	1261
7	2003	1686	1387
8	2004	1925	1544
9	2005	2356	1826
10	2006	3027	2336
11	2007	3979	3179
12	2008	4283	3893
13	2009	4839	3919
14	2010	5160	4186
15	2011	5425	4332
16	2012	5854	4616
17	2013	6280	4953
18	2014	6860	5309
19	合计	57495	46289

图 7-8　居民家庭人均收入和人均消费数据

(2)使用相关系数计算工具,方法:用鼠标选取“工具→数据分析”命令,打开“数据分析”对话框,选择“相关系数”,确认后就打开了“相关系数”计算界面。在输入区域栏中填入“ $B $1: $C $18”,“分组方式”选逐列,勾选“标志位于第一行”,在“输出选项”中选择“输出区域”,并在“输出区域”栏中输入“ $D $2”。填好的“相关系数”计算界面如图 7-9 所示。

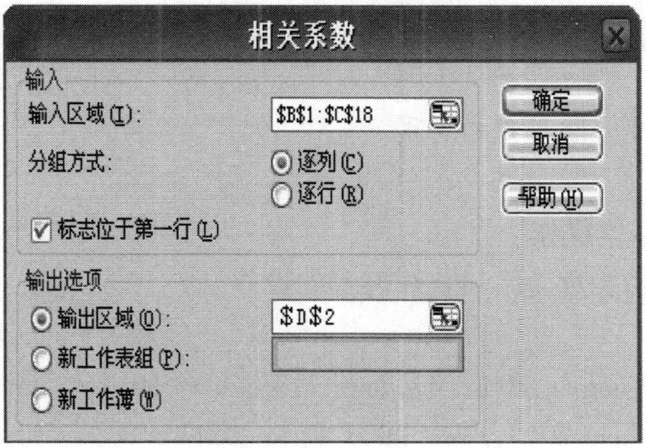

图 7-9　相关系数计算界面

(3)单击“确定”按钮,完成了操作。

【参专答案】

完成的计算结果表如图 7-10 所示。

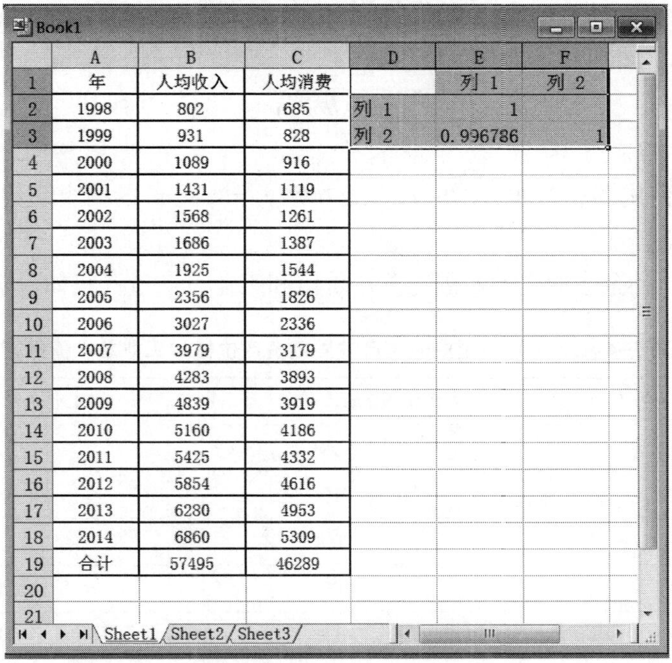

	A	B	C	D	E	F
1	年	人均收入	人均消费		列 1	列 2
2	1998	802	685	列 1	1	
3	1999	931	828	列 2	0.996786	1
4	2000	1089	916			
5	2001	1431	1119			
6	2002	1568	1261			
7	2003	1686	1387			
8	2004	1925	1544			
9	2005	2356	1826			
10	2006	3027	2336			
11	2007	3979	3179			
12	2008	4283	3893			
13	2009	4839	3919			
14	2010	5160	4186			
15	2011	5425	4332			
16	2012	5854	4616			
17	2013	6280	4953			
18	2014	6860	5309			
19	合计	57495	46289			
20						
21						

图 7-10　计算结果表

根据计算结果可以看出，相关系数为 0.996786，非常接近 1，因此，可以认为该城镇居民家庭人均收入和人均消费之间存在高度的直线正相关关系。

实验四

【实验名称】

使用图表功能建立回归直线方程。

【实验目的】

熟悉 Excel 的基本操作。

训练使用图表功能建立回归直线方程的操作。

【实验环境】

（1）系统软件 Windows 2000、Windows 7、Windows 10 或 Windows XP。

（2）应用软件 Excel 2000、Excel 2003、Excel 2007 或 Excel 2010。

【知识准备】

回归分析是一种非常有效的分析工具，Excel 为回归分析提供了非常良好的基础，直接用于回归分析的工作表函数有 15 个，还有“数据分析”加载宏中的“回归”工具，以及图表功能和“编辑”菜单下的“填充”“序列”“线性”等菜单命令。

建立回归直线方程：设直线方程 $y_c = a + bx$，由最小二乘法有计算公式如下。

$$b = \frac{n\sum xy - \sum x\sum y}{n\sum x^2 - (\sum y)^2}$$

$$a = \frac{\sum y - b\sum x}{n}$$

本例通过使用图表功能求出回归直线方程 $y_c = a + bx$ 的两个系数 a 和 b。

【实验资料】

有 10 个同类企业的生产性固定资产价值和工业总产值资料如表 7-4 所示。

表 7-4　10 个同类企业的生产性固定资产价值和工业总产值数据

工厂编号	生产性固定资产价值(万元)	工业总产值(万元)
1	318	524
2	910	1019
3	200	632
4	409	815
5	415	913
6	502	928

续表

工厂编号	生产性固定资产价值(万元)	工业总产值(万元)
7	314	605
8	1210	1516
9	1022	1219
10	1225	1624

【实验要求】

试根据上表资料,计算相关系数;建立回归直线方程;估计生产性固定资产价值为 1100 万元时的工业总产值。

【操作步骤】

(1)打开空白的工作表,将表 7-4 所列的资料从 A1 单元格开始顺序输入表中。

(2)选择“插入”菜单,打开“图表”命令,在“图表向导-4 步骤之 1-图表类型”中选择“XY 散点图” 和第一个子图表类型,如图 7-11 所示。

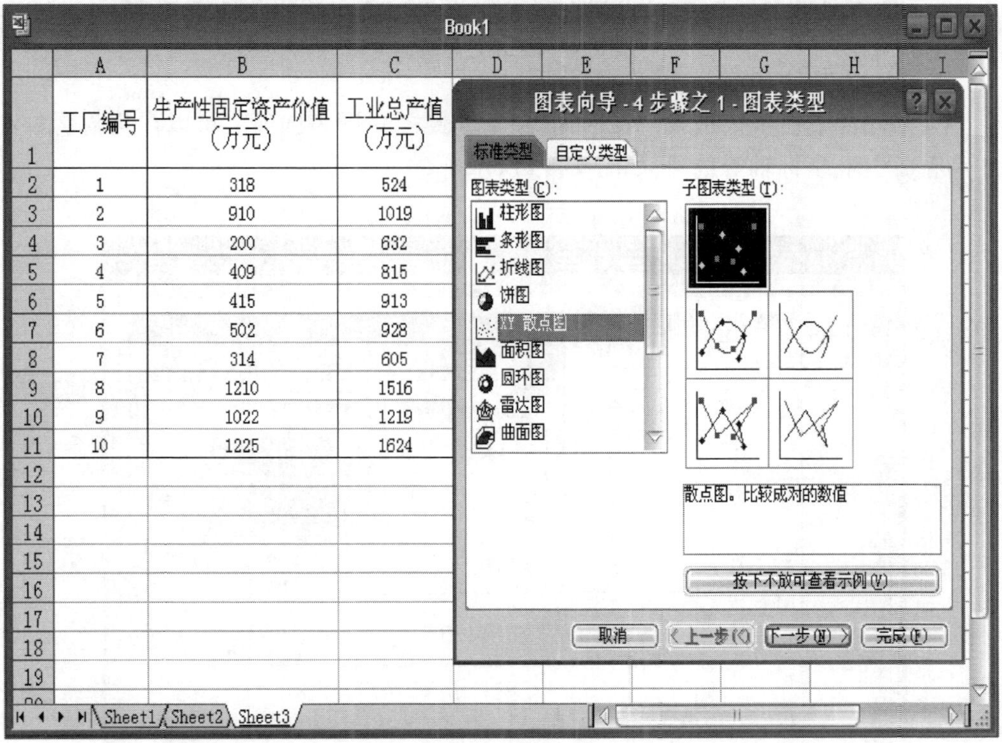

图 7-11 图表导向界面

(3) 单击“下一步”,在“图表向导-4 步骤之 2-图表源数据”的“数据区域”栏中填入数据区域“ $B $2: $C $11”,如图 7-12 所示。

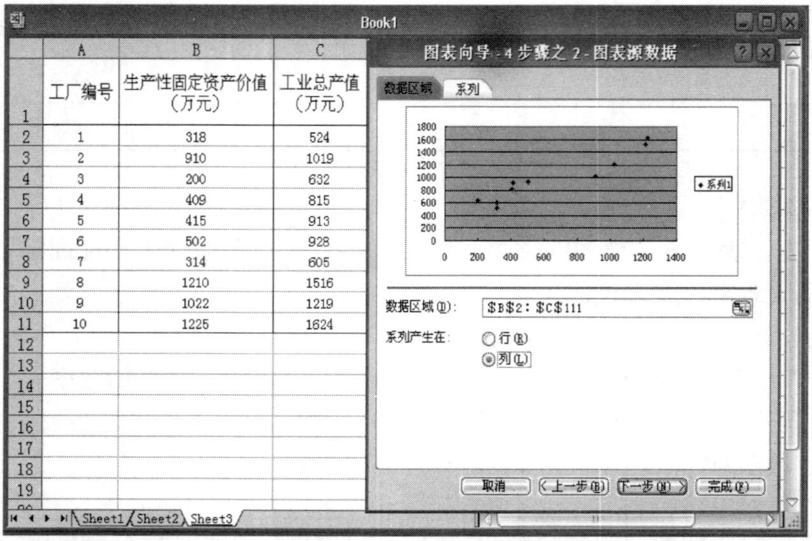

图 7-12　源数据界面

(4)单击“下一步”,进入,“图表向导-4 步骤之 3-图表选项”,可以在此调整图表的标题、图例、坐标轴等选项,如图 7-13 所示。

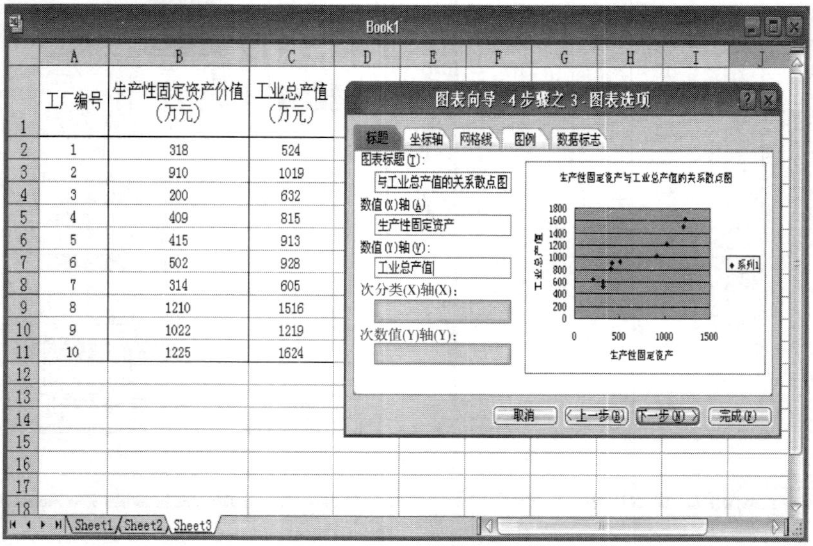

图 7-13　源数据界面

再单击“下一步”，进入“图表向导-4 步骤之 4-图表位置”，选“作为其中的对象插入”，单击“完成”，就得到了表示生产性固定资产价值与工业总产值的关系散布图，如图 7-14 所示。

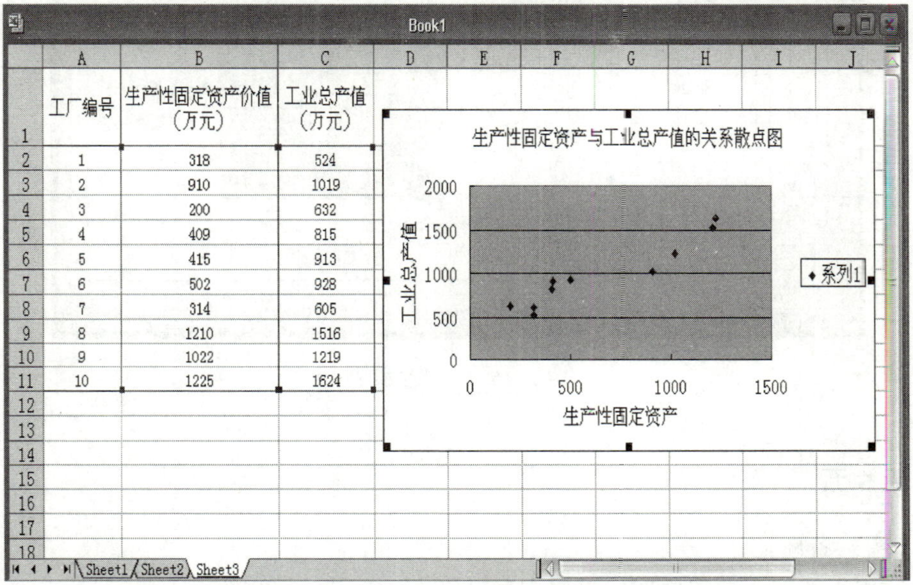

工厂编号	生产性固定资产价值（万元）	工业总产值（万元）
1	318	524
2	910	1019
3	200	632
4	409	815
5	415	913
6	502	928
7	314	605
8	1210	1516
9	1022	1219
10	1225	1624

图 7-14　散布图

（5）右键单击散布图上的任意一个数据点，工作表菜单栏中出现了“图表”菜单，打开“图表”菜单，选择“添加趋势线”菜单命令，打开“添加趋势线”对话框，先在“趋势预测/回归分析类型”中选择“线性”，然后单击“选项”，勾选“显示公式”和“显示 R 平方值”两个选项栏，可以更改趋势线的名称，单击“确定”按钮，即得到了 a 和 b 两个系数和 R^2 的值。

（6）根据计算结果写出分析结论。

【参考答案】

完成的计算结果表如图 7-15 所示。

（1）根据计算结果可以知道回归直线方程为 $y_c = 393.71 + 0.8978x$。

（2）由于相关系数的判定系数为 $R^2 = 0.8992$。因此相关系数为 $r = \sqrt{0.8992} = 0.9482$。

计算结果表明，生产性固定资产价值和总产值间存在高度直线正相关关系。

（3）当生产性固定资产价值为 1100 万元时，工厂总产值的估计值为 $y_c = 393.71 + 0.8978 \times 1100 = 1382.83$（万元）。

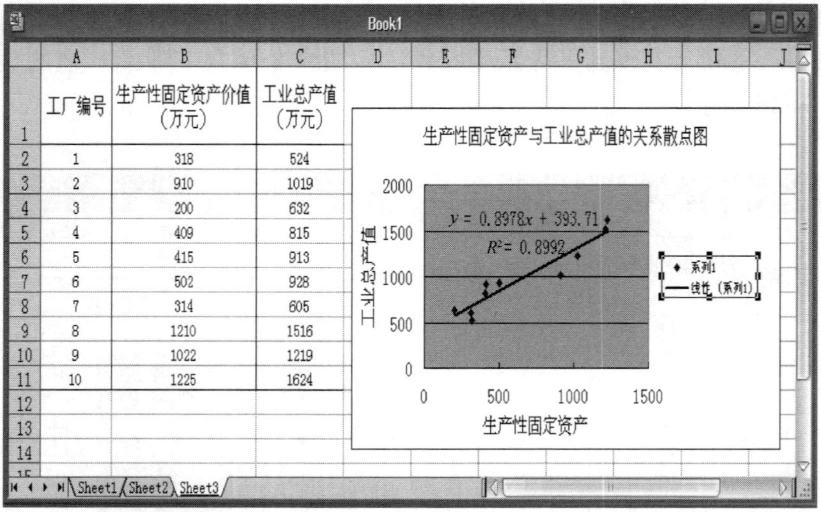

工厂编号	生产性固定资产价值（万元）	工业总产值（万元）
1	318	524
2	910	1019
3	200	632
4	409	815
5	415	913
6	502	928
7	314	605
8	1210	1516
9	1022	1219
10	1225	1624

图 7-15 计算结果表

实验五

【实验名称】

运用工作表函数建立回归直线方程。

【实验目的】

熟悉 Excel 的基本操作。

运用工作表函数建立回归直线方程的操作。

【实验环境】

(1)系统软件 Windows 2000、Windows 7、Windows 10 或 Windows XP。

(2)应用软件 Excel 2000、Excel 2003、Excel 2007 或 Excel 2010。

【知识准备】

Excel 为回归分析提供了非常良好的基础,直接用于回归分析的工作表函数有 15 个,本例主要使用 LINEST 函数计算回归直线方程。

【实验资料】

有 12 家工厂的生产性固定资产价值和月产量资料如表 7-5 所示。

表 7-5 生产性固定资产价值和月产量资料

序号	生产性固定资产价值(万元〉	月产量(万台〉
1	300	0.5
2	400	0.5

续表

序号	生产性固定资产价值(万元)	月产量(万台)
3	400	0.7
4	500	0.5
5	500	0.7
6	500	0.9
7	600	0.7
8	600	0.9
9	600	1.1
10	700	0.9
11	700	1.1
12	800	1.8

【实验要求】

试根据所给资料,计算相关系数;建立回归直线方程。

【操作步骤】

(1)将上述表格内的资料输入一张空白的工作表内,输入时从 A1 单元格开始。

(2)先选择 D2:E6 两列五行的单元格区域,用以存放计算结果。然后,单击函数向导,在统计类函数中找到 LINEST 函数,单击该函数名,打开 LINEST 函数的向导界面,在“know_y's”栏中输入 “C2:C13”,即 y 的数据区域,在“know_x's” 栏中输入 “B2: B13”,即 x 的数据区域,在“Const” 栏中输入一个“1”或“true”表示 b 值要正常显示,在“Stats”栏中也输入一个“1”或“true”,表示需要同时输出相关的回归统计量。填好的 LINEST 函数向导界面如图 7-16 所示。

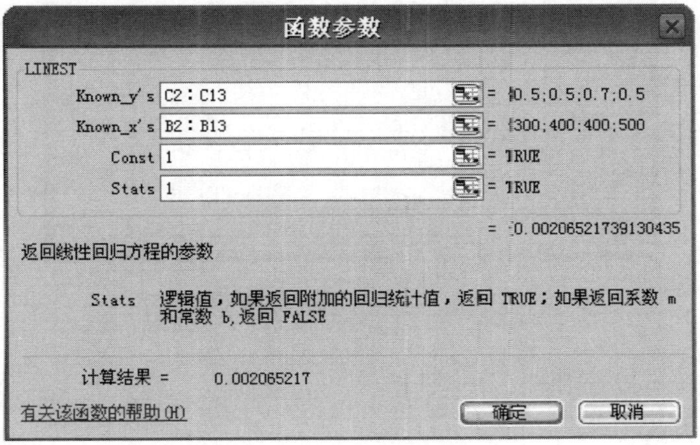

图 7-16 LINEST 函数向导界面

（3）由于输出的是一个两列五行的数组，因此，要先同时按 Shift+Ctrl，然后按 Enter 键或对话框中“确定”按钮。计算结果将输出到单元格 D2：E6 中。

设 $y = a + bx$，计算结果中各个单元格对应值含义的解释，如表 7-6 所示。

表 7-6 单元格对应值含义

回归直线的斜率（b）	回归直线的截距（a）
系数 b 的标准误差值	系数 α 的标准误差值
R^2 判定系数	y 估计值的标准误差
F 统计值或观察值	自由度
回归平方和	残值平方和

（4）也可以使用其他函数计算有关的参数。如可以使用 Correl 函数计算相关系数，形式为“=Correl（y 数据区域，x 数据区域）”；可以使用 RSQ 函数计算相关系数 R^2，即判定系数，形式为“=RSQ（y 数据区域，x 数据区域）”；可以使用 Slope 函数计算回归直线方程的斜率 b，形式为：“=Slope（y 数据区域，x 数据区域）”；可以使用 Intercept 函数计算回归直线方程的截距 a，形式为：“=Intercept（y 数据区域，x 数据区域）”。

（5）根据计算结果写出结论。

【参考答案】

完成的计算结果表如图 7-17 所示。

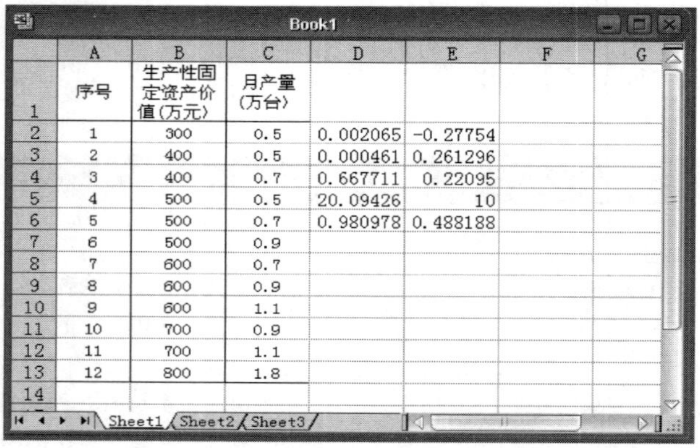

	A	B	C	D	E	F	G
1	序号	生产性固定资产价值（万元）	月产量（万台）				
2	1	300	0.5	0.002065	-0.27754		
3	2	400	0.5	0.000461	0.261296		
4	3	400	0.7	0.667711	0.22095		
5	4	500	0.5	20.09426	10		
6	5	500	0.7	0.980978	0.488188		
7	6	500	0.9				
8	7	600	0.7				
9	8	600	0.9				
10	9	600	1.1				
11	10	700	0.9				
12	11	700	1.1				
13	12	800	1.8				
14							

图 7-17 计算结果表

从计算结果可以看出：

回归直线方程为

$$y_c = -0.27754 + 0.002065x$$

相关系数为

$$r = \sqrt{0.667711} = 0.817136$$

实验六

【实验名称】

运用回归工具建立回归直线方程。

【实验目的】

熟悉 Excel 的基本操作。

运用回归工具建立回归直线方程的操作。

【实验环境】

(1)系统软件 Windows 2000、Windows 7、Windows 10 或 Windows XP。

(2)应用软件 Excel 2000、Excel 2003、Excel 2007 或 Excel 2010。

【知识准备】

Excel 的数据分析工具中有专门用于回归分析的"回归"工具,"回归"工具使用简便,可以得到大量的统计数据。

【实验资料】

某班级 5 个同学的学习时数和学习成绩的有关资料,如表 7-7 所示。

表 7-7 学习时数和学习成绩资料

同学	学习时数	学习成绩
1	4	40
2	6	60
3	7	50
4	10	70
5	13	90

【实验要求】

试根据以上资料,计算回归直线方程;计算估计标准误差;对学习成绩的方差进行分解分析,并指出总误差平方和中有多少比重可以由回归方程来解释;由此计算出学习时数与学习成绩之间的相关系数。

【操作步骤】

(1)将上述资料填写到一张空白工作表的 A1:C6 单元格范围内,选取"工具"→"数据分析"菜单命令,在"数据分析"对话框中选取"回归"工具;然后,打开"回归"工具界面。

(2)在"回归"工具输入对话框的"Y 值输入区域"中输入"C1:C6",即 Y 值的数据区域,在"X 值输入区域"中输入 X 值的单元格区域"B1:B6",由于输入的数据区域首行为项目名称,因此,必须选中"标志"栏,本例回归直线方程的常数项不会为零,因此,"常数为零"选项不要选,"置信度"栏默认值为 95%,因此,可以不作修改,在"回归"工具的输出选项中选择"新工作表组",并把表名设置为"学习成绩回归分析表"。在"残差"栏和"正态分布"栏中勾选全部的选项,这样,就可以给出所有的计算值。填制好的"回归"分析工具界面如图 7-18 所示。

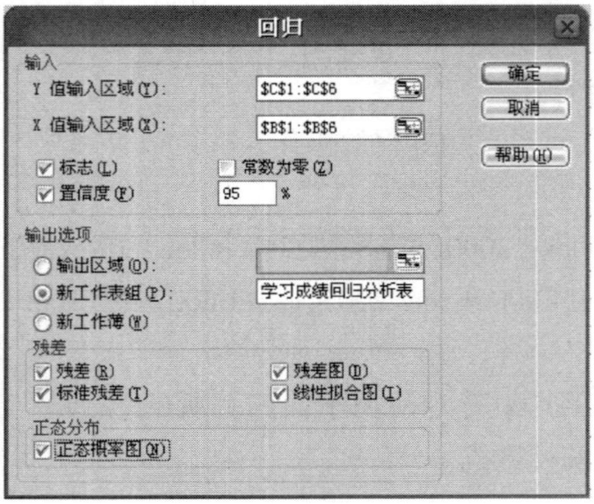

图 7-18　回归分析工具界面

(3)单击"确定"按钮后,Excel 将提供 5 张报表和 3 张图表供分析使用,见图 7-19 和图 7-20。

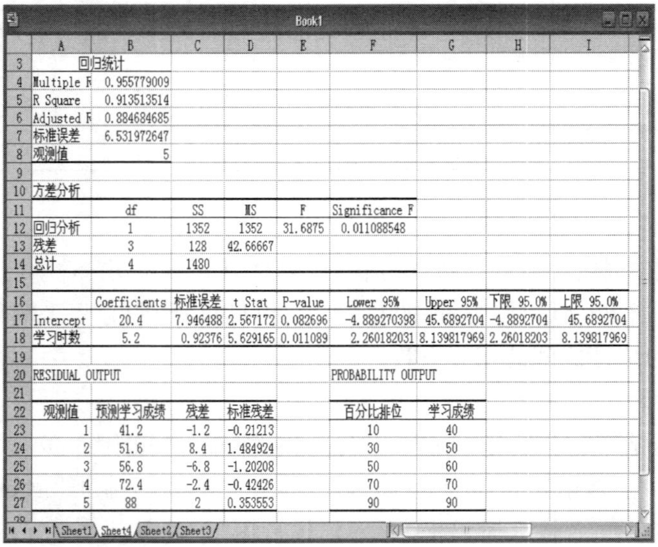

	A	B	C	D	E	F	G	H	I
3	回归统计								
4	Multiple R	0.955779009							
5	R Square	0.913513514							
6	Adjusted R	0.884684685							
7	标准误差	6.531972647							
8	观测值	5							
9									
10	方差分析								
11		df	SS	MS	F	Significance F			
12	回归分析	1	1352	1352	31.6875	0.011088548			
13	残差	3	128	42.66667					
14	总计	4	1480						
15									
16		Coefficients	标准误差	t Stat	P-value	Lower 95%	Upper 95%	下限 95.0%	上限 95.0%
17	Intercept	20.4	7.946488	2.567172	0.082696	-4.889270398	45.6892704	-4.8892704	45.6892704
18	学习时数	5.2	0.92376	5.629165	0.011089	2.260182031	8.139817969	2.26018203	8.139817969
19									
20	RESIDUAL OUTPUT					PROBABILITY OUTPUT			
21									
22	观测值	预测学习成绩	残差	标准残差		百分比排位	学习成绩		
23	1	41.2	-1.2	-0.21213		10	40		
24	2	51.6	8.4	1.484924		30	50		
25	3	56.8	-6.8	-1.20208		50	60		
26	4	72.4	-2.4	-0.42426		70	70		
27	5	88	2	0.353553		90	90		

图 7-19　回归结果、回归统计和方差分析表

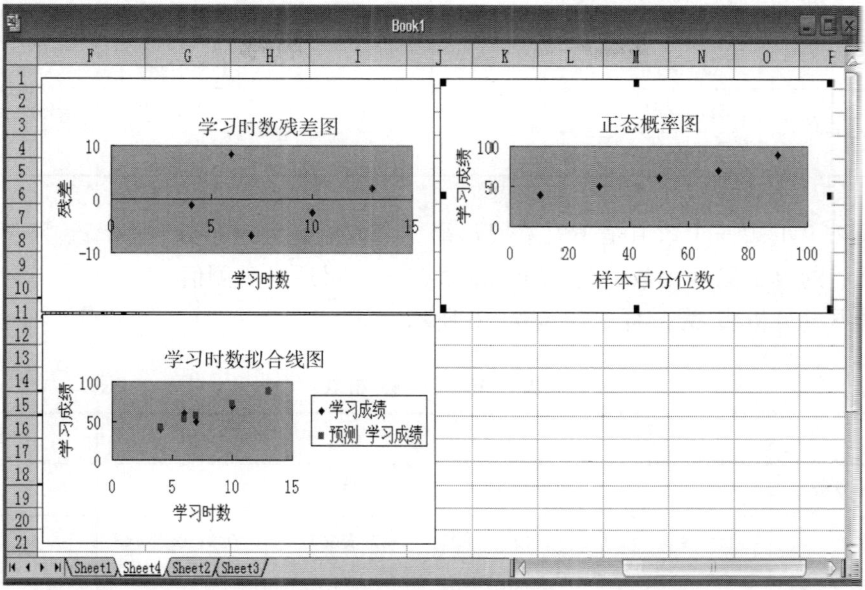

图 7-20　回归结果、回归统计和方差分析图

下面对 3 个主要的表格予以说明。

① 回归结果表：表的样式如表 7-8 所示。

表 7-8　回归结果表

项目	系数	标准误差	T 检验	P 值	下限 95.0%	上限 95.0%
截距	20.4	7.946488	2.567172	0.082696	-4.8892704	45.6892704
学习时数	5.2	0.92376	5.629165	0.011089	2.2601820	8.1391797

表 7-8 中上半部分的第一列是回归系数的名称，即截距和学习时数两项；第二列为系数栏，由此可以得出，回归直线方程式为 $y_c = 20.4 + 5.2x$；第三列为系数 a、b 的标准误差；第四列是 T 检验值，用于假设检验，反映两个系数不为零的显著性；第五列是 P 值，即真值事实上为零的可能性；上表下半部分各栏为各回归参数计算出的 95% 置信区间，它提供了一个上下限，所有可能系数的 95%落在其间。

②回归统计表：表的样式如表 7-9 所示。

表 7-9　回归统计表

相关系数	0.955779
R^2	0.9135135

续表

调整后的 R^2	0. 8846847
标准误差	6. 3519726
观测值	5

表 7-9 的第一个数值是相关系数 r,第二个数值是判定系数,即 R^2; 第三个数值是调整后的 R^2; 第四个数值是估计标准误差 S_{xy}, 最后是观测值。

③方差分析表:表的样式如表 7-10 所示。

表 7-10　方差分析表

	df	SS	MS	F	F 值
回归分析	1	1352	1352	31. 6875	
残差	3	128	42. 66667	0. 011088548	
总计	4	1480			

表 7-10 的第一列是自由度,表的第二列是分解呈现的方差,表的第三列是均方差,其中:$MS=SS/\mathrm{d}f$,表的第四列是 F 值,第五列是显著性 F 值。

(4)其他报表分别为反映每个数据的残差的残差表和百分比排位表。另外还输出三张图表,即残差分布图、学习成绩与预计学习成绩的线性拟合图和正态分布概率图。

(5)根据计算结果写出结论。

【参考答案】

根据计算结果得出如下结论。

(1)根据回归结果表可以看出,回归直线方程为 $y_c = 20.4 + 5.2x$。

(2)根据回归统计表可以得到估计的标准误差为 6. 5319726 。

(3) 根据方差分析表和回归统计表可以得到 $R^2 = 0.9135135$, 即 $\frac{1352}{1480} = 0.9135135$。

这表明,总误差平方和中有 91. 35% 可以由回归方程来解释。

(4) 根据回归统计表可以得出学习时数与学习成绩之间的相关系数为 0. 955779。这表明学习时数与学习成绩之间有着高度的直线正相关关系。

实验七

【实验名称】

用 Excel 进行相关与回归分析。

【实验目的】

熟悉 Excel 的基本操作。

训练运用“数据分析”及“回归”工具进行相关与回归分析的操作。

【实验环境】

(1)系统软件 Windows 2000、Windows 7、Windows 10 或 Windows XP。

(2)应用软件 Excel 2000、Excel 2003、Excel 2007 或 Excel 2010。

【知识准备】

Excel 的数据分析工具中有专门用于“相关分析”的工具和用于回归分析的“回归”工具,使用简便,可以得到大量的统计数据。

【实验资料】

某企业广告费支出与销售额数据资料如表 7-11 所示。

表 7-11　某企业广告费支出与销售额　　单位:万元

广告费用	6	7	8	4	5	2	3	9
销售额	50	58	70	40	60	30	37	80

【实验要求】

利用相关和回归分析方法分析该企业广告费用支出与销售额之间的关系。

【实验步骤】

(1)打开 Excel 工作簿,把该企业广告费支出与销售额数据输入到工作表中的 A2:B9 单元格,如图 7-21 所示。

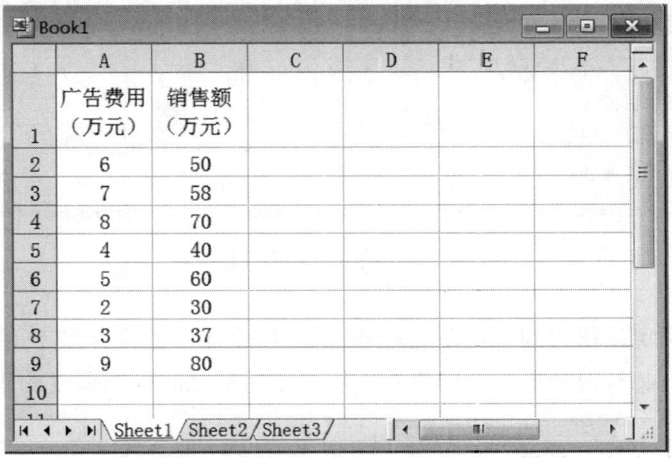

	A	B	C	D	E	F
1	广告费用（万元）	销售额（万元）				
2	6	50				
3	7	58				
4	8	70				
5	4	40				
6	5	60				
7	2	30				
8	3	37				
9	9	80				
10						

图 7-21　该企业广告费支出与销售额数据

(2)选择“工具”下拉菜单。

(3)选择“数据分析”选项。

(4)在分析工具中选择“相关系数”。

(5)确定后,出现对话框,如图 7-22 所示。

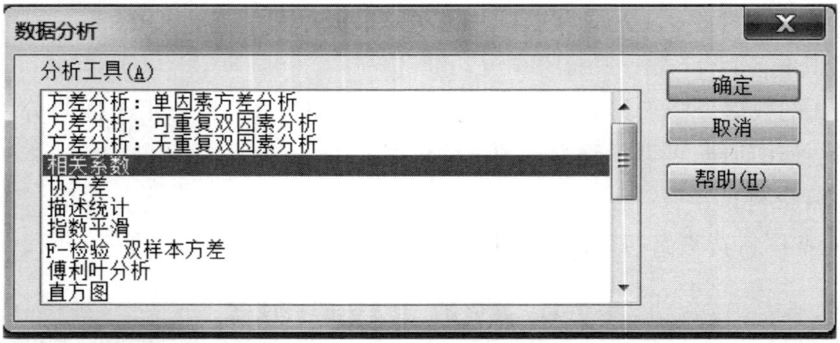

图 7-22　数据分析对话框

(6)单击确认按钮后,在出现的对话框“输入区域”方框内键入 A2:B9。

(7)在“输出选项”中选择输出区域键入 D1,如图 7-23 所示。

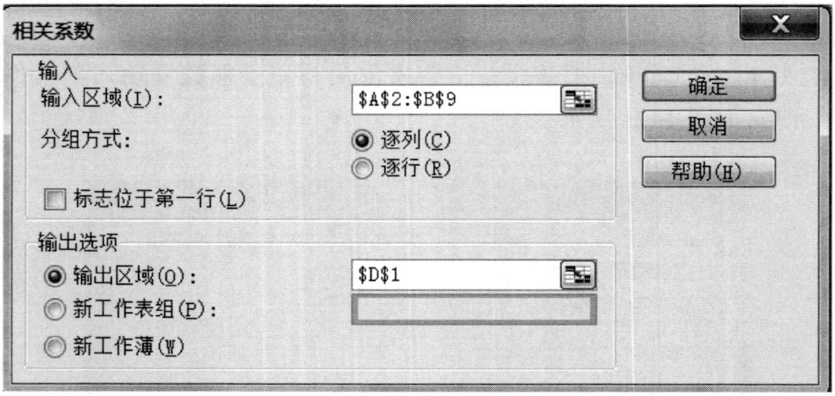

图 7-23　相关分析输入输出区域

(8)单击确定按钮得到相关系数矩阵,显示该企业广告费支出与销售额之间的相关系数为 0.951403,说明该企业广告费支出与销售额之间存在高度的正相关关系,如图 7-24 所示。

(9)开始线性回归分析。选择“插入图表”,在 4 步骤之 1 中选 *XY* 散点图,其子图类型选第一种,如图 7-25 所示。

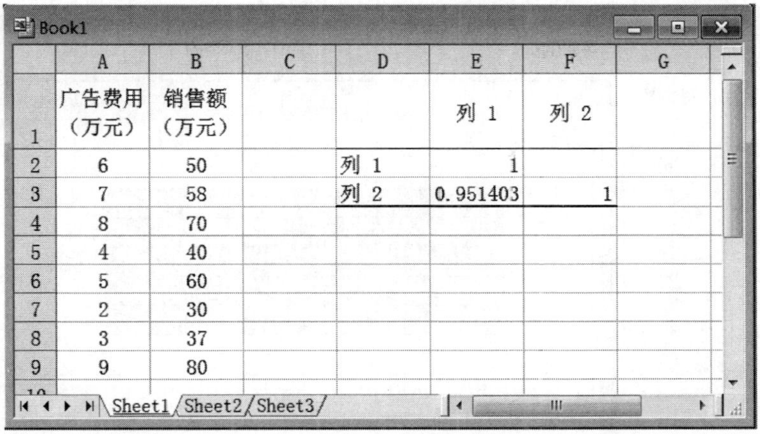

图 7-24　该企业广告费支出与销售额之间的相关系数

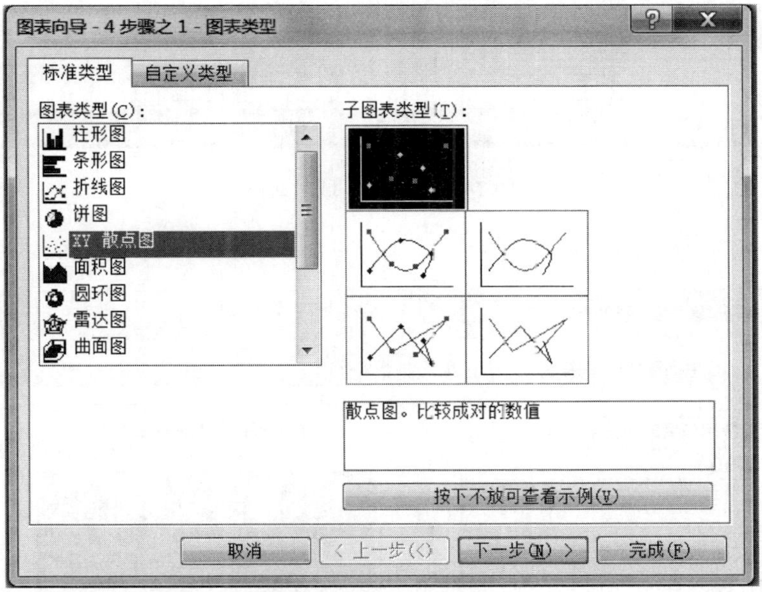

图 7-25　图表类型对话框

(10)单击“下一步”,在 4 步骤之 2 中选择 A2:B9 为数据区域,见图 7-26。

(11)单击“下一步”,在 4 步骤之 3 中键入各个标题名称的文字,见图 7-27。

(12)在 4 步骤之 3 中,单击“完成”按钮,得到该企业广告费支出与销售额散点图,见图 7-28。

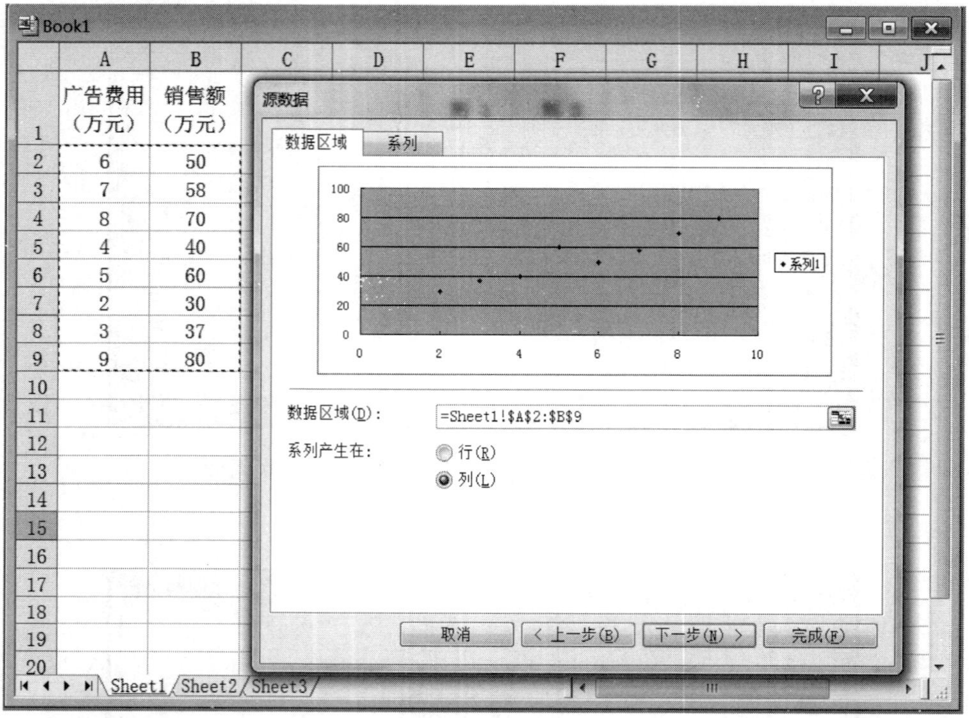

图 7-26　数据区域对话框

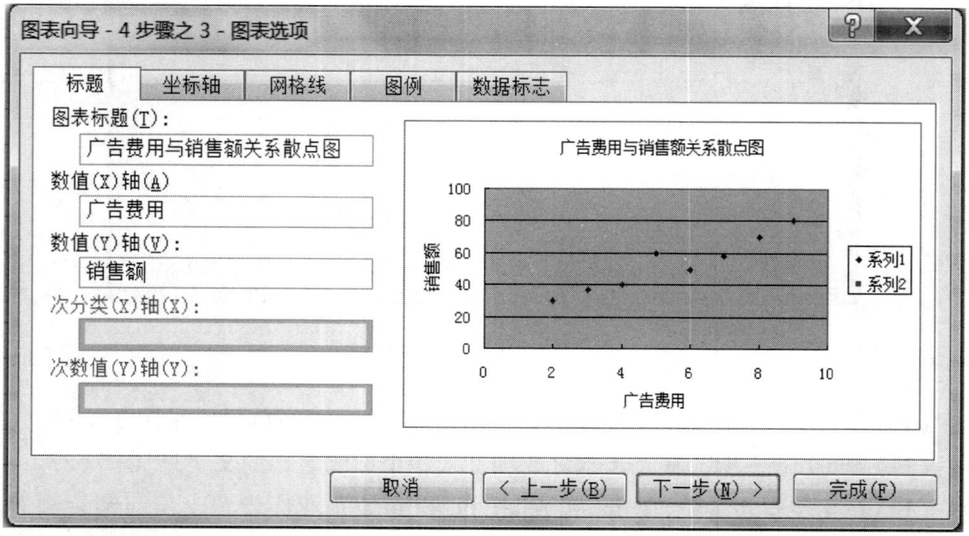

图 7-27　图表选项对话框

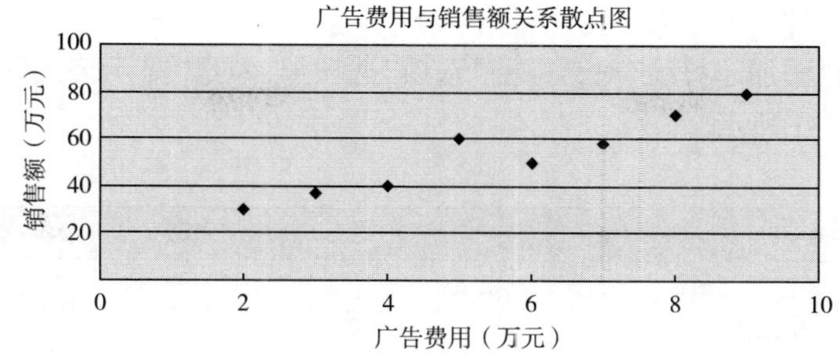

图 7-28　广告费用与销售额关系散点图

(13)插入回归线(趋势线)操作。在系列“数据点”的任一点上,单击鼠标左键,是个数据点出现记号,再选“图表”“添加趋势线”。也可在图上数据点按右键,选“添加趋势线”,如图 7-29 和图 7-30 所示。

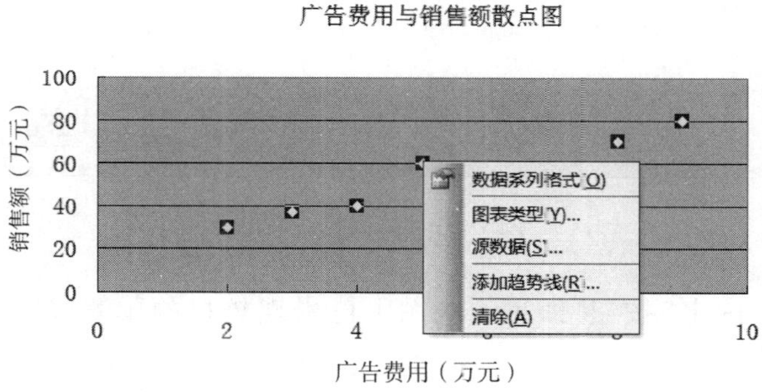

图 7-29　点选“添加趋势线”

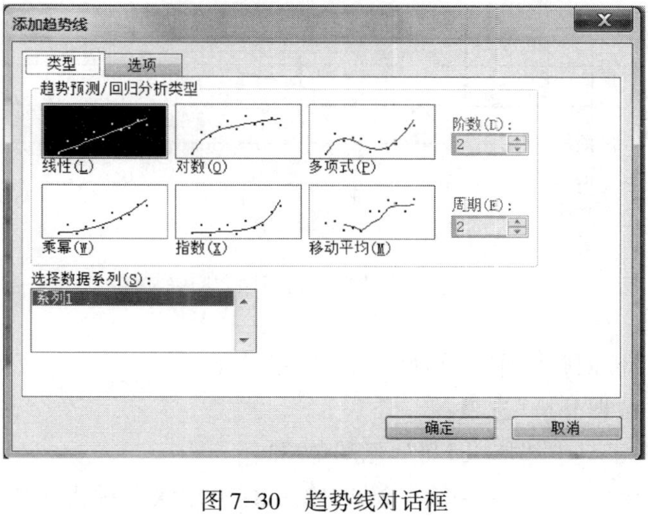

图 7-30　趋势线对话框

(14)选“线性”回归线。

(15)单击“添加趋势线”对话框的“选项”选项卡，勾选“显示公式”及“显示 R 平方值”，如图 7-31 所示。

图 7-31　趋势线对话框

(16)单击“确定”按钮，即可看到图上已出现较粗的预测线、回归方程及 R^2，如图 7-32 所示。

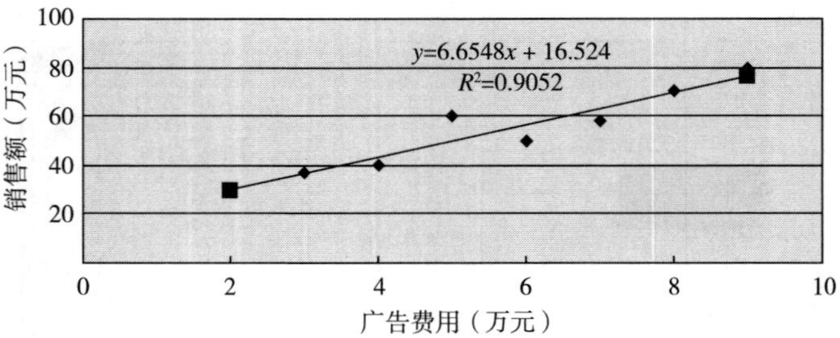

图 7-32　广告费用与销售额回归趋势线

(17)一元线性回归操作。选择“工具”下拉菜单；

(18)选择“数据分析”选项；

(19)在分析工具中选择“回归”，见图 7-33。

(20)在回归对话框中，“Y 值输入区域”输入 B1:B9，“X 值输入区域”输入 A1:A9，因

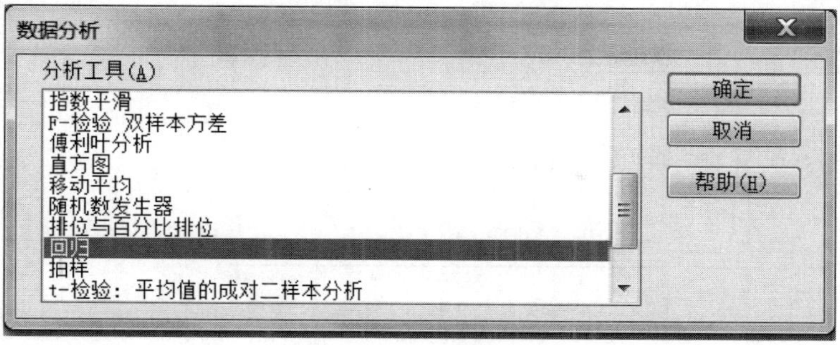

图 7-33　数据分析对话框

包括列标题，故“标志”要打钩，把回归分析的结果输出到新的工作表中，此工作表名为“回归分析”，如图 7-34 所示。

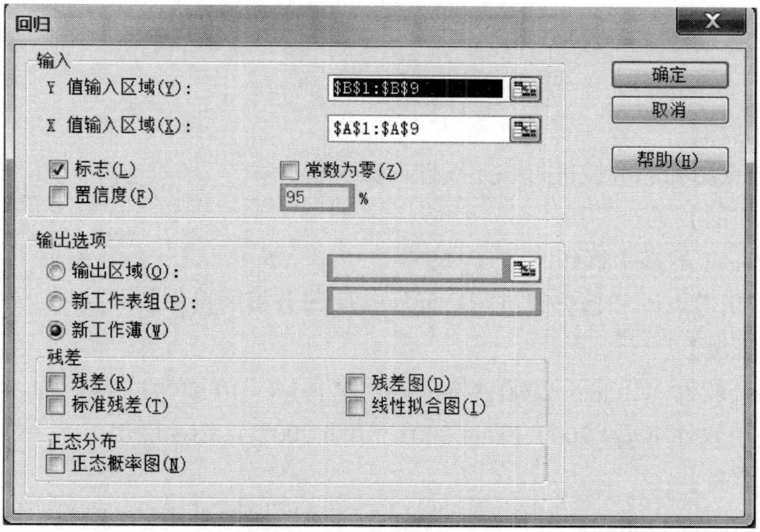

图 7-34　回归分析对话框

(21)选“确定”后，回归分析的摘要输出在新的工作表中，如图 7-35 所示。

就回归分析摘要输出加以分析，判定系数 R^2 达到 0.905167，表示解释能力强。回归的 F 统计量指出回归的变异是否远大于残差的变异，F 值显著时才代表这条回归线比用平均数来预测效果好，从输出表中可见 F 的显著值 0.000277 约等于 0，已达到 0.05 的检验标准，所以可认为这条回归线是有效的。

从截距和广告费的系数可以得到方程：$y = 16.52 - 6.65x$。

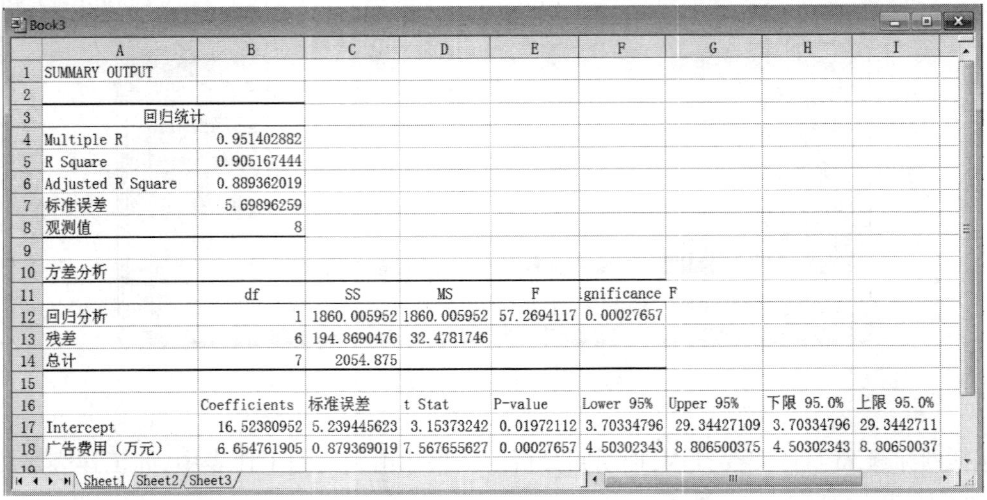

	A	B	C	D	E	F	G	H	I
1	SUMMARY OUTPUT								
2									
3	回归统计								
4	Multiple R	0.951402882							
5	R Square	0.905167444							
6	Adjusted R Square	0.889362019							
7	标准误差	5.69896259							
8	观测值	8							
9									
10	方差分析								
11		df	SS	MS	F	ignificance F			
12	回归分析	1	1860.005952	1860.005952	57.2694117	0.00027657			
13	残差	6	194.8690476	32.4781746					
14	总计	7	2054.875						
15									
16		Coefficients	标准误差	t Stat	P-value	Lower 95%	Upper 95%	下限 95.0%	上限 95.0%
17	Intercept	16.52380952	5.239445623	3.15373242	0.01972112	3.70334796	29.34427109	3.70334796	29.3442711
18	广告费用（万元）	6.654761905	0.879369019	7.567655627	0.00027657	4.50302343	8.806500375	4.50302343	8.80650037

图 7-35　回归分析结果

实验八

【实验名称】

应用散点图和趋势线进行一元线性回归分析。

【实验目的】

熟悉 Excel 的基本操作。

训练应用散点图和趋势线进行一元线性回归分析的操作。

【实验环境】

(1)系统软件 Windows 2000、Windows 7、Windows 10 或 Windows XP。

(2)应用软件 Excel 2000、Excel 2003、Excel 2007 或 Excel 2010。

【知识准备】

Excel 的图标功能和数据分析工具中专门用于回归分析的“回归”工具,使用简便,可以得到需要的图标和大量的统计数据。

【实验资料】

对 10 家航空公司最近一年的航班正点率与顾客投诉次数进行调查得到的原始数据如表 7-12 所示。

表 7-12　10 家航空公司航班正点率与顾客投诉次数原始数据

航空公司编号	1	2	3	4	5	6	7	8	9	10
航班正点率(%)	81.8	76.6	76.6	75.7	73.8	72.2	71.2	70.8	91.4	68.5
投诉次数(次)	21	58	85	68	74	93	72	122	18	125

【实验要求】

应用相关图和趋势线确定航班正点率和顾客投诉次数的回归方程,并给出方程的拟合优度。

【实验步骤】

(1)打开 Excel 工作簿,将数据输入 Excel 空白工作表内,如图 7-36 所示。

	A	B	C	D
1	航空公司编号	航班正点率(%)	投诉次数(次)	
2	1	68.5	125	
3	2	70.8	122	
4	3	71.2	72	
5	4	72.2	93	
6	5	73.8	74	
7	6	75.7	68	
8	7	76.6	58	
9	8	76.6	85	
10	9	81.8	21	
11	10	91.4	18	
12				
13				
14				

图 7-36 航班正点率和顾客投诉次数数据

(2)在 Excel 中,执行“插入”菜单中的“图表”命令,在弹出的“图表向导-4 步骤之 1-图表类型”对话框中,在“标准类型”选项卡中的“图表类型”列表框中选择“XY 散点图”,在“子图表类型”中选中散点图,如图 7-37 所示。

(3)在图 7-37 中单击“下一步”按钮,在弹出的“图表向导-4 步骤之 2-图表源数据”对话框中,选择“数据区域”选项卡,单击“数据区域”文本框中的折叠按钮,按住左键选择 B2:C11 单元格区域,点选“系列产生在”中的“列”单选按钮,如图 7-38 所示。

(4)在“源数据”对话框中选择“系列”选项卡,在“名称”文本框中输入“航班正点率和顾客投诉次数回归分析”。“X 值”文本框中显示的是 B2:B11 单元格区域,“Y 值”文本框中显示的是 C2:C11 单元格区域,如图 7-39 所示。

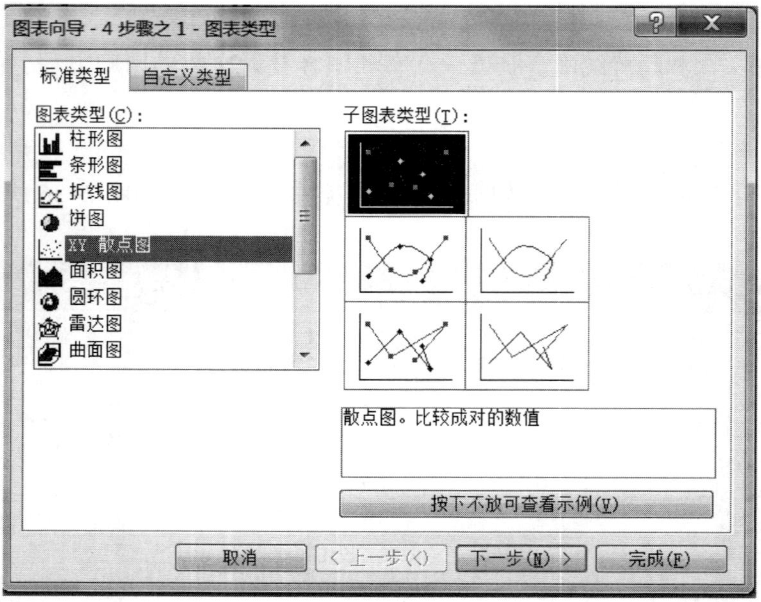

图 7-37　图表类型选择

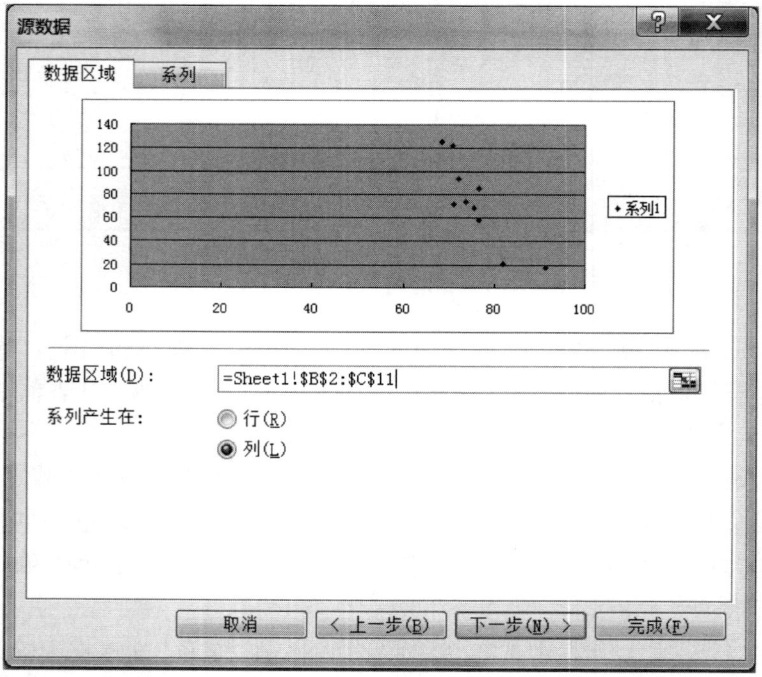

图 7-38　“源数据”中的“数据区域”选项卡

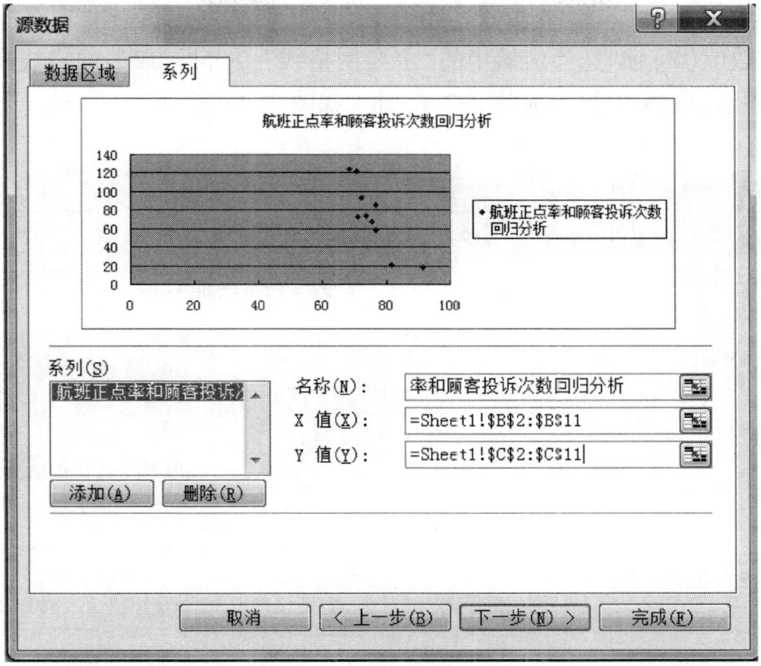

图 7-39 “源数据”中的“系列”选项卡

(5)单击“下一步”按钮,弹出“图表向导-4 步骤之 3-图表选项”对话框,在“数值(X)轴”文本框中输入“航班正点率(%)”,在“数值(Y)轴”文本框中输入“顾客投诉次数(次)”,如图 7-40 所示。

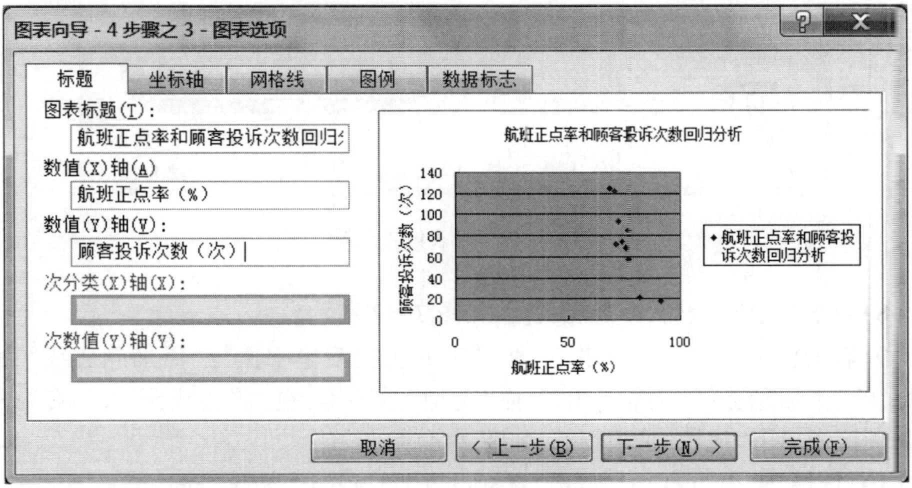

图 7-40 “图表选项”中的“标题”选项卡

(6)继续在“图表向导-4 步骤之 3-图表选项”对话框中,选择“网格线”选项卡,取消勾选“数值(Y)轴”选项区域中的“主要网格线”复选框,取消网格线显示。选择“图例”选项卡,取消勾选“显示图例”复选框,如图 7-41 所示。

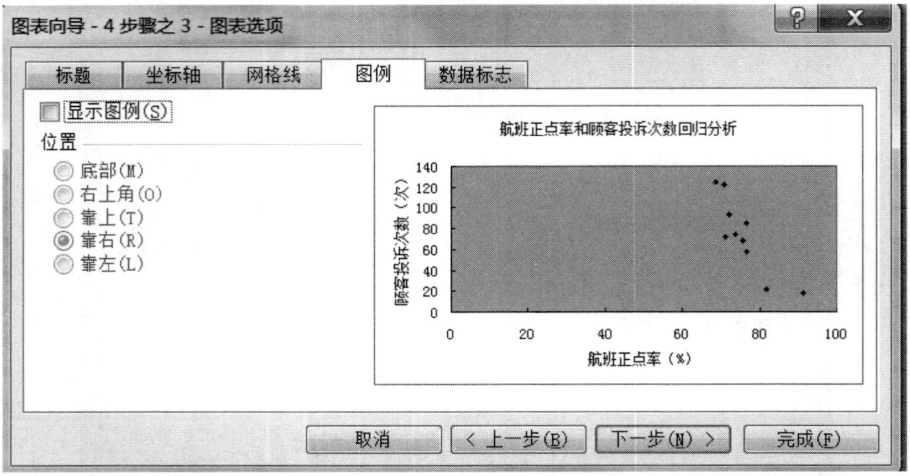

图 7-41 “图表选项”中的“网格线”“图例”选项卡

(7)单击“下一步”按钮,在弹出的“图表向导-4 步骤之 4-图表位置”对话框中,点选“作为其中的对象插入”单选按钮,如图 7-42 所示。

图 7-42 图表位置选择

(8)单击“完成”按钮,生成相关图,如图 7-43 所示。

(9)右击相关图中的蓝色散点,在弹出的快捷菜单中执行“添加趋势线”命令。在弹出的“添加趋势线”对话框中选择“类型”选项卡,在“趋势线预测/回归分析类型”选项区域单击“线性”选项图标,如图 7-44 所示。

(10)选择“选项”选项卡,点选“自动设置”单选按钮,勾选“显示公式”和“显示 R 平方值”复选框,如图 7-45 所示。

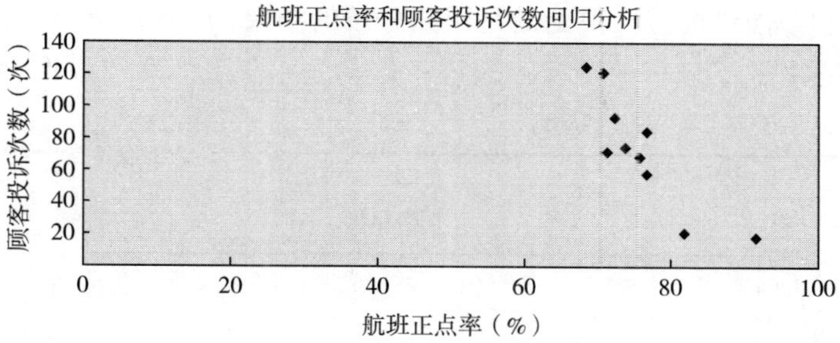

图 7-43　生成的相关图

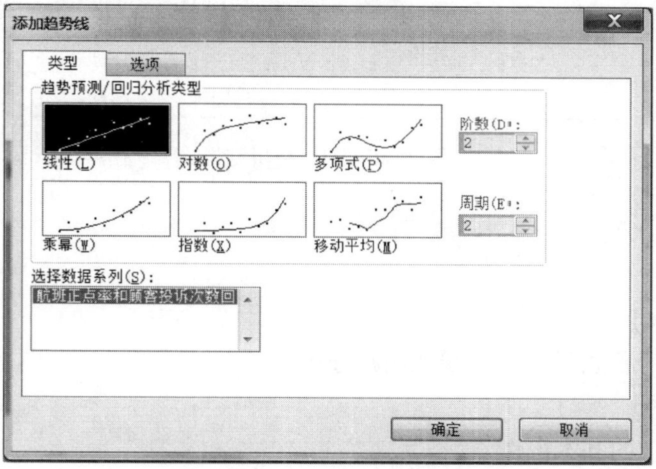

图 7-44　添加趋势线的类型

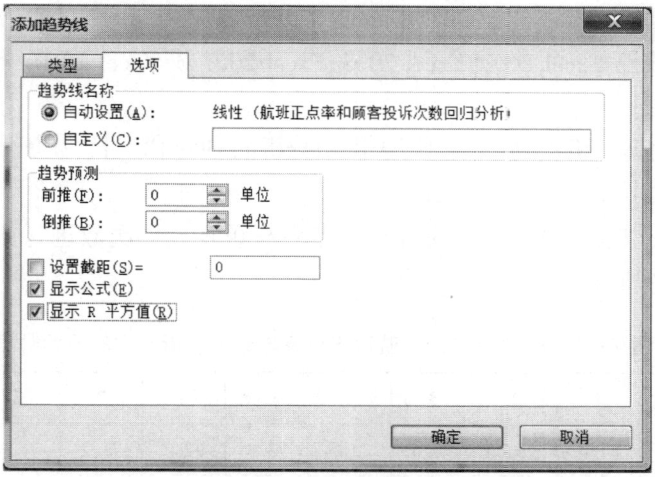

图 7-45　“添加趋势线”中的“选项”选项卡

(11)单击"确定"按钮。得到最终回归分析的结果,如图 7-46 所示。

【参考答案】

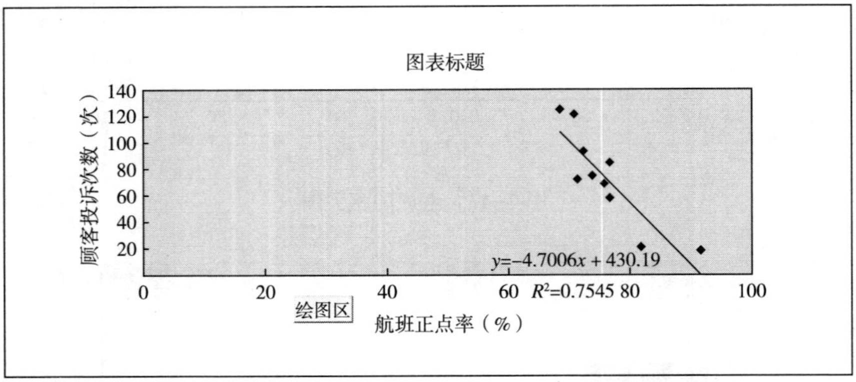

图 7-46 回归分析结果

实验九

【实验名称】

应用回归分析宏进行一元线性回归分析。

【实验目的】

熟悉 Excel 的基本操作。

训练回归分析宏进行一元线性回归分析的操作。

【实验环境】

(1)系统软件 Windows 2000、Windows 7、Windows 10 或 Windows XP。

(2)应用软件 Excel 2000、Excel 2003、Excel 2007 或 Excel 2010。

【知识准备】

Excel 的数据分析工具中专门用于回归分析的"回归"工具,使用简便。

【实验资料】

对 10 家航空公司最近一年的航班正点率与顾客投诉次数进行调查得到的原始数据如表 7-13 所示。

图 7-13 10 家航空公司航班正点率与顾客投诉次数的原始数据

航空公司编号	1	2	3	4	5	6	7	8	9	10
航班正点率(%)	81.8	76.6	76.6	75.7	73.8	72.2	71.2	70.8	91.4	68.5
投诉次数(次)	21	58	85	68	74	93	72	122	18	125

【实验要求】

应用回归分析宏，对航班正点率和顾客投诉次数进行一元线性回归分析。

【实验步骤】

(1)打开 Excel 工作簿，将数据输入 Excel 空白工作表内，如图 7-47 所示。

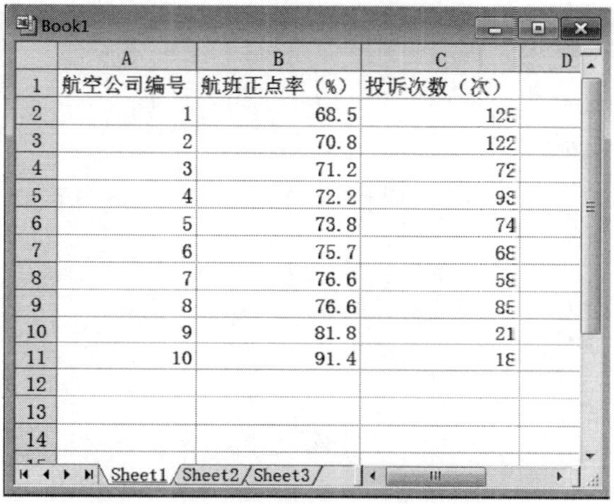

	A	B	C
1	航空公司编号	航班正点率（%）	投诉次数（次）
2	1	68.5	125
3	2	70.8	122
4	3	71.2	72
5	4	72.2	93
6	5	73.8	74
7	6	75.7	68
8	7	76.6	58
9	8	76.6	85
10	9	81.8	21
11	10	91.4	18

图 7-47 航班正点率和顾客投诉次数数据

(2)在 Excel 中，执行“工具”菜单中的“数据分析”命令，在“数据分析”列表框中选择“回归”，如图 7-48 所示。

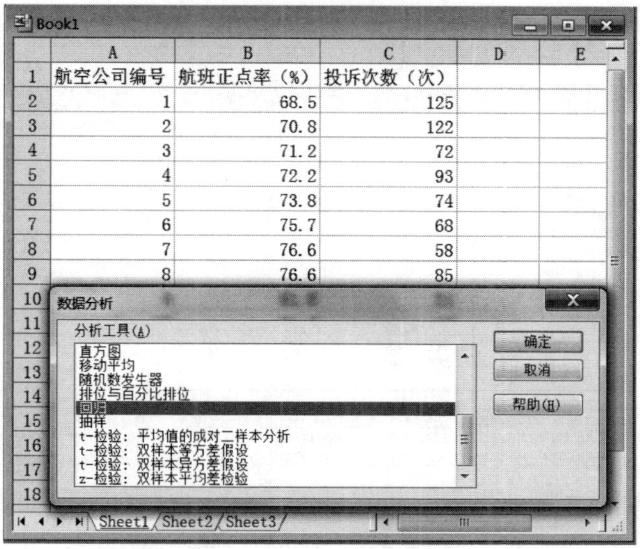

	A	B	C
1	航空公司编号	航班正点率（%）	投诉次数（次）
2	1	68.5	125
3	2	70.8	122
4	3	71.2	72
5	4	72.2	93
6	5	73.8	74
7	6	75.7	68
8	7	76.6	58
9	8	76.6	85

图 7-48 数据分析对话框

(3)单击“确定”按钮,弹出“回归”对话框。单击“Y 值输入区域(Y)”文本框中的折叠按钮,按住左键选择 C2:C11 单元格区域,单击“X 值输入区域(X)”文本框中的折叠按钮,按住左键选择 B2:B11 单元格区域。在“输出选项”区域中点选“新工作表组”单选按钮,如图 7-49 所示。

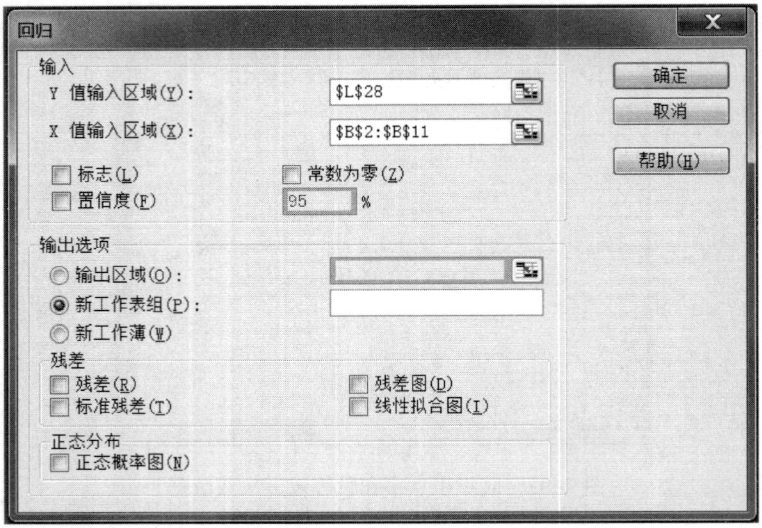

图 7-49　回归分析对话框

(4)单击“确定”按钮,可得回归分析结果,如图 7-50 所示。

【参考答案】

	A	B	C	D	E	F	G	H	I
1	SUMMARY OUTPUT								
2									
3	回归统计								
4	Multiple R	0.868642626							
5	R Square	0.754540012							
6	Adjusted R Square	0.723857513							
7	标准误差	18.88721792							
8	观测值	10							
9									
10	方差分析								
11		df	SS	MS	F	Significance F			
12	回归分析	1	8772.583994	8772.583994	24.5918699	0.001108261			
13	残差	8	2853.816006	356.7270008					
14	总计	9	11626.4						
15									
16		Coefficients	标准误差	t Stat	P-value	Lower 95%	Upper 95%	下限 95.0%	上限 95.0%
17	Intercept	430.1892329	72.15483219	5.962029428	0.000337402	263.7998916	596.5785742	263.7998916	596.5785742
18	X Variable 1	-4.700622632	0.947893644	-4.95901905	0.001108261	-6.886469292	-2.51477597	-6.88646929	-2.514775972
19									

图 7-50　回归分析结果

图 7-50 中的 Excel 回归结果包括以下 3 个部分。

第一部分是回归统计，反映整个回归方程拟合的情况，包括复相关系数、判定系数、调整的判定系数、回归标准差以及样本容量。其中，multiple *R* 是复相关系数，*R* square 是判定系数，adjusted *R* square 是调整的判定系数，标准误差指的是回归标准差，观测值指的是样本容量。

第二部分是方差分析表，包括可解释的离差平方和、残差平方和、总离差平方和、它们的自由度以及由此计算出的 *F* 统计量和 *F* 统计量的显著性水平。其中，*df* 是自由度，*SS* 是平方和，*MS* 是均方，*F* 是 *F* 统计量，significance (of) *F* 是 *P* 值。

第三部分是回归系数的估计值及其估计标准误差、*t* 统计量、*t* 统计量的 *P* 值、回归系数估计值的上下界。其中，intercept 是截距，coefficient 是系数，*t* stat 是 *t* 统计量。

实验十

【实验名称】

利用 Excel 进行多元线性回归分析。

【实验目的】

熟悉 Excel 的基本操作。

训练利用 Excel 进行多元线性回归分析的操作。

【实验环境】

(1) 系统软件 Windows 2000、Windows 7、Windows 10 或 Windows XP。

(2) 应用软件 Excel 2000、Excel 2003、Excel 2007 或 Excel 2010。

【知识准备】

Excel 的数据分析工具功能强大，有专门用于多元线性回归分析的“回归”工具。

【实验资料】

某企业近 15 年来的年销售额、销售人员数量与年广告费的数据如表 7-14 所示。

表 7-14　某企业年销售额、销售人员与年广告费数据表

年	销售额(万元)	销售人员(人)	广告费(万元)
2001	255	4	10
2002	323	6	13
2003	356	8	20
2004	387	10	22
2005	402	12	25
2006	456	9	26
2007	493	10	28

续表

年	销售额(万元)	销售人员(人)	广告费(万元)
2008	535	10	30
2009	556	12	33
2010	635	15	35
2011	672	13	35
2012	732	17	34
2013	890	20	38
2014	995	22	40
2015	1150	24	43

【实验要求】

利用 Excel 对该企业年销售额、销售人员数量与年广告费进行回归分析。

【实验步骤】

(1)打开 Excel 工作簿,将数据输入 Excel 空白工作表内,如图 7-51 所示。

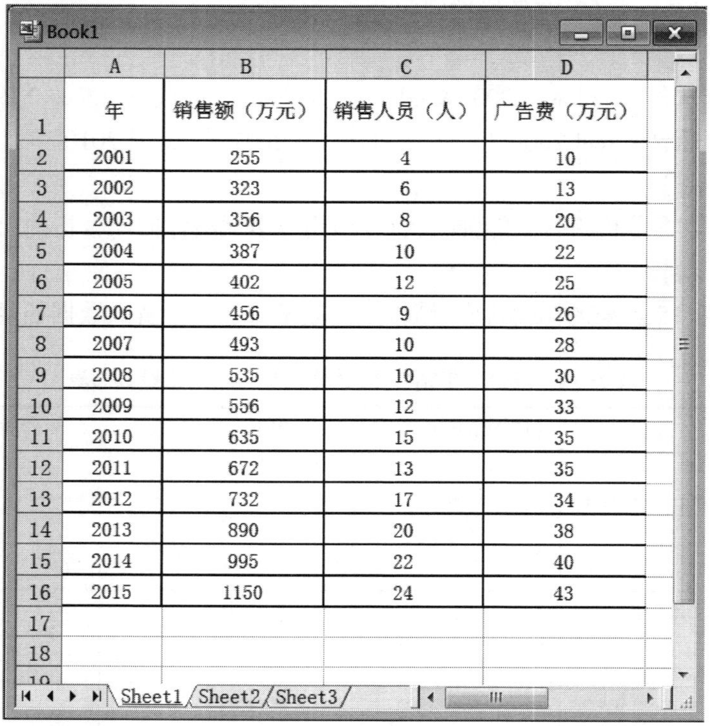

Book1

	A	B	C	D
1	年	销售额（万元）	销售人员（人）	广告费（万元）
2	2001	255	4	10
3	2002	323	6	13
4	2003	356	8	20
5	2004	387	10	22
6	2005	402	12	25
7	2006	456	9	26
8	2007	493	10	28
9	2008	535	10	30
10	2009	556	12	33
11	2010	635	15	35
12	2011	672	13	35
13	2012	732	17	34
14	2013	890	20	38
15	2014	995	22	40
16	2015	1150	24	43
17				
18				

图 7-51　该企业年销售额、销售人员与年广告费数据

（2）在 Excel 中，执行“工具”菜单中的“数据分析”命令，在“数据分析”对话框中选择“回归”，如图 7-52 所示。

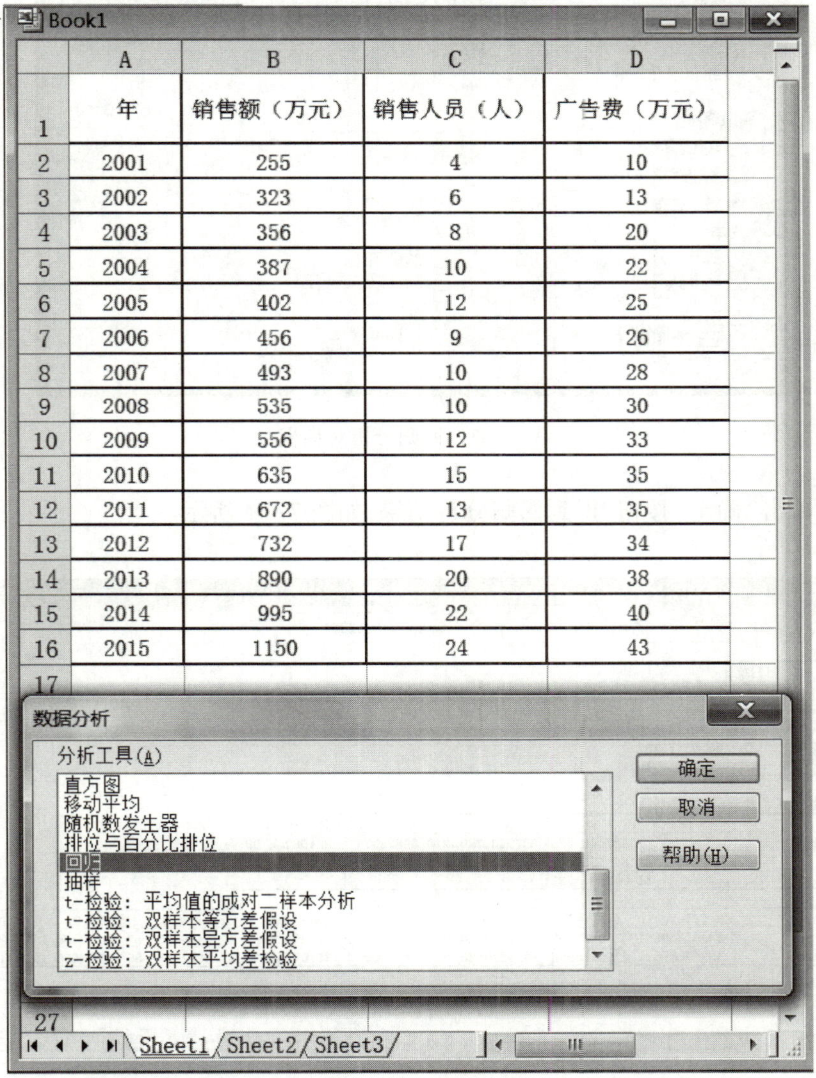

	A	B	C	D
1	年	销售额（万元）	销售人员（人）	广告费（万元）
2	2001	255	4	10
3	2002	323	6	13
4	2003	356	8	20
5	2004	387	10	22
6	2005	402	12	25
7	2006	456	9	26
8	2007	493	10	28
9	2008	535	10	30
10	2009	556	12	33
11	2010	635	15	35
12	2011	672	13	35
13	2012	732	17	34
14	2013	890	20	38
15	2014	995	22	40
16	2015	1150	24	43

图 7-52 数据分析对话框

（3）单击“确定”按钮，弹出“回归”对话框。单击“Y 值输入区域（Y）”文本框中的折叠按钮，按住左键选择 B2:B16 单元格区域，单击“X 值输入区域（X）”文本框中的折叠按钮，按住左键选择 C2:D16 单元格区域。在“输出选项”区域中点选“新工作表组”单选按钮，如图 7-53 所示。

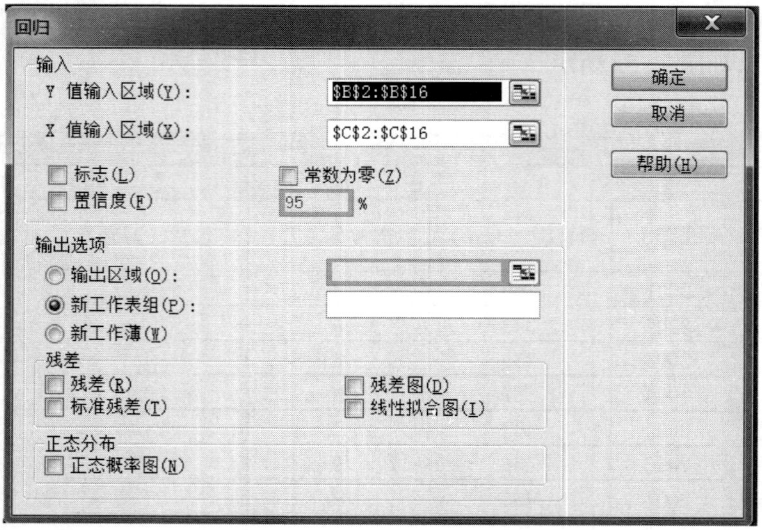

图 7-53　回归分析对话框

(4)单击“确定”按钮,得到回归分析结果,如图 7-54 所示。

	A	B	C	D	E	F	G	H	I
1	SUMMARY OUTPUT								
2									
3	回归统计								
4	Multiple R	0.970420926							
5	R Square	0.941716774							
6	Adjusted R Square	0.937233449							
7	标准误差	65.01775182							
8	观测值	15							
9									
10	方差分析								
11		df	SS	MS	F	Significance F			
12	回归分析	1	887940.729	887940.729	210.0487397	2.10825E-09			
13	残差	13	54955.0047	4227.30805					
14	总计	14	942895.733						
15									
16		Coefficients	标准误差	t Stat	P-value	Lower 95%	Upper 95%	下限 95.0%	上限 95.0%
17	Intercept	33.01360544	41.8830402	0.78823326	0.444696551	-57.46920165	123.496413	-57.46920165	123.4964125
18	X Variable 1	43.44685374	2.99776988	14.4930583	2.10825E-09	36.97056566	49.9231418	36.97056566	49.92314182
19									
20									
21									

图 7-54　回归分析结果

【参考答案】

图 7-54 显示的 Excel 回归结果与一元线性回归的组成部分相同,也包括 3 个部分。若要求输出残差、残差图和线性拟合图,则 Excel 输出结果中除了以上 3 个基本部分外,还包括所要求的内容。

可以直接根据回归结果得出回归方程 $y=-6.8463+37.1440x_1+4.1853x_2$。

根据回归方程可知，当广告费一定时，销售人员每增加 1 人，年销售额平均增长 37.1440 万元；当销售人员数量一定时，广告费每增加 1 万元，年销售额平均增长 4.1853 万元。调整的判定系数为 93.67%，表明在年销售额的变动中有 93.67%可由销售人员数量和广告费两个因素的变动来解释。公司年销售额、销售人员数量与年广告费 3 个变量的复相关系数为 0.9725，表明销售人员数量与年广告费两个变量作为整体影响因素同年销售额之间存在高度的相关关系。

在进行回归分析时，默认的置信度为 95%。于是，显著性水平 $\alpha=5\%$。x_1 系数的检验统计量 $t=5.0790$，x_2 系数的检验统计量 $t=0.9457$。根据显著性水平和自由度查 t 分布表，得 $t_{\frac{\alpha}{2}}(15-3)=t_{0.025}(12)=2.1788$。因为 $5.0790>2.1788$，所以销售人员数量的回归系数在统计上是显著的，而广告费的回归系数在统计上不显著。

当显著性水平 $\alpha=5\%$ 时，查 F 分布表得到 $F_{0.05}(2,12)=3.89$，$F=104.6172>3.89$，表明二元线性回归模型有效。

第三节　模拟练习与参考答案

练习一

【实验资料】

某市 2006~2013 年居民货币收入和消费品支出的资料如表 7-15 所示。

表 7-15　2006~2013 年居民货币收入和购买消费品支出的资料

年	货币收入(亿元)	购买消费品支出 (亿元)
2006	11.6	10.4
2007	12.9	11.5
2008	13.7	12.4
2009	14.6	13.1
2010	14.4	13.2
2011	16.5	14.5
2012	18.2	15.8
2013	19.8	17.2

【实验要求】

试根据以上资料，计算居民货币收入和购买消费品支出的相关系数，判断相关关系的紧密程度；确定回归直线方程。

【参考答案】

计算过程及结果如图 7-55~图 7-57 所示。

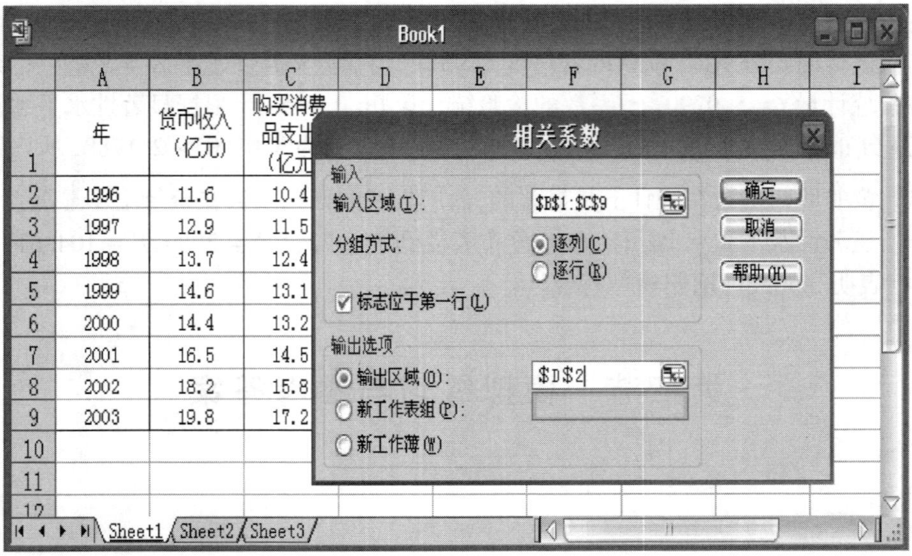

图 7-55　相关系数计算界面

图 7-56　居民货币收入和购买消费品支出的相关系数

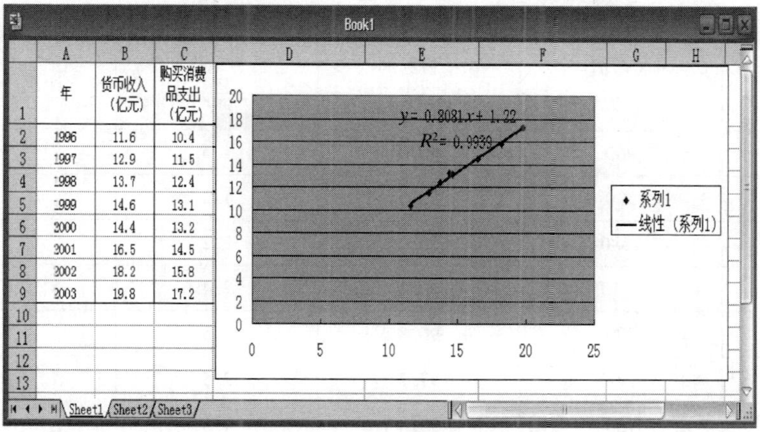

图 7-57　回归直线方程

练习二

【实验资料】

某公司所属 20 个工厂的 4 项重要经济指标如表 7-16 所示。

表 7-16　某公司所属 20 个工厂几项重要经济指标汇总表

企业编号	总产值（万元）	销售利润（万元）	全员劳动生产率（万元/人）	可比产品成本降低率（%）
1	170	4. 1	0. 9	2. 1
2	200	7. 5	1. 1	2. 0
3	140	8. 1	0. 8	3. 0
4	2000	10. 6	2. 2	3. 1
5	900	18. 1	1. 5	4. 3
6	400	21. 8	1. 2	4. 2
7	420	25. 0	1. 3	4. 5
8	180	26. 0	1. 0	4. 3
9	1200	40. 0	2. 0	5. 3
10	230	51. 0	1. 1	5. 3
11	500	52. 5	1. 3	5. 0
12	660	55. 7	1. 4	6. 0
13	1500	57. 5	2. 1	6. 2

续表

企业编号	总产值（万元）	销售利润（万元）	全员劳动生产率（万元/人）	可比产品成本降低率（%）
14	960	60.0	1.5	7.0
15	590	66.5	1.3	6.3
16	1680	79.0	2.2	8.1
17	2210	90.1	2.4	6.5
18	790	90.8	1.5	8.5
19	2600	97.2	2.5	8.9
20	750	99.8	1.5	9.2

【实验要求】

试计算总产值、全员劳动生产率、可比产品成本降低率与销售利润的相关系数，分析依存关系的紧密程度。

【参考答案】

(1) 总产值与销售利润的相关系数如图 7-58 所示。

Book1

	A	B	C	D	E	F
1	企业编号	总产值x	销售利润y			
2	1	170	4.1		总产值x	销售利润y
3	2	200	7.5	总产值x	1	
4	3	140	8.1	销售利润y	0.519164	1
5	4	2000	10.6			
6	5	900	18.1			
7	6	400	21.8			
8	7	420	25.0			
9	8	180	26.0			
10	9	1200	40.0			
11	10	230	51			
12	11	500	52.5			
13	12	660	55.7			
14	13	1500	57.5			
15	14	960	60			
16	15	590	66.5			
17	16	1680	79			
18	17	2210	90.1			
19	18	790	90.8			
20	19	2600	97.2			
21	20	750	99.8			

Sheet1 Sheet2 Sheet3

图 7-58　总产值与销售利润的相关系数

(2)全员劳动生产率与销售利润的相关系数如图 7-59 所示。

	A	B	C	D	E	F
1	企业编号	劳动生产率x	销售利润y			
2	1	0.9	4.1		劳动生产率x	销售利润y
3	2	1.1	7.5	劳动生产率x	1	
4	3	0.8	8.1	销售利润y	0.548477887	1
5	4	2.2	10.6			
6	5	1.5	18.1			
7	6	1.2	21.8			
8	7	1.3	25.0			
9	8	1	26.0			
10	9	2	40.0			
11	10	1.1	51			
12	11	1.3	52.5			
13	12	1.4	55.7			
14	13	2.1	57.5			
15	14	1.5	60			
16	15	1.3	66.5			
17	16	2.2	79			
18	17	2.4	90.1			
19	18	1.5	90.8			
20	19	2.5	97.2			
21	20	1.5	99.8			
22						

图 7-59　全员劳动生产率与销售利润的相关系数

(3)可比产品成本降低率与销售利润的相关系数如图 7-60 所示。

	A	B	C	D	E	F
1	企业编号	可比产品成本降低率x	销售利润y			
2	1	2.1	4.1		可比产品成本降低率x	销售利润y
3	2	2.0	7.5	可比产品成本降低率x	1	
4	3	3	8.1	销售利润y	0.958008531	1
5	4	3.1	10.6			
6	5	4.3	18.1			
7	6	4.2	21.8			
8	7	4.5	25.0			
9	8	4.3	26.0			
10	9	5.3	40.0			
11	10	5.3	51			
12	11	5.0	52.5			
13	12	6.0	55.7			
14	13	6.2	57.5			
15	14	7	60			
16	15	6.3	66.5			
17	16	8.1	79			
18	17	6.5	90.1			
19	18	8.5	90.8			
20	19	8.9	97.2			
21	20	9.2	99.8			
22	合计	109.8	961.6			

图 7-60　可比产品成本降低率与销售利润的相关系数

从上面的计算结果可以看出：总产值与销售利润的相关系数为 0.5192；全员劳动生产率与销售利润的相关系数为 0.5485；可比产品成本降低率与销售利润的相关系数为 0.958。

根据判定相关关系紧密程度的四级划分依据：$|r|<0.3$ 为无直线相关关系；$0.3\leq|r|<0.5$ 为低度直线相关；$0.5\leq|r|<0.8$ 为显著直线相关；$0.8\leq|r|<1$ 为高度直线相关。

本题中总产值、全员劳动生产率与销售利润间存在显著的直线正相关关系，可比产品成本降低率与销售利润间存在高度直线正相关关系。

（注：本题 3 个计算表中销售利润 y、x^2、y^2 3 个项目的数据是相同的，因此，可以将 3 个表合在 1 个表中进行计算。）

练习三

【实验资料】

2003~2013 年 11 年间某产品价格和销售量的资料如表 7-17 所示。

表 7-17　产品价格和销售量资料

年份	平均价格（元/只）x	销售量（万只）y
2003	134	650.4
2004	134	758.4
2005	129	819.9
2006	131	1051.7
2007	127	1149.7
2008	125	1388.1
2009	123	1944.4
2010	123	2534.0
2011	114	2890.0
2012	89	3576.0
2013	86	3898.0

【实验要求】

根据 2003~2013 年 11 年间某产品价格和销售量的资料，利用 Excel 拟合散点图进行趋势线性质的分析。

【参考答案】

实验结果如图 7-61 所示。

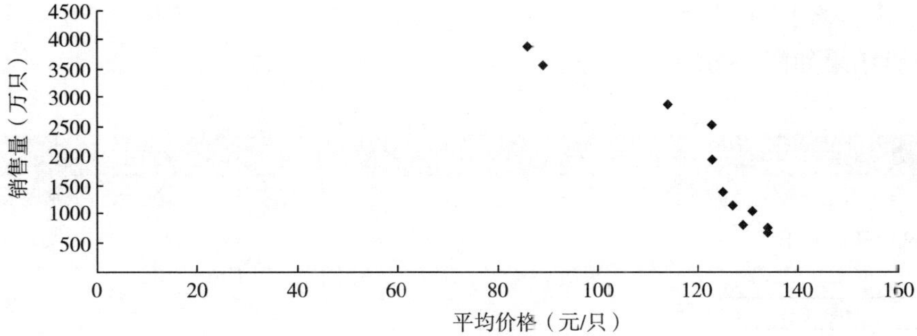

图 7-61　某产品品均价格和销售量散点图

练习四

【实验资料】

2003~2013 年 11 年间某产品价格和销售量的资料如表 7-18 所示。

图 7-18　产品价格和销售量资料

年份	平均价格(元/只) x	销售量(万只) y
2003	134	650.4
2004	134	758.4
2005	129	819.9
2006	131	1051.7
2007	127	1149.7
2008	125	1388.1
2009	123	1944.4
2010	123	2534.0
2011	114	2890.0
2012	89	3576.0
2013	86	3898.0

【实验要求】

根据 2003~2013 年 11 年间某产品价格和销售量的资料，利用 Excel 进行一元线性回归计算分析。

【参考答案】

实验结果如图 7-62 所示。

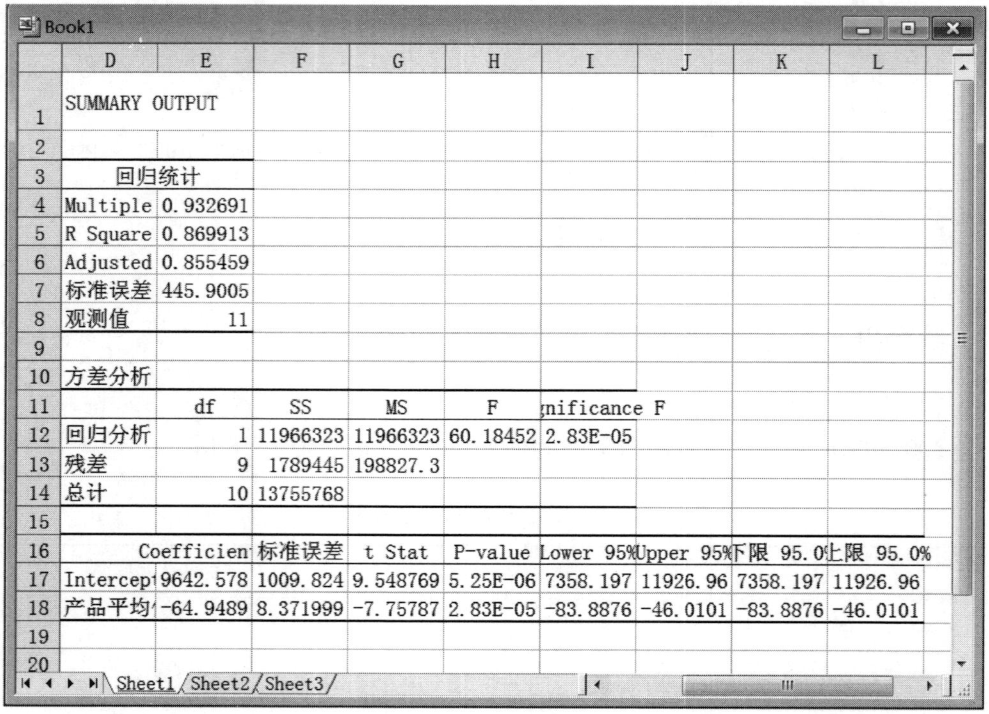

	D	E	F	G	H	I	J	K	L
1	SUMMARY OUTPUT								
2									
3	回归统计								
4	Multiple	0.932691							
5	R Square	0.869913							
6	Adjusted	0.855459							
7	标准误差	445.9005							
8	观测值	11							
9									
10	方差分析								
11		df	SS	MS	F	gnificance F			
12	回归分析	1	11966323	11966323	60.18452	2.83E-05			
13	残差	9	1789445	198827.3					
14	总计	10	13755768						
15									
16		Coefficien	标准误差	t Stat	P-value	Lower 95%	Upper 95%	下限 95.0	上限 95.0%
17	Intercep	9642.578	1009.824	9.548769	5.25E-06	7358.197	11926.96	7358.197	11926.96
18	产品平均	-64.9489	8.371999	-7.75787	2.83E-05	-83.8876	-46.0101	-83.8876	-46.0101
19									
20									

图 7-62　某产品品均价格和销售量回归分析结果

练习五

【实验资料】

某边远地区居民人均货币收入、手机平均价格与同期手机销售量的资料，如表 7-19 所示。

表 7-19　居民人均货币收入、手机平均价格与同期手机销售量的资料

年份	手机销售量（千部）y	人均货币收入（元）x_1	手机平均价格（元/部）x_2
2003	6504	1021	1340
2004	7584	1053	1340
2005	8199	1101	1290
2006	10517	1139	1310

续表

年份	手机销售量(千部) y	人均货币收入(元) x_1	手机平均价格(元/部) x_2
2007	11497	1204	1270
2008	13881	1310	1250
2009	19444	1570	1230
2010	25340	1935	1230
2011	28900	2102	1140
2012	35760	2287	1489
2013	38980	2587	1486

【实验要求】

利用 Excel 数据分析的"回归"分析工具进行二元线性回归模型分析。

【参考答案】

实验结果如图 7-63 所示。

Book2

	A	B	C	D	E	F	G	H	I
1	回归统计								
2	Multiple R	0.996721806							
3	R Square	0.993454358							
4	Adjusted R Square	0.991817948							
5	标准误差	1060.897806							
6	观测值	11							
7									
8	方差分析								
9		df	SS	MS	F	Significance F			
10	回归分析	2	1366572813	683286406.7	607.093633	1.83573E-09			
11	残差	8	9004033.243	1125504.155					
12	总计	10	1375576847						
13									
14		Coefficients	标准误差	t Stat	P-value	Lower 95%	Upper 95%	下限 95.0%	上限 95.0%
15	Intercept	-17823.16242	4179.002873	-4.264931842	0.00274297	-27459.96032	-8186.364523	-27459.96032	-8186.364523
16	人均收入	20.65750196	0.63407967	32.57871675	8.59024E-10	19.19531162	22.1196923	19.19531162	22.1196923
17	平均价格	3.137397229	3.357533053	0.934435247	0.377422069	-4.60508787	10.87988233	-4.60508787	10.87988233
18									

Sheet1 / Sheet2 / Sheet3

图 7-63 二元线性回归分析结果

练习六

【实验名称】

单相关系数的测定。

【实验资料】

某商店 10 名售货员的工龄和月工资资料如表 7-20 所示。

表 7-20　10 名售货员的工龄和月工资资料

职工编号	工龄(年)	工资(元)
1	4	3400
2	4	3460
3	5	3900
4	6	4240
5	7	4580
6	8	4920
7	8	4920
8	9	5240
9	9	5240
10	10	5580

【实验要求】

计算工龄与工资的相关系数。

【参考答案】

实验结果见图 7-64。

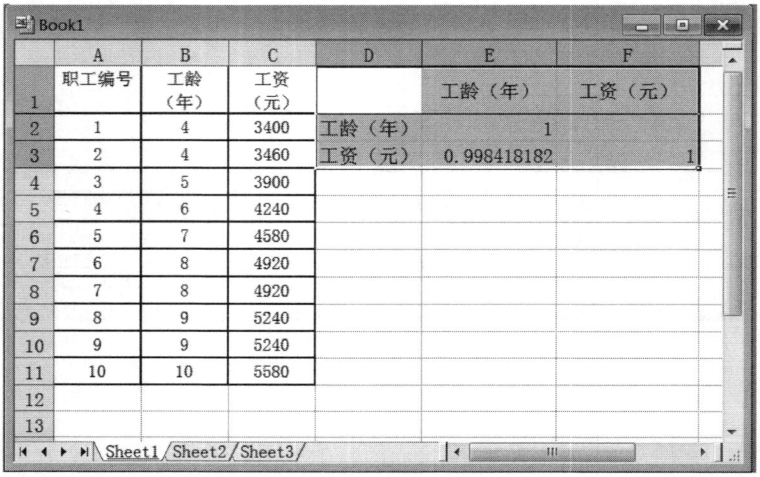

图 7-64　10 名售货员的工龄和工资相关系数

第八章　时间序列分析实验

第一节　知识要点与主要公式

一、知识要点

(1)将某一反映现象数量方面的统计指标在各个不同时间上的数值按时间先后顺序排列就形成了时间序列。任何时间序列均由两个基本要素构成:一是现象所属的时间;二是反映该现象在一定时间条件下数量特征的指标值。

(2)时间序列按其统计指标的形式不同,可分为总量指标时间序列、相对指标时间序列和平均指标时间序列3种类型。

总量指标时间序列根据反映现象的时间状况的不同又可分为时期指标时间序列和时点指标时间序列。

(3)常用的时间序列水平指标有发展水平、平均发展水平、增长量、平均增长量等。

发展水平是时间序列中与其所属时间相对应的,反映某种现象发展变化所达到的规模、程度和水平的指标数值。

将一个时间序列各期发展水平加以平均而得的平均数,叫作平均发展水平,又称为序时平均数。

根据时间序列种类的不同,序时平均数的计算方法不尽相同,各种总量指标时间序列序时平均数的计算方法是相对指标时间序列和平均指标时间序列序时平均数计算的基础。

(4)时间序列的速度指标有发展速度、增长速度、平均发展速度、平均增长速度。

根据采用的基期的不同,发展速度可分为环比发展速度和定基发展速度。同一时间序列各期环比发展速度的连乘积等于其相应时期的定基发展速度;两个相邻定基发展速度之比等于相应报告期的环比发展速度。增长速度=发展速度-100%。

平均发展速度是一定时期内各期环比发展速度的序时平均数,常用的计算方法有几何平均法和高次方程法。

(5)时间序列的变动可以看做是四类因素所导致的变动叠加在一起的结果,即趋势变动、季节变动、循环波动和随机变动。一般根据模型对各变动成分进行测定。

(6)进行长期趋势分析的主要任务就是测定时间序列的趋势值,常用的方法有移动平均法和趋势模型法。

(7)季节变动的测定步骤:首先求长期趋势值,然后从时间序列中剔除趋势和循环变动的影响,得到仅包含季节变动和随机变动的时间序列,最后消除随机变动的影响,得到季节指数。

(8)循环波动的测定可以借鉴季节变动测定的方法,从时间序列中剔除趋势变动、季节变动,再对此结果消除随机变动,从而得到反映循环波动影响程度的循环指数。

(9)时间序列的预测主要有移动平均法和指数平滑法、趋势外推法以及季节性时间序列的预测等。

二、主要公式

(1)时期总量指标时间序列的序时平均数因其连续性的特点,一般采用简单算术平均法计算,公式为:

$$\bar{x} = \frac{x_1 + x_2 + \cdots\cdots y x_n}{n} = \frac{1}{n}\sum x_t$$

(2)时点总量指标时间序列的序时平均数的计算公式如下。

①采用变动登记方式的,通过加权平均法计算,公式如下。

$$\bar{y} = \frac{y_1 f_1 + y_2 f_2 + \cdots\cdots y_n f_n}{n} = \frac{1}{n}\sum y_t f_t$$

②采用逐日登记方式的,通过简单平均法计算,公式如下。

$$\bar{y} = \frac{y_1 + y_2 + \cdots\cdots y_n}{n} = \frac{1}{n}\sum y_t$$

③采用间断登记方式的(多数状况如此),分以下两种状况计算。

首先,时间间隔相等的时间序列,采用首末折半法,计算公式如下。

$$\bar{y} = \frac{1}{n-1}\left(\frac{y_1}{2} + y_2 + y_3 + \cdots + y_{n-1} + \frac{y_n}{2}\right)$$

其次,时间间隔不等的时间数列,采用两次平均法,计算公式如下。

$$\bar{y} = \frac{\frac{y_1 + y_2}{2} + \frac{y_2 + y_3}{2} + \cdots + \frac{y_{n-1} + y_n}{2}}{f_{1+} f_2 + \cdots + f_{n-1}} = \frac{\sum_{t=1}^{n-1}(y_t + y_{t+1}) f_t}{2\sum_{t=1}^{n-1} f_t}$$

(3)相对数和平均数时间序列的序时平均数作为派生的时间数列,可以将其看作是两个总量指标时间序列的对应项对比的结果;计算公式如下。

$$\bar{y} = \frac{\bar{a}}{\bar{b}}$$

只要求出分子和分母两个总量指标时间序列的序时平均数就行了。

(4)增长量。一般公式为增长量=报告期水平−基期水平。有以下 3 种形式。

①逐期增长量：$\Delta_t = y_t - y_{t-1}$。

②累计增长量：$s_t = y_t - y_0 = \sum \Delta_t$（相应各逐期增长量之和）。

③年距增长量：年距增长量=报告期水平−上年同期水平。

(5)平均增长量。即为增长量的序时平均数，其公式如下。

$$\bar{\Delta} = \frac{1}{n}\sum \Delta_t = \sum (y_t - y_{t-1}) = \frac{y_n - y_0}{n}$$

(6)发展速度。(动态相对数)是时间序列中两项发展水平的比值，公式如下。

$$发展速度 = \frac{计算期水平}{基期水平} \times 100\%$$

分为以下 3 种。

①$环比发展速度 = \frac{计算期水平}{相邻的上一期水平} \times 100\%$。

②$定基发展速度 = \frac{计算期水平}{初始水平} \times 100\%$。

③$年距发展速度 = \frac{计算期水平}{上年同期水平} \times 100\%$。

(7)从以上定义可以看出，环比发展速度的连乘积等于相应的定基发展速度；相邻两个定基发展速度之比等于对应的环比发展速度。增长速度就是相应发展速度−100%。

(8)增长水平与增长速度指标的结合运用计算：

$$每增长1\%的绝对值 = \frac{增长量(逐期或累计)}{增长速度(环比或定基) \times 100} = \frac{基期水平}{100}$$

这是一个即考察速度又兼顾水平的分析指标。

(9)平均发展速度计算(几何法)公式如下。

$$\bar{a} = \sqrt[n]{\prod_{t=1}^{n} a_t} = \sqrt[n]{\frac{y_n}{y_0}}$$

这是最常用的计算方法，此外还有方程法等。平均增长速度 = 相应发展速度−100%。

(10)线性趋势模型及其预测。

趋势方程：$$\hat{y} = \alpha + \beta t$$

$$\beta = \frac{n\sum t y_t - \sum y_t \sum t}{n\sum t^2 - \left(\sum t\right)^2}$$

$$\alpha = \frac{1}{n}\left(\sum y_t - \beta \sum t\right)$$

(11)不考虑趋势的同期平均法就是用不同年份的同一季节的观测值计算平均数,借以消除随机波动;再用其除以各时期观测值的总平均数,得到季节比率。

$$季节指数(S) = \frac{同月(或季)平均数}{总月(或季)平均数} \times 100\%$$

(12)季节变动的调整。其方法是用原时间序列除以相应的季节指数,即

$$\frac{Y}{S} = \frac{T \times C \times S \times I}{S} = T \times C \times I$$

第二节　实验课题与参考答案

实验一

【实验名称】

利用 Excel 计算发展水平指标与发展速度指标。

【实验目的】

熟悉 Excel 的基本操作。

训练利用 Excel 计算发展水平指标与发展速度指标的操作。

【实验环境】

(1)系统软件 Windows 2000、Windows 7、Windows 10 或 Windows XP。

(2)应用软件 Excel 2000、Excel 2003、Excel 2007 或 Excel 2010。

【知识准备】

动态数列又称时间数列,它是指某种社会经济现象在不同时间上的一系列统计指标值按时间先后顺序加以排列后形成的数列。因此,动态数列由两个基本要素构成:一是反映现象所属的时间;二是反映客观现象在不同时间的统计指标值。

动态数列按其指标表现形式有以下 3 种。

(1)平均发展水平(序时平均数),该指标可以分别根据绝对数、相对数、平均数动态数列计算。这 3 种序时平均数的计算方法与特点各不相同。

(2)发展速度与增长速度,它们分别是反映社会经济现象发展变化与增长程度的动态相对指标。两者既有联系又有区别。它们的联系是增长速度=发展速度-1(或 100%)。

(3)平均发展速度是概括说明某一段时期内客观现象的一般发展变化情况。它的计算方法有两种:一种是几何平均法(水平法);另一种是方程式法(累计法)。

本实验采用简单算术平均法求时期动态数列平均发展水平,其中,简单算术平均法的计算公式如下。

$$\bar{a}=\frac{a_1+a_2+\cdots+a_n}{n}=\frac{\sum a}{n}$$

【实验资料】

我国 2001~2010 年的 GDP 数据如表 8-1 所示。

表 8-1　我国 2001~2010 年的 GDP 数据资料

年	GDP(亿元)	年	GDP(亿元)
2001	109655	2006	216314
2002	120333	2007	265810
2003	135823	2008	314045
2004	159878	2009	340903
2005	184937	2010	401202

【实验要求】

根据表 8-1 所示的我国 2001~2010 年的 GDP 数据,计算发展水平指标和发展速度指标。

【实验步骤】

(1)打开 Excel 工作簿,将表 8-1 中我国 2001~2010 年的 GDP 原始数据输入 Excel 空白表格中,如图 8-1 所示。

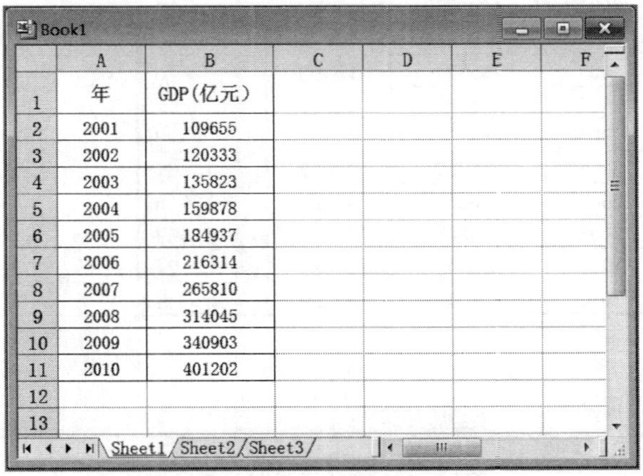

图 8-1　我国 2001~2010 年 GDP

(2)计算逐期增长量,在 C3 中输入公式"=B3-B2",并将公式拖拽复制到 C3:C11 区域,如图 8-2 所示。

	A	B	C
1	年	GDP(亿元)	逐期增长量
2	2001	109655	—
3	2002	120333	10678
4	2003	135823	15490
5	2004	159878	24055
6	2005	184937	25059
7	2006	216314	31377
8	2007	265810	49496
9	2008	314045	48235
10	2009	340903	26858
11	2010	401202	60299

图 8-2　逐期增长量计算表

(3)计算累计增长量,在 D3 中输入公式"=B3- $B $2",并将公式拖拽复制到 D3:D11 区域,如图 8-3 所示。

	A	B	C	D
1	年	GDP(亿元)	逐期增长量	累计增长量
2	2001	109655	—	
3	2002	120333	10678	10678
4	2003	135823	15490	26168
5	2004	159878	24055	50223
6	2005	184937	25059	75282
7	2006	216314	31377	106659
8	2007	265810	49496	156155
9	2008	314045	48235	204390
10	2009	340903	26858	231248
11	2010	401202	60299	291547

图 8-3　累计增长量计算表

（4）计算平均增长量（水平法），在 C14 中输入公式“=(B11-B2)/10”，按 Enter 键，即可得到平均增长量，如图 8-4 所示。

年份	GDP（亿元）	逐期增长量	累计增长量
2001	109655	—	
2002	120333	10678	10678
2003	135823	15490	26168
2004	159878	24055	50223
2005	184937	25059	75282
2006	216314	31377	106659
2007	265810	49496	156155
2008	314045	48235	204390
2009	340903	26858	231248
2010	401202	60299	291547
平均增长量		29154.7	

图 8-4　平均增长量（水平法）计算表

（5）计算定基发展速度，在 E3 中输入公式“=B3/ $B $2”，并将公式拖拽复制到 E3:E11 区域，如图 8-5 所示。

年份	GDP（亿元）	逐期增长量	累计增长量	定基发展速度
2001	109655	—	—	—
2002	120333	10678	10678	1.0974
2003	135823	15490	26168	1.2386
2004	159878	24055	50223	1.4580
2005	184937	25059	75282	1.6865
2006	216314	31377	106659	1.9727
2007	265810	49496	156155	2.4241
2008	314045	48235	204390	2.8639
2009	340903	26858	231248	3.1089
2010	401202	60299	291547	3.6588
平均增长量		29154.7		

图 8-5　定基发展速度计算表

(6)计算环比发展速度，在 F3 中输入公式“=B3/B2”，并将公式拖拽复制到 F3:F11 区域，如图 8-6 所示。

Book1

	A	B	C	D	E	F	G
1	年	GDP(亿元)	逐期增长量	累计增长量	定基发展速度	环比发展速度	
2	2001	109655	—	—	—	—	
3	2002	120333	10678	10678	1.0974	1.0974	
4	2003	135823	15490	26168	1.2386	1.1287	
5	2004	159878	24055	50223	1.4580	1.1771	
6	2005	184937	25059	75282	1.6865	1.1567	
7	2006	216314	31377	106659	1.9727	1.1697	
8	2007	265810	49496	156155	2.4241	1.2288	
9	2008	314045	48235	204390	2.8639	1.1815	
10	2009	340903	26858	231248	3.1089	1.0855	
11	2010	401202	60299	291547	3.6588	1.1769	
12							
13							
14	平均增长量		29154.7				
15							

Sheet1 / Sheet2 / Sheet3

图 8-6　环比发展速度计算表

(7)计算平均发展速度(水平法)，单击 F14 单元格，执行“插入”菜单中的“函数”命令，弹出“插入函数”对话框，选择统计函数中的“GEOMEAN”(返回几何平均值)函数，确定后，在数值区域中输入 F3:F11，确定即可得到平均发展速度(水平法)的计算结果，如图 8-7 所示。

【参考答案】

Book1

	A	B	C	D	E	F	G
1	年	GDP(亿元)	逐期增长量	累计增长量	定基发展速度	环比发展速度	
2	2001	109655	—	—	—	—	
3	2002	120333	10678	10678	1.0974	1.0974	
4	2003	135823	15490	26168	1.2386	1.1287	
5	2004	159878	24055	50223	1.4580	1.1771	
6	2005	184937	25059	75282	1.6865	1.1567	
7	2006	216314	31377	106659	1.9727	1.1697	
8	2007	265810	49496	156155	2.4241	1.2288	
9	2008	314045	48235	204390	2.8639	1.1815	
10	2009	340903	26858	231248	3.1089	1.0855	
11	2010	401202	60299	291547	3.6588	1.1769	
12							
13							
14	平均增长量		29154.7	平均发展速度		1.1550	
15							

Sheet1 / Sheet2 / Sheet3

图 8-7　2001~2010 年 GDP 发展水平指标与发展速度指标的计算结果

实验二

【实验名称】

计算时期动态数列平均发展水平。

【实验目的】

熟悉 Excel 的基本操作以及采用简单算术平均法求时期动态数列平均发展水平的操作。

【实验环境】

(1)系统软件 Windows2000、Windows 7、Windows 10 或 Windows XP。

(2)应用软件 Excel 2000、Excel 2003、Excel 2007 或 Excel 2010。

【知识准备】

同实验一。

【实验资料】

某公司 2006 年各月产量资料如表 8-2 所示。

表 8-2 某公司 2006 年各月的产量资料

月	产量(件)	月	产量(件)
1	4200	7	5000
2	4400	8	5200
3	4600	9	5400
4	4820	10	5400
5	4850	11	5500
6	4900	12	5600

【实验要求】

试采用简单算术平均法计算各季度平均每月产量和全年平均月产量。

【操作步骤】

(1)打开一张空白的工作表,将上述资料按列填制到工作表中,表的左边添加两列将月份分成季度和年度,在表的右边也添加两列,用以计算季度和年度的月平均产量,表格的样式如图 8-8 所示。

(2)计算季度平均月产量,方法:在 E2 单元格中输入公式“=AVERAGE(D2:D4)”,确定后向下填充到 E11 单元格,计算每一季度的月平均产量。函数 AVERAGE 是 Excel 计算简单算术平均数的函数。

Book1

	A	B	C	D	E	F	G
1	年	季度	月	产量（件）	季度平均月产量（件）	年度平均月产量（件）	
2	2006	第一季度	1	4200			
3			2	4400			
4			3	4600			
5		第二季度	4	4820			
6			5	4850			
7			6	4900			
8		第三季度	7	5000			
9			8	5200			
10			9	5400			
11		第四季度	10	5400			
12			11	5500			
13			12	5600			
14							

Sheet1 / Sheet2 / Sheet3

图 8-8　计算工作表

(3) 计算全年平均月产量，方法：在 F2 单元格中输入公式“= AVERAGE(E2:E13)”，计算出全年平均月产量。

(4) 适当修正小数点和格式，完成全部操作。

【参考答案】

完成的计算结果表如图 8-9 所示。

Book1

	A	B	C	D	E	F	G
1	年	季度	月	产量（件）	季度平均月产量（件）	年度平均月产量（件）	
2	2006	第一季度	1	4200	4400	4989.167	
3			2	4400			
4			3	4600			
5		第二季度	4	4820	4856.76		
6			5	4850			
7			6	4900			
8		第三季度	7	5000	5200		
9			8	5200			
10			9	5400			
11		第四季度	10	5400	5500		
12			11	5500			
13			12	5600			

Sheet1 / Sheet2 / Sheet3

图 8-9　计算结果表

实验三

【实验名称】

计算等间隔时点数列序时平均数。

【实验目的】

熟悉 Excel 的基本操作。

训练等间隔时点数列序时平均数计算的操作。

【实验环境】

(1)系统软件 Windows 2000、Windows 7、Windows 10 或 Windows XP。

(2)应用软件 Excel 2000、Excel 2003、Excel 2007 或 Excel 2010。

【知识准备】

间断时点数列分为以下两种形式。

(1)间隔相等的间断时点数列:在计算间隔相等的间断时点数列的序时平均数时,采用首末折半法计算,其公式如下。

$$\bar{a} = \frac{\frac{1}{2}a_1 + a_2 + \cdots + \frac{1}{2}a_n}{n - 1}$$

(2)间隔不等的时点数列,在计算间隔不等的间断时点数列的序时平均数时,采用以间隔长度为权数进行加权平均方法,其公式如下。

$$\bar{a} = \frac{\frac{a_1 + a_2}{2}f_1 + \frac{a_2 + a_3}{2}f_2 + \cdots + \frac{a_{n-1} + a_n}{2}f_{n-1}}{\sum f_{n-1}}$$

【实验资料】

已知某公司 2004~2007 年各季度末工人人数的资料如表 8-3 所示。

表 8-3 某公司 2004~2007 年各季度末工人人数

年	季末工人人数			
	第 1 季度	第 2 季度	第 3 季度	第 4 季度
2004	300	304	306	310
2005	310	312	314	318
2006	316	316	320	322
2007	350	352	358	360

此外,2003 年第 4 季度末的工人人数为 280 人,2004~2007 年的总产值分别为

780 万元、960 万元、1900 万元、2500 万元。

【实验要求】

试根据以上所列资料，计算该公司各年平均工人人数；计算该公司各年平均工人劳动生产率；分析该公司总产值的增长情况，并分析其增长的主要原因。

【实验步骤】

(1)先根据所给的资料，在空白工作表中编制一张计算工作表，在表上需要增加 3 列，一列为年总产值，登记该企业每年的总产值，另外两列用于计算该公司各年平均工人人数和各年平均工人劳动生产率。同时，还需要在表内标题行下增加一行，用于登记 2003 年第 4 季度末的工人人数。将各个季度人数和企业总产值数据填入表中。编制完成的表格样式如图 8-10 所示。

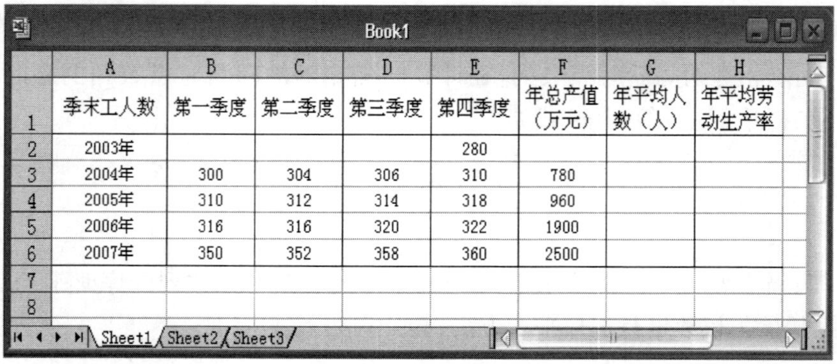

	A	B	C	D	E	F	G	H
1	季末工人数	第一季度	第二季度	第三季度	第四季度	年总产值（万元）	年平均人数（人）	年平均劳动生产率
2	2003年				280			
3	2004年	300	304	306	310	780		
4	2005年	310	312	314	318	960		
5	2006年	316	316	320	322	1900		
6	2007年	350	352	358	360	2500		
7								
8								

图 8-10　计算工作表

(2)计算各年的年平均工人人数，计算方法：选择 G3 单元格，输入公式“=ROUNDUP(((SUM(B3:D3)+E2/2+E3/2)/4),0)”，确定后依次向下填充到 G6 单元格，计算出各年的年平均工人人数。该公式使用了两个函数嵌套的方式，函数 ROUNDUP 是将计算结果向上进位，第二个参数为 0，表示保留到整数。

(3)计算年平均工人劳动生产率，计算方法：在 H3 单元格中输入公式“=F3/G3”，确定后向下填充到 H6 单元格，即完成年平均工人劳动生产率的计算。

(4)适当调整各单元格的数字、表格边框线的格式及小数点位数，写出对该公司总产值增长的主要原因分析。

【参考答案】

完成的计算结果表如图 8-11 所示。

从计算结果数据可以看出，该公司总产值是逐年增加的，其主要原因是工人劳动生产率的提高。虽然工人人数也有所增长，但是工人劳动生产率提高的幅度超过工人人数的增长幅度。

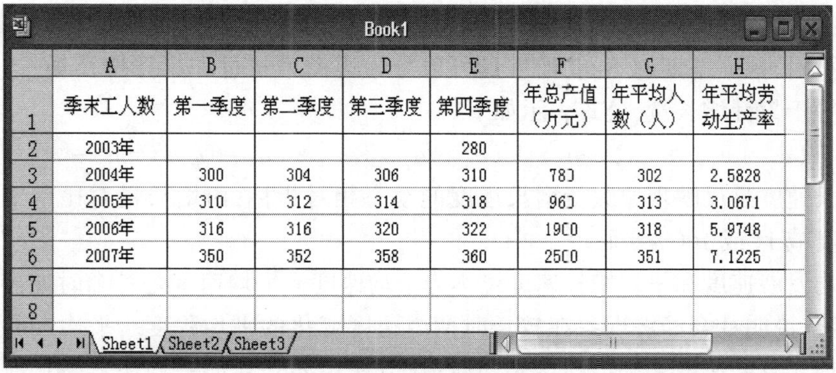

	A	B	C	D	E	F	G	H
1	季末工人数	第一季度	第二季度	第三季度	第四季度	年总产值（万元）	年平均人数（人）	年平均劳动生产率
2	2003年				280			
3	2004年	300	304	306	310	780	302	2.5828
4	2005年	310	312	314	318	960	313	3.0671
5	2006年	316	316	320	322	1900	318	5.9748
6	2007年	350	352	358	360	2500	351	7.1225
7								
8								

图 8-11　计算结果表

实验四

【实验名称】

现象发展速度指标的计算。

【实验目的】

熟悉 Excel 的基本操作。

训练现象发展速度指标计算的操作。

【实验环境】

(1)系统软件 Windows 2000、Windows 7、Windows 10 或 Windows XP。

(2)应用软件 Excel 2000、Excel 2003、Excel 2007 或 Excel 2010。

【知识准备】

现象发展的速度指标包括发展速度、增长量、增长速度、平均发展速度和平均增长速度。

(1)发展速度是以相对数的形式表现的动态分析指标,它是两个不同时期发展水平指标对比的结果,说明报告期水平是基期水平的百分之几或若干倍。由于基期的不同而分为环比发展速度和定基发展速度。环比发展速度是报告期水平与前一期水平即基期水平之比,反映现象在前后两期的发展变化情况;定基发展速度是各报告期水平同某一固定基期水平的对比,说明现象在较长时期内发展的总速度。两者的关系是,各期环比发展速度的连乘积等于定基发展速度,公式表示如下。

$$\frac{a_1}{a_0}\cdot\frac{a_2}{a_1}\cdot\frac{a_3}{a_2}\cdot\cdots\cdot\frac{a_n}{a_{n-1}}=\frac{a_n}{a_0}$$

(2)增长量是以绝对数形式表示的速度分析指标,是两个不同时期的发展水平之差,其计算公式如下。

增长量=报告期水平-基期水平

计算时,根据基期的不同,增长量可以分为逐期增长量和累计增长量,逐期增长量之和等于累计增长量,公式表示如下。

$$(a_1 - a_1) + (a_2 - a_1) + (a_3 - a_2) + \cdots + (a_n - a_{n-1}) = a_n - a_0$$

增长速度是反映现象数量增长程度的动态相对指标,由增长量对比基期水平或发展速度减 1(或 100%) 而得。

平均发展速度和平均增长速度统称为平均速度。平均速度是各个时期环比速度的平均数,说明社会经济现象在较长时期内速度变化的平均程度。平均发展速度是对各期环比发展速度求平均的结果,其计算方法主要是几何平均法。用几何平均法计算平均发展速度的公式如下。

$$\bar{x} = \sqrt[n]{x_1 \cdot x_2 \cdot x_3 \cdot \cdots \cdot x_n} = \sqrt[n]{\prod x}$$

平均增长速度=平均发展速度-1(或 100%)

平均增长速度有正负,分别表示逐期平均递增程度和平均递减程度。

【实验资料】

某公司 2002~2007 年的销售收入资料如表 8-4 所示。

表 8-4　某公司 2002~2007 年的销售收入资料

年	2002	2003	2004	2005	2006	2007
销售收入(万元)	4305	4950	5820	7440	8101.4	8255

【实验要求】

根据以上资料,计算 2002~2007 年的逐期和累计增长量、全期平均增长量、定基和环比发展速度、定基和环比增长速度、增长 1%的绝对值、年平均发展速度和平均增长速度,并说明以上动态分析指标之间的关系。

【实验步骤】

(1)本题要计算的指标比较多,可以先编制一张计算工作表。

打开一张空白的 Excel 工作表,编制一张空白的计算工作表,将企业销售收入资料填入表格。表格的样式如图 8-12 所示。

(2)计算逐期增长量,计算方法:在 C3 单元格中输入计算公式“=C2-B2”,确认后向右填充到 G3 单元格,计算出逐期增长量。

(3) 计算累计增长量,计算方法:在 C4 单元格中输入计算公式“=B4+C3”,确认后向右填充到 G4 单元格,计算出累计增长量。

(4)计算定基发展速度,计算方法:在 B5 单元格中输入计算公式“=B2/ $B $2”,

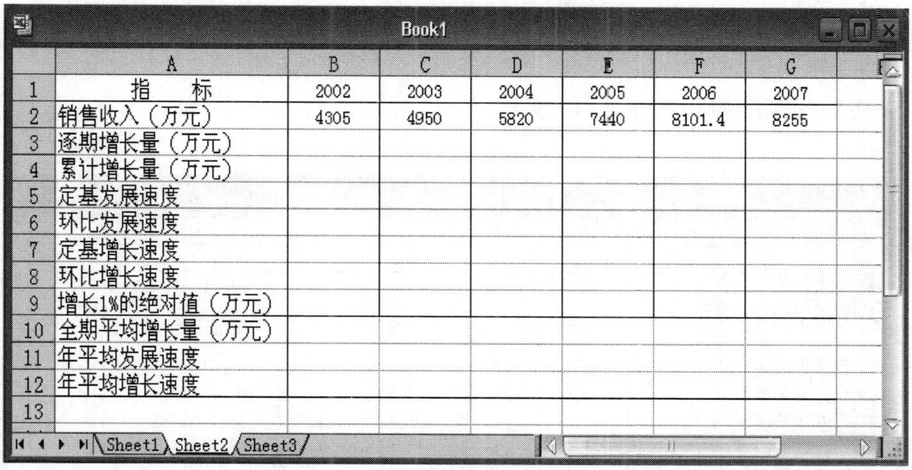

	A	B	C	D	E	F	G
1	指　标	2002	2003	2004	2005	2006	2007
2	销售收入（万元）	4305	4950	5820	7440	8101.4	8255
3	逐期增长量（万元）						
4	累计增长量（万元）						
5	定基发展速度						
6	环比发展速度						
7	定基增长速度						
8	环比增长速度						
9	增长1%的绝对值（万元）						
10	全期平均增长量（万元）						
11	年平均发展速度						
12	年平均增长速度						
13							

图 8-12　计算工作表

确认后向右填充到 G5 单元格，计算出定基发展速度，并将单元格格式调整为保留两位小数的百分比形式。

（5）计算环比发展速度，计算方法：在 C6 单元格中输入计算公式“=C2/B2”，确认后向右填充到 G6 单元格，计算出环比发展速度，并将单元格格式调整为保留两位小数的百分比形式。

（6）计算定基增长速度，计算方法：在 C7 单元格中输入计算公式“=C5-100%”，确认后向右填充到 G7 单元格，计算出定基增长速度，并将单元格格式调整为保留两位小数的百分比形式。

（7）计算环比增长速度，计算方法：在 C8 单元格中输入计算公式“=C6-100%”，确认后向右填充到 G8 单元格，计算出环比增长速度，并将单元格格式调整为保留两位小数的百分比形式。

（8）计算增长 1%的绝对值，计算方法：在 C9 单元格中输入计算公式“=B2/100”，确认后向右填充到 G9 单元格，计算出增长 1% 的绝对值。

（9）计算年平均增长量，计算方法：在 B10 单元格中输入计算公式“=G4/5”，确认后即计算出年平均增长量。

（10）计算年平均发展速度，计算方法：在 B11 单元格中输入计算公式“=POWER((G2/B2),1/5)”，计算出年平均发展速度，并将单元格格式调整为保留两位小数的百分比形式。

（11）计算年平均增长速度，计算方法：在 B12 单元格中输入计算公式“=B11-100%”，计算出年平均增长速度，并将单元格格式调整为保留两位小数的百分比形式。

(12)进一步说明各项指标之间的关系。

【参考答案】

完成的计算结果表如图 8-13 所示。

	A	B	C	D	E	F	G	H
1	指　标	2002	2003	2004	2005	2006	2007	
2	销售收入（万元）	4305	4950	5820	7440	8101.4	8255	
3	逐期增长量（万元）		645	870	1620	661.4	153.6	
4	累计增长量（万元）		645	1515	3135	3796.4	3950	
5	定基发展速度	100.00%	114.98%	135.19%	172.82%	188.19%	191.75%	
6	环比发展速度		114.98%	117.58%	127.84%	108.89%	101.90%	
7	定基增长速度		14.98%	35.19%	72.82%	88.19%	91.75%	
8	环比增长速度		14.98%	17.58%	27.84%	8.89%	1.90%	
9	增长1%的绝对值（万元）		43.05	49.5	58.2	74.4	81.01	
10	全期平均增长量（万元）	790						
11	年平均发展速度	113.91%						
12	年平均增长速度	13.91%						
13								

图 8-13　计算结果表

进一步说明各动态分析指标之间的关系：

(1)累计增长量等于各期逐期增长量之和；

(2)定基增长速度等于定基发展速度减 1；

(3)定基发展速度等于各期环比发展速度的连乘积；

(4)前期水平除以 100 等于本期增长 1% 的绝对值；

(5)逐期增长量除以该期环比增长速度等于本期增长 1% 的绝对值；

(6)计算平均发展速度，可用环比发展速度的项数为次数对各期环比发展速度的连乘积开方；或者是用减 1 的动态数列项数为次数对动态数列最末水平与最初水平之比开方求得。

(7)平均增长速度等于平均发展速度减 1。

实验五

【实验名称】

计算年平均发展速度和年平均增长速度。

【实验目的】

熟悉 Excel 的基本操作。

训练年平均发展速度和年平均增长速度计算的操作。

【实验环境】

(1)系统软件 Windows 2000、Windows 7、Windows 10 或 Windows XP。

(2)应用软件 Excel 2000、Excel 2003、Excel 2007 或 Excel 2010。

【知识准备】

本实验在求出年平均发展速度和年平均增长速度后,还需要进一步预测以后的情况,一般可以使用 Excel 的"单变量求解"工具来解答。"单变量求解"就是通过调整其他单元格的数值为某一单元格寻求一个特定值。在"目标单元格"编辑框中,输入待求解公式所在单元格的引用。在"目标值"编辑框中,键入所需的结果。在"可变单元格"编辑框中,输入待调整数值所在单元格的引用。此单元格必须由"目标单元格"框指定的单元格的公式引用。单击"确定"按钮后就可以得到计算的结果。

【实验资料】

甲市和乙市 2002~2007 年的国民生产总值资料如表 8-5 所示。

图 8-5　甲、乙两市的国民生产总值表　　单位:十万元

年	甲市	乙市
2002	31900	48200
2003	32900	49400
2004	34000	50400
2005	36200	51400
2006	38000	52420
2007	40000	53460

【实验要求】

试根据以上资料计算:

(1)甲、乙两市的年平均发展速度和年平均增长速度。

(2)如果甲市保持这 6 年的年平均发展速度继续发展,再过多少年,甲市可以赶上乙市。

(3)如果乙市的年平均发展速度保持不变,甲市要在 6 年内赶上乙市,2007 年后平均每年的增长速度应为多少。

【实验步骤】

(1)打开一张空白的 Excel 工作表,编制一张空白的计算工作表,将甲市和乙市的国民生产总值资料填入表格,在表格的下方添加两行,用以计算年平均发展速度和年平均增长速度。表格的样式如图 8-14 所示。

Book1

	A	B	C	D
1	年	甲市	乙市	
2	2002	31900	48200	
3	2003	32900	49400	
4	2004	34000	50400	
5	2005	36200	51400	
6	2006	38000	52420	
7	2007	40000	53460	
8	年平均发展速度			
9	年平均增长速度			
10				

Sheet1 Sheet2 Sheet3

图 8-14　计算工作表

(2)先计算甲、乙两市的年平均发展速度,具体方法:在 B8 单元格中输入公式"=POWER(B7/B2,1/5)",然后向右填充到 C8 单元格,计算出甲、乙两市的年平均发展速度。

(3)计算甲、乙两市的年平均增长速度。计算方法:在 B9 单元格中输入公式"=B8-1",然后向右填充到 D9 单元格,计算出甲、乙两市的年平均增长速度。

(4)在表格的下方 A14 单元格中,输入"需要几年赶上乙市",表示后面的单元格用于计算从 2008 年开始,甲市赶上乙市所需的年数。

(5)在表格的下方 A13 单元格中,输入"6 年平均发展速度",表示后面的单元格用于计算从 2008 年开始,甲市要在 6 年内赶上乙市所要求的年平均发展速度,如图 8-15 所示。

Book1

	A	B	C	D
1	年	甲市	乙市	
2	2002	31900	48200	
3	2003	32900	49400	
4	2004	34000	50400	
5	2005	36200	51400	
6	2006	38000	52420	
7	2007	40000	53460	
8	年平均发展速度	104.63%	102.09%	
9	年平均增长速度	4.63%	2.09%	
10				
11	需要几年赶上乙市			
12				
13	6年平均发展速度			
14				

Sheet1 Sheet2 Sheet3

图 8-15　数据分析工作表

(6)计算从 2008 年开始,甲市赶上乙市所需的年数。在 B11 单元格中输入一个任意数字,如输入 1 ,在 C11 单元格中输入公式“=B7 * POWER(B8, $B $11)”,在 C12 单元格中输入公式“=C7 * POWER(C8, $B $11)”,在 D11 单元格中输入公式“=C12-C11”,即方程式: $53460 \times (102.1\%)^x - 40000 \times (104.63\%)^x = 0$

在 B11 单元格中输入的 1 代表方程中的 x,利用 Excel 的“单变量求解”工具就可以得到这个方程的解。

(7)使用“工具”菜单选择“单变量求解”工具,在“单变量求解”工具的界面中输入有关数据。其中,在“目标单元格”栏输入“D11”,表示上述方程式的左边,在“目标值”栏中输入一个“0”,表示当 x 值满足甲市赶上乙市所需的年数时,两市的国民生产总值相等,即两市的国民生产总值相减等于 0,在“可变单元格”栏中输入“ $B $11”,即需要的年数,如图 8-16 所示。

图 8-16　单变量求解界面

(8)按下“确定”按钮,就可以得到方程的解。

(9)计算从 2008 年开始,甲市要在 6 年内赶上乙市所要求的年平均发展速度,采用同样的方法进行计算。在 B13 单元格中输入一个任意数字,如输入 1,在 C13 单元格中输入公式“=B7 * POWER(B13,6)”,在 C14 单元格中输入公式“=C7 * POWER(C8,6)”,在 D13 单元格中输入公式“=C14-C13”,有关的方程式如下。

$$40000 \times (\bar{x})^6 = 53460 \times (102.1\%)^6$$

(10)使用“工具”菜单选择“单变量求解”工具,在“单变量求解”工具的界面中输入有关数据。其中,在“目标单元格”栏中输入“D13”,在“目标值”栏中输入一个“0”,在“可变单元格”栏中输入“ $B $13”,即需要的年平均发展速度,如图 8-17 所示。

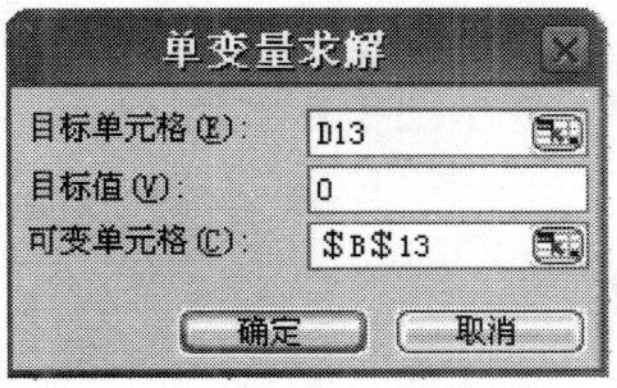

图 8-17　单变量求解界面

(11)按下“确定”按钮,就可以得到方程的解。

【参考答案】

完成操作后的计算结果表如图 8-18 所示。

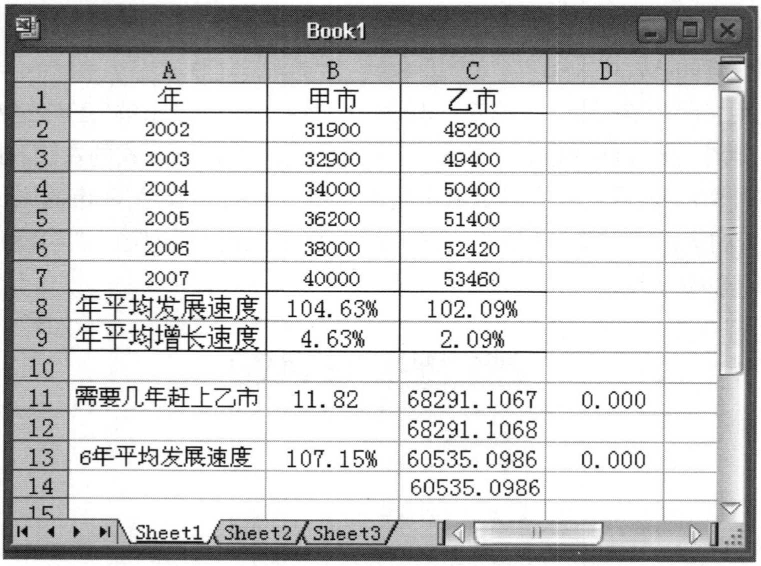

	A	B	C	D
1	年	甲市	乙市	
2	2002	31900	48200	
3	2003	32900	49400	
4	2004	34000	50400	
5	2005	36200	51400	
6	2006	38000	52420	
7	2007	40000	53460	
8	年平均发展速度	104.63%	102.09%	
9	年平均增长速度	4.63%	2.09%	
10				
11	需要几年赶上乙市	11.82	68291.1067	0.000
12			68291.1068	
13	6年平均发展速度	107.15%	60535.0986	0.000
14			60535.0986	

图 8-18　计算结果表

从计算的结果可以看出:

(1)甲市年平均发展速度为 104.63%,年平均增长速度为 4.63%;乙市年平均发展速度为 102.09%,乙市年平均增长速度为 2.09% 。虽然甲市的国民生产总值低于乙市,但是发展速度较快。

(2)甲市赶上乙市所需的年数为 11.82,约为 12 年。即在甲、乙市的平均发展速度保持不变的情况下,甲市需要约 12 年才能赶上乙市。

(3)从 2008 年开始,甲市要在 6 年内赶上乙市所要求的年平均发展速度为 107.15% 。即在乙市的平均发展速度保持不变的情况下,甲市在从 2008 年开始的 6 年内需保持 7.15%的年平均增长速度 ,才能赶上乙市。

实验六

【实验名称】

利用移动平均法进行预测。

【实验目的】

熟悉 Excel 的基本操作。

训练利用移动平均法进行预测的操作。

【实验环境】

(1)系统软件 Windows 2000、Windows 7、Windows 10 或 Windows XP。

(2)应用软件 Excel 2000、Excel 2003、Excel 2007 或 Excel 2010。

【知识准备】

依据长期观测数据,测定现象长期趋势,可以预测其未来的走向,一般可以采用线性趋势法、移动平均法和指数平滑法。

(1)线性趋势法是利用回归技术,将时间视为自变量 X 定义而成,将在下一章讨论。

(2)移动平均法是采用逐期递推移动,计算一系列移动的序时平均数作为时间上的趋势值,其计算公式如下。

$$\overline{Y} = \frac{Y_t + Y_{t-1} + \cdots + Y_{t-n+1}}{n}$$

(3)指数平滑法是利用过去时间序列的加权平均值作为下一期的预测值,其计算公式如下。

$$F_{t+1} = aY_t + (1 - a)F_t$$

其中,a 为平滑指数,介于 0~1,较小的 a 值产生较平滑的曲线,较大的 a 值产生较不平滑的曲线。

【实验资料】

某旅游风景区 2005~2015 年接待的游客数据如表 8-6 所示。

表 8-6　某旅游风景区 2005~2015 年接待的游客数据

年	游客人数(万人)	年	游客人数(万人)
2005	310	2011	390
2006	322	2012	380
2007	331	2013	405
2008	365	2014	398
2009	352	2015	426
2010	378		

【实验要求】

利用 Excel 的移动平均法预测 2016 年的游客数量。

【实验步骤】

(1)打开 Excel 工作簿,输入某旅游风景区 2005~2015 年接待的游客数据,在 A

列输入年，B 列输入游客数量，如图 8-19 所示。

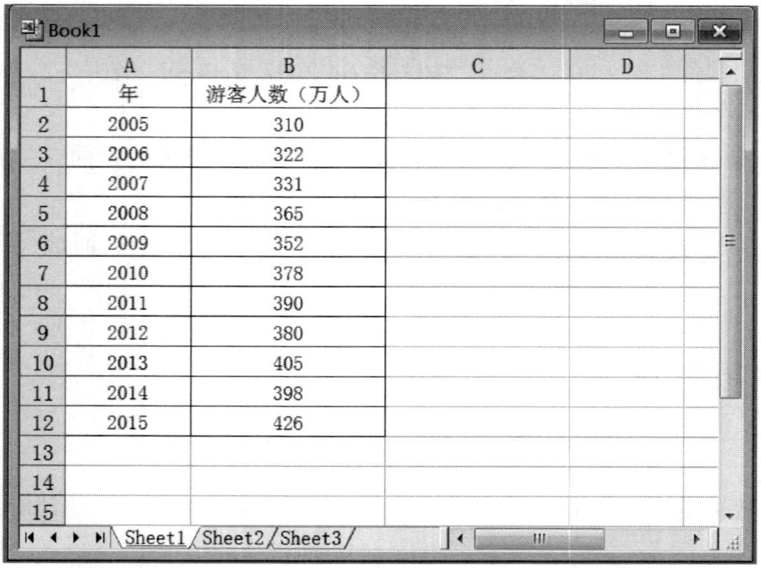

	A	B	C	D
1	年	游客人数（万人）		
2	2005	310		
3	2006	322		
4	2007	331		
5	2008	365		
6	2009	352		
7	2010	378		
8	2011	390		
9	2012	380		
10	2013	405		
11	2014	398		
12	2015	426		
13				
14				
15				

图 8-19　某旅游风景区接待游客数据

(2)执行“工具”菜单中的“数据分析”命令，在“数据分析”对话框中选择“移动平均”，如图 8-20 所示。

图 8-20　数据分析对话框

(3)单击“确定”按钮，弹出“移动平均”对话框，在该对话框中，单击“输入区域”文本框中的折叠按钮，按住左键选择 B2:B12 区域。在“间隔”文本框中输入“3”表示使用三步移动平均法。单击“输出区域”文本框中的折叠按钮，单击 C2 单元格，显示 $C $2，表示将输出区域的左上角单元格定义为 $C $2。勾选“图表输出”和“标准误差”复选框，如图 8-21 所示。

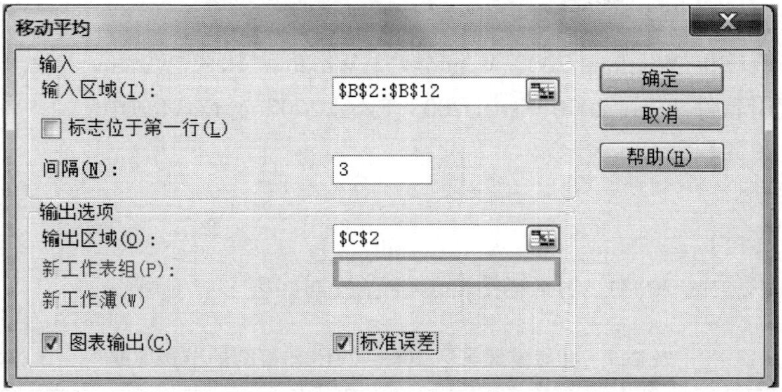

图 8-21　移动平均对话框

(4)单击“确定”按钮,便可得移动平均预测结果,如图 8-22 所示。

【参考答案】

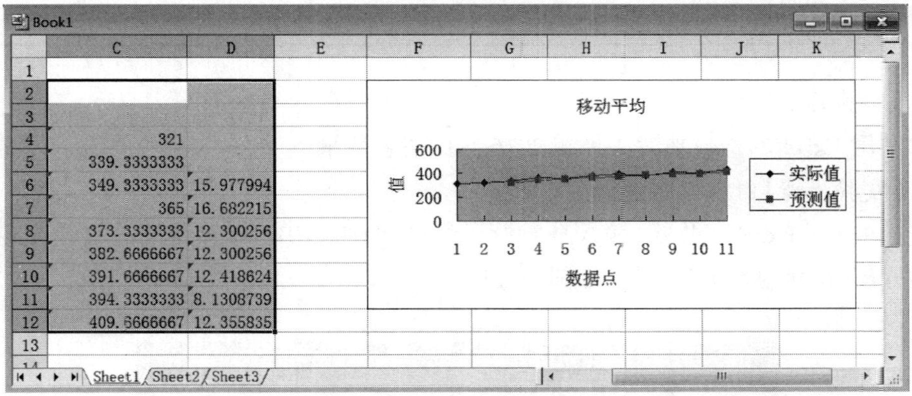

图 8-22　移动平均预测结果

在图 8-22 中, C4:C12 对应的数据即为三步移动平均法的预测值,单元格区域 D6:D12 中的数值为标准误差。

实验七

【实验名称】

利用指数平滑法预测。

【实验目的】

熟悉 Excel 的基本操作。

训练利用指数平滑法进行预测的操作。

【实验环境】

(1)系统软件 Windows 2000、Windows 7、Windows 10 或 Windows XP。

(2)应用软件 Excel 2000、Excel 2003、Excel 2007 或 Excel 2010。

【知识准备】

同实验六。

【实验资料】

某旅游风景区 2005~2015 年接待的游客数据如表 8-7 所示。

表 8-7　某旅游风景区 2005~2015 年接待的游客数据

年	游客人数(万人)	年	游客人数(万人)
2005	310	2011	390
2006	322	2012	380
2007	331	2013	405
2008	365	2014	398
2009	352	2015	426
2010	378		

【实验要求】

利用 Excel 的指数平滑法预测 2016 年的游客数量。

【实验步骤】

(1)打开 Excel 工作簿,输入某旅游风景区 2005~2015 年接待的游客数据,在 A 列输入年,B 列输入游客数量,如图 8-23 所示。

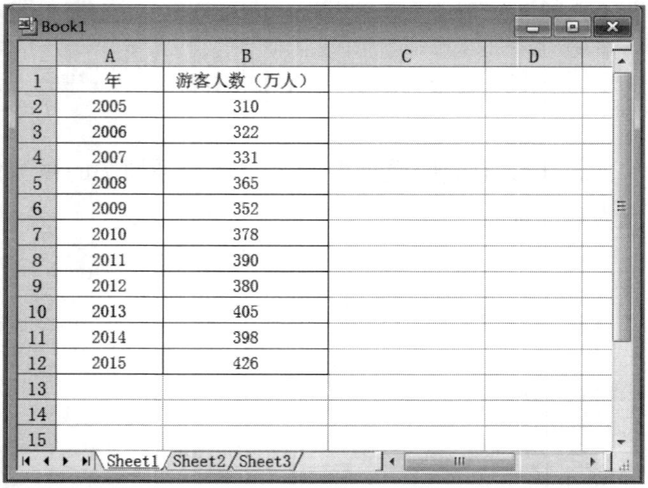

	A	B	C	D
1	年	游客人数（万人）		
2	2005	310		
3	2006	322		
4	2007	331		
5	2008	365		
6	2009	352		
7	2010	378		
8	2011	390		
9	2012	380		
10	2013	405		
11	2014	398		
12	2015	426		
13				
14				
15				

图 8-23　某旅游风景区接待游客数据

(2)执行“工具”菜单中的“数据分析”命令,在“数据分析”对话框中选择“指数平滑”,如图 8-24 所示。

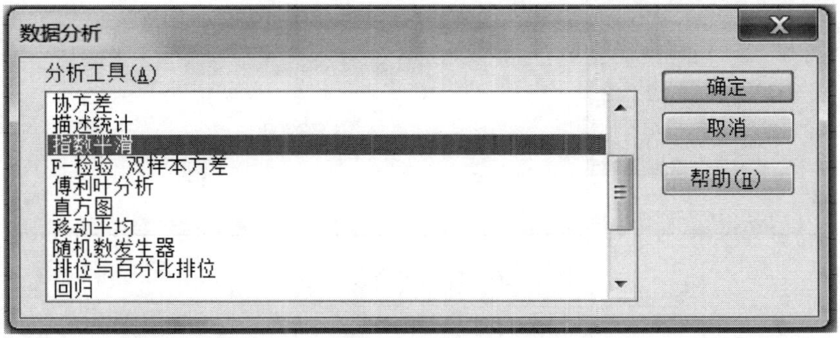

图 8-24　“数据分析”对话框

(3)单击“确定”按钮,弹出“指数平滑”对话框,在该对话框中,单击“输入区域”文本框中的折叠按钮,按住左键选择 B2:B12 区域。在“阻尼系数”文本框中输入“0.5”(注:阻尼系数应输入 $1-a$ 对应的数值)。单击“输出区域”文本框中的折叠按钮,单击 C2 单元格,显示 $C$2,表示将输出区域的左上角单元格定义为 $C$2。勾选“图表输出”和“标准误差”复选框,如图 8-25 所示。

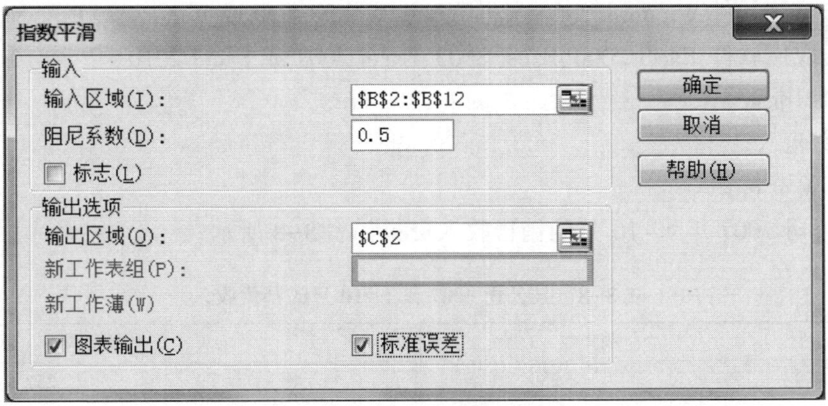

图 8-25　指数平滑对话框

(4)单击“确定”按钮,便可得指数平滑预测结果,如图 8-26 所示。

【参考答案】

在图 8-26 中,C3:C12 对应的数值即为指数平滑的预测值,单元格区域 D6:D12 中的数值为标准误差。

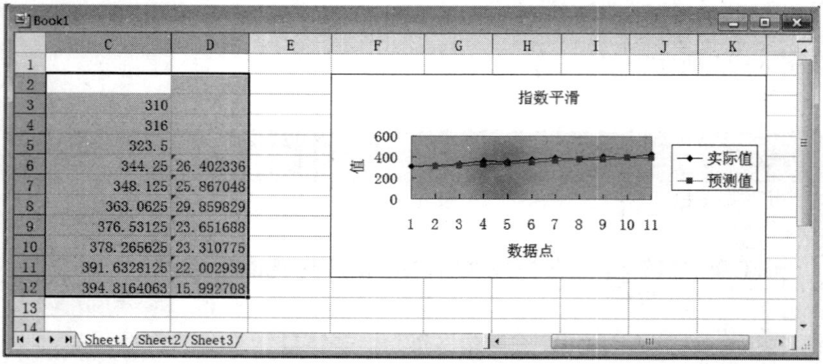

图 8-26　指数平滑预测结果

实验八

【实验名称】

测定时间趋势的移动平均法和指数平滑法的应用。

【实验目的】

熟悉 Excel 的基本操作。

训练移动平均法和指数平滑法的计算和操作。

【实验环境】

(1)系统软件 Windows 2000、Windows 7、Windows 10 或 Windows XP。

(2)应用软件 Excel 2000、Excel 2003、Excel 2007 或 Excel 2010。

【知识准备】

同实验六。

【实验资料】

某公司 2007 年 1~10 月的销售收入资料如表 8-8 所示。

表 8-8　某公司 2007 年 1~10 月的销售收入

月	销售收入(万元)	月	销售收入(万元)
1	230	6	257
2	236	7	262
3	241	8	276
4	246	9	281
5	252	10	286

【实验要求】

试根据以上资料,判断该公司销售收入的发展趋势是否接近于直线型;用移动平均法(3 期移动的平均)预测 11 月的销售收入;用指数平滑法($a=0.7$)预测 11 月的销售收入。

【实验步骤】

(1)使用 Excel 的图表功能可以直观地看出该公司销售收入的发展趋势。好开一个空白的工作表,将以上资料分两列填入表内,如图 8-27 所示。

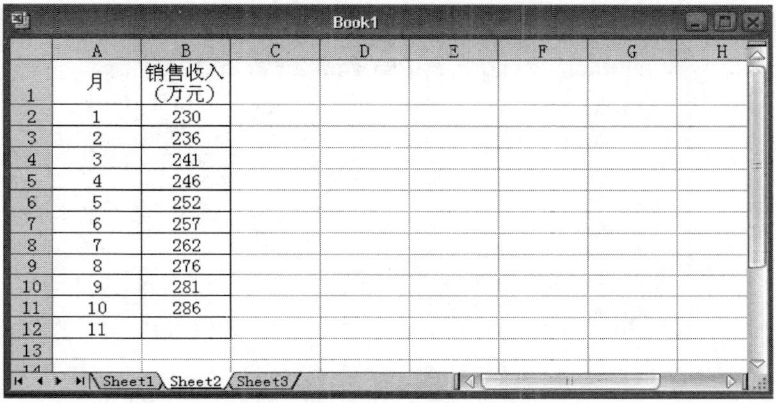

	A	B	C	D	E	F	G	H
1	月	销售收入（万元）						
2	1	230						
3	2	236						
4	3	241						
5	4	246						
6	5	252						
7	6	257						
8	7	262						
9	8	276						
10	9	281						
11	10	286						
12	11							
13								

图 8-27　计算工作表

(2)使用 Excel 的图表工具观测数据是否近乎直线,方法:用鼠标单击“图表向导”图标打开“图表向导”,在“图表向导-4 步骤之 1”中选择“折线图”;在“图表向导-4 步骤之 2”中输入数据范围“ $B $1: $B $12”,选择系列产生在“列”;在“图表向导-4 步骤之 3”和“图表向导-4 步骤之 4”中不用修改,使用默认值即可,确定后就得到数据图像,如图 8-28 所示。

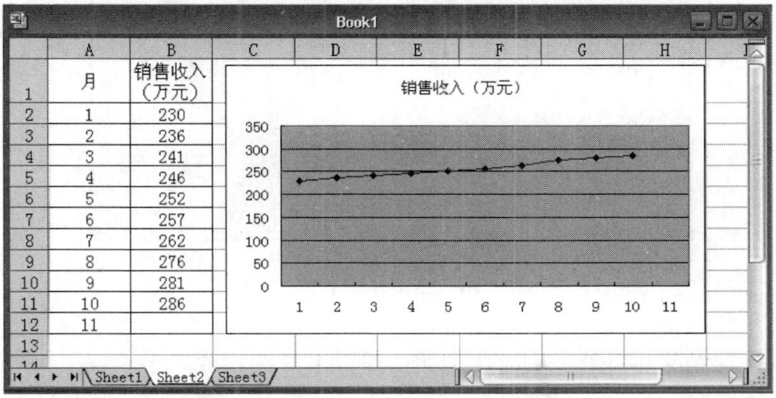

图 8-28　数据图像

(3)从图 8-29 中可以看出数据呈直线型。

(4)移动平均分析,方法:使用鼠标选取“工具→数据分析”命令,打开“数据分析”对话框,选择“移动平均”,确认后就打开了“移动平均”计算界面。输入区域为“ $B $1: $B $11”,勾选“标志位于第一行”,间隔为“3”,输出区域为“ $C $3”,下面有两个选项,图表输出和标准误差,如果选上,在产生移动平均数据系列的同时,产生移动平均数据图表和标准差系列。填好的“移动平均”计算界面如图 8-29 所示。

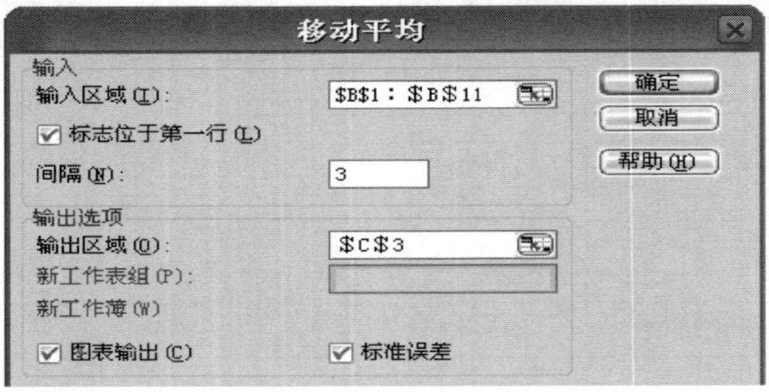

图 8-29 移动平均计算界面

(5)从计算结果中找出移动平均法预测的 11 月销售收入。

(6)指数平滑法分析,方法:使用鼠标选取“工具→数据分析”命令,打开“指数平滑”对话框,选择“指数平滑”,确认后就打开了“指数平滑”计算界面。输入区域为“ $B $1: $B $11”,阻尼系数定为 0.7($a=0.7$),勾选“标志”,输出区域为“ $C $3”。填好的“指数平滑”计算界面如图 8-30 所示。

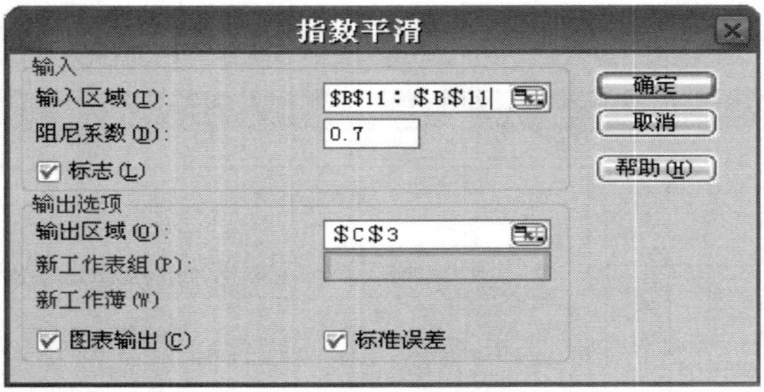

图 8-30 指数平滑计算界面

(7)从计算结果中找出移动平均法预测的 11 月销售收入。

【参考答案】

从计算结果可以看出,采用移动平均法得到的 11 月的预计销售收入为 281 万元。采用指数平滑法得到的 11 月预计销售收入为 265.37 万元。计算的结果如图 8-31、图 8-32 所示。

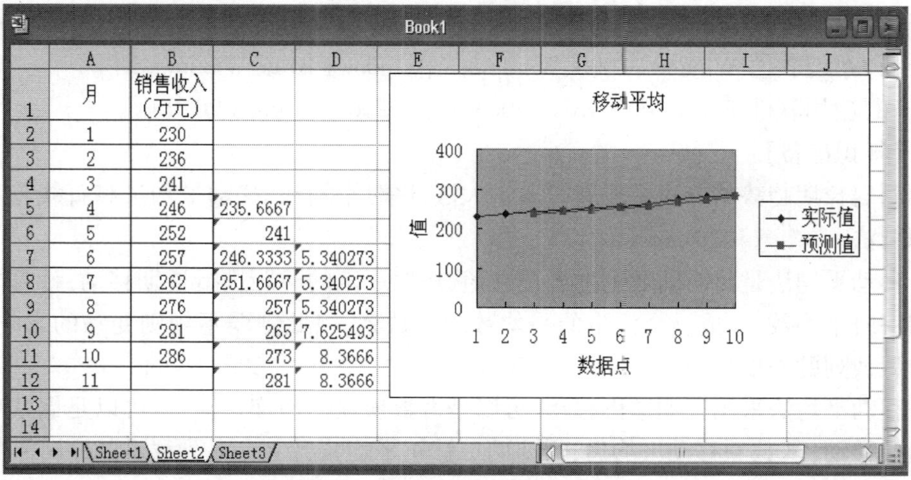

	A	B	C	D
1	月	销售收入（万元）		
2	1	230		
3	2	236		
4	3	241		
5	4	246	235.6667	
6	5	252	241	
7	6	257	246.3333	5.340273
8	7	262	251.6667	5.340273
9	8	276	257	5.340273
10	9	281	265	7.625493
11	10	286	273	8.3666
12	11		281	8.3666

图 8-31　移动平均计算结果及图像

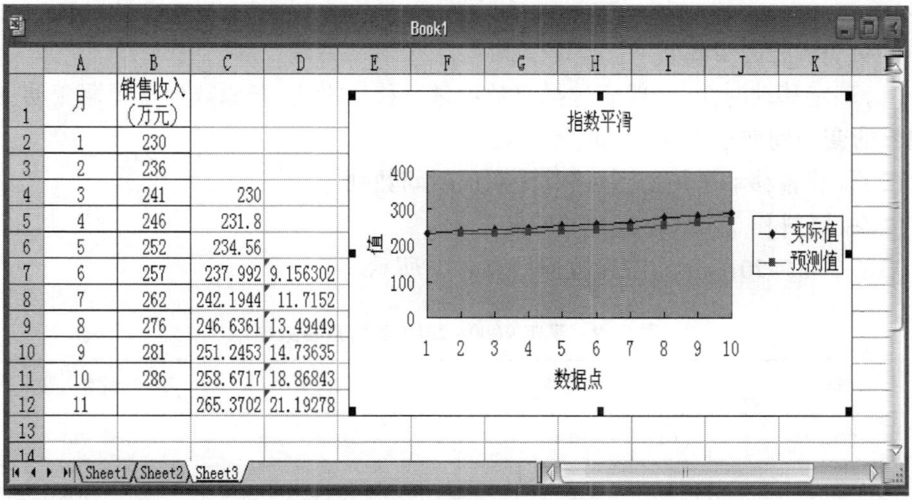

	A	B	C	D
1	月	销售收入（万元）		
2	1	230		
3	2	236		
4	3	241	230	
5	4	246	231.8	
6	5	252	234.56	
7	6	257	237.992	9.156302
8	7	262	242.1944	11.7152
9	8	276	246.6361	13.49449
10	9	281	251.2453	14.73635
11	10	286	258.6717	18.86843
12	11		265.3702	21.19278

图 8-32　指数平滑计算结果及图像

实验九

【实验名称】

利用移动平均法计算时间序列的长期趋势。

【实验目的】

熟悉 Excel 的基本操作。

训练利用移动平均法计算时间序列长期趋势的操作。

【实验环境】

(1)系统软件 Windows 2000、Windows 7、Windows 10 或 Windows XP。

(2)应用软件 Excel 2000、Excel 2003、Excel 2007 或 Excel 2010。

【知识准备】

测定长期趋势的方法主要有时距扩大法、序时平均法、移动平均法和直线趋势方程拟合法。

移动平均法是对时间数列的各项数值,按照一定的时距进行逐期移动,计算出一系列序时平均数,形成一个派生的平均数时间数列,以此削弱不规则变动的影响,显示出原数列的长期趋势。

移动平均法采用逐期递推移动,可以是奇数项逐期递推移动,也可以是偶数项逐期递推移动(偶数项移动平均后,需要两项移正平均),计算一系列移动的序时平均数作为时间上的趋势值,其计算公式如下。

$$\overline{Y} = \frac{Y_t + Y_{t-1} + \cdots + Y_{t-n+1}}{n}$$

移动平均法的步骤如下。

(1)确定移动时距:一般应选择奇数项进行移动平均;若原数列呈周期变动,应选择现象的变动周期作为移动的时距长度。

(2)计算各移动平均值,并将其编制成时间数列

【实验资料】

某市 2000~2010 年的游客数据如表 8-9 所示。

表 8-9　某市 2000~2010 年的游客数据

年	游客人数	年	游客人数
2000	310	2006	390
2001	322	2007	380
2002	331	2008	405
2003	365	2009	398
2004	352	2010	426
2005	378		

【实验要求】

利用 Excel 分别计算某市 2000~2010 年的游客人数的三项和四项移动平均数。

【实验步骤】

(1)打开 Excel 工作簿,输入某市 2000~2010 年的游客人数数据,在 A 列输入年,在 B 列输入游客数量,如图 8-33 所示。

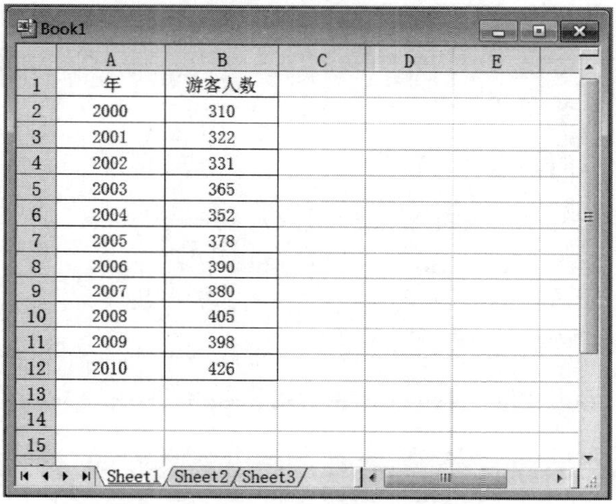

	A	B
1	年	游客人数
2	2000	310
3	2001	322
4	2002	331
5	2003	365
6	2004	352
7	2005	378
8	2006	390
9	2007	380
10	2008	405
11	2009	398
12	2010	426

图 8-33　某市 2000~2010 年的游客人数数据表

(2)计算三项移动平均数。选中 C3 单元格,执行"插入"菜单中的"函数"命令,在弹出的"插入函数"对话框中选择统计函数中的 AVERAGE 函数,单击"确定"按钮,弹出"函数参数"对话框,如图 8-34 所示。

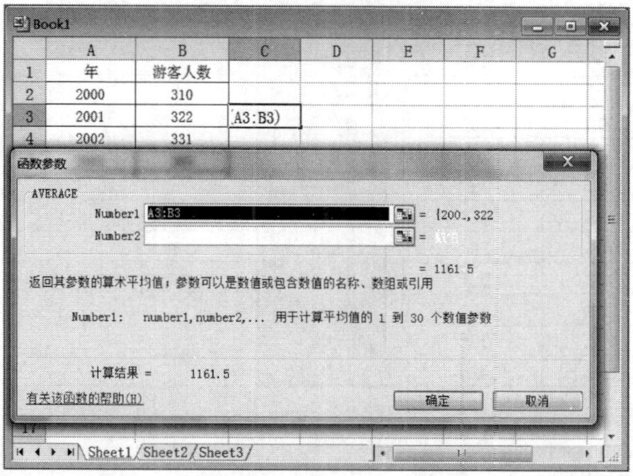

图 8-34　插入函数对话框

(3)在弹出的“函数参数”对话框中单击“Number1”文本框中的折叠按钮，按住左键选择 B2:B4 单元格区域，如图 8-35 所示。

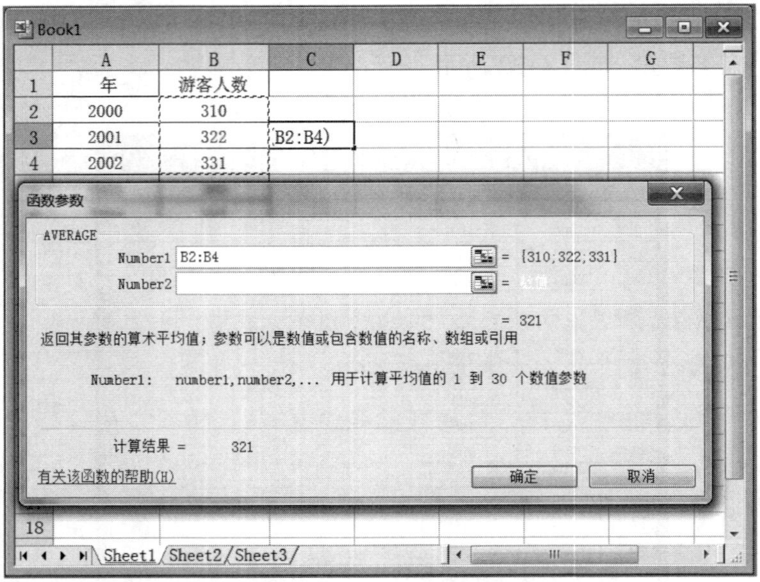

图 8-35　函数参数对话框

(4)单击“确定”按钮即可得到 2001 年所对应的长期趋势值。将公式拖拽复制到 C4:C11 区域，即可得到该时间序列的三项移动平均数，如图 8-36 所示。

	A	B	C
1	年	游客人数	三项移动平均
2	2000	310	
3	2001	322	321
4	2002	331	339
5	2003	365	349
6	2004	352	365
7	2005	378	373
8	2006	390	383
9	2007	380	392
10	2008	405	394
11	2009	398	410
12	2010	426	

图 8-36　三项移动平均数计算结果

(5)计算四项移动平均数,选中 D3 单元格,执行"插入"菜单中的"函数"命令,在弹出的"插入函数"对话框中选择"AVERAGE"函数,单击"确定"按钮。

(6)在弹出的"函数参数"对话框中单击"Number1"文本框中的折叠按钮,按住左键选择 B2:B5 单元格区域。单击"确定"按钮即可得到 2002 年所对应的长期趋势值。将公式拖拽复制到 D4:D10 区域。即可得到该时间序列的四项移动平均数,如图 8-37 所示。

年	游客人数	三项移动平均	四项移动平均
2000	310		
2001	322	321	332
2002	331	339	343
2003	365	349	357
2004	352	365	371
2005	378	373	375
2006	390	383	388
2007	380	392	393
2008	405	394	402
2009	398	410	
2010	426		

图 8-37　四项移动平均数计算结果

(7)由于移动平均的项数是偶数,需要再进行二项移正平均。选中 E4 单元格,执行"插入"菜单中的"函数"命令,在弹出的"插入函数"对话框中选择 AVERAGE 函数,单击"确定"按钮。在弹出的"函数参数"对话框中单击"Number1"文本框中的折叠按钮,按住左键选择 D3:D4 单元格区域。单击"确定"按钮即可得到 2002 年所对应的长期趋势值。将公式拖拽复制到 E5:E10 区域,可得到该时间序列的二项移正平均数,即该时间序列的趋势值,如图 8-38 所示。

【参考答案】

年	游客人数	三项移动平均	四项移动平均	二项移正平均
2000	310	—	—	—
2001	322	321	332	—
2002	331	339	343	337
2003	365	349	357	350
2004	352	365	371	364
2005	378	373	375	373
2006	390	383	388	382
2007	380	392	393	391
2008	405	394	402	398
2009	398	410		
2010	426			

图 8-38　移动平均法计算长期趋势的结果

实验十

【实验名称】

利用趋势预测法进行时间序列预测。

【实验环境】

(1)系统软件 Windows 2000、Windows 7、Windows 10 或 Windows XP。

(2)应用软件 Excel 2000、Excel 2003、Excel 2007 或 Excel 2010。

【知识准备】

同实验六。

【实验资料】

某旅游风景区 2005~2015 年接待的游客数据如表 8-10 所示。

表 8-10　某旅游风景区 2005~2015 年接待的游客数据

年	时间变量 t	游客人数(万人)
2005	1	310
2006	2	322
2007	3	331
2008	4	365
2009	5	352
2010	6	378
2011	7	390
2012	8	380
2013	9	405
2014	10	398
2015	11	426

【实验要求】

利用 Excel 的趋势预测方法预测 2016 年的游客数量。

【实验步骤】

(1)打开 Excel 工作簿,输入某旅游风景区 2005~2015 年接待的游客数据,在 A 列输入年,B 列输入时间变量 t,C 列输入游客数量,如图 8-39 所示。

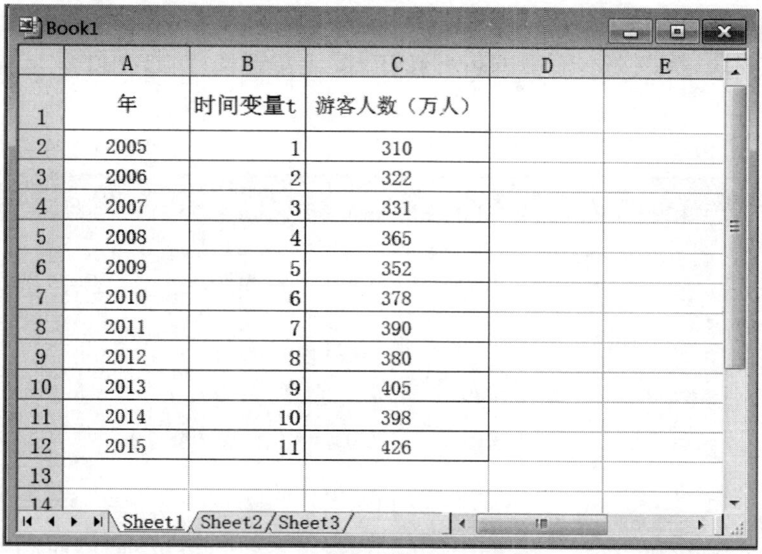

	A	B	C	D	E
1	年	时间变量t	游客人数（万人）		
2	2005	1	310		
3	2006	2	322		
4	2007	3	331		
5	2008	4	365		
6	2009	5	352		
7	2010	6	378		
8	2011	7	390		
9	2012	8	380		
10	2013	9	405		
11	2014	10	398		
12	2015	11	426		
13					
14					

图 8-39　某旅游风景区接待游客数据

(2)选中 C13 单元格,执行“插入”菜单中的“函数”命令,在弹出的“插入函数”对话框的“或选择类别”下拉列表框中选择“统计”,在“选择函数”列表框中选择“FORECAST”(预测)函数,如图 8-40 所示。

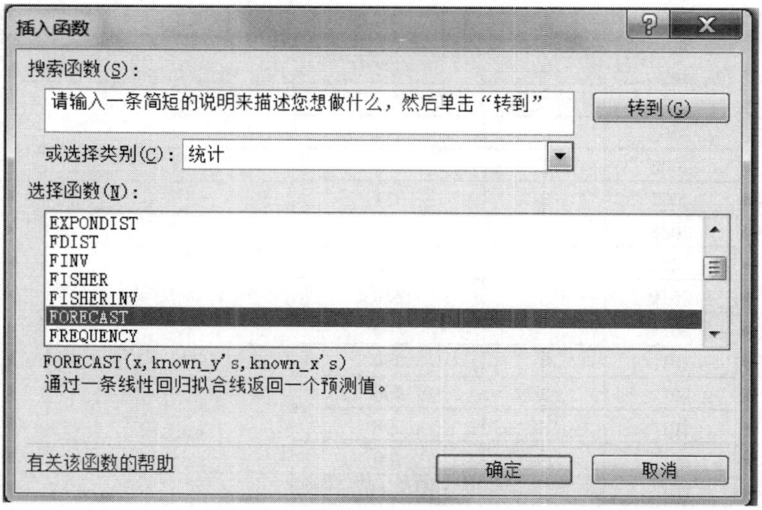

图 8-40　预测函数对话框

(3)单击“确定”按钮,在弹出的“函数参数”对话框中单击“X”文本框中的折叠按钮,选择 B13 单元格;单击“Known_y' s”文本框中的折叠按钮,按住左键选择 C2:C12 区域;单击“Known_x' s”文本框中的折叠按钮,按住左键选择 B2:B12 区域,如图 8-41 所示。

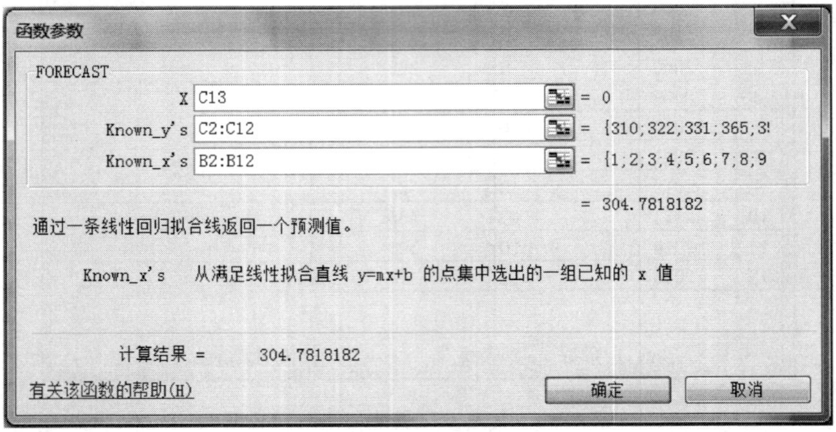

图 8-41　函数参数对话框

(4)单击“确定”按钮,预测结果出现在 C12 单元格中,如图 8-42 所示。

【参考答案】

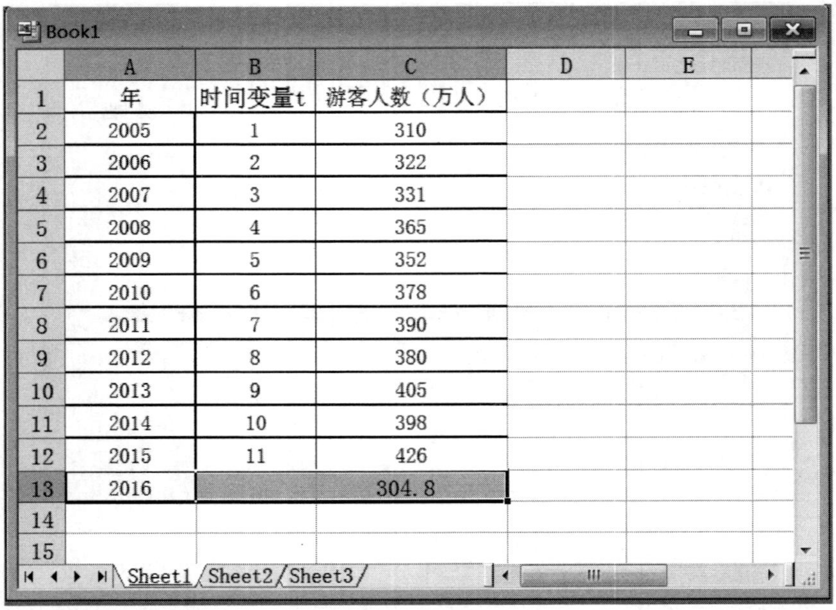

	A	B	C	D	E
1	年	时间变量t	游客人数(万人)		
2	2005	1	310		
3	2006	2	322		
4	2007	3	331		
5	2008	4	365		
6	2009	5	352		
7	2010	6	378		
8	2011	7	390		
9	2012	8	380		
10	2013	9	405		
11	2014	10	398		
12	2015	11	426		
13	2016		304.8		
14					
15					

图 8-42　趋势预测结果

实验十一

【实验名称】

利用 Excel 计算季节变动。

【实验目的】

熟悉 Excel 的基本操作。

训练同期平均法和趋势剔除法的计算和操作。

【实验环境】

(1)系统软件 Windows 2000、Windows 7、Windows 10 或 Windows XP。

(2)应用软件 Excel 2000、Excel 2003、Excel 2007 或 Excel 2010。

【知识准备】

测定季节变动的主要方法是同期平均法和趋势剔除法,根据这两种方法计算的季节指数越大说明“季节越旺”;季节指数越小则说明“季节越淡”;季节指数等于 1 说明没有季节变动。

移动平均法采用逐期递推移动,计算一系列移动的序时平均数作为时间上的趋势值,其计算公式如下。

$$\overline{Y} = \frac{Y_t + Y_{t-1} + \cdots + Y_{t-n+1}}{n}$$

【实验资料】

某商业企业 2012~2015 年的商品销售量数据资料如表 8-11 所示。

表 8-11　某商业企业 2012~2015 年的商品销售量

年	季度	销售量
2012	1	3.6
	2	2.9
	3	4.8
	4	5.3
2013	1	4.6
	2	4.0
	3	5.6
	4	6.2
2014	1	4.8
	2	4.4
	3	6.3
	4	6.6

续表

年	季度	销售量
2015	1	5.1
	2	4.7
	3	6.8
	4	7.2

【实验要求】

利用 Excel 计算其季节指数。

【实验步骤】

(1)打开 Excel 工作簿,输入某商业企业 2012~2015 年的商品销售量数据,在 A 列输入年,B 列输入季度,C 列输入销售量,如图 8-43 所示。

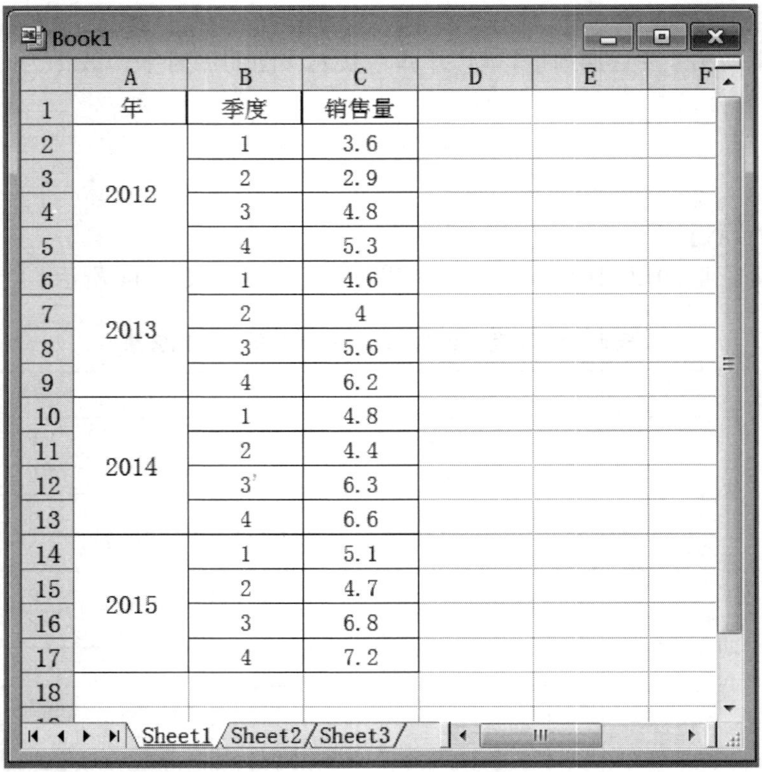

	A	B	C	D	E	F
1	年	季度	销售量			
2	2012	1	3.6			
3		2	2.9			
4		3	4.8			
5		4	5.3			
6	2013	1	4.6			
7		2	4			
8		3	5.6			
9		4	6.2			
10	2014	1	4.8			
11		2	4.4			
12		3	6.3			
13		4	6.6			
14	2015	1	5.1			
15		2	4.7			
16		3	6.8			
17		4	7.2			
18						

图 8-43　该商业企业 2012~2015 年商品销售量

(2)计算趋势值,在 D3 单元格中输入公式"=SUM (C2:C5)/4",并将公式拖拽复制到 D4：D15 区域，可得该时间序列的四项移动平均数，如图 8-44 所示。

	A	B	C	D
1	年	季度	销售量	四项移动平均
2	2012	1	3.6	
3		2	2.9	4.15
4		3	4.8	4.40
5		4	5.3	4.68
6	2013	1	4.6	4.88
7		2	4	5.10
8		3	5.6	5.15
9		4	6.2	5.25
10	2014	1	4.8	5.43
11		2	4.4	5.53
12		3	6.3	5.60
13		4	6.6	5.68
14	2015	1	5.1	5.80
15		2	4.7	5.95
16		3	6.8	
17		4	7.2	

图 8-44　四项移动平均计算结果

（3）在 E4 单元格中输入公式"=（D3+D4）/2"，并将公式拖拽复制到 E5：E15 区域，即求该时间序列的二项移正平均数，可得该时间序列的趋势值 T，如图 8-45 所示。

	A	B	C	D	E
1	年	季度	销售量	四项移动平均	趋势值(T)
2	2012	1	3.6	—	—
3		2	2.9	4.15	—
4		3	4.8	4.40	4.28
5		4	5.3	4.68	4.54
6	2013	1	4.6	4.88	4.78
7		2	4	5.10	4.99
8		3	5.6	5.15	5.13
9		4	6.2	5.25	5.20
10	2014	1	4.8	5.43	5.34
11		2	4.4	5.53	5.48
12		3	6.3	5.60	5.56
13		4	6.6	5.68	5.64
14	2015	1	5.1	5.80	5.74
15		2	4.7	5.95	5.88
16		3	6.8	—	—
17		4	7.2	—	—

图 8-45　二项移正平均计算结果

(4)剔除长期趋势,即计算 Y/T。在 F4 单元格中输入公式"=C4/E4",并将公式拖拽复制到 F5:F15 区域,所得结果如图 8-46 所示。

	A	B	C	D	E	F
1	年	季度	销售量	四项移动平均	趋势值(T)	剔除长期趋势Y/T
2	2012	1	3.6	—	—	
3		2	2.9	4.15	—	
4		3	4.8	4.40	4.28	1.1228
5		4	5.3	4.68	4.54	1.1680
6	2013	1	4.6	4.88	4.78	0.9634
7		2	4	5.10	4.99	0.8020
8		3	5.6	5.15	5.13	1.0927
9		4	6.2	5.25	5.20	1.1923
10	2014	1	4.8	5.43	5.34	0.8993
11		2	4.4	5.53	5.48	0.8037
12		3	6.3	5.60	5.56	1.1326
13		4	6.6	5.68	5.64	1.1707
14	2015	1	5.1	5.80	5.74	0.8889
15		2	4.7	5.95	5.88	0.8000
16		3	6.8	—	—	
17		4	7.2	—	—	

图 8-46　季节变动计算结果

(5)重新排列 F4:F15 中的数字,使同季的数字位于一列,共排成四列,如图 8-47 所示。

	A	B	C	D	E
20	年	第一季度	第二季度	第三季度	第四季度
21	2012	—	—	101228	1.168
22	2013	0.9634	0.802	1.0937	1.1923
23	2014	0.8993	0.8037	1.1326	1.1707
24	2015	0.8889	0.8	—	—

图 8-47　消除趋势变动的时间数列

(6)计算各年的同季平均数,在 B25 单元格中输入公式"=SUM(B22:B24)/3";在 C25 中输入公式"=SUM(C22:C24)/3";在 D25 单元格中输入公式"=SUM(D21:

D23)/3”;在 E25 单元格中输入公式“=SUM (E21:E23)/3”,如图 8-48 所示。

Book1

	A	B	C	D	E	F
18						
19						
20	年	第一季度	第二季度	第三季度	第四季度	
21	2012	—	—	1.1228	1.168	
22	2013	0.9634	0.802	1.0937	1.1923	
23	2014	0.8993	0.8037	1.1326	1.1707	
24	2015	0.8889	0.8	—	—	
25	各季平均	0.9172	0.8019	1.1164	1.1770	
26						
27						
28						
29						
30						

Sheet1 / Sheet2 / Sheet3

图 8-48　各季度平均计算结果

(7)计算调整系数,4 个季度平均数之和应是 400%,在 F25 单元格中输入公式“=SUM (B25: E25)”,结果不等于 4,应调整,在 B26 单元格中输入公式“=4/ $F $25”,并将公式拖拽复制到 C26:E26 区域,如图 8-49 所示。

Book1

	A	B	C	D	E	F
18						
19						
20	年	第一季度	第二季度	第三季度	第四季度	
21	2012	—	—	1.1228	1.168	
22	2013	0.9634	0.802	1.0937	1.1923	
23	2014	0.8993	0.8037	1.1326	1.1707	
24	2015	0.8889	0.8	—	—	
25	各季平均	0.9172	0.8019	1.1164	1.1770	4.012466667
26	调整系数	0.996893	0.996893	0.996893	0.996893	
27						
28						

Sheet1 / Sheet2 / Sheet3

图 8-49　调整系数计算结果

(8)计算季节指数,在 B27 单元格中输入公式“=B25 * B26”,并将公式拖拽复制到 C27:E27 区域,即得到季节指数,如图 8-50 所示。

【参考答案】

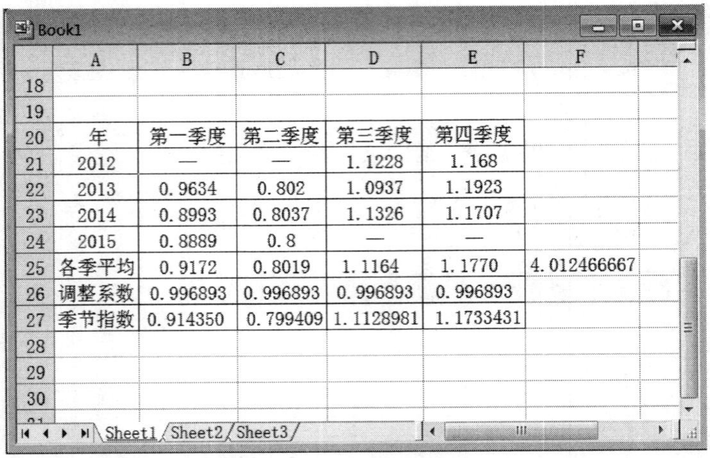

Book1

	A	B	C	D	E	F
18						
19						
20	年	第一季度	第二季度	第三季度	第四季度	
21	2012	—	—	1.1228	1.168	
22	2013	0.9634	0.802	1.0937	1.1923	
23	2014	0.8993	0.8037	1.1326	1.1707	
24	2015	0.8889	0.8	—	—	
25	各季平均	0.9172	0.8019	1.1164	1.1770	4.012466667
26	调整系数	0.996893	0.996893	0.996893	0.996893	
27	季节指数	0.914350	0.799409	1.1128981	1.1733431	
28						
29						
30						

Sheet1 Sheet2 Sheet3

图 8-50　季节指数计算结果

实验十二

【实验名称】

同期平均法和趋势剔除法的应用。

【实验目的】

熟悉 Excel 的基本操作。

训练同期平均法和趋势剔除法的计算和操作。

【实验环境】

(1)系统软件 Windows 2000、Windows 7、Windows 10 或 Windows XP。

(2)应用软件 Excel 2000、Excel 2003、Excel 2007 或 Excel 2010。

【知识准备】

同实验十一。

【实验资料】

某食品加工企业 2012~2015 年的食品加工价值数据如表 8-12 所示。

表 8-12　某食品加工企业 2012~2015 年的食品加工价值数据　　单位:万元

年	一季度	二季度	三季度	四季度
2012	67	104	136	76
2013	72	110	135	82

续表

年	一季度	二季度	三季度	四季度
2014	74	115	142	88
2015	78	179	211	95

【实验要求】

采用趋势剔除法计算季节指数、季节调整、季节变动分析。

【实验步骤】

(1)打开 Excel 工作簿,原始数据输入到工作表中的 A2:A17 以及 B2:B17 中。具体见图 8-51。

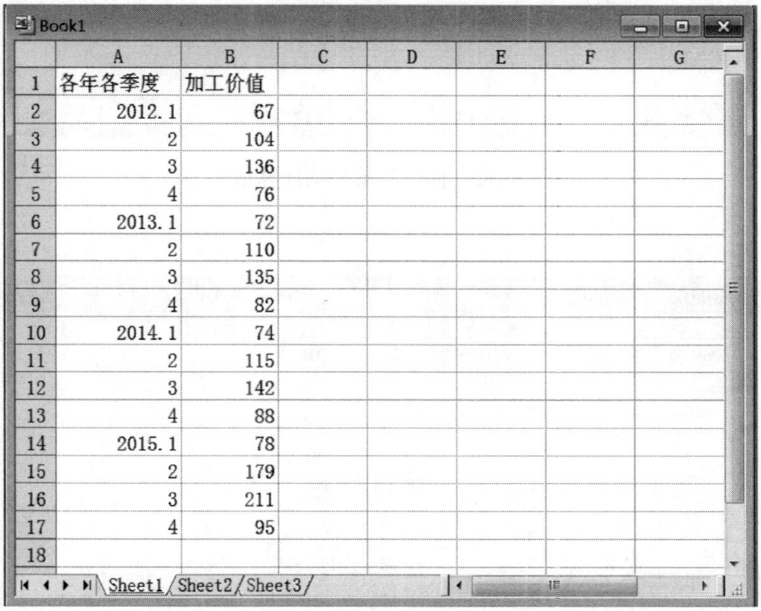

	A	B	C	D	E	F	G
1	各年各季度	加工价值					
2	2012.1	67					
3	2	104					
4	3	136					
5	4	76					
6	2013.1	72					
7	2	110					
8	3	135					
9	4	82					
10	2014.1	74					
11	2	115					
12	3	142					
13	4	88					
14	2015.1	78					
15	2	179					
16	3	211					
17	4	95					
18							

图 8-51　食品加工价值工作表

(2)计算四项移动平均数。在 C3 单元格输入公式" = AVERAGE (B2:B5)",确定后用鼠标拖拽填充柄,将公式复制到 C4:C15 单元格。结果如图 8-52 所示的 C 列四项移动平均计算结果。

(3)计算移动平均值趋势值(中心化移动平均数)。计算移动平均值趋势值(中心化移动平均数)。也就是对 C 列的结果再进行一次二项移动平均。在 D4 单元格输入公式"=AVERAGE(C3:C4)",确定后用鼠标拖拽填充柄,将公式复制到 D5:D15 单元格。如图 8-53 所示的 D 列趋势值计算结果表。

	A	B	C	D	E
1	各年各季度	加工价值	四项移动平均值		
2	2012.1	67			
3	2	104	95.75		
4	3	136	97		
5	4	76	98.5		
6	2013.1	72	98.25		
7	2	110	99.75		
8	3	135	100.25		
9	4	82	101.5		
10	2014.1	74	103.25		
11	2	115	104.75		
12	3	142	105.75		
13	4	88	121.75		
14	2015.1	78	139		
15	2	179	140.75		
16	3	211			
17	4	95			

图 8-52　四项移动平均计算结果

	A	B	C	D	E	F	G
1	各年各季度	加工价值	四项移动平均值	趋势值			
2	2012.1	67					
3	2	104	95.75				
4	3	136	97	96.375			
5	4	76	98.5	97.75			
6	2013.1	72	98.25	98.375			
7	2	110	99.75	99			
8	3	135	100.25	100			
9	4	82	101.5	100.875			
10	2014.1	74	103.25	102.375			
11	2	115	104.75	104			
12	3	142	105.75	105.25			
13	4	88	121.75	113.75			
14	2015.1	78	139	130.375			
15	2	179	140.75	139.875			
16	3	211					
17	4	95					

图 8-53　D 列趋势值计算结果

(4)将实际值除以相应的趋势值。在 E4 单元格输入公式"=B4/D4",确定后用鼠标拖拽填充柄,将公式复制到 E5:E15 单元格,如图 8-54 所示。

Book1

	A	B	C	D	E	F	G
1	各年各季度	加工价值	四项移动平均值	趋势值	B4/D4		
2	2012.1	67					
3	2	104	95.75				
4	3	136	97	96.375	1.4111543		
5	4	76	98.5	97.75	0.7774936		
6	2013.1	72	98.25	98.375	0.7318933		
7	2	110	99.75	99	1.1111111		
8	3	135	100.25	100	1.35		
9	4	82	101.5	100.875	0.8128872		
10	2014.1	74	103.25	102.375	0.7228327		
11	2	115	104.75	104	1.1057692		
12	3	142	105.75	105.25	1.3491686		
13	4	88	121.75	113.75	0.7736264		
14	2015.1	78	139	130.375	0.5982742		
15	2	179	140.75	139.375	1.279714		
16	3	211					
17	4	95					

Sheet1 / Sheet2 / Sheet3

图 8-54　E 列值计算结果

(5)计算同季平均数。在 F2 单元格输入公式“=(E6+E10+E14)/3”,在 F3 单元格输入公式“=(E7+E11+E15)/3”,在 F4 单元格输入公式“=(E4+E8+E12)/3”,在 F5 单元格输入公式“=(E5+E9+E13)/3”,如图 8-55 所示。

Book1

	A	B	C	D	E	F	G
1	各年各季度	加工价值	四项移动平均值	趋势值	B4/D4	同季平均	
2	2012.1	67				0.684333399	
3	2	104	95.75			1.165531457	
4	3	136	97	96.375	1.4111543	1.370107664	
5	4	76	98.5	97.75	0.7774936	0.788002405	
6	2013.1	72	98.25	98.375	0.7318933		
7	2	110	99.75	99	1.1111111		
8	3	135	100.25	100	1.35		
9	4	82	101.5	100.875	0.8128872		
10	2014.1	74	103.25	102.375	0.7228327		
11	2	115	104.75	104	1.1057692		
12	3	142	105.75	105.25	1.3491686		
13	4	88	121.75	113.75	0.7736264		
14	2015.1	78	139	130.375	0.5982742		
15	2	179	140.75	139.875	1.279714		
16	3	211					
17	4	95					

Sheet1 / Sheet2 / Sheet3

图 8-55　F 列值计算结果

(6)计算总平均值。在 G2 单元格输入公式“=AVERAGE(E4:E15)”。如图 8-56 所示。

	A	B	C	D	E	F	G
1	各年各季度	加工价值	四项移动平均值	趋势值	B4/D4	同季平均	总平均值
2	2012.1	67				0.684333399	1.001993731
3	2	104	95.75			1.165531457	
4	3	136	97	96.375	1.4111543	1.370107664	
5	4	76	98.5	97.75	0.7774936	0.788002405	
6	2013.1	72	98.25	98.375	0.7318933		
7	2	110	99.75	99	1.1111111		
8	3	135	100.25	100	1.35		
9	4	82	101.5	100.875	0.8128872		
10	2014.1	74	103.25	102.375	0.7228327		
11	2	115	104.75	104	1.1057692		
12	3	142	105.75	105.25	1.3491686		
13	4	88	121.75	113.75	0.7736264		
14	2015.1	78	139	130.375	0.5982742		
15	2	179	140.75	139.875	1.279714		
16	3	211					
17	4	95					

图 8-56　G 列值计算结果

（7）计算季节指数，用同季平均值除以总平均值。在 H2 单元格输入公式“=F2/G2”，确定；在 H3 单元格输入公式“=F3/G2”，确定；在 H4 单元格输入公式“=F4/G2”，确定；在 H5 单元格输入公式“=F5/G2”，确定；在 H6 单元格输入公式“=F2/G2”，确定；在 H7 单元格输入公式“=F3/G2”，确定；在 H8 单元格输入公式“=F4/G2”，确定；在 H9 单元格输入公式“=F5/G2”，确定；在 H10 单元格输入公式“=F2/G2”，确定；在 H11 单元格输入公式“=F3/G2”，确定；在 H12 单元格输入公式“=F4/G2”，确定；在 H13 单元格输入公式“=F5/G2”，确定；在 H14 单元格输入公式“=F2/G2”，确定；在 H15 单元格输入公式“=F3/G2”，确定；在 H16 单元格输入公式“=F4/G2”，确定；在 H17 单元格输入公式“=F5/G2”，确定。如图 8-57 所示的 H 列值计算结果表。

	A	B	C	D	E	F	G	H
1	各年各季度	加工价值	四项移动平均值	趋势值	B4/D4	同季平均	总平均值	季节指数
2	2012.1	67				0.684333399	1.001993731	0.682971737
3	2	104	95.75			1.165531457		1.163212324
4	3	136	97	96.375	1.4111543	1.370107664		1.367381472
5	4	76	98.5	97.75	0.7774936	0.788002405		0.786434466
6	2013.1	72	98.25	98.375	0.7318933			0.682971737
7	2	110	99.75	99	1.1111111			1.163212324
8	3	135	100.25	100	1.35			1.367381472
9	4	82	101.5	100.875	0.8128872			0.786434466
10	2014.1	74	103.25	102.375	0.7228327			0.682971737
11	2	115	104.75	104	1.1057692			1.163212324
12	3	142	105.75	105.25	1.3491686			1.367381472
13	4	88	121.75	113.75	0.7736264			0.786434466
14	2015.1	78	139	130.375	0.5982742			0.682971737
15	2	179	140.75	139.875	1.279714			1.163212324
16	3	211						1.367381472
17	4	95						0.786434466

图 8-57　H 列值计算结果

(8)进行季节变动的调整,即消除季节变动。在 I2 单元格输入公式“=B2/H2”,确定后用鼠标拖拽填充柄,将公式复制到 I3:I17 单元格,如图 8-58 所示的 I 列值。

【参考答案】

	A	B	C	D	E	F	G	H	I
1	各年各季度	加工价值	四项移动平均值	趋势值	B4/D4	同季平均	总平均值	季节指数	季节调整
2	2012.1	67				0.684333399	1.001993731	0.682971737	98.10069199
3	2	104	95.75			1.165531457		1.163212324	89.4075809
4	3	136	97	96.375	1.4111543	1.370107664		1.367381472	99.46017452
5	4	76	98.5	97.75	0.7774936	0.788002405		0.786434466	96.63869432
6	2013.1	72	98.25	98.375	0.7318933			0.682971737	105.4216392
7	2	110	99.75	99	1.1111111			1.163212324	94.56571057
8	3	135	100.25	100	1.35			1.367381472	98.7288498
9	4	82	101.5	100.875	0.8128872			0.786434466	104.2680649
10	2014.1	74	103.25	102.375	0.7228327			0.682971737	108.350018
11	2	115	104.75	104	1.1057692			1.163212324	98.86415196
12	3	142	105.75	105.25	1.3491686			1.367381472	103.8481235
13	4	88	121.75	113.75	0.7736264			0.786434466	111.8974355
14	2015.1	78	139	130.375	0.5982742			0.682971737	114.2067757
15	2	179	140.75	139.875	1.279714			1.163212324	153.8842017
16	3	211						1.367381472	154.3095356
17	4	95						0.786434466	120.7983679

图 8-58　季节变动及调整计算结果

第三节　模拟练习与参考答案

练习一

某公司 2007 年各月份职工人数资料如表 8-13 所示。

表 8-13　某公司 2007 年各月职工人数

日期	1月1日	2月1日	4月1日	6月1日	9月1日	12月1日	12月31日
在册职工人数(人)	326	330	335	408	414	412	412

要求:试计算 2007 年该公司平均职工人数。

【参考答案】

如图 8-59 所示。

	A	B	C	D	E
1	日期	工人数	平均人数		
2	1.1	326	316		
3	2.1	330			
4	4.1	335			
5	6.1	408			
6	9.1	414			
7	12.1	412			
8	12.31	412			
9					

图 8-59　练习一答案

练习二

某厂最近 7 年生产某产品的情况资料如表 8-14 所示。

表 8-14　某厂最近 7 年生产某产品的情况资料

年	产量（万吨）	增长量		发展速度(%)		增长速度(%)		增长 1%的绝对值
		累计	逐期	定基	环比	定基	环比	
2006	250. 0	—	—	100. 0	—	—	—	—
2007		15. 0						
2008							5. 5	
2009								
2010					112. 0			3. 1
2011			5. 0					
2012	400. 0							

要求：试计算上表各空格的动态分析指标，并填入空格中。

【参考答案】

如图 8-60 所示。

年	产 量（万吨）	增长量		发展速度（%）		增长速度（%）		增长1%的绝对值
		累积	逐期	定基	环比	定基	环比	
2006	250	—	—	100	—	—	—	—
2007	265	15	15	105	106	6	6	2.5
2008	279.6	29.6	14.6	111.8	105.5	11.8	5.5	2.7
2009	310	60	30.4	124	110.9	24	10.9	2.8
2010	347.2	79.2	37.2	138.9	112	38.9	12	3.1
2011	352.2	102.2	5	140.88	101.4	40.9	1.4	3.5
2012	400	150	47.8	160	113.6	60	13.6	3.5

图 8-60 练习二答案

练习三

【实验名称】

利用 Excel 数据分析工具宏进行时间数列数据的修匀处理。

【知识准备】

在 Excel 数据分析宏工具库里，可以直接用于时间数列数据处理的分析工具宏有“移动平均”和“指数平滑”。

“移动平均”分析工具宏。打开 Excel 新工作簿，从工具菜单中选择数据分析，在数据分析对话框中选择“移动平均”并单击确定。出现移动平均对话框。在该对话框中，对有关的选项进行勾选，就能得到移动平均的新时间数列。

【实验资料】

已知工业总产值时间数列资料如表 8-15 所示。

表 8-15 工业总产值数据资料

时间序号	工业产值(亿元)	时间序号	工业产值(亿元)
1	477.9	25	645.7
2	397.2	26	562.4
3	507.3	27	695.7
4	512.2	28	712
5	527	29	723.1
6	545	30	743.2
7	494.7	31	678

续表

时间序号	工业产值(亿元)	时间序号	工业产值(亿元)
8	502.5	32	676
9	536.5	33	703
10	533.5	34	685.3
11	553.6	35	703.3
12	543.9	36	722.4
13	518.6	37	681.9
14	460.9	38	567.6
15	568.7	39	737.7
16	570.5	40	739.6
17	590	41	759.6
18	604.8	42	794.8
19	564.9	43	719
20	575.9	44	734.8
21	613.9	45	776.2
22	614	46	782.5
23	646.7	47	816.5
24	655.3	48	847.4

【实验要求】

根据以上资料进行移动间隔为 3 个月(即一个季度跨度)的移动平均分析。

【参考答案】

实验结果如表 8-16 所示。

表 8-16　三项移动平均结果

时间序号	三项移动平均值	时间序号	三项移动平均值
1	—	25	621.1
2	460.8	26	634.6
3	472.2	27	656.7
4	515.5	28	710.3
5	528.1	29	726.1
6	522.2	30	714.8

续表

时间序号	三项移动平均值	时间序号	三项移动平均值
7	514. 1	31	699. 1
8	511. 2	32	685. 7
9	524. 2	33	688. 1
10	541. 2	34	697. 2
11	543. 7	35	703. 7
12	538. 7	36	702. 5
13	507. 8	37	657. 3
14	516. 1	38	662. 4
15	533. 4	39	681. 6
16	576. 4	40	745. 6
17	588. 4	41	764. 7
18	586. 6	42	757. 8
19	581. 9	43	749. 5
20	584. 9	44	743. 3
21	601. 3	45	764. 5
22	624. 9	46	791. 7
23	638. 7	47	815. 5
24	649. 2	48	—

如果想要进行实际数列和移动平均后的新数列之间趋势线的比较图表分析和标准误差的分析,则应该勾选“图表输出(C)”和“标准误差”选项,就能得到包括标准误差和趋势线的比较图表在内的分析工作。

练习四

【实验名称】

利用 Excel“指数平滑”分析工具宏进行指数平滑分析。

【知识准备】

“指数平滑”分析工具宏的操作是从“工具”菜单中选择“数据分析”,在数据分析对话框中选择“指数平滑”,并单击确定。出现指数平滑对话框。在该对话框中,对有关的选项进行勾选,就能得到指数平滑后的新时间数列。

【实验资料】

某企业连续 6 年的年销售收入资料如表 8-17 所示。

表 8-17　某企业连续 6 年的年销售收入资料

时间序号	销售收入(万元)	时间序号	销售收入(万元)
1	200	4	235
2	297	5	277
3	220	6	270

【实验要求】

对表 8-17 资料进行指数平滑分析,平滑系数 $\alpha=0.5$。

【参考答案】

实验结果如图 8-61 所示。

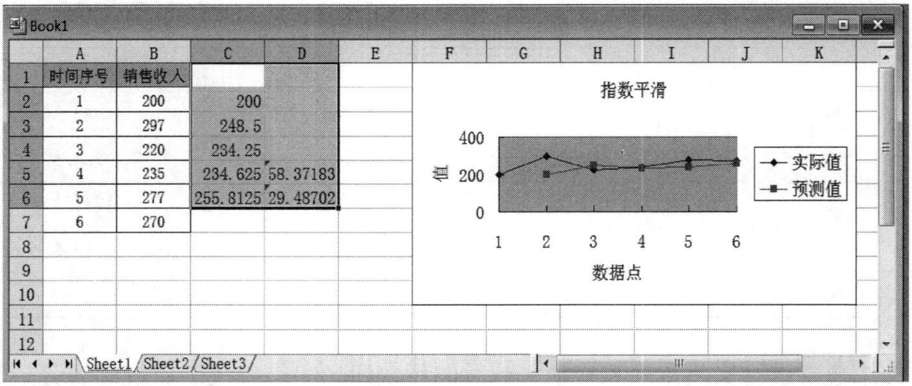

图 8-61　指数平滑分析结果

练习五

【实验名称】

编制活动的 Excel 季节变动分析工作表测定季节变动。

【知识准备】

按照乘法模式测定季节变动的方法,也称为按月(或按季〉平均法,是进行季节变动分析的最常用方法,这种方法首先计算各月(或各季)的季节指数(亦称季节比率)。有了季节指数就可以进行预测,其公式如下。

$$预测期数值=\frac{已过时期实际值之和}{对应时期的季节指数之和}\times 预测期的季节指数$$

可以根据以上公式编制 Excel 的活动工作表用于季节变动分析和预测。

【实验资料】

某农产品的季度销售量资料如表 8-18 所示。

表 8-18　某农产品的季度销售量资料

年	一季度	二季度	三季度	四季度	全年
1987	13.1	13.9	7.9	8.6	43.5
1988	10.8	11.5	9.7	11.0	43.0
1989	14.6	17.5	16.0	18.2	66.3
1990	18.4	20.0	16.9	18.0	73.3

【实验要求】

对表 8-18 的资料进行季节变动分析。

【参考答案】

实验结果如图 8-62 所示。

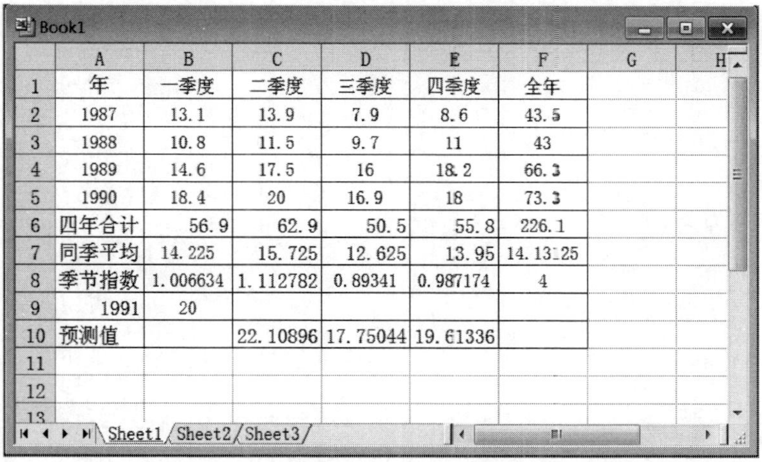

	A	B	C	D	E	F	G	H
1	年	一季度	二季度	三季度	四季度	全年		
2	1987	13.1	13.9	7.9	8.6	43.5		
3	1988	10.8	11.5	9.7	11	43		
4	1989	14.6	17.5	16	18.2	66.3		
5	1990	18.4	20	16.9	18	73.3		
6	四年合计	56.9	62.9	50.5	55.8	226.1		
7	同季平均	14.225	15.725	12.625	13.95	14.13125		
8	季节指数	1.006634	1.112782	0.89341	0.987174	4		
9	1991	20						
10	预测值		22.10896	17.75044	19.61336			

图 8-62　季节变动分析结果表

第九章　统计指数分析实验

第一节　知识要点与主要公式

一、知识要点

(1)统计指数,也称“经济指数”,是一种特殊的相对数,是一种综合反映复杂现象数量对比关系的统计分析指标。指数通常是指不同时间的现象水平的对比,它表明现象在时间上的变动情况。指数是解决多种不能直接相加的事物动态对比的分析工具。

(2)指数的性质是相对性、综合性、比较性、平均性、代表性。

(3)指数的作用是综合反映复杂现象总体变动的方向和程度;利用指数体系对现象的总变动进行因素分析,反映现象变化的长期趋势。

(4)指数化指标根据性质可分为质量指标指数和数量指标指数;根据考察范围和计算方法,指数分为个体指数和总指标指数;根据对比性质,指数分为动态指数和静态指标指数。

(5)综合指数是总指数的基本形式,它是将因不能同度量而无法加总再对比的复杂现象经济变量,通过另一个叫作同度量因素的变量转换成可以相加总的总量指标,然后进行对比所得到的用于说明复杂现象综合变动的相对数。综合指数的特点是两个价值总量指标对比形成的指数,将其中被研究因素以外的所有因素固定下来,仅观察被研究因素的变动情况。

(6)编制综合指数的基本方式是先综合、后对比,并选择同度量因素,解决复杂现象总体指数化指标不能直接加总(不同度量)的问题。综合指数的编制特点也是先综合、后对比。编制综合指数必须明确指数化指标和同度量因素,指数化指标是被测定的因素,同度量因素也称权数,作为同度量因素的指标固定在某个时期上,不是固定不变的。

综合指数的基本编制原理:

①为解决复杂现象总体的指数化指标相加总的问题,必须引入一个媒介因素,使其转化为相应的价值总量形式。

②为在对比过程中单纯反映指数化指标的变动或差异程度,又必须将前面引入

的同度量因素固定起来，具体包括：数量指标综合指数的编制——采用基期的质量指标作为同度量因素；质量指标综合指数的编制——采用报告期的数量指标作为同度量因素。

（7）平均数指数的编制特点是从个体指数出发，先对比、后平均。平均数指数有算术平均数指数和调和平均数指数两种形式。算术平均数指数一般用基期总值来加权；调和平均数指数一般用报告期总值来加权。

（8）指数的因素分析是对现象总变动中各个因素变动的影响程度，用连锁替代法从相对数和绝对数两个方面进行分析。利用综合指数体系，可以分析现象总变动中数量因素和质量因素的影响。相对数分析是从各个指数计算结果来分析；绝对数分析是从各个指数分子与分母指标之差来分析。

（9）平均指标指数是对总体平均指标变动的测定，分析总平均数指数的变动，需要计算 3 种指数：可变构成指数、固定构成指数和结构变动影响指数。

利用上述 3 种指数的相互联系，可以分析现象总体平均指标变动受各组平均水平和各组结构变动的影响程度。

二、主要公式

（1）拉氏指数将同度量因素固定在基期水平上，故又称基期加权综合指数，其计算公式如下。

$$L_p = \frac{\sum p_1 q_0}{\sum p_0 q_0}, L_q = \frac{\sum q_1 p_0}{\sum q_0 p_0}$$

（2）帕氏指数公式将同度量因素固定在计算期水平上，故又称计算期加权综合指数，其计算公式如下。

$$P_p = \frac{\sum p_1 q_1}{\sum p_0 q_1}, P_q = \frac{\sum q_1 p_1}{\sum q_0 p_1}$$

（3）加权算术平均指数，适用于数量指标综合指数的变形，其计算公式如下。

$$\overline{K}_q = \frac{\sum k_q q_0 p_0}{\sum q_0 p_0}$$

（4）加权调和平均指数，适用于质量指标综合指数的变形，其计算公式如下。

$$\overline{K}_p = \frac{\sum q_1 p_1}{\sum \frac{1}{k_p} q_1 p_1}$$

(5)固定权数的平均指数的编制,其计算公式如下。

$$\bar{K}=\frac{\sum KW}{\sum W}$$

(6)两因素个体指数的因素分析,其计算公式如下。

$$\frac{q_1p_1}{q_0p_0}=\frac{q_1p_0}{q_0p_0}\times\frac{q_1p_1}{q_1p_0}$$

$$q_1p_1-q_0p_0=(q_1p_0-q_0p_0)+(q_1p_1-q_1p_0)$$

(7)多因素个体指数的因素分析,其计算公式如下。

$$\frac{a_1b_1c_1}{a_0b_0c_0}=\frac{a_1b_0c_0}{a_0b_0c_0}\times\frac{a_1b_1c_0}{a_1b_0c_0}\times\frac{a_1b_1c_1}{a_1b_1c_0}=\frac{a_1}{a_0}\times\frac{b_1}{b_0}\times\frac{c_1}{c_0}$$

$$a_1b_1c_1-a_0b_0c_0=(a_1b_0c_0-a_0b_0c_0)+(a_1b_1c_0-a_1b_0c_0)+(a_1b_1c_1-a_1b_1c_0)$$

$$=(a_1-a_0)b_0c_0+(b_1-b_0)a_1c_0+(c_1+c_0)a_1b_1$$

(8)总体指数的多因素分析,其计算公式如下。

$$\frac{\sum p_1q_1}{\sum p_0q_0}=\frac{\sum q_1p_0}{\sum q_0p_0}\times\frac{\sum p_1q_1}{\sum p_0q_0}$$

$$\sum p_1q_1-\sum p_0q_0=\left(\sum q_1p_0-\sum q_0p_0\right)+\left(\sum p_1q_1-\sum p_0q_1\right)$$

(9)平均指标变动的因素分析,其计算公式如下。

$$\frac{\sum a_1b_1c_1}{\sum a_0b_0c_0}=\frac{\sum a_1b_0c_0}{\sum a_0b_0c_0}\times\frac{\sum a_1b_1c_0}{\sum a_1b_0c_0}\times\frac{\sum a_1b_1c_1}{\sum a_0b_1c_0}$$

$$\sum a_1b_1c_1-\sum a_0b_0c_0=\left(\sum a_1b_0c_0-\sum a_0b_0c_0\right)+\left(\sum a_1b_1c_0-\sum a_1b_0c_0\right)+\left(\sum a_1b_1c_1-\sum a_1b_1c_0\right)$$

(10)平均指标变动的因素分析,其计算公式如下。

$$\frac{\sum x_1f_1}{\sum f_1}\Big/\frac{\sum x_0f_0}{\sum f_0}=\left(\frac{\sum x_1f_1}{\sum f_1}\Big/\frac{\sum x_0f_1}{\sum f_1}\right)\cdot\left(\frac{\sum x_0f_1}{\sum f_1}\Big/\frac{\sum x_0f_0}{\sum f_0}\right)$$

可变构成指数=固定构成指数×结构影响指数

$$\frac{\sum x_1f_1}{\sum f_1}-\frac{\sum x_0f_0}{\sum f_0}=\left(\frac{\sum x_1f_1}{\sum f_1}-\frac{\sum x_0f_1}{\sum f_1}\right)+\left(\frac{\sum x_0f_1}{\sum f_1}-\frac{\sum x_0f_0}{\sum f_0}\right)$$

第二节　实验课题与参考答案

实验一

【实验名称】

利用 Excel 编制总指数。

【实验目的】

熟悉 Excel 的基本操作。

训练总指数的编制方法。

【实验环境】

(1)系统软件 Windows 2000、Windows 7、Windows 10 或 Windows XP。

(2)应用软件 Excel 2000、Excel 2003、Excel 2007 或 Excel 2010。

【知识准备】

统计指数是用以反映复杂现象总体数量变动状况的相对数,它具有综合平均的性质。

$$单位成本总指数 = \frac{\sum p_1 q_1}{\sum p_0 q_1}$$

$$产品产量总指数 = \frac{\sum q_1 p_0}{\sum q_0 p_0}$$

式中:p_0——基期单位成本;

p_1——报告期单位成本;

q_0——基期产品产量;

q_1——报告期产品产量。

【实验资料】

某企业甲、乙、丙 3 种产品的生产情况如表 9-1 所示。

表 9-1　某企业 3 种产品的生产数据

产品	单位	基期单位成本 p_0	基期产量 q_0	报告期单位成本 p_1	报告期产量 q_1
甲	万件	8	20	6	24
乙	万吨	10	8	8	11

续表

产品	单位	基期单位成本 p_0	基期产量 q_0	报告期单位成本 p_1	报告期产量 q_1
丙	万吨	20	4	17	6
合计	—	—	—	—	—

【实验要求】

以基期单位成本 p 为同度量因素计算生产量综合指数。

【实验步骤】

(1)打开 Excel 工作簿,输入企业甲、乙、丙 3 种产品的生产数据资料,并在 G1 单元格输入 p_0q_0, 在 H1 单元格输入 p_0q_1, 如图 9-1 所示。

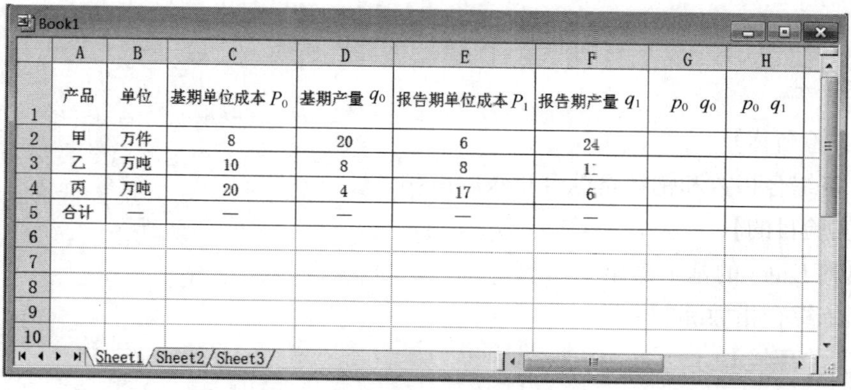

	A	B	C	D	E	F	G	H
1	产品	单位	基期单位成本 P_0	基期产量 q_0	报告期单位成本 P_1	报告期产量 q_1	$p_0\ q_0$	$p_0\ q_1$
2	甲	万件	8	20	6	24		
3	乙	万吨	10	8	8	12		
4	丙	万吨	20	4	17	6		
5	合计	—	—	—	—	—		
6								
7								
8								
9								
10								

图 9-1 利用 Excel 计算总指数资料

(2)计算各个 p_0q_0: 在 G2 单元格中输入公式"=C2 * D2",并将公式拖拽复制到 G2:G4 区域。

(3)计算各个 p_0q_1: 在 H2 单元格中输入公式"=C2 * F2",并将公式拖拽复制到 H2:H4 区域。

(4)计算 $\sum p_0q_0$ 和 $\sum p_0q_1$:选定 G2:G4 区域,单击工具栏中的"$\sum$"按钮,在 G5 中出现该列的求和值。选中 H2:H4 区域,单击工具栏中的"$\sum$"按钮,在 H5 中出现该列的求和值。

(5)计算生产量综合指数 $I_q=\frac{\sum p_0q_1}{\sum p_0q_0}$:在 C8 单元格中输入公式"=H5/G5"后确定,便可得到生产量综合指数,如图 9-2 所示。

【参考答案】

	A	B	C	D	E	F	G	H
1	产品	单位	基期单位成本 P_0	基期产量 q_0	报告期单位成本 P_1	报告期产量 q_1	p_0 q_0	p_0 q_1
2	甲	万件	8	20	6	24		
3	乙	万吨	10	8	8	11		
4	丙	万吨	20	4	17	6		
5	合计	—	—	—	—	—		
6								
7								
8								
9								
10								

图 9-2 生产量综合指数计算结果

实验二

【实验名称】

价格综合指数和销售量综合指数的编制。

【实验目的】

熟悉 Excel 的基本操作。

训练综合指数编制方法。

【实验环境】

(1)系统软件 Windows 2000、Windows 7、Windows 10 或 Windows XP。

(2)应用软件 Excel 2000、Excel 2003、Excel 2007 或 Excel 2010。

【知识准备】

统计指数是用来反映复杂现象总体数量变动状况的相对数,它具有综合平均的性质。

$$商品物价总指数 = \frac{\sum p_1q_1}{\sum p_0q_1}$$

$$商品销售量总指数 = \frac{\sum q_1p_0}{\sum q_0p_0}$$

式中:p_0——基期销售单价;

p_1——报告期销售单价;

q_0——基期销售数量;

q_1——报告期销售数量。

【实验资料】

设某粮油连锁店 2014 年和 2015 年 3 种商品的零售价格和销售量资料，如表 9-2 所示。

表 9-2　某粮油连锁店 3 种商品的价格和销售量

商品名称	销售量(千克)		单价(元)	
	2014 年	2015 年	2014 年	2015 年
A	1200	1500	8.2	8.3
B	1500	2000	8.0	8.1
C	500	600	18.2	19.5

【实验要求】

分别以基期销售量和零售价格为权数，计算 3 种商品的价格综合指数和销售量综合指数。

【实验步骤】

(1)打开 Excel 工作簿，将相关数据输入 Excel 工作表中，如图 9-3 所示。

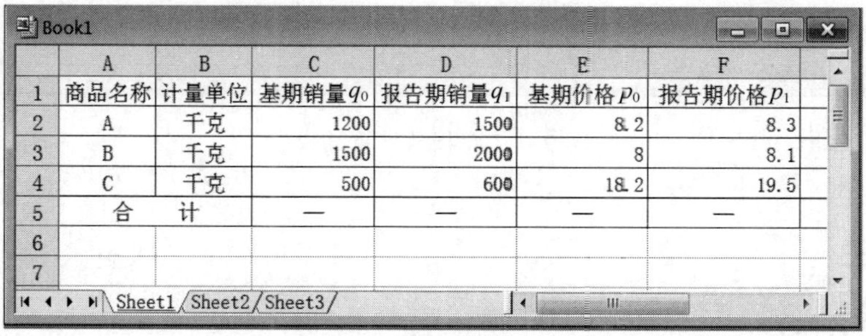

	A	B	C	D	E	F
1	商品名称	计量单位	基期销量 q_0	报告期销量 q_1	基期价格 p_0	报告期价格 p_1
2	A	千克	1200	1500	8.2	8.3
3	B	千克	1500	2000	8	8.1
4	C	千克	500	600	18.2	19.5
5	合　计		—	—	—	—
6						
7						

图 9-3　计算工作表

(2)计算 3 种商品的销售额 p_0q_0，在 G2 中输入“=C2 * E2”，确定后用鼠标拖拽填充柄将公式复制到 G3:G4 区域。

(3)计算 3 种商品的销售额 p_1q_1，在 H2 中输入“=D2 * F2”，确定后用鼠标拖拽填充柄将公式复制到 H3:H4 区域。

(4)计算 3 种商品的销售额 p_0q_1，在 I2 中输入“=C2 * F2”，确定后用鼠标拖拽填充柄将公式复制到 I3:I4 区域。

(5)计算 3 种商品的销售额 p_1q_0，在 J2 中输入“=F2 * C2”，确定后用鼠标拖拽填充柄将公式复制到 J3:J4 区域。

(6)计算各列销售额合计 $\sum p_0q_0$、$\sum p_1q_1$、$\sum p_0q_1$、$\sum p_1q_0$。具体操作方法:选定 G2:G4 区域,单击工具栏上的求和按钮,在 G5 单元格中将出现该列的求和值。其余各项同样操作。

(7)计算价格综合指数和销售量综合指数:在 C8 单元格中输入"=J5/G5",在 C9 单元格中输入"=15/G5",便可以分别得到价格综合指数和销售量综合指数。

【参考答案】

实验结果如图 9-4 所示。

	A	B	C	D	E	F	G	H	I	J
1	商品名称	计量单位	基期销量 q_0	报告期销量 q_1	基期价格 p_0	报告期价格 p_1	p_0q_0	p_1q_1	p_0q_1	p_1q_0
2	A	千克	1200	1500	8.2	8.3	9840	12450	12300	9960
3	B	千克	1500	2000	8	8.1	12000	16200	16000	12150
4	C	千克	500	600	18.2	19.5	9100	11700	10920	9750
5	合　计		—	—	—	—	30940	40350	39220	31860
6										
7										
8	价格综合指数		1.02973497							
9	销售量综合指数		1.26761474							

图 9-4　总指数计算结果表

实验三

【实验名称】

物价指数的编制。

【实验目的】

熟悉 Excel 的基本操作。

物价指数计算的方法。

【实验环境】

(1)系统软件 Windows 2000、Windows 7、Windows 10 或 Windows XP。

(2)应用软件 Excel 2000、Excel 2003、Excel 2007 或 Excel 2010。

【知识准备】

同实验二。

【实验资料】

4 种主要食品的价格调整前后的资料如表 9-3 所示。

表 9-3 4 种主要食品的价格调整前后的资料

商品名称	调整前		调整后	
	销售单价(元/千克)	销售量(万吨)	销售单价(元/千克)	销售量(万吨)
蔬菜	1.6	5.00	1.8	5.20
猪肉	12.8	4.46	14.0	5.52
鲜蛋	4.4	1.20	4.8	1.15
水产品	8.5	1.15	10.0	1.30

【实验要求】

试计算:各种商品零售物价个体指数;4 种商品物价和销售量的总指数;由于每种商品和全部商品价格变动使该市居民增加支出的金额。

【实验步骤】

(1)打开一个 Excel 工作簿,选择一张空白的工作表,将上述资料填入表中,并在表的右边加上 4 列,用以计算各种商品的个体指数和需要使用的各个参数。具体样式如图 9-5 所示。

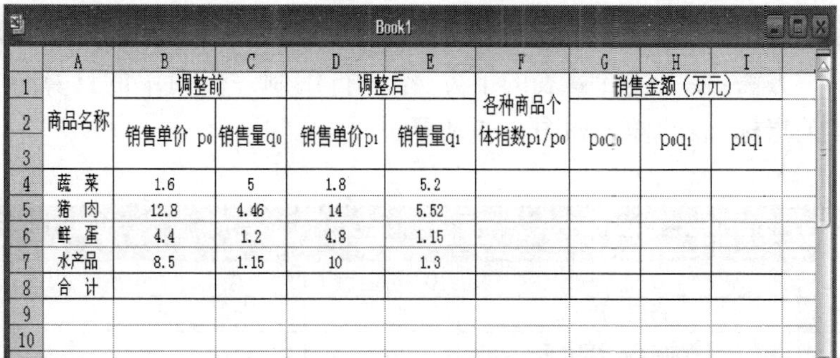

	A	B	C	D	E	F	G	H	I
1	商品名称	调整前		调整后		各种商品个体指数 p_1/p_0	销售金额(万元)		
2–3		销售单价 p_0	销售量 q_0	销售单价 p_1	销售量 q_1		p_0q_0	p_0q_1	p_1q_1
4	蔬 菜	1.6	5	1.8	5.2				
5	猪 肉	12.8	4.46	14	5.52				
6	鲜 蛋	4.4	1.2	4.8	1.15				
7	水产品	8.5	1.15	10	1.3				
8	合 计								

图 9-5 计算工作表

(2)计算各种商品零售物价个体指数,计算方法:在 F4 单元格中输入计算公式“=D4/B4”,确定后依次向下填充到 F7 单元格,并调整数字格式为百分号和保留两位小数。

(3)计算 p_0q_0,即按基期销售单价和基期销售量计算的销售总额。计算方法:在 G4 单元格中输入计算公式“=B4 * C4”,确定后依次向下填充到 G7 单元格。

(4)计算 p_0q_1，即按基期销售单价和报告期销售量计算的销售总额。计算方法：在 H4 单元格中输入计算公式“=B4＊E4”，确定后依次向下填充到 H7 单元格。

(5)计算 p_1q_1，即按报告期销售单价和报告期销售量计算的销售总额。计算方法：在 I4 单元格中输入计算公式“=D4＊E4”，确定后依次向下填充到 I7 单元格。

(6)计算各指标的汇总数，方法：在 G8 单元格中输入公式“=SUM(G4:G7)”，计算 p_0q_0 的合计数，确认后向右填充到 I8 单元格，计算其他各列的汇总数。计算完成的表格如图 9-6 所示。

商品名称	调整前		调整后		各种商品个体指数p1/p0	销售金额（万元）		
	销售单价 p0	销售量q0	销售单价p1	销售量q1		p0q0	p0q1	p1q1
蔬 菜	1.6	5	1.8	5.2	112.50%	8.00	8.32	9.36
猪 肉	12.8	4.46	14	5.52	109.38%	57.09	70.66	77.28
鲜 蛋	4.4	1.2	4.8	1.15	109.09%	5.28	5.06	5.52
水产品	8.5	1.15	10	1.3	117.65%	9.78	11.05	13.00
合 计	—	—	—	—	—	80.14	95.09	105.16

图 9-6　统计指数计算过程表

(7)根据计算资料进一步计算物价总指数和销售量总指数，以及物价变动对居民支出的影响。方法：在上述计算表的下方，空一行编制一份简单的计算分析表，用以计算分析有关指标，表的样式如图 9-7 所示。

指标名称	指标	比重
4 种商品物价总指数		
4 种商品销售量总指数		
全部商品价格变动居民增加支出		
蔬菜价格的变动增加支出		
猪肉价格的变动增加支出		
鲜蛋价格的变动增加支出		
水产品价格的变动增加支出		

图 9-7　统计指数计算分析表

(8)计算有关的指标,方法:在 B11 单元格中输入计算“4 种商品物价总指数”的公式“=I8/H8”;在 B12 单元格中输入计算“4 种商品销售量总指数”的公式“=H8/G8”;在 B13 单元格中输入计算“全部商品价格变动居民增加的支出”的公式“=(I8-H8) * 1000”。由于销售量的单位是“吨”,因此计算绝对值指标时要乘以 1000;在 B14 单元格中输入计算“蔬菜价格的变动增加支出”的公式“=(I4-H4) * 1000”,然后,依次向下填充到 B17 单元格,分别计算蔬菜、猪肉、鲜蛋、水产品等的价格变动影响居民的支出数。

(9)计算“全部商品价格变动居民增加的支出”中各项商品所占的比重,计算方法:在 C14 单元格中输入公式“=B14/ $B $13”,计算蔬菜价格变动增加的支出在全部商品价格变动居民增加的支出中的比重,然后,依次向下填充到 C17 单元格,分别计算猪肉、鲜蛋、水产品等的价格变动增加的支出在全部商品价格变动居民增加的支出中的比重。

(10)根据计算结果,写出实验结论。

【参考答案】

完成的计算结果表如图 9-8 所示。

Book1

	A	B	C	D
10	指标名称	指标	比重	
11	4种商品物价总指数	1.105946196	—	
12	4种商品销售量总指数	1.186454213	—	
13	全部商品价格变动居民增加支出	10074.00	—	
14	蔬菜价格的变动增加支出	1040	10.32%	
15	猪肉价格的变动增加支出	6624	65.75%	
16	鲜蛋价格的变动增加支出	460	4.57%	
17	水产品价格的变动增加支出	1950	19.36%	
18				
19				
20				

Sheet1 / Sheet2 / Sheet3

图 9-8 计算结果表

由图 9-8 可以得到:4 种商品物价总指数=1.106;4 种商品销售量总指数=1.186;全部商品价格变动使该市居民增加支出的金额=10074 万元;其中,蔬菜价格的变动增加支出的金额=1040 万元;猪肉价格的变动增加支出的金额=6624 万元;鲜蛋价格的变动增加支出的金额=460 万元;水产品价格的变动增加支出的金额=1950 万元。

通过分析可以看出,猪肉的价格变动影响最大,占居民增加支出总金额的 65.75%,其次是水产品,占居民增加支出总金额的 19.36%。

实验四

【实验名称】

物价指数的计算和分析。

【实验目的】

熟悉 Excel 的基本操作。

物价指数计算和分析方法。

【实验环境】

(1)系统软件 Windows 2000、Windows 7、Windows 10 或 Windows XP。

(2)应用软件 Excel 2000、Excel 2003、Excel 2007 或 Excel 2010。

【知识准备】

个体指数的计算公式如下。

$$K_q = q_1/q_0, K_p = p_1/p_0$$

$$产品销售额总指数 = \frac{\sum p_1q_1}{\sum p_0q_0} = \frac{\sum K_pK_qp_0q_0}{\sum p_0q_0}$$

$$价格总指数 = \frac{\sum p_1q_1}{\sum p_0q_1} = \frac{\sum K_pK_qp_0q_0}{\sum K_qp_0q_0}$$

【实验资料】

某企业生产销售 3 种商品的资料如表 9-4 所示。

表 9-4 某企业生产销售 3 种商品的资料

产品名称	单位	2006 年销售额	2007 年销售量比 2006 年增长(%)	2007 年价格为 2006 年的多少(%)
甲	吨	80	2.0	100
乙	件	90	3.5	102
丙	台	120	4.0	96

【实验要求】

计算 3 种产品销售额总指数,并用相对数和绝对数分析对销售量变动和销售价格变动对销售额变动的影响。

【实验步骤】

(1)打开一个 Excel 工作簿,选择一张空白的工作表,根据已知资料编制计算工作表，计算有关数据，表的样式如图 9-9 所示。

	A	B	C	D	E	F	G	H	I	J
1	产品名称	单位	2006年销售额	2007年销售量比2006年增长%	2007年价格为2006年的%	销售量指数	价格指数	以2006年价格计算的2007年的销售额（万元）	2007年销售额（万元）	
2			q_0p_0			$K_q=q_1/q_0$	$K_p=p_1/p_0$	$q_1p_0=K_qq_0p_0$	$q_1p_1=K_pK_qq_0p_0$	
3	甲	吨	80	2.00	100.00					
4	乙	件	90	3.50	102.00					
5	丙	台	120	4.00	96.00					
6	合计	—	290	—	—					
7										
8										

图 9-9　计算工作表

（2）计算销售量指数，方法：在 F3 单元格中输入公式“=C3 * (1+D3/100)/C3”，确定后向下填充到 F5 单元格。

（3）计算价格指数，方法：在 G3 单元格中输入公式“=E3/100”，确定后向下填充到 G5 单元格，计算各产品的价格指数。

（4）按 2006 年价格计算 2007 年销售额，方法：在 H3 单元格中输入公式“=F3 * C3”，然后向下填充到 H5 单元格。

（5）计算 2007 年的销售额，方法：在 I3 单元格中输入公式“=C3 * F3 * G3”，然后向下填充到 I5 单元格。在完成上述基本计算后，在 H3 单元格内输入公式“=SUM(H3:H5)”；在 I3 单元格内输入公式“=SUM(I3:I5)”，按 2006 年价格计算 2007 年销售额及 2007 年销售额的合计数，在计算工作表的下方，再编制一张用于分析计算的小表格，表格的样式如图 9-10 所示。

	A	B	C	D	E	F	G	H	I
1	产品名称	单位	2006年销售额	2007年销售量比2006年增长%	2007年价格为2006年的%	销售量指数	价格指数	以2006年价格计算的2007年销售额（万元）	2007年销售额（万元）
2			p_0q_0			$K_q=q_1/q_0$	$K_p=p_1/p_0$	$q_1p_0=K_qq_0p_0$	$q_1p_1=K_pK_qq_0p_0$
3	甲	吨	80	2.00	100.00	102.00%	100.00%	81.6	81.6
4	乙	件	90	3.50	102.00	103.50%	102.00%	93.15	95.013
5	丙	台	120	4.00	96.00	104.00%	96.00%	124.8	119.808
6	合计	—	290	—	—	—	—	299.55	296.421
7									
8		项目	相对数	绝对数					
9		销售量变动影响							
10		物价变动影响							
11		销售额变动影响							
12									
13									

图 9-10　数据计算分析表

（6）计算销售量变动对销售额的影响，先计算相对指标，方法：在 C9 单元格中输入公式“=H6/C6”；再计算影响的绝对额，方法：在 D9 单元格中输入公式“=H6-C6”，按“确定”完成销售量变动影响的计算。

（7）计算价格变动对销售额的影响，先计算相对指标，方法：在 C10。单元格中输入公式“=I6/H6”，再计算影响的绝对额，方法：在 D10 单元格中输入公式“=I6-H6”，按“确定”完成价格变动影响的计算。

（8）计算总的销售额变动的影响，先计算相对指标，方法：在 C11 单元格中输入公式“=I6/C6”；再计算影响的绝对额，方法：在 D11 单元格中输入公式“=I6-C6”，按“确定”完成销售额变动影响的计算。

（9）根据计算结果进行分析。

【参考答案】

完成的计算结果表如图 9-11 所示。

Book1

产品名称	单位	2006年销售额 p_0q_0	2007年销售量比2006年增长%	2007年价格为2006年的%	销售量指数 $K_q=q_1/q_0$	价格指数 $K_p=p_1/p_0$	以2006年价格计算的2007年销售额（万元） $q_1p_0=K_qq_0p_0$	2007年销售额（万元） $q_1p_1=K_pK_qq_0p_0$
甲	吨	80	2.00	100.00	102.00%	100.00%	81.6	81.6
乙	件	90	3.50	102.00	103.50%	102.00%	93.15	95.013
丙	台	120	4.00	96.00	104.00%	96.00%	124.8	119.808
合计	—	290	—	—	—	—	299.55	296.421

项目	相对数	绝对数
销售量变动影响	103.29%	9.55
物价变动影响	98.96%	-3.13
销售额变动影响	102.21%	6.42

Sheet1 Sheet2 Sheet3

图 9-11　计算结果表

根据图 9-11 的资料：产品销售额总指数=102.21%，即 2007 年比 2006 年销售额增长 2.21%。

由于价格变动影响程度的价格总指数=98.96%，即由于价格变动使得 2007 年的销售额比 2006 年降低了 1.04%，影响的绝对额=-3.13 万元。

由于销售量变动影响程度的销售量总指数=103.29%，即由于销售量变动使得 2007 年的销售额比 2006 年增加了 3.29%，影响的绝对额=9.55 万元。

所以，增加的绝对额=6.42 万元。

实验五

【实验名称】

利用 Excel 计算平均指数。

【实验目的】

熟悉 Excel 的基本操作。

物价指数计算和分析方法。

【实验环境】

(1)系统软件 Windows 2000、Windows 7、Windows 10 或 Windows XP。

(2)应用软件 Excel 2000、Excel 2003、Excel 2007 或 Excel 2010。

【知识准备】

依据先综合、后对比的方式编制平均指数的基本程序:首先通过对比计算个体指数,然后将个体指数加以平均得到总指数。

平均指数的常用公式如下。

(1)加权算术平均指数——适用于数量指标综合指数的变形。

$$\overline{K_q}=\frac{\sum k_q q_0 p_0}{\sum q_0 p_0}$$

(2)加权调和平均指数——适用于质量指标综合指数的变形。

$$\overline{K_p}=\frac{\sum q_1 p_1}{\sum \frac{1}{k_p} q_1 p_1}$$

【实验资料】

已知某企业生产情况的统计资料如表 9-5 所示。

表 9-5 某企业 3 种产品的生产数据

产品	单位	基期产量 q_0	报告期产量 q_1	基期总成本 p_0q_0
甲	万件	20	24	160
乙	万吨	8	11	80
丙	万吨	4	6	80
合计	—	—	—	320

【实验要求】

以基期总成本为同度量因素计算生产量平均指数。

【实验步骤】

(1)打开 Excel 工作簿,输入企业甲、乙、丙 3 种产品的生产数据资料,并在 F1 单元格输入 $k_q=\frac{q_1}{q_0}$, 在 G1 单元格输入 $k_qp_0q_0$, 如图 9-12 所示。

Book1

	A	B	C	D	E	F	G
1	产品	单位	基期产量 q_0	报告期产量 q_1	基期总成本 p_0q_0	$K_q=\frac{q_1}{q_0}$	$K_qp_0q_0$
2	甲	万件	20	24	160		
3	乙	万吨	8	11	80		
4	丙	万吨	4	6	80		
5	合计	—	—	—	320		
6							
7							
8							
9							

Sheet1 / Sheet2 / Sheet3

图 9-12　利用 Excel 计算平均指数资料

(2)计算个体指数,在 F2 单元格中输入公式"=D2/C2",并将公式拖拽复制到 F2:F4 区域。

(3)计算 $k_qp_0q_0$ 并求和,在 G2 中输入公式"=F2 * E2",并将公式拖拽复制到 G2:G4 区域。选中 G2:G4 区域,单击工具栏中的" $\sum$ "按钮,在 G5 中出现该列的求和值。

(4)计算生产量平均指数,在 C8 中输入公式"=G5/E5",即得到所求的值,如图 9-13 所示。

【参考答案】

计算结果如图 9-13 所示。

Book1

	A	B	C	D	E	F	G
1	产品	单位	基期产量 q_0	报告期产量 q_1	基期总成本 p_0q_0	$K_q=\frac{q_1}{q_0}$	$K_qp_0q_0$
2	甲	万件	20	24	160	1.2	492
3	乙	万吨	8	11	80	1.375	110
4	丙	万吨	4	6	80	1.5	120
5	合计	—	—	—	320	—	422
6							
7							
8	生产量平均指数		1.31875				
9							
10							

Sheet1 / Sheet2 / Sheet3

图 9-13　计算结果表

实验六

【实验名称】

利用 Excel 计算平均指数。

【实验目的】

熟悉 Excel 的基本操作。

物价指数计算和分析方法。

【实验环境】

(1)系统软件 Windows 2000、Windows 7、Windows 10 或 Windows XP。

(2)应用软件 Excel 2000、Excel 2003、Excels 2007 或 Excel 2010。

【知识准备】

同实验五。

【试验资料】

某企业生产 3 种产品的有关数据如表 9-6 所示。

表 9-6　某企业生产 3 种产品的有关数据

商品名称	计量单位	总成本(万元)		个体成本指数	个体产量指数
		基期 p_0q_0	报告期 p_1q_1	$\frac{p_1}{p_0}$	$\frac{q_1}{q_0}$
甲	件	200	220	1.14	1.03
乙	台	50	50	1.05	0.98
丙	箱	120	150	1.20	1.10

【实验要求】

计算 3 种产品的单位成本总指数和产量总指数。

【实验步骤】

(1)打开 Excel 工作簿,将第一行的行高加大并设置自动换行,然后将相关数据输入 Excel 工作表中,如图 9-14 所示。

(2)在 G2 单元格中输入公式"=C2 * E2",确定后用鼠标拖拽填充柄,将公式复制到 G3:G4 区域。

(3)在 H2 单元格中输入公式"=F2 * C2",确定后用鼠标拖拽填充柄,将公式复制到 H3:H4 区域。

(4)在 C5、G5 和 H5 分别作求和运算。

(5)计算单位成本指数和产量总指数,在 C6、C7 单元格中分别输入公式"=G5/C5"和

	A	B	C	D	E	F
1	产品名称	计量单位	基期总成本 p_0q_0	报告期总成本 p_1q_1	个体成本指数 p_1/q_0	个体产量指数 p_1/q_0
2	甲	件	200	220	1.14	1.03
3	乙	台	50	50	1.05	0.98
4	丙	箱	120	150	1.2	1.1
5	合	计		—	—	—
6						
7						
8						
9						

图 9-14　计算工作表

“=H5/C5”，即得到所求的值。

【参考答案】

实验结果如图 9-15 所示。

	A	B	C	D	E	F	G	H
1	产品名称	计量单位	基期总成本 p_0q_0	报告期总成本 p_1q_1	个体成本指数 p_1/q_0	个体产量指数 p_1/q_0	$(p_1/q_0)p_0/q_0$	$(p_1/q_0)p_0/q_0$
2	甲	件	200	220	1.14	1.03	228	206
3	乙	台	50	50	1.05	0.98	52.5	49
4	丙	箱	120	150	1.2	1.1	144	132
5	合	计	370	—	—	—	424.5	387
6								
7								
8	单位成本总指数			1.147297297				
9	产量总指数			1.045945946				
10								

图 9-15　加权平均数指数计算结果表

实验七

【实验名称】

劳动生产率指数的计算。

【实验目的】

熟悉 Excel 的基本操作。

训练劳动生产率指数的编制。

【实验环境】

(1)系统软件 Windows 2000、Windows 7、Windows 10 或 Windows XP。

(2)应用软件 Excel 2000、Excel 2003、Excel 2007 或 Excel 2010。

【知识准备】

$$总平均劳动生产率指数 = \frac{\sum T_1 q_1}{\sum T_1} \div \frac{\sum T_0 q_0}{\sum T_0}$$

$$总平均劳动生产率变动对总产值影响的绝对金额 = \left(\frac{\sum T_1 q_1}{\sum T_1} - \frac{\sum T_0 q_0}{\sum T_0}\right) \sum T_1$$

个别劳动生产率水平的变动对总平均劳动生产率的影响即固定构成指数的计算公式如下。

$$固定构成指数 = \frac{\sum q_1 T_1}{\sum T_1} \div \frac{\sum q_0 T_1}{\sum T_1}$$

$$影响的绝对金额 = \left(\frac{\sum q_1 T_1}{\sum T_1} - \frac{\sum q_0 T_1}{\sum T_1}\right) \sum T_1$$

工人人数比重的变动对总平均劳动生产率的影响即结构影响指数的计算公式如下。

$$结构影响指数 \frac{\sum q_0 T_1}{\sum T_1} \div \frac{\sum q_0 T_0}{\sum T_0}$$

$$影响的绝对金额 = \left(\frac{\sum q_0 T_1}{\sum T_1} - \frac{\sum q_0 T_0}{\sum T_0}\right) \sum T_0$$

式中，T 为工人人数；q 为总产值；下标 0 表示基期；下标 1 表示报告期。

【实验资料】

甲、乙两工厂 2006 年和 2007 年的总产值和工人人数资料如表 9-7 所示。

表 9-7　总产值与工人人数表

工厂	2006 年		2007 年	
	总产值(万元)	工人数(人)	总产值(万元)	工人数(人)
甲	250	50	825	150
乙	200	100	120	50

【实验要求】

计算总平均劳动生产率指数,并对总平均劳动生产率变动及总产值的影响进行分析。

【实验步骤】

(1)打开 Excel 工作簿,首先,将上述资料填制到计算工作表中,以备进一步计算,计算工作表的样式如图 9-16 所示。

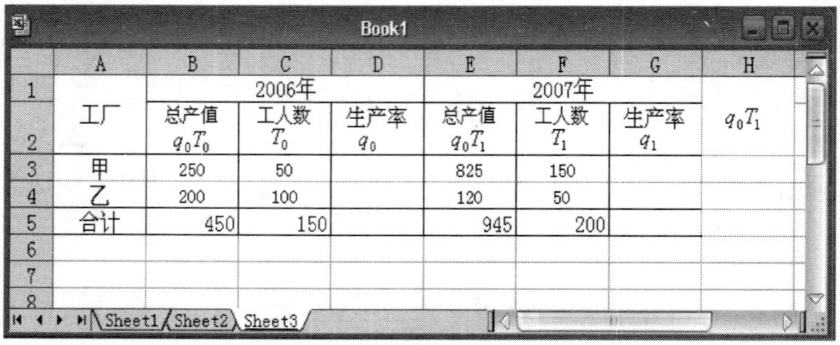

	A	B	C	D	E	F	G	H
1	工厂	2006年			2007年			q_0T_1
2		总产值 q_0T_0	工人数 T_0	生产率 q_0	总产值 q_0T_1	工人数 T_1	生产率 q_1	
3	甲	250	50		825	150		
4	乙	200	100		120	50		
5	合计	450	150		945	200		
6								
7								
8								

图 9-16　计算工作表

(2)计算 2006 年的工人劳动生产率,计算方法:在 D3 单元格中输式公式“=B3/C3”,然后,依次向下填充到 D5 单元格,计算出 2006 年甲、乙两厂及总的工人劳动生产率。

(3)计算 2007 年的工人劳动生产率,计算方法:在 G3 单元格中输入公式“=E3/F3”,然后,依次向下填充到 G5 单元格,计算出 2007 年甲、乙两厂及总的工人劳动生产率。

(4)计算以 2006 年工人劳动生产率为基础的 2007 年总产值,计算方法:在 H3 单元格中输入公式“=D3 * F3”,然后,依次填充到 H4 单元格,在 H5 单元格中输入公式“=SUM(H3:H4)”。

(5)经过整理后的表格如图 9-17 所示。

(6)根据计算结果,作进一步分析,先在计算表下面编制一张小的分析计算表,填入有关指标名称,如图 9-18 所示。

(7)计算总平均劳动生产率,计算方法:在 B7 单元格中输入公式“=G5/D5”。

(8)计算总平均劳动生产率变动影响的总产值,计算方法:在 B8 单元格中输入公式“=(G5-D5) * F5”。

(9)计算固定构成指数,计算方法:在 B9 单元格中揄入公式“=G5/(H5/F5)”。

(10)计算各个劳动生产率变动影响的总产值,计算方法:在 B10 单元格中输入公式“=(G5-H5)/F5 * F5”。

Book1

	A	B	C	D	E	F	G	H
1	工厂	2006年			2007年			q_0T_1
2		总产值 q_0T_0	工人数 T_0	生产率 q_0	总产值 q_0T_1	工人数 T_1	生产率 q_1	
3	甲	250	50	5	825	150	5.50	750
4	乙	200	100	2	120	50	2.40	100
5	合计	450	150	3	945	200	4.73	850
6								
7								

Sheet1 Sheet2 Sheet3

图 9-17 数据整理工作表

Book1

	A	B	C	D	E
5	合计	450	150	3	945
6					
7	总平均劳动生产率指数				
8	总平均劳动生产率变动对总产值的影响				
9	固定构成指数				
10	劳动生产率变动影响的总产值				
11	结构影响指数				
12	人员结构变动影响的总产值				
13					

Sheet1 Sheet2 Sheet3

图 9-18 数据分析计算表

(11)计算结构影响指数,计算方法:在 B11 单元格中输入公式"=(H5/F5)/D5",计算出结构影响指数。

(12)计算人员结构变动影响的总产值,计算方法:在 B12 单元格中输入公式"=((H5/F5)-D5)*F5"。

(13)根据计算结果写出分析结论。

【参考答案】

计算结果如图 9-19 所示。

从计算结果中可以看出:总平均劳动生产率指数为 157.50% ;总平均劳动生产率变动影响的总产值为 345 万元;固定构成指数为 111.18%;劳动生产率变动影响的总产值为 95 万元;结构影响指数为 141.67%;人员结构变动影响的总产值为 250 万元。

以上各指数的关系为:

$$157.50\% = 111.18\% \times 141.67\%$$

$$345\ \text{万元} = 95\ \text{万元} + 250\ \text{万元}$$

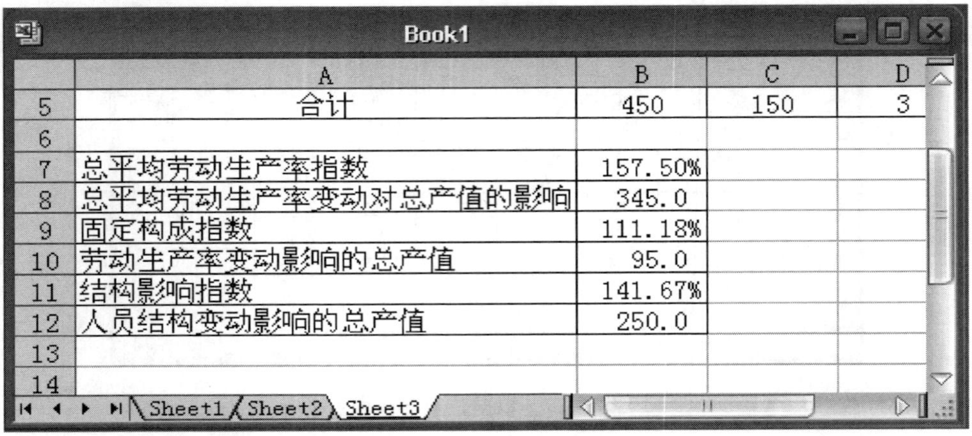

	A	B	C	D
5	合计	450	150	3
6				
7	总平均劳动生产率指数	157.50%		
8	总平均劳动生产率变动对总产值的影响	345.0		
9	固定构成指数	111.18%		
10	劳动生产率变动影响的总产值	95.0		
11	结构影响指数	141.67%		
12	人员结构变动影响的总产值	250.0		
13				
14				

图 9-19　计算结果表

以上分析表明,两工厂总平均劳动生产率从每人 30000 元提高到 47250 元 ,增长 57.5%,增加总产值 345 万元。其中,由于各企业工人劳动生产率水平综合提高 11.18%. 增加总产值 95 万元;由于各工厂工人人数所占比重的变动影响总平均劳动生产率提高了 41.67%,增加总产值 250 万元。

实验八

【实验名称】

固定权数平均数指数的计算。

【实验目的】

熟悉 Excel 的基本操作。

训练固定权数平均数指数的编制方法。

【实验环境】

(1)系统软件 Windows 2000、Windows 7、Windows 10 或 Windows XP。

(2)应用软件 Excel 2000、Excel 2003、Excel 2007 或 Excel 2010。

【知识准备】

固定权数平均数指数计算公式如下。

$$\bar{K} = \frac{\sum \kappa \cdot W}{\sum W} \text{ 或 } \bar{K} = \sum \left(\kappa \cdot \frac{W}{\sum W} \right)$$

式中:κ 为个别商品指数;W 为个别商品的各项固定权数。

【实验资料】

某市副食品调价前后的肉禽蛋等商品的平均价格及权数资料如表 9-8 所示。

表 9-8 调整前后副食品价格表

商品名称	平均零售价格(元/千克)		权数
	调整前	调整后	
鲜猪肉	11.2	12.8	40
熟猪肉	14.1	15.2	6
兔肉	15.8	16.2	5
香肠	18.6	19.4	4
肉松	24.0	24.9	2
牛肉	13.6	14.2	1
肉脯	32.8	34.6	3
羊肉	14.8	15.6	1
活鸡	11.2	12.2	2
活鸭	13.4	13.6	4
鸡蛋	5.6	5.8	2
鸭蛋	6.2	6.9	18
皮蛋	5.8	6.1	6
咸蛋	5.7	6.0	5
活鹅	14.8	15.3	1

【实验要求】

根据以上资料计算肉禽蛋类零售物价固定权数的平均数指数。

【实验步骤】

(1)首先,打开 Excel 工作簿,选择一个空白的工作表,将表 9-8 资料填制到计算工作表中,以备进一步计算。

(2)在工作表的右边加上 3 列,第 1 列为指数 K,用以计算各个商品的个别零售物价指数,第 2 列为权重比,计算各个固定权数在总权数中的比重,第 3 列为 KW,即个别商品指数乘以该商品的固定权数。最后,用以计算加权的平均数指数。计算工作表的样式如图 9-20 所示。

(3)计算各种商品的个别价格指数,计算方法:在 E3 单元格中输入计算公式"=C3/B3",确定以后,依次向下填充到 F17 单元格 ,计算出各种商品的个别价格指数。

(4)计算各种商品的权重比,计算方法:在 D18 单元格中求和,在 F3 单元格中输入计算公式"=D3/ $D $18",确定以后依次向下填充到 F17 单元格,计算出各种商品固定权数在总权数中所占的比重。

(5)计算各种商品的个别价格指数与权重比的乘积,计算方法:在 G3 单元格中输入计算公式"=E3 * G3",确定以后依次向下填充到 G17 单元格,在 G18 单元格中输入公式"=SUM(G3:G17)",单击"确定",最终计算出全部商品固定权数的平均数指数。

	A	B	C	D	E	F	G	H
1	商品名称	平均零售价格(元/千克)		权数 W	指数 K(%)	权重比(%)	KW	
2		调整前	调整后					
3	鲜猪肉	11.2	12.8	40				
4	熟猪肉	14.1	15.2	6				
5	兔肉	15.8	16.2	5				
6	香肠	18.6	19.4	4				
7	肉松	24	24.9	2				
8	牛肉	13.6	14.2	1				
9	肉脯	32.8	34.6	3				
10	羊肉	14.8	15.6	1				
11	活鸡	11.2	12.2	2				
12	活鸭	13.4	13.6	4				
13	鸡蛋	5.6	5.8	2				
14	鸭蛋	6.2	6.9	18				
15	皮蛋	5.8	6.1	6				
16	咸蛋	5.7	6	5				
17	活鹅	14.8	15.3	1				
18	合计							
19								

图 9-20 计算工作表

(6)根据要求将单元格的格式调整为百分数并保留两位小数。

【参考答案】

经过计算得到全部商品固定权数的平均数指数为 109.77%。完成的计算结果表如图 9-21 所示。

	B	C	D	E	F	G	H	I
1	平均零售价格(元/千克)		权数 W	指数 K(%)	权重比(%)	KW		
2	调整前	调整后						
3	11.2	12.8	40	114.29%	40.00%	45.71%		
4	14.1	15.2	6	107.80%	6.00%	6.47%		
5	15.8	16.2	5	102.53%	5.00%	5.13%		
6	18.6	19.4	4	104.30%	4.00%	4.17%		
7	24	24.9	2	103.75%	2.00%	2.08%		
8	13.6	14.2	1	104.41%	1.00%	1.04%		
9	32.8	34.6	3	105.49%	3.00%	3.16%		
10	14.8	15.6	1	105.41%	1.00%	1.05%		
11	11.2	12.2	2	108.93%	2.00%	2.18%		
12	13.4	13.6	4	101.49%	4.00%	4.06%		
13	5.6	5.8	2	103.57%	2.00%	2.07%		
14	6.2	6.9	18	111.29%	18.00%	20.03%		
15	5.8	6.1	6	105.17%	6.00%	6.31%		
16	5.7	6	5	105.26%	5.00%	5.26%		
17	14.8	15.3	1	103.38%	1.00%	1.03%		
18			100			109.77%		
19								

图 9-21 计算结果表

实验九

【实验名称】

利用 Excel 进行总体指数的两因素分析。

【实验目的】

熟悉 Excel 的基本操作。

训练总体指数的两因素分析法的操作。

【实验环境】

(1)系统软件 Windows 2000、Windows 7、Windows 10 或 Windows XP。

(2)应用软件 Excel 2000、Excel 2003、Excel 2007 或 Excel 2010。

【知识准备】

总体指数的两因素分析是将总指数分解为拉氏数量指数和帕氏质量指数之乘积,其分析顺序是:假定数量指标先变化,质量指标后变化,即:

$$\sum q_0p_0 \xrightarrow{q\text{变化}} \sum q_1p_0 \xrightarrow{p\text{变化}} \sum q_1p_1$$

指数体系的完整分析框架(包括相对数分析和绝对数分析)为:

$$\frac{\sum p_1q_1}{\sum p_0q_0} = \frac{\sum q_1p_0}{\sum q_0p_0} \times \frac{\sum p_1q_1}{\sum p_0q_1}$$

$$\sum p_1q_1 - \sum p_0q_0 = \left(\sum q_1p_0 - \sum q_0p_0\right) + \left(\sum p_1q_1 - \sum p_0q_1\right)$$

【实验资料】

某企业甲、乙、丙 3 种产品的生产数据如表 9-9 所示。

表 9-9　某企业甲、乙、丙 3 种产品的生产数据

产品	单位	基期单位成本 p_0	基期产量 q_0	报告期单位成本 p_1	报告期产量 q_1
甲	万件	8	20	6	24
乙	万吨	10	8	8	11
丙	万吨	20	4	17	6
合计	—	—	—	—	—

【实验要求】

依据表 9-9 某企业 3 种产品的生产数据资料,利用 Excel 进行因素分析。

【实验步骤】

(1)打开 Excel 工作簿,输入企业甲、乙、丙 3 种产品的生产数据资料,并在 G1 单元格输入 p_0q_0, 在 H1 单元格输入 p_0q_1, 在 I1 单元格输入 p_1q_1, 如图 9-22 所示。

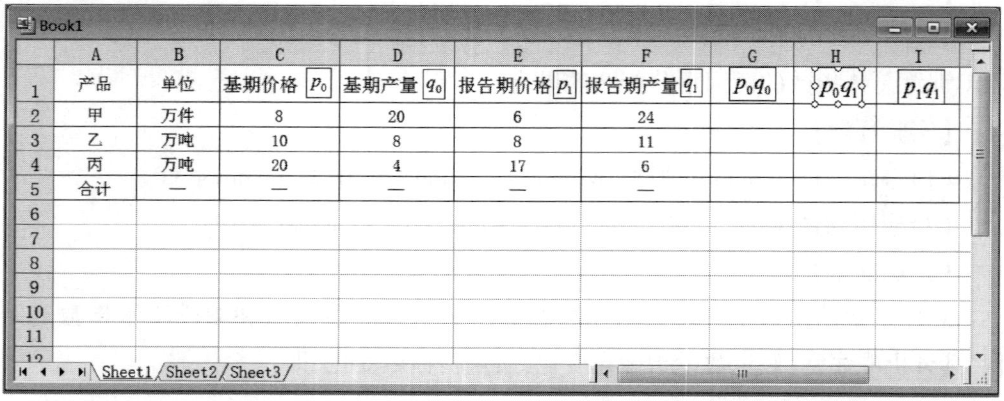

	A	B	C	D	E	F	G	H	I
1	产品	单位	基期价格 p_0	基期产量 q_0	报告期价格 p_1	报告期产量 q_1	p_0q_0	p_0q_1	p_1q_1
2	甲	万件	8	20	6	24			
3	乙	万吨	10	8	8	11			
4	丙	万吨	20	4	17	6			
5	合计	—	—	—	—	—			

图 9-22　利用 Excel 进行因素分析资料

(2)计算各个 p_0q_0 和 $\sum p_0q_0$:在 G2 单元格中输入公式"=C2 * D2",并将公式拖拽复制到 G2:G4 区域。选定 G2:G4 区域,单击工具栏中的"$\sum$"按钮,在 G5 中出现该列的求和值。

(3)计算各个 p_0q_1 和 $\sum p_0q_1$:在 H2 单元格中输入公式"=C2 * F2",并将公式拖拽复制到 H2:H4 区域。选中 H2:H6 区域,单击工具栏中的"$\sum$"按钮,在 H5 中出现该列的求和值。

(4)计算各个 p_1q_1 和 $\sum p_1q_1$:在 I2 单元格中输入公式"=E2 * F2",并将公式拖拽复制到 I2:I4 区域。选中 I2:I4 区域,单击工具栏中的"$\sum$"按钮,在 I5 中出现该列的求和值。

(5)计算总产值指数:在 C8 单元格中输入公式"=I5/G5",即求得总产值指数。

(6)计算产量指数:在 C9 单元格中输入公式"=H5/G5",即得产量指数。

(7)计算单位价格指数:在 C10 单元格中输入公式"=I5/H5",即得单位价格指数。

【参考答案】

实验结果如图 9-23 所示。

	A	B	C	D	E	F	G	H	I
1	产品	单位	基期价格 p_0	基期产量 q_0	报告期价格 p_1	报告期产量 q_1	p_0q_0	p_0q_1	p_1q_1
2	甲	万件	8	20	6	24	160	192	144
3	乙	万吨	10	8	8	11	80	110	88
4	丙	万吨	20	4	17	6	80	120	102
5	合计	—	—	—	—	—	320	422	334
6									
7									
8	总产值指数		1.04375						
9	产量指数		1.31875						
10	单位价格指数		0.791469194						
11									
12									

图 9-23　利用 Excel 进行因素分析计算结果

实验十

【实验名称】

因素分析的连环替代法。

【实验目的】

熟悉 Excel 的基本操作。

训练因素分析的连环替代法操作。

【实验环境】

(1)系统软件 Windows 2000、Windows 7、Windows 10 或 Windows XP。

(2)应用软件 Excel 2000、Excel 2003、Excel 2007 或 Excel 2010。

【知识准备】

连环替代法就是在被分析指标的因素结合式中,根据各因素的性质以及相互联系的关系和计算程序,按一定的顺序用连乘积的形式排列起来,再将各因素的基期数字顺次用报告期数字替代,有几个因素就要进行几次替代,每次替代的结果与上次替代的结果比,就可以得出该因素的影响作用。

企业原材料费用总额指数可以用下面的公式表示。

原材料费用总额指数=产量指数×原材料单耗量指数×原材料单价指数

$$\frac{\sum q_1m_1p_1}{\sum q_0m_0p_0}=\frac{\sum q_1m_0p_0}{\sum q_0m_0p_0}\times\frac{\sum q_1m_1p_0}{\sum q_1m_0p_0}\times\frac{\sum q_1m_1p_1}{\sum q_1m_1p_0}$$

原材料费用总额受各因素变动影响的绝对值可以用下面的公式表示。

$$\sum q_1m_1p_1-\sum q_0m_0p_0=\left(\sum q_1m_0p_0-\sum q_0m_0p_0\right)+$$
$$\left(\sum q_1m_1p_0-\sum q_1m_0p_0\right)+\left(\sum q_1m_1p_1-\sum q_1m_1p_0\right)$$

【实验资料】

某企业 3 种产品近两年的有关产量、每吨产品原材料消耗和原材料价格的资料如表 9-10 所示。

表 9-10　某企业 3 种产品的产量、原材料消耗及价格资料

产品名称	产量(吨)		材料名称	产品原材料单耗(吨)		原材料单价(元/ 吨)	
	2006 年	2007 年		2006 年	2007 年	2006 年	2007 年
甲	10000	15000	A	0. 50	0. 48	350	340
乙	5000	6000	B	0. 80	0. 78	100	120
丙	2000	4000	C	0. 25	0. 20	900	840

【实验要求】

计算该厂原材料费用总额的变动情况,并对该变动情况进行因素分析。

【实验步骤】

(1)打开 Excel 工作簿,选择一个空白的工作表,将上述资料填制在表中,在表右方添加 4 列,用于计算“按不同标准计算的原材料费用总额”,编制的表格样式如图 9-24 所示。

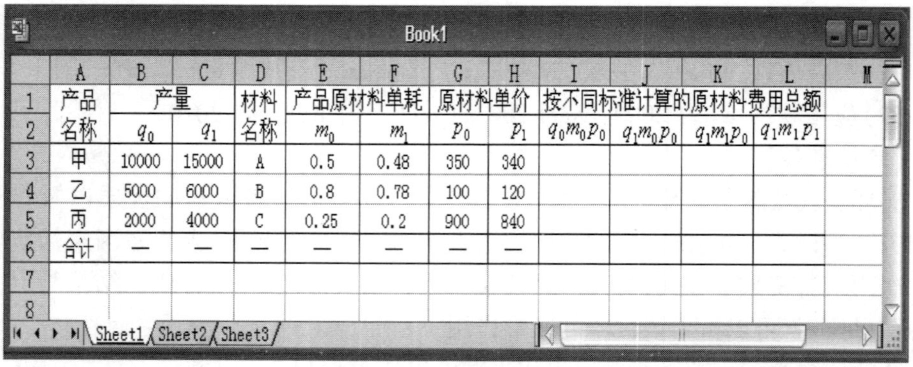

	A	B	C	D	E	F	G	H	I	J	K	L
1	产品	产量		材料	产品原材料单耗		原材料单价		按不同标准计算的原材料费用总额			
2	名称	q_0	q_1	名称	m_0	m_1	p_0	p_1	$q_0m_0p_0$	$q_1m_0p_0$	$q_1m_1p_0$	$q_1m_1p_1$
3	甲	10000	15000	A	0.5	0.48	350	340				
4	乙	5000	6000	B	0.8	0.78	100	120				
5	丙	2000	4000	C	0.25	0.2	900	840				
6	合计	—	—	—	—	—	—	—				

图 9-24　计算工作表

(2)计算基期原材料费用总额,方法:在 I3 单元格内输入公式“=B3 * E3 * G3”,并依次向下填充到 I5 单元格。

(3)计算以报告期产量、基期材料单耗和基期单价为基础的原材料费用总额,方法:在 J3 单元格内输入公式“=C3 * E3 * G3”,并依次向下填充到 J5 单元格。

(4)计算以报告期产量、报告期材料单耗和基期单价为基础的原材料费用总额,方法:在 K3 单元格内输入公式“=C3 * F3 * G3”,并依次向下填充到 K5 单元格。

(5)计算报告期原材料费用总额,方法:在 L3 单元格内输入公式“=C3＊F3＊H3”,并依次向下填充到 L5 单元格。

(6)计算各个合计数,在 I6 单元格中输入计算公式“=SUM(I3:I5)”,然后,向右填充到 L6 单元格,完成的计算结果表如图 9-25 所示。

	A	B	C	D	E	F	G	H	I	J	K	L	M
1	产品	产量		材料	产品原材料单耗		原材料单价		按不同标准计算的原材料费用总额				
2	名称	q_0	q_1	名称	m_0	m_1	p_0	p_1	$q_0m_0p_0$	$q_1m_0p_0$	$q_1m_1p_0$	$q_1m_1p_1$	
3	甲	10000	15000	A	0.5	0.48	350	340	1750000	2625000	2520000	2448000	
4	乙	5000	6000	B	0.8	0.78	100	120	400000	480000	468000	561600	
5	丙	2000	4000	C	0.25	0.2	900	840	450000	900000	720000	672000	
6	合计	—	—	—	—	—	—	—	2600000	4005000	3708000	3681600	
7													
8													
9													

图 9-25　计算结果表

(7)在上述表格下方新建一个数据分析工作表,表格的样式如图 9-26 所示。

	A	B	C	D	E
6	合计	—	—	—	—
7					
8		相对值	增长百分比	绝对值	
9	总体影响				
10	产量影响				
11	单耗影响				
12	单价影响				
13					

图 9-26　数据分析工作表

(8)计算总体影响的相对指数,计算方法:在 B9 单元格中输入公式“=L6/I6”。

(9)计算产量影响的相对指数,计算方法:在 B10 单元格中输入公式“=J6/I6”。

(10)计算单耗影响的相对指数,计算方法:在 B11 单元格中输入公式“=K6/J6”。

(11)计算单价影响的相对指数,计算方法:在 B12 单元格中输入公式“=L6/K6”。

(12)计算各项因素的增长百分比,计算方法:在 C9 单元格中输入公式“=B9-100%”,确定后向下填充到 C12 单元格。

(13)计算总体影响的绝对数,计算方法:在 D9 单元格中输入公式“=L6-I6”。
(14)计算产量影响的绝对数,计算方法:在 D14 单元格中输入公式“=J6-I6”。
(15)计算单耗影响的绝对数,计算方法:在 D11 单元格中输入公式“=K6-J6”。
(16)计算单价影响的绝对数,计算方法:在 D12 单元格中输入公式“=L6-K6”。
(17)写出分析结论。
【参考答案】
完成的数据分析结果表如图 9-27 所示。

Book1

	A	B	C	D	E	F
6	合计	—	—	—	—	—
7						
8		相对值	增长百分比	绝对值		
9	总体影响	141.60%	41.600%	1081600		
10	产量影响	154.04%	54.038%	1405000		
11	单耗影响	92.58%	-7.416%	-297000		
12	单价影响	99.29%	-0.712%	-26400		
13						

Sheet1 / Sheet2 / Sheet3

图 9-27 数据分析结果表

相对数分析:以上计算结果表明,该企业 2007 年原材料支出的总额比 2006 年增长 21.60%,这是产品产量增长 54.04% 、单位产品原材料消耗量下降 7.42% 和原材料单价下降 0.71%3 个因素共同影响的结果。

即:154.04%×92.58%×99.29%=141.60%。

绝对值分析:该企业 2007 年原材料支出的总额比 2006 年多了 1801600 元,它是产品产量增长多支出 1405000 元、单位产品原材料消耗量下降减少支出 297000 元和原材料单价下降减少支出 26400 元 3 个因素共同影响的结果。

即:1405000+(-297000)+(-26400)=1081600(元)。

第三节 模拟练习与参考答案

练习一

【实验名称】
综合指数的编制。

【实验资料】

某厂 3 种产品的产量以及生产每种产品的钢材消耗量资料如表 9-11 所示。

表 9-11　3 种产品的产量及钢材消耗数据表

产品名称	钢材单耗(吨)			产量(台)		
	2013 年	2014 年		2013 年	2014 年	
		计划	实际		计划	实际
甲	2.5	2.0	1.8	100	120	136
乙	3.5	3.0	2.5	110	140	168
丙	4.5	4.0	3.6	120	160	160

【实验要求】

根据上列材料,计算:2014 年钢材单耗计划完成指数;2014 年产品产量计划完成指数;2014 年与 2013 年相比,钢材单耗变动情况以及由于钢材单耗降低而节约的用钢量;2014 年与 2013 年相比,产品产量变动情况以及由于钢材产量增加而增加的用钢量。

【参考答案】

实验结果如图 9-28 所示。

Book1

产品名称	刚才消耗总量(吨)			实际产量计算的计划消耗量(吨)	13年单号计算的14年消耗量(吨)
	2013年	2014年			
		计划	实际		
	p_0q_0	p_nq_n	p_1q_1	p_nq_1	p_0q_1
A	250	240	244.8	272	340
B	385	420	420	504	588
C	540	640	576	640	720
合计	1175	1300	1240.8	1416	1648

(1)14年单耗计划完成指数	87.63%
(2)14年产品产量计划完成指数	108.92%
(3)全部钢材单耗变动情况	75.29%
节约的钢材数量	407.2(吨)
(4)产品产量变动情况	140.26%
增加的钢材数量	473(吨)

Sheet1 / Sheet2 / Sheet3

图 9-28　练习一答案

练习二

【实验名称】

平均指数的编制。

【实验资料】

已知某商业企业 3 种商品基期、报告期的销售量和价格资料，如表 9-12 所示。

表 9-12　某商业企业基期、报告期的销售量和价格资料

商品	计量单位	销售量		销售量个体指数 $K_q=\frac{Q_1}{Q_0}$	基期销售额（元） Q_0P_0	报告期销售额（元） Q_1P_1
		Q_0	Q_1			
甲	公斤	50	62.5	125	1000	875
乙	套	75	90	120	750	720
丙	件	100	115	115	500	575
合计	—	—	—	360	2250	2170

【实验要求】

要求计算：全部商品的销售总额指数；全部商品的物价总指数；全部商品的销售量总指数；分析以上 3 种指数的经济联系。

【参考答案】

全部商品的销售总额指数为 96.44%；全部商品的物价总指数为 79.63%；全部商品的销售量总指数为 121.11%；总差额为-80 元，价格差额为-555 元，销售量差额为 475 元。由于全部商品的价格水平下降 10.37%，使得销售额减少 555 元；由于全部商品的销售量增加 21.11%，使得销售额增加 475 元；价格和销售量变动的共同作用影响使得销售额还是下降了 80 元。

练习三

【实验名称】

平均指数的编制。

【实验资料】

某商店 3 种商品基期、报告期的销售量和价格资料如表 9-13 所示。

表 9-13　某商店基期、报告期的销售量和价格资料

商品	计量单位	价格		价格个体指数（%）$K_p=\frac{P_1}{P_0}$	基期销售额（元）Q_0P_0	报告期销售额（元）Q_1P_1
		P_0	P_1			
甲	米	10	10	100	5000	6000
乙	千克	5	4	80	2500	2000
丙	件	20	22	110	30000	30800
合计					37500	38800

【实验要求】

要求计算：全部商品的销售总额指数；全部商品的物价总指数；全部商品的销售量总指数；分析以上 3 种指数的经济联系。

【参考答案】

全部商品的销售总额指数为 103. 47%；全部商品的物价总指数为 106. 3%；全部商品的销售量总指数为 97. 33%；总差额为 1300 元，价格差额为 2300 元，销售量差额为-1000 元。由于全部商品的价格水平上升 6. 3%，使得销售额增加 2300 元；由于全部商品的销售量减少 2. 67%，使得销售额减少 1000 元；价格和销售量变动的共同作用影响使销售额还是上升了 1300 元。

练习四

【实验名称】

两因素指数体系分析。

【知识准备】

总体指数的两因素分析是将总指数分解为拉氏数量指数和帕氏质量指数之乘积，其分析顺序如下，即假定数量指标先变化，质量指标后变化。

$$\sum q_0p_0 \xrightarrow{q\text{变化}} \sum q_1p_0 \xrightarrow{p\text{变化}} \sum q_1p_1$$

指数体系的完整分析框架（包括相对数分析和绝对数分析）如下。

$$\frac{\sum p_1q_1}{\sum p_0q_0} = \frac{\sum q_1p_0}{\sum q_0p_0} \times \frac{\sum p_1q_1}{\sum p_0q_1}$$

$$\sum p_1q_1 - \sum p_0q_0 = \left(\sum q_1p_0 - \sum q_0p_0\right) + \left(\sum p_1q_1 - \sum p_0q_1\right)$$

【实验资料】

某商业企业的有关资料如表 9-14 所示。

表 9-14　某商业企业的价格和销售量数据

商品名称	计量单位	商品单价(元)		商品销售量	
		基期	报告期	基期	报告期
皮鞋	双	22.0	19.8	120	120
服装	件	11.0	11.0	200	240
单帽	顶	4.0	3.8	110	132

【实验要求】

要求计算:全部商品的销售总额指数;全部商品的物价总指数;全部商品的销售量总指数;分析以上 3 种指数的经济联系。

【参考答案】

全部商品的销售总额指数为 104.5%;全部商品的物价总指数为 96%;全部商品的销售量总指数为 110%;总差额为 237.6 元,价格差额为-290.4 元,销售量差额为 528 元。由于全部商品的价格水平下降 4%,使得销售额减少 290.4 元;由于全部商品的销售量增加 10%,使得销售额增加 528 元;价格和销售量变动的共同作用影响使销售额还是增加了 237.6 元。

练习五

【实验名称】

两因素指数体系分析。

【知识准备】

同练习四。

【实验资料】

5 种商品的价格和销售量资料如表 9-15 所示。

表 9-15　5 种商品的价格和销售量资料

商品类别	计量单位	商品价格(元)		销售量		销售额(万元)			
		基期 p_0	计算期 p_1	基期 q_0	计算期 q_1	p_0q_0	p_1q_1	p_0q_1	p_1q_0
大米	百千克	300.0	360.0	2400	2600	7200	9360	7800	8640
猪肉	千克	18.0	20.0	84000	95000	15120	19000	17100	16800
食盐	500 克	1.0	0.8	10000	15000	100	120	150	80

续表

商品类别	计量单位	商品价格(元)		销售量		销售额(万元)			
		基期 p_0	计算期 p_1	基期 q_0	计算期 q_1	p_0q_0	p_1q_1	p_0q_1	p_1q_0
服装	件	100.0	130.0	24000	23000	24000	29900	23000	31200
电视	台	4500	4300.0	510	612	22950	26316	27540	21930
合计	—	—	—	—	—	69370	84696	75590	78650

【实验要求】

对上表全部5种商品进行销售额变动进行因素分析。

【参考答案】

计算结果表明,5种商品的销售量增长了8.97%,使销售额增加了62.2万元,而价格上涨12.05%又使销售额增加了91.06万元,两者共同影响的结果是销售额增长22.09%,即增加了153.26万元。

练习六

【实验名称】

平均指标变动的因素分析。

【知识准备】

在总体分组条件下,平均指标变动的因素分解如下所示。即总体平均水平同时受各组水平和各组结构两因素影响。

$$\overline{X}=\frac{\sum Xf}{\sum f}=\sum X\cdot\frac{f}{\sum f}$$

用指数体系和因素分析的思想构造平均指标变动所形成的指数体系:可变构成指数=结构影响指数×固定构成指数,其计算公式如下。

$$\frac{\sum x_1f_1}{\sum f_1}\Big/\frac{\sum x_0f_0}{\sum f_0}=\left(\frac{\sum x_1f_1}{\sum f_1}\Big/\frac{\sum x_0f_1}{\sum f_1}\right)\cdot\left(\frac{\sum x_0f_1}{\sum f_1}\Big/\frac{\sum x_0f_0}{\sum f_0}\right)$$

平均指标指数体系的绝对数形式表示如下。

$$\frac{\sum x_1f_1}{\sum f_1}-\frac{\sum x_0f_0}{\sum f_0}=\left(\frac{\sum x_1f_1}{\sum f_1}-\frac{\sum x_0f_1}{\sum f_1}\right)+\left(\frac{\sum x_0f_1}{\sum f_1}-\frac{\sum x_0f_0}{\sum f_0}\right)$$

【实验资料】

某公司所属3个商场的职工人数和工资资料如表9-15所示。

表 9-16 职工人数和工资资料

商场	平均工资(元)		职工人数(人)		工资总额(万元)		
	x_0	x_1	f_0	f_1	x_0f_0	x_1f_1	x_0f_1
甲	310	350	150	180	4.65	6.30	5.58
乙	440	480	120	150	5.28	7.20	6.60
丙	470	530	200	180	9.40	9.54	8.46
合计	411.28	451.76	470	510	19.33	23.04	20.64

【实验要求】

对该公司总平均工资水平的变动情况进行分析。

【参考答案】

$$综合影响:\begin{cases}109.84\% = 98.40\% \times 111.63\% \\ 40.48\text{ 元} = -6.57\text{ 元} + 47.05\text{ 元}\end{cases}$$

计算结果表明,由于各商场人员结构的变化,公司总平均工资下降了 1.6%,减少了 6.57 元,而由于各商场平均工资提高了 11.63%,公司总平均工资增加了 47.05 元,两者共同影响的结果是公司总平均工资提高了 9.84%,增加了 40.48 元。

练习七

【实验名称】

多因素指数体系分析。

【知识准备】

对总体现象进行多因素分析,要依据总体现象特点进行各因素的排序。如对产品原材料消耗额进行因素分析,可按下述方式分解。

消耗额=产量×单位产品消耗量×原材料价格

$$abc = a \times b \times c$$

依据连锁替换法,对其进行因素分析的程序如下。

$$\sum a_0b_0c_0 \xrightarrow{a\text{ 变化}} \sum a_1b_0c_0 \xrightarrow{b\text{ 变化}} \sum a_1b_1c_0 \xrightarrow{c\text{ 变化}} \sum a_1b_1c_1$$

据此,得到相对数和绝对数的多因素分析指数体系如下。

$$\frac{\sum a_1b_1c_1}{\sum a_0b_0c_0} = \frac{\sum a_1b_0c_0}{\sum a_0b_0c_0} \times \frac{\sum a_1b_1c_0}{\sum a_1b_0c_0} \times \frac{\sum a_1b_1c_1}{\sum a_1b_1c_0}$$

$$\sum a_1b_1c_1 - \sum a_0b_0c_0 =$$

$$\left(\sum a_1b_0c_0 - \sum a_0b_0c_0\right) + \left(\sum a_1b_1c_0 - \sum a_1b_0c_0\right) + \left(\sum a_1b_1c_1 - \sum a_1b_1c_0\right)$$

【实验资料】

某商业企业销售量、价格和利润率资料如表 9-17 所示。

表 9-17 某商业企业销售量、价格和利润率资料

产品名称	计量单位	销售量		价格(万元)		利润率(%)	
		a_0	a_1	b_0	b_1	c_0	c_1
甲	件	150	160	3.5	3.2	11	16
乙	台	250	250	1.8	1.76	30	35
丙	辆	5000	5500	0.031	0.029	8	7
合计							

【实验要求】

依据某商业企业销售量、价格和利润率资料,对其利润总额的变动进行因素分析。

【参考答案】

计算结果表明(表 9-18),商品销售量的提高使利润总额提高了 12.48%,增加了 5.09 万元,而商品价格的下降使利润总额下降了 4.36%,减少了 49.16 万元,利润率的提高使利润总额提高了 22.88%,增加了 46.01 万元,三者共同影响的结果是利润总额提高了 20.44%,增加了 41.94 万元。

表 9-18 3 种产品的销售利润总额表

产品名称	产品销售利润总额(万元)			
	$a_1b_1c_1$	$a_0b_0c_0$	$a_1b_0c_0$	$a_1b_1c_0$
甲	81.92	57.75	61.60	56.32
乙	154.00	135.00	135.00	132.00
丙	11.17	12.40	13.64	12.76
合计	247.09	205.15	210.24	201.08

参考文献

[1]习近平．高举中国特色社会主义伟大旗帜 为全面建设社会主义现代化国家而团结奋斗——在中国共产党第二十次全国代表大会上的报告[M]．北京：人民出版社,2022.

[2]教育部课题组．深入学习习近平关于教育的重要论述[M]. 北京:人民出版社,2019.

[3]裘雨明,徐海波,邵桂荣．统计学实验教程[M]. 北京:北京大学出版社,2013.

[4]谭莹,等．统计学实验指导教程[M]. 北京:科学出版社,2017.

[5]陈军．经济管理类专业《统计学》实验教程[M]. 北京:经济管理出版社,2019.

[6]黄顺泉．统计学实验教程——基于 Excel[M]. 北京:清华大学出版社,2020.

[7]张虹,聂铁力．统计学实验教程[M]. 北京:社会科学文献出版社,2011.

[8]金华．统计学实验教程[M]. 广州:华南理工大学出版社,2012.

[9]王松,孙乃经．经济社会统计[M]. 北京:中国统计出版社,2022.

[10]刘波,刘薇,徐刚,等．社会经济统计学[M]. 成都:西南财经大学出版社,2022.

[11]康义,等．2022 中国宏观经济[M]. 北京:中国统计出版社,2023.

[12]杨汭华,李晓峰,穆月英,等．应用统计学[M]. 北京:中国统计出版社,2022.

[13]《迈向高质量发展》编写组．迈向高质量发展:“十三五”经济社会发展情况报告[M]. 北京:中国统计出版社,2021.

[14]陶爱元,史册．商务统计学[M]. 北京:中国统计出版社,2023.

[15]本书编写组．新中国统计简史[M]. 北京:中国统计出版社,2022.